Heribert Schwan | Rolf Steininger

Helmut Kohl

Heribert Schwan | Rolf Steininger

HELMUT KOHL

VIRTUOSE DER MACHT

ARTEMIS & WINKLER

Bildnachweis

(1) © ullstein bild; (3), (5), (8) © Bundesbildstelle, Berlin; (2), (4): © Ronald Reagan Presidential Library, Simi Valley, California; (6) © George H. W. Bush Presidential Library, College Station, Texas; (7) © William J. Clinton Presidential Library, Little Rock, Arkansas; (9), (10), (11), (12), (13), (14) © Israel Government Press Office, Jerusalem.

Bibliografische Information der Deutschen Nationalbibliothek: Die Deutsche Nationalbibliothek verzeichnet diese Publikation in der Deutschen Nationalbibliografie; detaillierte bibliografische Daten sind im Internet über http://dnb.d-nb.de abrufbar.

Autorenfoto Umschlagklappe: © Privat. Umschlagmotiv: © Konrad R. Müller / Agentur Focus. Umschlaggestaltung: init . Büro für Gestaltung, Bielefeld. Printed in Germany. ISBN 978-3-538-07272-5. www.artemisundwinkler.de

INHALT

VORBEMERKUNG

Wer heute die ganz seltene Gelegenheit hat, Helmut Kohl zu begegnen, ist äußerst erschrocken: Er sitzt im Rollstuhl, blickt starr in die Weite, kann sich nur schwer artikulieren. Der frühere Bundeskanzler ist nach seiner schweren Verletzung als Folge eines Sturzes im Januar 2008 sehr angeschlagen.

Über Helmut Kohl sind bisher mehr als ein Dutzend Biographien erschienen. Aber wohl keiner liegt ein solch umfangreiches Datenmaterial zugrunde wie diesem Buch. Wir haben Kohls Karriere lange Zeit begleitet und waren die Letzten, die den Altkanzler kurz vor seinem schweren Unfall 2008 über 16 Stunden lang interviewen konnten. Ergänzend dazu haben wir eine Reihe von Zeitzeugen befragt, die in der Bonner Republik eine wichtige Rolle spielten und langjährige Weggefährten des Altkanzlers waren.

Für Kohls Kritiker waren der Sturz Helmut Schmidts und Kohls Wahl zum Bundeskanzler am 1. Oktober 1982 eher ein Versehen, ein Unfall. Viele glaubten an ein kurzes Intermezzo und hofften auf ein Scheitern Kohls als Kanzler. Sie unterstellten dem CDU-Mann Unvermögen und Defizite auf fast allen politischen Feldern. Von ihm erwartete man nicht viel. Von den politischen Gegnern und der kritischen Presse wurde Helmut Kohl jahrelang unterschätzt. Er gehört damit wohl zu den meistunterschätzten Politikern der Bonner Republik. Die Kritiker machten sich lustig über die »Birne« und stellten ihn als »tumben Tor« dar. Erst mit der Wiederherstellung der deutschen Einheit gewann er für sie an Profil, wurde »Kanzler der Einheit«. Helmut Kohl hat die Einigung Deutschlands nicht bewirkt, aber mit Fortune, Klugheit, Sturheit und Geschick mit Zustimmung aller Nachbarn erreicht. Selbst die schärfsten Kritiker kommen nicht umhin, seine staatsmännische Leistung anzuerkennen. Das gilt auch für die europäische Einigung. Bei unseren europäischen Nachbarn, in den USA und Russland wird Helmut Kohl wegen seiner politischen Leistungen besonders geschätzt, während er hierzulande trotz allem immer noch gegen sein Negativimage ankämpfen muss und ihm so mancher seiner Kritiker vor allem wegen der Spendenaffäre Größe nicht zubilligen mag.

Für unsere Biographie über Helmut Kohl haben wir bewusst den Untertitel »Virtuose der Macht« gewählt, denn kein Spitzenpolitiker im Nachkriegsdeutschland verstand es, so mit politischer Macht umzugehen und sie im besten Sinne des Wortes »auszukosten« und in politische Erfolge umzumünzen wie Helmut Kohl.

Wir zeichnen die Wege Helmut Kohls nach: vom Jungpolitiker in der Pfalz über den jüngsten Fraktionsvorsitzenden im Mainzer Landtag zum Ministerpräsidenten von Rheinland-Pfalz und Oppositionsführer in Bonn. Helmut Kohls Bedeutung als CDU-Parteivorsitzender von 1973 bis 1998, mit ihren Höhen und Tiefen, sind ebenfalls Themen dieses Buches. Elternhaus, Kindheit und Jugend, Schule und Universität sowie Kohls Berufsausbildung bleiben nicht unberücksichtigt. Die Rolle von Hannelore Kohl als Frau an seiner Seite, als First Lady in Rheinland-Pfalz ist ebenso Thema wie ihr Einfluss auf den späteren Kanzler der Bundesrepublik Deutschland und ihr soziales Engagement in den langen Bonner Jahren bis zu ihrem Freitod im Jahre 2001.

Im Mittelpunkt der Biographie steht Helmut Kohls Kanzlerschaft 1982 bis 1998, und da wiederum die Zeit vom Mauerfall bis zur Wiedervereinigung, jene elf Monate, die Kohl zum Kanzler der Einheit machten. Grundlage dafür ist nicht nur das umfangreiche Interviewmaterial, sondern sind auch neueste Dokumente aus westlichen und östlichen Archiven. Hier gilt unser Dank in erster Linie dem National Security Archive in Washington, D. C. Interviewmaterial und Dokumente sind die Basis für zahlreiche neue Erkenntnisse, etwa den persönlichen Beziehungen Kohls zu den wichtigsten Staatsmännern seiner Zeit. Wer weiß schon, dass das persönliche Freundschaftsverhältnis zwischen Kohl und US-Präsident Ronald Reagan mit Bratkartoffeln und Spiegeleiern in Bonn begann? Neues auch zum Abbau der Grenzsperren in Ungarn, zunächst als Maßnahme lediglich zur Budgetsanierung gedacht, der nachfolgenden Flüchtlingsproblematik im Sommer 1989, dann Kohls Zusammenspiel mit den Ungarn, mit dem er den gegen ihn geplanten parteiinternen Putsch unterläuft.

Neues auch zur Flüchtlingsproblematik in Prag, als der SED-Führung nichts anderes einfiel, als die westdeutsche Botschaft dort einmauern zu lassen, was selbst die tschechoslowakischen Kommunisten ablehnten und ihrerseits mit dem Vorschlag beantworteten, den Zaun um die Botschaft zu erhöhen. Der war nicht exterritorial. Ost-Berlin wurde damals von Prag aufgefordert, das Flüchtlingsproblem selbst zu lösen – Ausgangspunkt für das DDR-Reisegesetz –, mit der inzwischen legendären Pressekonferenz von SED-Politbüromitglied Günter Schabowski am 9. November 1989, die zum Fall der Mauer führte und das Ende der DDR einläutete. Sechs Tage zuvor hatte der sowjetische Außenminister Eduard Schewardnadse im Politbüro in Moskau die bemerkenswerte Frage gestellt, ob es nicht besser wäre, »wenn wir selbst die Mauer einreißen«. Genau das hatte US-Präsident Ronald Reagan zwei Jahre zuvor in seiner berühmten Rede vor dem Brandenburger Tor gefordert.

Neues gibt es auch zum Zehn-Punkte-Plan Kohls. Dessen Ursprung liegt in Moskau – ohne Kenntnis des Kremlchefs Gorbatschow und dessen Außenministers Schewardnadse. Für Letzteren war Kohl damals »schlimmer als Hitler«. Neu auch, dass Kohl zwar als einzigen Alliierten US-Präsident George Bush über seinen Plan informierte, allerdings zu spät – und das mit Absicht –, damit Bush nichts Negatives mehr sagen bzw. die Initiative nicht mehr blocken konnte. Die Amerikaner waren darüber mehr als konsterniert.

Neu auch die Erkenntnisse über Frankreichs Staatspräsidenten François Mitterrand, der als sogenannter Kohl-»Freund« mindestens ein Doppelspiel spielte und zunächst massiv gegen die Wiedervereinigung war. Genauso wie die britische Premierministerin Margaret Thatcher. Über sie gibt es erstaunliche, geradezu erschreckende Einzelheiten.

Neu auch die Innenansichten über das Kräftespiel in Moskau und Washington. Und mittendrin Helmut Kohl, über den der britische Botschafter in Bonn bereits am 6. Dezember 1989 eine erstaunliche Analyse nach London schickte:

»Kohl spielt das Spiel seines Lebens – mit hohem Risiko. Wenn er es richtig spielt, wird er die Bundestagswahl im nächsten Jahr gewinnen und kann als Kanzler der Einheit in die Geschichte eingehen. Aber nur ein falscher Schritt und er kann alles verlieren. Die nächsten Monate – möglicherweise auch nur Wochen – sind entscheidend. Kohl weiß das.«

Es geht in dieser Biographie auch um Kohl als ersten gesamtdeutschen Kanzler, der 1994 – auch das ist neu – nur mit den Stimmen der SPD-Opposition erneut zum Kanzler gewählt wurde. Und auch um den Kanzler, der den »Stab« nicht an Wolfgang Schäuble abgibt. Wir nennen die Gründe, warum das so war. Untersucht werden auch die Wahlniederlage 1998 und der Parteispendenskandal. Dann geht es um den Selbstmord seiner Frau Hannelore, um seinen schweren Unfall 2008 und die Heirat mit der sehr viel jüngeren Maike Richter im selben Jahr.

Mit den Werkzeugen der Historiker beschreiben wir Helmut Kohls Arbeits- und Regierungsstil – das »System Kohl«. Wir versuchen, dem Machtmenschen Helmut Kohl mit seinen auch dunklen Seiten näherzukommen, das Phänomen des »ewigen Kanzlers« zu ergründen sowie »seine« Ära zu beschreiben, die zu den erfolgreichsten Jahren deutscher Nachkriegsgeschichte zählt. Dabei zeigen wir Helmut Kohl als Menschen und Politiker, wie ihn bislang nur ganz wenige kennen.

Köln/Innsbruck, im Dezember 2009

1. KINDHEIT UND JUGEND

Als Helmut Kohl am 3. April 1930 – an einem Donnerstag – um 6.30 Uhr im städtischen Krankenhaus von Ludwigshafen zur Welt kam, amtierten der über 83 Jahre alte Generalfeldmarschall Paul von Hindenburg als Reichspräsident und der 45 Jahre alte Zentrumspolitiker Heinrich Brüning als Reichskanzler der Weimarer Republik.

Radio München sendete ein Unterhaltungskonzert, der Berliner Rundfunk Chorgesänge und Radio Frankfurt ein Opernkonzert. Der Ludwigshafener »General-Anzeiger« informierte seine Leser unter dem Titel »Wie groß ist Deutschland?«. Im »Witterungsbericht« der meteorologischen Station Ludwigshafen wurden für diesen Tag 6,5 Millimeter Niederschlag gemessen. Der Wasserstand des Rheins bei Ludwigshafen betrug 242. In der Hohenzollernstraße 89, im Stadtteil Friesenheim, freute sich die Familie Kohl über die Geburt des Knaben »Helmut-Josef-Michael«.

Am Abend des 3. April 1930 gab es im Ludwigshafener »Pfalzbau« ein Gastspiel des Nationaltheaters. Aufgeführt wurde »Leinen aus England«. In der »Walhalla« fand ein Bismarck-Abend mit Lichtbildervortrag statt. Das größte Kinospektakel des Tages wurde im »Unions-Theater« gezeigt: »Das rote Schwert« – ein »echt russisches Korruptionsdrama von Liebe, Brutalität und Rache aus Offiziers-Kreisen«, wie es in der Vorankündigung hieß.

Helmut Kohl war das jüngste von drei Kindern, nach Schwester Hildegard (1922) und Bruder Walter (1925). Seine Mutter Cäcilie, das zweite von vier Kindern, wurde am 18. November 1890 geboren. Die Lehrertochter besuchte ein Mädchenpensionat und lernte bei den Dominikanerinnen Hauswirtschaft, Sticken und Nähen. Sie starb 1979.

Kohls Vater, ein Finanzbeamter, stammte aus einer Bauernfamilie im Unterfränkischen. Als ältester Sohn von insgesamt 13 Kindern kam er am 6. Januar 1887 zur Welt. Sieben seiner Geschwister starben, bevor sie ihr zehntes Lebensjahr erreicht hatten. Hans Kohl wurde wie seine Frau Cäcilie 88 Jahre alt. Er starb am 20. Oktober 1975.

Helmut Kohl beschrieb einmal sein Elternhaus – die Eltern heirateten 1921 – als »katholisch, aber gleichzeitig liberal – und gemäßigt national«. Das väterliche Gehalt schuf eine ausreichende materielle Basis, mehr aber auch nicht. Im Hause Kohl gab es keine Sorge um das tägliche Brot, es reichte auch zum Sonntagsbraten. Man lebte immer sparsam und bescheiden, immer in dem Bewusstsein, dass Geld hart erarbeitet werden musste. Ein typischer kleiner Beamtenhaushalt wie Millionen andere. Helmut Kohls Mutter ging zum Markt, wenn die Händler ihre Stände bereits abbauten. Dann fielen auch die Preise.

Der große Garten hinter dem Haus in der Hohenzollernstraße 89 diente auch der Tierhaltung. Hühner und Puten gehörten ebenso zum Haushalt wie Kaninchen, deren Versorgung Helmut Kohl frühzeitig anvertraut wurde. Er galt als passionierter Kaninchenzüchter. Nicht selten kam es vor, dass er 20 oder 30 Kilometer mit dem Rad fuhr, um seine Häsin einem besonders prämierten Rammler zuzuführen.

Bereits zu seinem fünften Geburtstag bekam Helmut Kohl ein Fahrrad geschenkt. Natürlich war es ein Gelegenheitskauf, gebraucht, und kostete damals nur acht Reichsmark. Das nächste große Geschenk war eine Armbanduhr zur Kommunion. Was immer an Geburtstagen oder zu Weihnachten zu erwarten war: Es waren praktische Dinge, Gebrauchsgegenstände, die ohnehin gekauft werden mussten.

Als am 1. September 1939 der Krieg ausbrach, war Helmut Kohl gerade neun Jahre alt. Sein Vater, Frontoffizier im Ersten Weltkrieg, wurde noch einmal eingezogen und erst 1944 wieder entlassen. Mutter Cäcilie war in diesen Jahren die alleinige Bezugsperson – wie in Millionen vergleichbaren Familien.

An die erste Ohrfeige seines Vaters kann sich Helmut Kohl nicht mehr erinnern. Aber an Hiebe in seiner Kindheit – in regelmäßigen Abständen – recht gut. Schwester Hildegard war artig, Bruder Walter heimste gelegentlich Strafen ein, doch Helmut erwischte es häufig. Als Kind verhielt er sich recht aufmüpfig. Als Jugendlicher war er ein kleiner Rabauke. Ostern 1936 wurde er in Friesenheim eingeschult. Er war der kleinste der 37 Volksschulklässler, das schmächtigste Kind unter 19 Jungen und 18 Mädchen. Seine Leistungen waren gut, doch hin und wieder handelte er sich Prügel ein. Weniger von den Lehrerinnen als vom Rektor, der Kohl und seine Kameraden bei manchem Streich erwischte, auch beim heimlichen Rauchen. Nach Abschluss der vierten Volksschulklasse wechselte Helmut Kohl am 28. März 1940 auf die Oberrealschule an der Leuschnerstraße, ganz in der Nähe seines Elternhauses.

Am 30. Januar 1933 war Hitlers »Machtergreifung« auch in Ludwigshafen mit einem Fackelzug gefeiert worden. Im März 1936 hielt Adolf Hitler anlässlich der militärischen Besetzung des Rheinlandes erstmals im Ebert-Park von Ludwigshafen eine Rede. Auch in dieser Stadt wurde in der Nacht zum 10. November 1938 die Synagoge von Angehörigen der SA und SS niedergebrannt. Jüdische Geschäfte wurden demoliert, jüdisches Hab und Gut auf die Straße geworfen. Im Mai 1939, drei Monate vor Ausbruch des Zweiten Weltkrieges, lebten in Ludwigshafen 143 934 Menschen, davon noch knapp 600 Juden.

Am 4. Januar 1940 notierte der Archivar und Chronist Siegfried Fauck die erste Ferntrauung vor dem Ludwigshafener Standesamt. Fünf Monate später fielen die ersten Bomben auf die Stadt. Am 10. Mai 1940, morgens um 5.35 Uhr, begann der Westfeldzug, die deutsche Offensive von der Nordsee bis zur Südgrenze von Luxemburg. Am gleichen Tag, abends um 23.00 Uhr, gab es den ersten Fliegeralarm in Ludwigshafen, den der Schüler Kohl, gerade zehn Jahre alt, bewusst erlebte. Es waren französische Flugzeuge, die aus dem Elsass kamen und Bomben abwarfen. Die Bilanz: zwei Tote und mehrere Verletzte. Im Vorgarten der Kohls schlug ein Blindgänger ein. Die Zehnpfundbombe explodierte nicht.

Bis zum Kriegsbeginn verbrachte Helmut Kohl eine unbeschwerte Kindheit. Das 150 Meter lange Grundstück mit den vielen Obstbäumen und den angrenzenden Feldern bot mannigfache Möglichkeiten zum Spielen. Hier trafen sich Nachbarskinder und Klassenkameraden.

Während des Krieges züchtete Helmut Kohl zusammen mit einem Freund Seidenraupen. Beide wollten ihr Taschengeld aufbessern, denn der Staat zahlte für ein Kilo Kokons 20 Reichsmark. Winzige Raupen wurden besorgt, aus Maschendraht bauten die beiden türgroße Gestelle. Allmorgendlich, um 5 Uhr früh vor der Schule, suchten sie Maulbeerblätter. Leider verzehrten die kleinen Tierchen mehr, als beide Schüler sammeln konnten. Futtersuche und Futtertransport wurden daher zur Strapaze. Ein Kilo zu erzeugen war recht mühsam. Die von beiden Schülern schwer erwirtschafteten Einnahmen wurden in den Kauf eines Bootes Marke »Klepper« gesteckt. Doch ihr Glück, Bootsbesitzer zu sein, währte nur einen Tag lang. In der Nacht vom 4. auf den 5. September 1943 zerstörte eine Brandbombe den Bootsschuppen des Schwimmvereins, wo die Schüler ihr Boot festgemacht hatten. Es wurde vernichtet und der Ertrag des äußerst mühsamen Maulbeerblättersammelns war verloren.

Die Industriestadt Ludwigshafen erlebte während des Zweiten Weltkrieges 124 Fliegerangriffe, bei denen 40 000 Sprengbomben und 800 000 Brandbomben abgeworfen wurden. Bis zum Tag der deutschen Kapitulation, dem 8. Mai 1945, verzeichnete Ludwigshafen insgesamt 1 778 Todesopfer und 2 962 Verletzte.

Die Väter waren in den Kriegsjahren an der Front. Auch die meisten männlichen Jugendlichen ab 16 Jahren befanden sich im Kriegseinsatz. Die Pimpfe, Jungen von zehn bis 14 Jahren, zusammengefasst im »Deutschen Jungvolk in der Hitler-Jugend« (DJ), halfen ihren Müttern, Geschwistern und alten Menschen nach den langen Bombennächten bei der Suche nach Überlebenden. Sie wurden auch im Schülerlöschtrupp, der in einer Schule untergebracht war, zum Ausgraben von Toten und zu Aufräumungsarbeiten herangezogen. Für den zwölfjährigen Helmut Kohl war es ebenso schockierend wie für seine Kameraden, bis zur Unkenntlichkeit verstümmelte Leichen bergen zu helfen. Nie zuvor hatte er Tote gesehen.

Immer wieder kamen Meldungen von gefallenen Vätern der Klassenkameraden. Am Schwarzen Brett der Schule lasen die Schüler auch vom Tod ihrer Mitschüler aus der Oberstufe. Schließlich musste der Vierzehnjährige den Tod seines Bruders Walter Ende 1944 erleben, der ihm nach dem letzten Heimaturlaub auf dem Mannheimer Bahnhof dringend ans Herz gelegt hatte, »auf Mama aufzupassen«, denn er werde nicht wiederkommen.

Kohls Oberrealschule in der Leuschnerstraße wurde 1942 geschlossen. Die Schüler der Oberstufe waren längst Wehrpflichtige geworden, und die jüngeren wurden als Flakhelfer eingezogen. Die Klassen 1 bis 4 mussten nach Neustadt oder Speyer fahren. Kohl wechselte auf das heutige Speyerische Gymnasium am Dom und pendelte zusammen mit einer Reihe von Klassenkameraden und Lehrern täglich per Bahn nach Speyer. Der Unterricht begann um 13.30 Uhr, fiel jedoch häufig aus. Schon bei »Voralarm« rannten die Schüler in den Bunker am Bahnhof statt zur Schule. Regelmäßiger Unterricht war kaum noch möglich. Der Manipulation durch Schüler waren Tür und Tor geöffnet. Schon auf dem Bahnhof in Ludwigshafen berichteten die Schüler ihren Lehrern häufig vom Alarm vor 11.00 Uhr. Die Disziplin der Schüler ließ nach. Die jungen Lehrer waren im Krieg und ältere Lehrer, oft bereits pensionierte Pädagogen, übernahmen den Unterricht.

Als Pimpf im »Deutschen Jungvolk in der HJ« hatte Helmut Kohl seit 1940 manchen Einsatz im Luftschutz und bei der Brandbekämpfung mitgemacht. Er war Jungenschaftführer geworden und hatte damit in der Hierarchie des Jungvolks die unterste Stufe erreicht: Führer einer etwa zehnköpfigen Jugendgruppe. Der verstärkte Bombenkrieg veranlasste die nationalsozialistische Führung, schulpflichtige Jungen und Mädchen in gesicherte Landesteile zu verlegen. Die deutsche Jugend zu schützen, war für das Naziregime vorrangiges Gebot. Kinder aus Großstädten wurden in ländliche Gebiete »verschickt«. Die Weiterführung des Schulunterrichts sollte sichergestellt werden. Sechs- bis Zehnjährige wurden in Familienpflegestellen untergebracht, die Zehn- bis Vierzehnjährigen in Gemeinschaftslagern wie Jugendherbergen, Schullandheimen, Hotelbetrieben oder Gaststätten. In den letzten fünf Kriegsjahren brachten die Nationalsozialisten rund drei Millionen Kinder und Jugendliche im Rahmen der erweiterten Kinderlandverschickung in Sicherheit.

Im Herbst 1943 begann die Evakuierung der Fliegergeschädigten in Ludwigshafen. Das Leben der daheimgebliebenen alten

Menschen, Frauen und Jugendlichen spielte sich zunehmend in Bunkern und Kellern ab. Im Sommer 1944 verließ auch Helmut Kohl im Rahmen der Kinderlandverschickung die Stadt. Er kam nach Erbach im Odenwald. Im Dezember 1944 ging es dann weiter ins Wehrertüchtigungslager nach Berchtesgaden. Zuvor kam die Nachricht, dass Bruder Walter als Neunzehnjähriger bei Haltern in Westfalen gefallen war. Für die Familie war das ein schwerer Schock. Der Fallschirmspringer war mit einem Transportzug im Verschiebebahnhof von Haltern angekommen und hatte sich – wie seine Kameraden – in die nahegelegenen Häuser begeben. Bei einem Tieffliegerangriff verließ er seine Unterkunft und rannte auf den Transportzug zu, während einige zurückgebliebene Kameraden die zur Zugabschirmung mitgeführte Vierlingsflak in Stellung brachten. Wenige Sekunden später gelang der Flak ein Volltreffer. Ein Bomber stürzte ab und riss die Starkstromoberleitungsmasten der Reichsbahn herunter. Walter und einige andere wurden von den niederstürzenden Masten getroffen. Er war nicht sofort tot, sondern starb Stunden später, ohne das Bewusstsein wiedererlangt zu haben.

Das NS-Regime förderte die Abenteuerlust junger Menschen und nutzte sie aus. Die Pimpfe liebten es, durch Wald und Feld zu ziehen, zu raufen, sich zu tarnen, zu beobachten, im Geländespiel auch mit Regen, Kälte und Hitze fertig zu werden. Die Wehrerziehung der Hitler-Jugend (HJ) war jugendgemäß und durchaus begehrt. Geländespiel, Geländesport und Kartenlesen standen im Mittelpunkt der Wehrertüchtigung. Auch die Wehrmacht erkannte den Wert dieser Ausbildung: Bei Ausbruch des Krieges stellte sie Geräte und Ausbilder zur Verfügung, wobei die Schießausbildung Vorrang erhielt. Im Geländedienst sollten die Jugendlichen richtigen Soldaten nacheifern. Härte, Disziplin, Glaube und Idealismus wurden ihnen abverlangt: eine vormilitärische Ausbildung.

Als Helmut Kohl ins Berchtesgadener Wehrertüchtigungslager kam, war der Krieg längst verloren. Doch die Jugendlichen sollten noch zu Flakhelfern ausgebildet werden. An seinem 15. Geburtstag am 3. April 1945 wurde er mit seinen Kameraden im Stadion von Berchtesgaden vereidigt. Reichsjugendführer Arthur Axmann nahm die Vereidigung vor, wahrscheinlich seine letzte. Später wurde er als »Hauptbeschuldigter« des Dritten Reiches zu einer Haftstrafe von über drei Jahren verurteilt und für schuldig befunden, die deutsche Jugend bis zum Ende des Dritten Reiches mit nationalsozialistischem Gedankengut indoktriniert zu haben.

Gegen eine derartige Beeinflussung schien Kohl gefeit zu sein. Seine liberal-katholische Erziehung sowie die kritische Einstellung seiner Eltern zum Nationalsozialismus hatten den Fünfzehnjährigen auf gesunde Distanz zur Hitler-Jugend gebracht. Später erinnerte sich Kohl noch genau an das laute Schreien Axmanns im Berchtesgadener Stadion. Die Vereidigung blieb ihm auch deshalb unvergesslich, weil seine Kameraden scharenweise zusammenbrachen. Die Verpflegung war zu dürftig gewesen. Wie Dominosteine kippten die Jungen rechts und links von ihm ohnmächtig um.

Berchtesgaden bot Anfang 1945 ein chaotisches Bild. Neben NS-Größen hielten sich viele Ritterkreuzträger, Eliteeinheiten und prominente Verwundete in der Stadt auf. Kohl brauchte nicht mehr zu schießen. Er gehörte zu jenen, die das Berchtesgadener Tal einnebelten. Seine Kameraden und er mussten Nebelfässer öffnen, damit die Tiefflieger ihre Ziele nicht treffen konnten. Kohls Hauptaufgabe bestand während dieser Zeit allerdings im Kurierdienst. Er fuhr mit der Eisenbahn nach München oder Wien. Akten der HJ-Führung mussten nach Berchtesgaden transportiert und in Sicherheit gebracht werden, ebenso Akten anderer Dienststellen, die in der Festung Berchtesgaden eingelagert werden sollten.

Grundsätzlich gingen die Bahnfahrten über Freilassing, wo man umstieg. Wichtig aber war die Tatsache, dass in der Bahnhofsbaracke der Leitstab der Wehrmacht Lebensmittel ausgab. Mit Hilfe des vorgezeigten Marschbefehls bekamen die »Lausbuben, die man zu Soldaten gemacht hatte«, Nahrungsmittel, von denen sie in Berchtesgaden nur träumen konnten. Der verantwortliche bayerische Feldwebel zeigte eine Schwäche für die HJler und packte ihnen einige Male Fressalien ein. Zwei Kommissbrote und ein Stück Wurst waren das mindeste. Für Kohl und seine Kameraden führten alle Bahnwege grundsätzlich über Freilassing.

Das Kriegsende erlebten die Jungen nicht mehr in Berchtesgaden. Zwölf Stunden bevor amerikanische Truppen die Stadt einnahmen, setzten sich Kohl und andere im Drunter und Drüber ab. Den Tag der bedingungslosen Kapitulation, den 8. Mai 1945, erlebten sie am zweiten Tag ihres Fußmarsches in der Nähe des Lechfeldes bei Augsburg. In einem Luftwaffenlager fanden sie eine vorübergehende Bleibe. Als sie im Morgengrauen eine Suppe kochten, sahen sie sich plötzlich von ehemaligen polnischen Zwangsarbeitern umstellt. Die geflüchteten HJler – immer noch in Wehrmachtsuniform – bezogen gewaltige Prügel. Die Polen übergaben die gefangenen jungen Deutschen an US-Soldaten; sie mussten dann auf einem Bauernhof arbeiten unter der Auflage, sich zweimal in der Woche bei den Amerikanern zu melden.

Nach drei Wochen harter Arbeit durften sie sich auf den Weg in Richtung Heimat machen. Ende Juni 1945 stand die Gruppe nach dreiwöchigem Fußmarsch an einem Samstagnachmittag ohne Ausweispapiere in Mannheim. Auf dem anderen Rheinufer sahen sie ihre Heimatstadt Ludwigshafen. Sie versuchten, durch die amerikanischen Kontrollen zu gelangen, wurden aber nicht durchgelassen. Die Fünfzehnjährigen »heulten wie die Schlosshunde«, winkten über den Rhein, konnten den amerikanischen Posten jedoch nicht erweichen. Es gelang ihnen nicht, sich auf die andere Rheinseite durchzuschlagen. Im alten Mannheimer Schlossbunker fanden sie ein Nachtquartier. Erst zwei Tage später erreichte Kohl sein Elternhaus. Nach der Begrüßung bat er seine Mutter als Erstes um ein Glas eingemachter Pfirsiche, die er gierig verschlang.

Ludwigshafen war zu zwei Dritteln zerstört. Kohls Bruder Walter war gefallen. Der Krieg hatte den Vater herzkrank gemacht. Der Schwimmer, Fußballer, Tierzüchter, Karl-May-Leser, Messdiener und Hitler-Junge Helmut überstand die Wirren der Hitlerzeit. Im Juli 1945 – in Berlin begann die Potsdamer Konferenz der Siegermächte – verließ er seine Geburtsstadt. Noch gab es keine Aussicht auf Wiedereröffnung seiner alten Schule. Der Hunger trieb die Menschen aufs Land. Verwandte vermittelten ihm in Düllstadt bei Münster/Schwarzach – im Dreieck Würzburg/Kitzingen/Schweinfurt – eine landwirtschaftliche Ausbildung.

Auf einem Bauernhof der Süddeutschen Zucker AG mit rund 90 Milchkühen und einer Anbaufläche von über 1 200 Morgen (über 40 000 Ar) lernte Kohl alle Arbeiten kennen, die in einem Betrieb dieser Größenordnung anfallen. Morgens um fünf stand er auf und versorgte zusammen mit einem Schweizer die Kühe. Mindestens zweimal in der Woche erlebte er, wie ein Kalb zur Welt kam. Kohl führte das Herdbuch, in das alle Daten neugeborener Tiere aufgenommen wurden.

Die meisten Männer aus den Familien, die den Hof bewirtschafteten, waren in Kriegsgefangenschaft. Die während des Krieges eingesetzten Zwangsarbeiter hatten den Hof längst verlassen. Für den Fünfzehnjährigen begann eine mühsame Plackerei. Angebaut wurden überwiegend Zuckerrüben, außerdem unterhielt der Hof eine beachtliche Schweinezucht. Kohl lernte das Pflügen mit Zugochsen. Insgesamt sechs Ochsen wurden benötigt, um einen Tag lang zu pflügen, zu eggen oder andere Feldarbeit zu verrichten. Die eigenwilligen Tiere waren nur eine Zeit lang bereit zu arbeiten. Sie mussten immer wieder ausgetauscht werden, wenn ein Ochsenpaar des Ziehens überdrüssig war.

Mit den Flüchtlingstrecks aus Schlesien, Ostpreußen und Pommern kamen auch Landwirte, die neue Arbeitsstellen suchten. Den Hof in Düllstadt überschwemmten landwirtschaftliche Fachleute. Kohl wurde von Tag zu Tag klarer, dass er nach Abschluss einer Landwirtschaftslehre keine Chance hätte. Nach einem harten, aber lehrreichen Jahr brach er die Ausbildung ab und ging zurück nach Ludwigshafen. An jene Zeit auf dem Hof denkt er gerne zurück, weil er seinen ausgeprägten Neigungen nachgehen konnte und vorzüglich versorgt wurde, ganz im Gegensatz zu den meisten Menschen im zerstörten Deutschland, die hungern mussten. In jenem Jahr schoss er körperlich in die Höhe und überragte fortan viele seiner Altersgenossen.

Im September 1945 wurde an Kohls alter Schule, der Oberrealschule in der Leuschnerstraße, der Schulbetrieb wieder aufgenommen. Als er nach den Sommerferien 1946 in seine Klasse zurückkam, war das Schulgebäude noch immer beschädigt. Im Organisieren erfindungsreich und geübt, machte er der Schulleitung ein Angebot, das auch angenommen wurde: Die Schüler reparierten selber den Klassenraum und durften dafür bis zum Ende der Schulzeit darin bleiben.

Die Schüler des Geburtsjahrgangs 1930 hatten während des Krieges durchweg zwei Jahre verloren. Zwei Freunde von Kohl hatten bislang das Amt des Klassensprechers ausgeübt – nicht ohne seinen Einfluss. 1947 fiel es ihm fast automatisch zu. Schon vorher hatte er manches organisiert: von der Klassenrenovierung bis zur Feierstunde. Er war Wortführer bei Diskussionen, wenn über tagespolitische Ereignisse, Demokratie- und Europafragen gestritten wurde. Gegenüber Lehrern trat der lange Friesenheimer forsch und energisch auf. Kohl führte das Klassenbuch, genauer gesagt die Anwesenheitsliste. Er galt als unbestechlich, preußisch genau, korrekt. Zu seinen Aufgaben gehörte auch die gerechte Verteilung der Schulspeise und der Kleider. Die Klasse war ein verschworener Haufen. Schwache Lehrer hatten es nicht leicht, mit den Schülern umzugehen, die durch Krieg und Bombennächte härter, reifer und kritischer geworden waren als die folgende Generation. Der Klassensprecher Kohl betrachtete sich nicht als verlängerten Arm der Schulleitung. Das Vertrauen seiner Mitschüler erwarb er sich dadurch, dass er unkameradschaftliches Verhalten anprangerte. Wer es ablehnte, abschreiben zu lassen, wurde von ihm als »Streber« gescholten. Wer keine Zeit fand, Veranstaltungen des Klassenverbandes mit vorzubereiten, den brachte Kohl dazu, Ersatz zu leisten. Meistens musste der Betreffende Geld zahlen. Kohl investierte viel Zeit in die Arbeit des Klassensprechers. Für Klassenfeste organisierte er nicht nur die Partnerinnen vom Mädchengymnasium und die Musikkapelle, er besorgte auch bescheidene Speisen und Getränke. Die Verordnungen der Nachkriegszeit über Musikgenehmigungen kannte er ebenso gut wie die Bürokraten auf dem zuständigen Amt. Er kümmerte sich auch um Theaterbesuche außerhalb Ludwigshafens. Der Mitschüler Karl Cunz erinnert sich: »Man erkannte ihn in der Klasse an, hörte auf ihn, obwohl er nicht der Primus war. Seine Körperlänge allein bewirkte es nicht, dass er bei Schülern und Lehrern eine gewichtige Rolle spielte. Seine Offenheit – ohne Falschheit –, bisweilen mit Ironie gewürzt, seine Persönlichkeit – wenn man bei einem Siebzehnjährigen davon sprechen kann – zwang Gegenüberstehende in seinen Bann.«

Es war sein Pech, dass sein Gymnasium in eine mathematisch-naturwissenschaftliche Anstalt umgewandelt wurde und Fächer für ihn wichtig wurden, die er nicht mochte. Dementsprechend fiel auch die Abiturarbeit in Mathematik aus: eine glatte Sechs. Wie sich später herausstellte, hatte er 1950 im Abitur die schlechteste Mathematiknote in Rheinland-Pfalz. Nur durch ein Sehr gut in Deutsch konnte die Sechs in Mathematik ausgeglichen werden. Der Schwierigkeitsgrad des französischen Zentralabiturs war damals recht hoch. Die Abiturthemen wurden vom Kultusministerium gestellt, Kohls Lehrer hatten keinen Einfluss darauf. Schriftlich geprüft wurde in den Fächern Deutsch, Französisch, Mathematik und wahlweise in Physik oder Chemie.

Am 8. Juli 1950 legte Kohl erfolgreich die mündliche Reifeprüfung ab. Der Weg zum Universitätsstudium war frei. Viele Abiturienten des Jahrganges 1950 studierten Naturwissenschaften. Einige wurden Diplomingenieure, Diplomkaufleute, Juristen und Mediziner. Nur drei schrieben sich an der Philosophischen Fakultät ein: zwei studierten Theologie, Helmut Kohl Staatswissenschaften und Philosophie an der Universität Frankfurt.

Als Gymnasiast hatte es Helmut Kohl verstanden, persönliche Bindungen und Beziehungen zu den Lehrern zu pflegen. Er teilte Pädagogen in »angenehme, zugängliche« und »unangenehme, verbohrte Menschen« ein. Zu seinem ersten Mathematiklehrer nach dem Kriege entwickelte er eine starke menschliche Beziehung, Gleiches galt für seinen Religionslehrer. Beziehungen pflegte und pflegt er mit Engagement, zum Teil bis zum heutigen Tag. Dabei spielen Sympathie und Antipathie für Personen eine zentrale Rolle. Vieles wird von ihm emotional erfasst und verarbeitet, vor allem Menschen. Nicht nur in der Fußballmannschaft gab er den Ton an. Kohl war Macher, Organisator, Ansprechpartner für Lehrer und Klassenkameraden, doch auch moralische Instanz: Er lobte und tadelte.

2. PARTEIEINTRITT

Die Friesenheimer Pfarrjugend war Helmut Kohl zu fromm und der Gottesdienst als Messdiener verlangte ihm zu viel Disziplin ab. So entschloss sich der Sechzehnjährige, in die CDU einzutreten. Seit dem 2. Juni 1946 gab es einen Kreisverband der CDU Ludwigshafen, den sein Vater mitbegründet hatte. Hans Kohl, der mit Skepsis und Distanz das Dritte Reich überlebt hatte, war aus christlicher Überzeugung zur CDU gestoßen. Als Gründungsmitglied verhielt er sich nicht sonderlich aktiv. Er bezahlte seinen jährlichen Beitrag, ging einmal im Jahr zur Mitgliederversammlung seines Friesenheimer Ortsverbandes und missbilligte meistens die politischen Reden der CDU-Vorstände. Obwohl sich das parteipolitische Engagement des Vaters in Grenzen hielt, vermittelte das Elternhaus dem Sohn wichtige politische Anstöße.

Bei der ersten freien Kommunalwahl nach dem Krieg im September 1946 saß der junge Kohl von morgens bis abends im Friesenheimer Wahllokal. Er wollte miterleben, wie die wahlberechtigten Friesenheimer ihre Stimme abgaben, und half beim Stimmenauszählen. Die erste freie Wahl wurde für den Schüler zum Schlüsselerlebnis. Drei Monate später, im Dezember 1946, ging er in die provisorische Geschäftsstelle der CDU und füllte einen Antrag auf Mitgliedschaft aus. Seitdem wird Helmut Kohl unter der Mitgliedsnummer 00246 geführt, im Kreisverband 23, dem späteren Landesverband 14 der Christlich Demokratischen Union Deutschlands. Weder Vater noch Mutter hatten ihn zum Parteieintritt bewegt.

Eine Reihe von Menschen, vor allem ältere, gaben dem jungen Helmut Kohl entscheidende Impulse. Den Schüler Kohl beeinflussten besonders zwei Männer: der katholische Priester Johannes Fink sowie der Mathematiklehrer und Marxist Otto Stammfort. Johannes Fink, Bruder des ersten rheinland-pfälzischen Kultusministers Dr. Albert Fink, arbeitete seit 1932 als Pfarrer in Limburgerhof, an der Stadtgrenze Ludwigshafens. Er gehörte in der Weimarer Republik zu den führenden Köpfen des Zentrums und war nach dem Krieg der erste Vorsitzende der CDU Pfalz. Im

Jahr 1946 übergab er dieses Amt an einen jungen Parteifreund. Der Priester verzichtete auf politische Betätigung, denn Parteiämter für Theologen sollten vermieden werden. Der Publizist und volkstümliche Redner Fink, ein Priester der Arbeiter und kleinen Leute, engagierte sich trotzdem. Als Berater des unpolitischen Speyerer Bischofs legte er sich unerschrocken mit der französischen Besatzungsmacht an. Innerhalb der CDU Pfalz blieb sein Einfluss personell wie programmatisch bedeutsam. Sein Pfarrhaus in Limburgerhof war schon während des Dritten Reiches Treffpunkt und Hort der illegalen Opposition gewesen. Nach dem Krieg wurde es regionale Begegnungs- und Ausbildungsstätte des CDU-Nachwuchses. Fink hatte 1946 bei seinen pfälzischen geistlichen Mitbrüdern nachgefragt und sie gebeten, ihm politisch interessierte Pfarrmitglieder bekanntzugeben. Unter den Namen der Friesenheimer Sankt-Josephs-Pfarrei befand sich auch der von Helmut Kohl. So gelangte der junge Parteigänger in den kleinen Kreis um Johannes Fink. Von 1947 an nahm Kohl regelmäßig an den wöchentlichen Treffen im Pfarrhaus von Limburgerhof teil. Sonntagmittags versammelten sich dort zehn bis zwölf junge Leute, die meisten von ihnen ehemalige Kriegsteilnehmer. Der Benjamin dieser Runde war Helmut Kohl, der nicht allein aus Wissensdurst zu Dekan Fink ging: Dort gab es nämlich auch Kaffee und Kuchen, außerdem pfälzische Fleisch- und Wurstspezialitäten aus »schwarzer« Hausschlachtung.

Die Parteifreunde setzten sich nicht nur mit den geistigen Strömungen des politischen Katholizismus, Liberalismus und Sozialismus auseinander, auch die einfachen methodischen Fragen des politischen Handwerks wurden im Fink'schen Pfarrhaus behandelt. Jeder Teilnehmer wurde zu Vorträgen verpflichtet, anschließend diskutierten und kritisierten die Mitglieder das Vorgetragene. Solange es keine politische Literatur gab, dienten den freiwilligen Politikschülern Finks die Hefte des »Volksvereins für das katholische Deutschland« als Lehr- und Lerngrundlage. Teilnehmer erinnern sich, dass regelrecht »gebimst und gepaukt« wurde. Dem Klassensprecher Kohl machten diese Seminare mehr Spaß als Vokabeln lernen, Algebra und Geometrie. Johannes Fink beeinflusste Kohl bis zu seinem Tod 1953 intensiv, er wurde sein Mentor, politischer Ziehvater und väterlicher Freund. Wie kein anderer prägte er Kohls politisches Weltbild.

Von anderer, völlig entgegengesetzter Art war der Einfluss des Mathematikers und Marxisten Otto Stamfort auf den Schüler Kohl. Zwei- bis dreimal im Monat verbrachte der Schüler seine Abende bei dem dozierenden, jedoch verhalten agierenden Kommunisten und Antifaschisten. Durch ihn erfuhr er »deutsche Lebensgeschichte«, hörte vom Schicksal der Juden im Dritten Reich, vom Widerstandskampf Stamforts und dessen Erlebnissen als Jude in deutschen Konzentrationslagern. Dieser Lehrer deutete dem jungen Kohl die Lehren von Marx, Engels und Lenin. Stundenlang lauschte der wissbegierige Christdemokrat den Ausflügen seines Mathematiklehrers in die russische Geschichte. Er analysierte mit ihm kommunistisches Denken. Bei Stamfort lernte Kohl einige der späteren Spitzenpolitiker der DDR kennen. Diesem Lehrer blieb er auch nach dessen Weggang in die DDR lange Jahre durch Briefe verbunden. Stamfort vermittelte Kohl Einblicke in eine andere Gedankenwelt. Er konfrontierte ihn mit seiner politischen Überzeugung, die das Weltbild des Christdemokraten jedoch nicht erschütterte.

Stamfort kannte Kohls parteipolitisches Engagement. Er versuchte nicht, den jungen Pfälzer für die Ideen des Kommunismus zu gewinnen. Ihn reizten vermutlich die Wissbegierde und die konservative Haltung des Jungen aus der Nachbarschaft. Möglicherweise ist Kohls Abneigung gegen Ideologien durch Stamfort geprägt worden. Die Eltern, Johannes Fink und der jüdische Kommunist Otto Stamfort waren die wichtigsten Bezugspersonen, die den jungen Politiker bei seiner Suche nach Überzeugungen und Standpunkten formten.

Als Helmut Kohl im Dezember 1946 CDU-Mitglied wurde, gab es noch keinen Jugendverband der Christdemokraten. Erst Mitte 1947 wurde die Junge Union Ludwigshafen gegründet, an der Kohl wesentlich beteiligt war. Er übernahm den Vorsitz der JU-Ortsgruppe Friesenheim. Ganz sicher war der Friesenheimer das jüngste Parteimitglied und damit auch der jüngste JU-Ortsvorsteher. Ebenso sicher ist, dass Kohls Körpermaße und seine beträchtliche Körperstärke ihn auch bei den anderen Parteien bekannt machten wie einen »bunten Hund«.

Seine erste praktische Erfahrung als Mitglied sammelte er im Landtagswahlkampf 1947. Die Wahlkampfleitung setzte den langen »Helle« als Plakatkleber ein. Dabei bekam er zu spüren, was es in sozialdemokratischen Revieren bedeuten kann, CDU-Mitglied zu sein und öffentlich aufzutreten. Unversöhnlich – wie kaum anderswo – standen sich die ihre Wähler umwerbenden Parteien gegenüber. Kommunisten und Sozialdemokraten reagierten gereizt, wenn Klebekolonnen der CDU ihre eigenen Plakate anbrachten. Tagsüber schien dies praktisch unmöglich zu sein. Obwohl die CDU-Werbekampagnen in die Abend- und Nachtstunden verlegt wurden, bezog das junge Parteimitglied Kohl bei seinen ersten Wahlkampfeinsätzen im Mai 1947 heftige Prügel. Solche Erlebnisse erklären seine damalige unversöhnliche Haltung gegenüber dem politischen Gegner, den »Sozen«. Der Umgang der Parteien in Kohls Geburtsstadt mit- und untereinander wurde jahrelang durch Feindbilder geprägt. Der Landtagswahlkampf 1947 war für die Union Ludwigshafen kein Zuckerschlecken. In Kohls Heimatstadt erreichte die CDU nur 27,3 % der Stimmen, während die Sozialdemokraten 46,7 % verbuchen konnten. Die Kommunisten rutschten mit 20,8 % in bedrohliche Nähe des CDU-Ergebnisses. Kohl gehörte zu den politischen Verlierern.

Im Landesdurchschnitt war das CDU-Ergebnis durchaus beachtlich. Mit 47,2 % wurde die Union stärkste politische Kraft. Sie stellte den Ministerpräsidenten und ging eine Allparteienkoalition mit SPD, FDP und sogar KPD ein. Die Landtagswahl war mit einer Volksabstimmung über die neue Landesverfassung gekoppelt worden, landesweit stimmten 53 % der Wähler mit Ja, 47 % lehnten sie ab. Im Regierungsbezirk Pfalz gab es eine überwältigende Mehrheit gegen die Verfassung: 59,7 % der Pfälzer waren dagegen, nur 40,3 % votierten mit Ja. Unüberhörbare Signale der Skepsis gegenüber dem neuen Land Rheinland-Pfalz, dem »Land aus der Retorte«.

Unter schweren Geburtswehen war unterdessen am 14. Februar

1947 in Bad Kreuznach der CDU-Landesverband gegründet worden. Noch schwieriger verlief die Gründung regionaler Verbände der Jungen Union. CDU-Honoratioren zeigten wenig Verständnis für den Aufbau einer Nachwuchsorganisation. Die Initiative ergriffen häufig junge CDU-Mitglieder. Zum ersten CDU-Landesparteitag in Kaiserslautern, der im Oktober 1947 stattfand, kamen jeweils fünf Delegierte aus den fünf Regierungsbezirken zusammen. Sie gründeten den Landesverband der Jungen Union, wählten den Vorstand und einen hauptamtlichen Landesgeschäftsführer. Zu den Delegierten gehörte auch Helmut Kohl, der sich auffallend zurückhielt.

In den Gründerjahren verfolgte die Junge Union kaum einen anderen Zweck, als Schulungsabende und Seminare, also politische Bildungsarbeit, durchzuführen. Die Junge Union wurde als politische Elementarschule der Partei betrachtet. Sie erschien Kohl nicht attraktiv genug. Dank der Arbeit seiner Ludwigshafener Mentoren kannte er bereits die Praxis innerparteilicher Demokratie. Die Auseinandersetzung zwischen Marxismus und Christentum war ihm vertraut. In Rheinland-Pfalz gab es eine Besonderheit, die Kohls Parteikarriere förderte: Im Gegensatz zu anderen Landesverbänden war eine JU-Mitgliedschaft bis zum 40. Lebensjahr identisch mit der in der Mutterpartei. Erste Adresse des Nachwuchses war damals die Union. In ihrem Spitzengremium, dem 40-köpfigen CDU-Vorstand, hatte die Junge Union nur einen offiziellen Vertreter. Der bewusste Verzicht auf einen eigenen Nachwuchsverband außerhalb der CDU sollte in der späteren innerparteilichen Auseinandersetzung noch bedeutsam werden. Der Friesenheimer JU-Ortsvorsteher Helmut Kohl erkannte frühzeitig die Ohnmacht der Jungen Union. Er erkannte ihren fehlenden innerparteilichen Einfluss und bemerkte die unverkennbare Gleichgültigkeit der Parteihonoratioren gegenüber dem eigenen Nachwuchs. Dennoch erklomm er zunächst die Karriereleiter der JU. 1948 bewarb er sich erfolgreich um das Amt des stellvertretenden JU-Kreisvorsitzenden. Seine erste große organisatorische Leistung bestand in der Vorbereitung und Gestaltung des 1.-Mai-Balles 1948 der Jungen Union in der Festhalle von Ludwigshafen-

Oggersheim. Versuche, noch im gleichen Jahr als Achtzehnjähriger Bezirksvorsitzender der Jungen Union Pfalz zu werden, scheiterten. Mit einer Stimme Vorsprung gewann ein Konkurrent die Wahl. Für Kohl jedoch ein Riesenerfolg. Es war der letzte Versuch, über die Junge Union auf regionaler Ebene vorwärtszukommen. Nun setzte er auf die Mutterpartei und arbeitete dort zielstrebig und beharrlich mit. In der CDU entfaltete er jene Eigenschaften und Fähigkeiten, die auch den wendigen, mannschaftsdienlichen Klassensprecher ausgezeichnet hatten.

Noch 1948 wurde Kohl zum Delegierten der Partei gekürt. Er nahm mit Sitz und Stimme an allen wichtigen Parteiveranstaltungen bis zur Bezirksebene teil. Von Anfang an gehörte er zu den eifrigsten und agilsten Wahlkämpfern. Er konnte »fetzen«. Noch beschränkte sich sein Einsatz darauf, Flugblätter zu entwerfen, zu verteilen oder Plakate zu gestalten. Nicht immer gefiel dem Achtzehnjährigen das Werbematerial, das von der CDU-Landesgeschäftsstelle zur Verfügung gestellt wurde. Außerdem gab es zu wenig. Deshalb reiste der Ludwigshafener Schüler in die Koblenzer Geschäftsstelle, um ein bisschen zu »motzen«. Er klagte über schlecht gestaltete Plakate, mokierte sich über laue Wahlkampfargumente, pflaumte Mitarbeiter an und nahm zu guter Letzt reichlich Material mit nach Hause. Ein Teilziel war erreicht. Mit Schwung und missionarischem Bekennermut stürzte er sich in jeden Wahlkampf, forderte als Gegenleistung politischen Einfluss und politische Verantwortung. Im Bundestagswahlkampf 1949 erlebte er wieder handfeste Auseinandersetzungen mit den Kleberkolonnen der SPD und der Kommunisten. Diesmal kämpfte er auch außerhalb der Stadtgrenze Ludwigshafens für die Union.

Seit 1953 eröffnet die Union ihren Bundestagswahlkampf traditionsgemäß in der Dortmunder Westfalenhalle. Nur einmal in der Geschichte der CDU fand diese Veranstaltung im Heidelberger Schloss statt, nämlich 1949. Kohl war dabei. Zum ersten Mal sah er neben Jakob Kaiser, Karl Arnold und Gustav Heinemann auch Konrad Adenauer. Der Neunzehnjährige gehörte zum Begleitkommando für Gustav Heinemann. Für die einzige Kundgebung in der Pfalz – mit Jakob Kaiser im Saalbau von Landau – rührte der Pennäler die Werbetrommel wie nie zuvor. Mit dem ersten Lautsprecherwagen der Ludwigshafener CDU fuhr er kreuz und quer durch die Pfalz und forderte die Bürger auf, Jakob Kaiser zu hören. Kohl steuerte nicht nur den VW, er agierte auch als vollmundiger Propagandist seiner Partei.

Die zentrale Kundgebung in Landau wurde für den Schüler zum unvergesslichen Erlebnis. Noch war die Gründung der Bundesrepublik nicht vollzogen, noch geisterten in den Köpfen der Franzosen Separatismuspläne. General Charles de Gaulle hatte 1947 in der Universität Straßburg gefordert, neben der Saar auch die Pfalz abzutrennen. Die Grenze sollte entlang des Rhein- und Moselufers gezogen werden. Bewusst hatten die CDU-Wahlkämpfer den Berliner Jakob Kaiser zur Großkundgebung eingeladen, weil gerade er die Pfälzer in der Grenzfrage vorbehaltlos unterstützte.

Höhepunkt des Abends aber war am Schluss der Veranstaltung der Auftritt von Albert Fink, dem Bruder von Kohls Mentor. Er gehörte zu den schärfsten Kritikern französischer Vorstellungen. Nach der Begrüßung seiner Landsleute und der anwesenden französischen Offiziere forderte Fink alle Zuhörer im überfüllten Landauer Saalbau auf, gemeinsam die Nationalhymne zu singen. Noch ehe die französischen Besatzungsoffiziere den Saal verlassen konnten, wurde das Deutschlandlied angestimmt. Alle drei Strophen. Dem neunzehnjährigen Kohl lief es kalt über den Rücken. Vielen Menschen standen Tränen der Rührung in den Augen.

Seinen ersten öffentlichen Auftritt als Wahlredner hatte Kohl am Vorabend der ersten Bundestagswahl am 13. August 1949 in Mutterstadt im Landkreis Ludwigshafen. Hauptredner war ein alter CDU-Kämpfer, eine Lokalgröße. Vor diesem ließ die Wahlkampfleitung einen jungen Redner auftreten: Helmut Kohl. Im überfüllten Saal lauschte auch Johannes Fink der Jungfernrede seines gelehrigen Schülers, dessen forsche, attackierende Gangart und schneller Redefluss bereits bekannt waren.

In seiner Heimatstadt gewann die CDU im Vergleich zur Stadtratswahl vom November 1948 zwar vier Prozent hinzu, das Direktmandat fiel aber an die SPD.

In den folgenden Jahren arbeitete Kohl bienenfleißig und unverdrossen als CDU-Delegierter und in der Jungen Union. Er reiste durch das wirtschaftlich zurückgebliebene »Land aus der Retorte«. In Nachbarbezirken lernte er Gleichgesinnte kennen, knüpfte Kontakte und freundschaftliche Beziehungen zu jenen, die seine kritischen Äußerungen über die Honoratioren der Mutterpartei teilten. Unbekümmert riskierte er eine »kesse Lippe«, gab sich bodenständig, leutselig und volksnah – Eigenschaften, die er jahrelang beibehielt. Er wetterte gegen die Rückständigkeit der eigenen Partei, gegen den Einfluss der »Eminenzen und Exzellenzen«, gegen den Filz der alten Garde. Nach und nach wurde er in der Pfalz zum Kristallisationspunkt innerparteilicher Kritik und zum Bezugspunkt einer neuen, selbstbewussten Basis, die gegen den Mief der Altvorderen opponierte. In seinem Elternhaus trafen sich alte und neue Parteimitglieder, um neue Wege zu erörtern.

Sein Vater hatte ihn frühzeitig vor der Parteiarbeit gewarnt. Dem CDU-Gründungsmitglied Hans Kohl missfiel die mangelnde Konzentration seines Sohnes auf die Schule. Er schimpfte über dessen öffentliche Parteiauftritte und litt unter dem ausschließlich parteipolitischen Interesse seines Jüngsten. Als dieser nach dem ersten Studiensemester alle Hoffnungen des Vaters auf einen soliden Beruf zunichtemachte, krachte es zwischen beiden erheblich. Dem soliden, aber biederen Finanzbeamten behagte es überhaupt nicht, dass sein Sohn eine politische Karriere anstrebte. Erst Jahre später akzeptierte Vater Kohl die Laufbahn seines Sohnes.

In den fünfziger Jahren sondierte der Heidelberger Student Kohl Möglichkeiten des politischen Weiterkommens. In seiner Heimatstadt hatte die junge Garde die Mehrheit erreicht. Wenn überhaupt, musste im Bezirk etwas geschehen. Hier bemühte sich Kohl, erste Hürden zu nehmen. Unbeirrt verfolgte er seine Strategie: Er ließ die Spitzenposition der Jungen Union aus, versuchte aber, mit der Hausmacht im Rücken in der CDU weiterzukommen.

Im Herbst 1953 bot sich eine Chance. Gesucht wurde ein Mitglied des geschäftsführenden Bezirksvorstandes der CDU Pfalz.

Der 23-Jährige nutzte sie. Zum ersten Mal versetzte der vorwärtsdrängende, manchmal nassforsch und ruppig redende junge Ludwigshafener die pfälzischen Statthalter der Partei in Angst und Schrecken: Wagte es doch dieser aufmüpfige Schnösel tatsächlich, in einer Kampfabstimmung gegen den alten Oberbürgermeister von Landau, Dr. Aloys Krämer, anzutreten. Krämer war ein stockkonservativer Druckereibesitzer und ehemaliger Verlagsdirektor der katholischen Tageszeitung »Der Rheinpfälzer«. Alles in allem das Abbild eines CDU-Honoratioren: Er verfügte über Beziehungen, besaß eine kleine schlagkräftige Hausmacht, war kirchenhörig und machtbewusst. Das Wahlergebnis schlug wie eine Bombe ein. Nicht nur in der Pfalz, auch in Mainz und Koblenz, der Hochburg des rheinland-pfälzischen Ministerpräsidenten Peter Altmeier, wurde erregt über diese »Wachablösung« spekuliert. Mit einer Stimme Vorsprung war Kohl Mitglied des geschäftsführenden Parteivorstandes geworden. Unvorstellbares hatte sich ereignet. Viele Würdenträger der Union, deren innerparteiliches Demokratieverständnis aus Klüngelei, autoritärem Gehabe und Überheblichkeit bestand, waren aufgeschreckt worden. Der Stern des Studenten aus Heidelberg leuchtete über die Grenzen der Pfalz. Kohls Ansehen wuchs. Die junge CDU-Garde stand fast geschlossen hinter ihm. Noch war ihr Einfluss gering und ihre Zahl bescheiden. Doch Kohl verdankte seinen Parteiaufstieg auch Vertretern der älteren Generation, die das politische Talent erkannten und förderten, weil auch sie mit den Allüren, dem Gehabe und Getue mancher Amtsinhaber und Pfründenverwalter nicht mehr einverstanden waren.

Seit 1949 gehörte Kohl zu den Rednern der jungen CDU-Generation, die bei Wahlversammlungen regelmäßig auftraten. Dieser Präsenz im Lande verdankte er die frühe Wahl in den geschäftsführenden Bezirksvorstand der CDU Pfalz. Er war überall gegenwärtig, ließ sich hören, elektrisierte durch deutliche Sprache. Und er ließ keine Gelegenheit aus, Mitglieder für seine Partei zu werben. Er gewann Freunde, baute einen immer stärker werdenden, verhältnismäßig fest gefügten Stimmenanteil für sich auf.

Helmut Kohls taktisches Geschick wurde immer wieder unterschätzt. Sich zu profilieren, Flagge zu zeigen, sich bekannt zu machen, gleichzeitig für die CDU zu werben, das kennzeichnete sein Erfolgsrezept anfangs der fünfziger Jahre. Nie scheute er davor zurück, schwierige, mitunter auch unmögliche Aufgaben zu übernehmen.

Sein früherer Mitstreiter in Ludwigshafen, Friedrich Nitsch, erinnert sich: »Helmut Kohl war kein Eisen zu heiß. Bei kontroversen Themen, wie wir sie in den fünfziger und sechziger Jahren erlebten, zeigte er immer Flagge. Der Elfenbeinturm war nie sein Wirkungsplatz. Im Urteil war er immer eindeutig, oftmals unbequem, doch auch unabhängig. Häufig trat er für konsequente Maßnahmen ein, auch wenn es dadurch Ärger gab. Dies hatte in einem Fall zur Folge, dass ein Staatsratsmitglied, Mitbegründerin der Ludwigshafener CDU, seinetwegen zur SPD überschwenkte. Ein alter CDU-Geschäftsführer behauptete sogar, Kohl sei ein Kommunist. So radikal hatte er ihn empfunden. Kohl jedenfalls hatte eine Spürnase dafür, was jenseits der sachlichen Details politisch relevant ist, ohne opportunistisch zu sein. Dies kam nicht zuletzt in der Art und Weise zum Ausdruck, wie er gegen alt gewordene Jusos polemisierte, ›welche die kurzen Hosen noch nicht ausbekommen haben‹. Dabei besaß er stets ein Gefühl der Solidarität, auch gegenüber politischen Gegnern. Bereits als Träger erster Parteiämter verstand er es zu delegieren. Er versammelte Sachverstand um sich, ließ allerdings seinen Mitarbeitern die lange Leine. Helmut Kohl buhlte auch nicht mit schlitzohriger Volkstümelei um die Volksgunst. Er haschte nicht nach Effekten, als er an der deutsch-französischen Grenze – lange vor der Europäischen Gemeinschaft – eine Demonstration für die Beseitigung der Grenzpfähle mitorganisierte. Mit anderen Mitstreitern besuchte er die Schlachtfelder von Verdun und Douaumont, ›um uns mit den schrecklichen Folgen des Völkerhasses zu konfrontieren‹.«

3. STUDENTENZEIT

»Helle«, wie Kohl von seinen Klassenkameraden damals wie heute genannt wird, versuchte schon als Pennäler, Geld zu verdienen. Die Kaninchenzucht hatte ihm wenig eingebracht, die Seidenraupenzucht ihn auch nicht reich gemacht. Doch vor der Währungsreform 1948 entdeckte er eine neue Einnahmequelle: Er verkaufte Flusskrebse an das Kasino der Badischen Anilin- & Soda-Fabrik. In der Sommersaison fing er sie zwischen vier und sechs Uhr. Um 6.30 Uhr war Ablieferungszeitpunkt. Damals gab es für die wohlschmeckenden Tiere Zigaretten, die in Bargeld umgesetzt wurden. Nach der Währungsreform erzielte er für jeden Flusskrebs einen Reingewinn von fünf Pfennig, für den Jungen ein »Bombenverdienst«. Als Oberstufenschüler arbeitete er während der Sommerferien im Baugewerbe. Beim Schleppen von Zementsäcken war der Kraftbolzen gefragt. Ein Zubrot verdiente er sich auch als Verkaufsfahrer einer Getränkegroßhandlung, als Tankstellenwart und als Gelegenheitsarbeiter in einer Miederwarenfabrik.

Im Wintersemester 1950/51 konnte Helmut Kohl sein Studium an der Johann-Wolfgang-Goethe-Universität in Frankfurt am Main aufnehmen. Er schrieb sich in der Staatsrechtlichen und Philosophischen Fakultät ein, hörte Vorlesungen in Nationalökonomie und Psychologie. Jeden Morgen fuhr er mit der Bundesbahn um 6.11 Uhr von Ludwigshafen in die Hessenmetropole. Meistens kam er erst gegen 23.00 Uhr zurück. Frankfurt gefiel ihm, denn Professoren mit glanzvollen Namen lehrten dort: fasziniert war Kohl beispielsweise von den Professoren Walter Hallstein und Carlo Schmid.

Ab dem Sommersemester 1951 fand Kohl in den Semesterferien bei der BASF eine regelmäßige Beschäftigung als Steinschleifer: ein schmutziger, aber gut bezahlter Job. Die Steinschleiferei bestand aus einer kleinen Gruppe im BASF-Mammutbetrieb. Hier arbeiteten 18 Männer, die zur Bauabteilung gehörten. Wenn Kohl mit einem befreundeten Kommilitonen die Ferienarbeit antrat, konnten die angestellten Steinschleifer reihum Urlaub machen. Sechs Jahre lang besaß Kohl diesen Stammplatz. Die Arbeit begann um 7.30 Uhr und endete um 17.00 Uhr, falls keine Überstunden notwendig waren. Mit dem Geld finanzierte er einen Motorroller, Marke Lambretta, mit dem Rest sein Studium. Die materielle Unterstützung seiner Eltern hätte nicht ausgereicht.

Der beträchtliche Zeitaufwand und die Anstrengung, die das Pendeln zwischen Ludwigshafen und Frankfurt kostete, veranlassten Kohl, nach zwei Semestern die Universität zu wechseln.

Im Wintersemester 1951/52 schrieb er sich an der Juristischen und Philosophischen Fakultät der Universität Heidelberg ein. Er beabsichtigte weiterhin, eine juristische Laufbahn einzuschlagen. Im vierten Semester folgte er dann allerdings seinen eigentlichen Ambitionen und sattelte um: Er wählte Geschichte als Hauptfach und belegte Staatsrecht und Öffentliches Recht sowie Politische Wissenschaft als Nebenfächer. Mit dieser Kombination entschied er sich, kein Staatsexamen abzulegen, sondern den Studienabschluss mit der Promotion anzustreben.

Die ersten Proseminare in Geschichte waren für ihn kein Zuckerschlecken. Ihm fehlte das Große Latinum. Zwar versuchte er, seine bescheidenen Lateinkenntnisse aus der Schulzeit zu verbessern, indem er einen Lateinkurs belegte. Doch der erworbene Lateinschein nutzte ihm wenig. Seine Kenntnisse in dieser Sprache reichten kaum aus, um den Anforderungen in mittelalterlicher Geschichte gerecht zu werden. Sein Ansehen beim Ordinarius für Geschichte, Fritz Ernst, der als Geschichtspapst galt, war dennoch gut. Regelmäßig besuchte er dessen Seminare. Bei anderen Professoren lernte Kohl Geschichte der Neuzeit, belegte Wirtschaftsgeschichte und arbeitete über die Volksfront in Frankreich. Die meisten akademischen Lehrer zeigten Verständnis für sein politisches Engagement und förderten ihn in besonderer Weise. Im Laufe seines Studiums in Heidelberg hörte Helmut Kohl die Politikwissenschaftler Theodor Eschenburg, Alfred Weber und Dolf Sternberger. Im Wintersemester 1957/58 gehörte Kohl sogar zu den Auserwählten des Sternberger-Seminars. Als Chairman der Rockefeller-Stiftung besorgte Sternberger dem Pfälzer 1956 eine Stelle als Hilfsassistent am Alfred-Ebert-Institut, die Kohl anderthalb Jahre lang für ein monatliches Salär von 150 DM innehatte.

Spätestens seit dem Wintersemester 1955 konzentrierte er sich auf seinen Studienabschluss. Er besuchte Vorlesungen und Seminare von Walter Peter Fuchs, dem bekannten Ranke-Forscher. Die Themenpalette reichte von der Reformation über die Gegenreformation und den Absolutismus bis in die neueste Zeit. Kohl ging eines Tages zu Fuchs und fragte ihn, ob er bei ihm eine Dissertation schreiben dürfe. Er hatte sich ein Thema ausgesucht, das bei Fuchs auf Interesse stieß: »Die politische Entwicklung in der Pfalz und das Wiedererstehen der Parteien nach 1945.« Nach einem ersten Blick in die von Kohl gesammelten Archivalien gab ihm Fuchs grünes Licht.

Der Politiker Kohl hatte für seine studentische Arbeit von Anfang an wichtige Parteidokumente gesammelt, persönliche Aufzeichnungen gemacht und sich den Zugang zu Privatarchiven und Nachlässen der pfälzischen Politiker verschafft. Die wichtigsten Quellen für seine Arbeit fand er im Nachlass seines Mentors Johannes Fink in der Gemeinde Limburgerhof. Auch Tagebuchaufzeichnungen sowie wichtige Bestände des Privatarchivs von Gustav Wolf, dem ehemaligen Rektor der Volksschule in Landau und Bürgermeister dieser Stadt, zählten zu den wichtigsten Unterlagen des Kohl'schen Quellenbestandes. Auch die Materialsammlungen des früheren Ludwigshafener KPD-Reichstags- und späteren SPD-Landtagsabgeordneten Herbert Müller wurden von ihm ausgewertet. Partei-Jahrbücher, Broschüren, Akten der SPD-Bezirksleitung in Neustadt, Protokolle der CDU-Bezirksgeschäftsstelle Neustadt sowie der Bezirksregierung zählten zu seinen weiteren schriftlichen Quellen. Von April 1957 bis Mitte Februar 1958 befragte Kohl sechs Zeitzeugen. Deren mündliche Mitteilungen an den Verfasser fanden in der 160 Seiten umfassenden Doktorarbeit ihren Niederschlag.

Als außerplanmäßiger Professor konnte Kohls Doktorvater Walter Peter Fuchs nach der Heidelberger Promotionsordnung nicht das Gutachten für die Kohl'sche Dissertation anfertigen. Fuchs gewann dafür seinen Freund, den Universitätsrektor und Geschichtsordinarius Fritz Ernst. Der Doktorvater verfasste jedoch das erste Fachgutachten. Am 28. Juli 1958 war dann der Tag der mündlichen Promotion. Im Fach Geschichte prüften ihn eine Stunde lang die Professoren Fuchs und Ernst. In den Nebenfächern Jura und Politikwissenschaft überzeugten sich anschließend die Professoren Forsthoff und Sternberger etwa dreißig Minuten lang von Kohls Fachwissen. Im Gesamtergebnis – Resultate der schriftlichen Arbeit und der zweistündigen mündlichen Prüfung – erreichte Kohl ein »cum laude«, und dies, obwohl er schon zehn Jahre lang führender Kopf der Ludwigshafener CDU war, ferner seit fünf Jahren Mitglied des geschäftsführenden Vorstandes der CDU Pfalz, seit vier Jahren stellvertretender Landesvorsitzender der Jungen Union und seit drei Jahren Mitglied des CDU-Landesvorstandes, was alles mit Zeitaufwand und viel Engagement verbunden war. Sein Doktorvater äußerte sich 1987: »Unverkennbar ist Kohls Dissertation aus seiner praktischen Parteiarbeit heraus gewachsen. Kommilitonen, die es wissen müssen, haben wiederholt bezeugt, dass in Zusammenkünften der Jungen Union, wenn sie in bloßer Routine zu versacken drohten, sofort ein frischer Wind wehte, wenn Helmut Kohl auftrat. Die aktuelle, mit Argumenten arbeitende, freie Rede stand ihm immer schon zu Gebote, und er verstand es, auch die zum Zuhören zu zwingen, die seine Überzeugungen nicht teilten. Ein erster Beweis dafür ist seine Doktorarbeit. Es wurde ihm ausdrücklich angerechnet, dass er an keiner Stelle den eigenen, wenn auch wohlbegründeten Standpunkt ungebührlich in den Vordergrund gerückt, sondern allen Parteien in vollem Umfang historische Gerechtigkeit habe widerfahren lassen. Gut zuhören konnte er immer schon.«

Hochschulpolitik und studentische Selbstverwaltung interessierten Kohl nicht. Umso mehr kümmerte er sich um die Tages- und Parteipolitik. Die Themen jener Jahre – Ost-West-Beziehung, Kalter Krieg, Wiederbewaffnung der Bundesrepublik Deutschland – beherrschten die Diskussionen. Kohl war in Heidelberg als CDU-Politiker stadtbekannt.

Seine politische Karriere war bereits vorbereitet und vorgezeichnet. Mit dem Abschluss des Studiums zum Dr. phil. konnte er endlich Parlamentarier werden – im Stadtrat und im Landtag. Dieses Ziel hatte er früh angestrebt.

4. STANDBEIN IN DER INDUSTRIE

Im Sommer 1958 musste sich Helmut Kohl entscheiden: Politik als Haupt- oder Nebenberuf? Kommunalwahlen standen erst in zwei Jahren an, Landtagswahlen in einem knappen Jahr. 1955 hatte der Ludwigshafener auf eine Kandidatur für das Landesparlament verzichtet, weil er zunächst sein Studium abschließen wollte.

Kohl war in seiner Heimatstadt parteipolitisch fest verankert. Er verfügte über gute Kontakte zu Wirtschaftskreisen, besonders zur chemischen Industrie und zum Mittelstand. Bis zu den Landtagswahlen 1959 wollte er die Zeit überbrücken. Es gab damals keinen Abgeordneten, der seinen beruflichen Werdegang allein von einem Parlamentsmandat abhängig gemacht hätte. Parlamentarier zu sein galt als ehrenvolle Beiläufigkeit, wichtig war aber vor allem ein krisenfester Beruf. Auch Kohl hatte sich – bei allem politischen Engagement – vorgenommen, unabhängig zu bleiben. Er wollte auf eigenen Füßen stehen. Deshalb nahm er gleich nach dem Studienabschluss das Angebot des Ludwigshafener Unternehmers Walter Mock an, als Direktionsassistent in dessen Betrieb einzutreten. Die Eisengießerei Mock mit etwa 250 Mitarbeitern gehörte zu den gesunden, expandierenden mittelständischen Unternehmen in Ludwigshafen. Als Direktionsassistent war der 28-jährige Dr. Kohl »Mädchen für alles«. Seine Hauptaufgabe bestand jedoch darin, mit den Nachbarn der Firma über den Verkauf ihrer angrenzenden Grundstücke zu verhandeln, eine Aufgabe, die Kohl zur Zufriedenheit seines Chefs erfüllte.

Walter Mock besaß ungewöhnliche Selbstdisziplin. Er galt als Arbeitstier, verlangte seinen Mitarbeitern manches ab. Doch er verstand auch zu leben. Wie Kohl schätzte er die sinnenfrohe Pfälzer Art. Wenn sie aßen oder tranken, genehmigten sich der Unternehmer und sein Assistent das Beste vom Besten. Die Nächte konnten lang werden.

Nach fast einem Jahr Arbeit in der Eisengießerei Mock wechselte Kohl als Referent zum Verband der chemischen Industrie in Ludwigshafen. Im Gebäude der Industrie- und Handelskammer am Ludwigsplatz stand für den Referenten ein Schreibtisch bereit.

Sein Arbeitgeber war der Landesverband der chemischen Industrie von Rheinland-Pfalz-Saar.

Die Heidelberger Studienzeit hatte Kohl als eine Verführung zur »hohen Schule des Vergammelns und vielen Quatschens« erlebt. Mit Willie Mock, dem Eisengießereichef, verstand er sich menschlich gut und lernte durch ihn Strukturprobleme der mittelständischen Wirtschaft kennen. Doch mit dem Eintritt in den Chemieverband änderte sich sein Arbeitsalltag. Sein Chef, der Hauptgeschäftsführer des Landesverbandes, Willi Hemmer, besaß preußisch-pedantische Vorstellungen von Arbeitsdisziplin und Effizienz. Bereits um sieben Uhr saß er in seinem Büro. Er hatte die Gewohnheit, nur zwischen sieben und acht Uhr An- oder Rückfragen seiner Mitarbeiter zu erledigen. In dieser einen Stunde konnten Angestellte Aufträge, Aufgaben oder Entscheidungen mit ihm besprechen. Für den Rest des Tages galt er als schwer ansprechbar. Dadurch zwang er seine Mitarbeiter, früh präsent zu sein. Sich diesem Arbeitsstil anzupassen, fiel Kohl – aber auch anderen Angestellten – sichtlich schwer, zumal Hemmer ein Pünktlichkeitsfanatiker sein konnte, der Mitarbeitern nichts schenkte.

Der Pfälzer Kohl ging bei seinem Vorgesetzten durch eine harte Schule. Kohl, der zu seiner Umgebung stets ein persönliches Verhältnis suchte, kam mit dem zugeknöpften Chefstatiker des Chemieverbandes anfänglich nicht gut zurecht. Erst nach einiger Zeit gelang es ihm, ein erträgliches, später sogar herzliches Miteinander herzustellen.

Kohl hatte sich in Heidelberg mit juristischen und nationalökonomischen Fragen beschäftigt, doch der Verband verlangte von seinem neuen Referenten, Neuland zu betreten. Der brachte dafür Qualitäten mit, die ihn von anderen Referenten unterschieden: schnelle Auffassungsgabe, Organisationstalent, Menschenkenntnis, Teamgeist, hohe Leistungsbereitschaft sowie die Fähigkeit, konfliktträchtige Auseinandersetzungen zu ertragen. All das hatte er in langwieriger Parteiarbeit geübt, obendrein besaß er Kompetenzvorteile. Kohls Zuständigkeit umfasste zwar Gebiete wie Wirtschafts- und Steuerpolitik; außerdem war er für die Finanz-, Zoll- und Umweltprobleme verantwortlich. Doch seine wichtigste

Tätigkeit zwischen 1959 und 1969 bestand darin, die Mitgliedsfirmen des Verbandes über neue Gesetzgebungsmaßnahmen zu beraten, und zwar rechtzeitig, gründlich und allgemein verständlich. Er machte dies schriftlich und mündlich, veranstaltete Seminare und Tagungen für die rheinland-pfälzischen und saarländischen Chemieunternehmen. Im Chemieverband konnte er sein Organisationstalent verfeinern. Er zeigte seine bereits ausgewiesene Fähigkeit, Menschen unterschiedlicher Zielrichtungen zusammenzubringen und große Veranstaltungen durchzuführen. Sitzungsprotokolle musste er selbst schreiben, denn beim Chemieverband war er der jüngste unter den Referenten. Sein Job in Ludwigshafen galt als Vollzeitbeschäftigung. Anfangs bezog er dafür monatlich 1 000 DM, später rund 3 000 DM. Immer wieder staunten Kollegen über seine Arbeitsintensität, Energie und Verhaltensstrategie, zumal er weiterhin aktive Parteiarbeit leistete.

Erst Mitte der sechziger Jahre wurde Kohl vom täglichen Kleinkram entlastet. Er hielt sich ab 1965 mehr im Mainzer Landtag als im Ludwigshafener Verbandsbüro auf. Gewieft verstand er es, seinen Tagesablauf und seine unterschiedlichen Arbeitsbereiche zu organisieren. Und der Chemieverband erkannte, wie wichtig es für ihn war, einen Referenten im aktiven politischen Geschehen zu haben. Seit 1959 saß Kohl im Landtag. Er wurde bald Fraktionschef und führte von 1960 an auch noch die CDU-Fraktion im Ludwigshafener Stadtrat. Er galt als kommendes Schwergewicht; er hatte im Haupterwerb Unternehmern und leitenden Angestellten Steuergesetze zu erläutern, allerdings auch das erste Wasserhaushaltsgesetz beziehungsweise die Abfallbeseitigungsrichtlinien. Damals lernte er erstmals Umweltbelange und -praktiken kennen und beschäftigte sich schon früh mit Fragen des Umweltschutzes.

In seiner Studienzeit hatte Kohl als gelegentlicher Hilfsarbeiter bei der BASF die Arbeitswelt des Steinschleifers kennengelernt. Er erfuhr die Lage der Lohnabhängigen am eigenen Leib. Insgesamt hatte er über drei Jahre lang als Arbeiter bei der BASF geschuftet. Als Referent beim Chemieverband lernte er die andere Seite kennen. Der 29 Jahre alte kaufmännische Angestellte bekam Kontakt zu den Industriebossen der Chemiefirmen seines Landes, lernte auch die Chefs in der Frankfurter Bundeszentrale kennen. Er gewann Einblicke in das Innenleben eines schwergewichtigen Industrieverbandes. In diesen Jahren wurde das Kohl'sche Denken erheblich geprägt. Er beobachtete die Notwendigkeit straffer Hierarchien auf verschiedenen Ebenen, beobachtete unternehmerische Praktiken und Tätigkeiten, erlebte, wie in der Industrie viel Geld verdient und auch wieder verloren wurde.

In dieser Tätigkeit reifte sein taktisches und strategisches Vermögen. Als er zu Beginn bei einem Verbandstreffen die Tischordnung für ein Essen aufstellen sollte, wurde er von seinem Chef, dem er die Platzierung vorlegte, ausgelacht. »Die schmeißen uns beide raus«, meinte der, »wenn wir die Tischordnung so lassen!« Kohl hatte die Industriemanager nach Gutdünken um den Tisch verteilt, schlicht nach Kriterien der Bedeutung. Er vergaß zu berücksichtigen, wer mit wem Krach hatte und wer wen »nicht riechen« konnte. In der Ludwigshafener Verbandszentrale lernte er Einfühlungsvermögen, Fingerspitzengefühl und den Wert sozialer Vermittlungsprozesse kennen. Er fand heraus, welche Techniken konsensfähige Entwicklungen beschleunigten, begriff, dass »Menschen vor Sachen stehen«, dass »Menschen Sachen bewegen«.

5. VON LUDWIGSHAFEN NACH MAINZ

Helmut Kohl ist Jahrgang 1930. Dieser Jahrgang war nach dem Zweiten Weltkrieg zu jung, um in Verbrechen und Schuld der Nazis verstrickt zu sein, doch alt genug, um sich erste politische Sporen zu verdienen. Natürlich fehlte auch den Parteien die Zwischengeneration. Die Kriegsgeneration – vor allem die Geburtsjahrgänge 1920 bis 1930 – war dezimiert. Es gab nur wenige Überlebende. Die meisten aktiven Parteimitglieder hatten ihre politischen Erfahrungen im Kaiserreich und in der Weimarer Republik gemacht. Alte Herren bestimmten das Bild der deutschen Nachkriegsparteien. Hinzu gesellten sich nach vorne drängende junge Politiker, die in der Aufbauphase der jungen Bundesrepublik einen gehörigen Respekt vor den Alten hatten, die entweder aus Konzentrationslagern, aus dem Exil oder von der Front kamen und vor 1933 Politik gemacht hatten. So entstand kein Vater-Sohn-Verhältnis, sondern eine Vater-Enkel-Beziehung.

Kohl und seine Leute liefen Sturm gegen die Wiederwahl derselben Personen in die Vorstände und Ausschüsse, weil diese Leute allmählich schon zu einem Block zusammengeschweißt waren, der sich immer wieder selbst wählte. Diese Analyse traf für alle Ebenen der Landes-CDU zu. Parteichef und Ministerpräsident Peter Altmeier und seine Führungsriege behandelten die Jungen im Stile eines wohlwollenden Familienoberhauptes. Unterstützt wurden nur »brave« Nachwuchskräfte.

Kohl und seine Freunde galten als Rebellen, die der CDU-Landesvorstand lieber vom Rednerpult gehen als dorthin kommen sah. Es entsprach dem autoritären Führungsstil Peter Altmeiers, dass er nur so viel Kritik duldete, wie ihm gleichzeitig »Vaterrespekt« entgegengebracht wurde. Eigenständige, gar kritische Meinungen, die von der Parteilinie abwichen, waren ihm in höchstem Maße verdächtig.

Kohls Funktionstüchtigkeit wurde schnell erkannt. Er verfügte über Begabung, Wissen und »politische Geübtheit«, besaß Durchsetzungs- und Durchführungsfähigkeit. Er übernahm stets eine aktive Rolle, nahm nie eine nur abwartende, passive Haltung ein.

Als Wortführer bewies er persönliche Kompetenz. Und aus seinem Elternhaus hatte er etwas mitbekommen, was in der damaligen Situation in der CDU wichtig wurde: einen überkonfessionellen Charakter. Er war kein muffiger, orthodoxer Katholik, der seine »Schichtzugehörigkeit« strapazierte. Das erklärt neben anderen individuellen Eigenschaften seinen unangefochtenen Durchmarsch in den ersten Parteijahren. Er verstand es meisterhaft, persönliche Kontakte und Beziehungen für sich zu nutzen. Sein offenes, kontaktfreudiges Wesen half ihm dabei. Er setzte auf meinungsführende, vermittelnde Einflussträger, wobei er der Partei eine außergewöhnliche Dichte von Kontakten und Beziehungen verdankte.

Er und seine Freunde versuchten, das Establishment der eigenen Partei durch Konfrontation zu stellen und zu überwinden. Es gab immer mehr, die in die Nähe seines Glanzes drängten. Ihre Anhänglichkeit verschaffte Kohl Bedeutung. Und er beeindruckte andere durch optimistische Tat- und Willenskraft, jedoch auch durch sein »moralisch« fundiertes Selbstvertrauen. Kohl handelte. Er fühlte sich wohl dabei. Er spürte, wie stark er wurde, wie sicher. Das Gefühl der eigenen Festigkeit war ihm früh zugewachsen. Jetzt merkte er, dass sich Hoffnungen auf ihn richteten. In seiner Landespartei wurde er eine repräsentative Kraft. Er hatte oft gezeigt, dass er bereit war, seinen Kopf in den Rachen des Tigers zu halten. Menschen zeigten ihm, dass sie in seiner Gegenwart das Gefühl eigener Belanglosigkeit abstreifen konnten.

Bei der Bundestagswahl 1957, der berühmten Adenauer-Wahl, wurde Kohl Wahlkampfleiter der Ludwigshafener CDU. Seine Kraft konzentrierte er auf Wahlkampfvorbereitungen. Sein besonderes Interesse galt den eigenen Rednerauftritten. Der wirkliche politische Gegner war die SPD, nachdem die KPD ein Jahr zuvor vom Bundesverfassungsgericht verboten worden war. Die Sozialdemokraten hatten bei der Stadtratswahl im November 1956 wieder die absolute Mehrheit (57,8 %) erzielt. Eine starke Konfrontation mit der CDU (31,4 %) zeichnete sich auch für den Bundestagswahlkampf ab. Der 27-jährige Wahlkampfleiter organisierte alle Veranstaltungen und den Rednereinsatz. Er mobilisierte die Parteibasis und kümmerte sich um die Plakatierung. Für die letzten Tage vor der Wahl vom 15. September 1957 hatte sich Kohl einen unüblichen Wahlkampftrick ausgedacht, der auf erbitterten Widerstand der Ludwigshafener SPD stieß. Unter seiner Führung startete die CDU eine riesige Plakatklebeaktion. Die offiziellen städtischen und parteieigenen Plakatträger waren längst bestückt, als sich Kohl und seine Freunde in einer Nacht-und-Nebel-Aktion aufmachten, um »wild« zu plakatieren: Mauern, Zäune, Häuserwände, Bunker und öffentliche Gebäude. Überall prangten CDU-Plakate auf freien Flächen. Vor allem die Plakate auf Häusern der Gemeinnützigen Gesellschaft für Wohnungsbau, die überwiegend der Stadt gehörten, lösten bei den Sozialdemokraten schärfste Proteste aus. Polizei und Stadtverwaltung sahen sich dennoch außerstande, Gegenmaßnahmen zu ergreifen. So beschlossen die Ludwigshafener Genossen die Aktion Selbsthilfe. In der darauffolgenden Nacht machte sich eine SPD-Kolonne auf den Weg, um die wild geklebten CDU-Plakate unleserlich zu machen. Mit einer ungefährlichen rußhaltigen Flüssigkeit neutralisierten sie das gesamte CDU-Propagandamaterial. Schließlich kam es zu einer folgenschweren nächtlichen Begegnung des SPD-Trupps mit einer CDU-Kolonne. Es kam zu einem handfesten Gerangel. Es wurde geflucht, geschimpft, gestöhnt und gewettert. Kohl mitten im Kampf. Bis heute erzählen die Ludwigshafener tolle Geschichten über jene Nacht, in der sich der 27-jährige Kohl nicht nur als energischer Anführer, sondern auch als streitbarer, kampfeslustiger Raufbold profilierte. Sein Prestige wuchs.

Die Bundestagswahl vom 15. September 1957 brachte der CDU Ludwigshafen das beste Ergebnis ihrer Geschichte. Mit 41,7 % kam die Union bis auf drei Prozentpunkte an die SPD heran, die schwere Einbußen hinnehmen musste. Der Wahlkampfleiter Kohl hatte sich bestens bewährt, sich sogar bei den Honoratioren Respekt verschafft. Damit war der Weg endgültig frei für eine parlamentarische Karriere. Kohls Kandidatur für die Landtagswahl am 19. April 1959 verlief mühelos. Das Mandat fiel ihm zu wie eine reife Frucht.

Schon während der heißen Phase des Landtagswahlkampfes

hatte Kohl das »rote« Ludwigshafener Rathaus ins Visier genommen. Er versprach seinen Anhängern, die SPD-Herrschaft zu brechen und den Einfluss der SPD-Betriebsräte zurückzudrängen. Schrille Töne. Dass er hauen und stechen konnte, wusste man. Bei der Stadtratswahl am 23. Oktober 1960 blieb es – trotz härtester Bandagen der Union – bei der absoluten SPD-Mehrheit. Die CDU mit ihrem Spitzenkandidaten Kohl erreichte nur 34,7 % der Stimmen. Sie verlor im Vergleich zur Landtagswahl über ein Prozent. Die CDU-Fraktion wählte Kohl gleich zum Vorsitzenden und stand bis 1969 wie ein verschworener Haufen hinter ihm. Auch hier leistete der junge Politiker gute Vorarbeit. Schon bei der Kandidatenaufstellung 1955 hatte Kohl, der ein Gespür für Menschen bewies, kräftig mitgemischt und dafür gesorgt, dass einige seiner engsten Vertrauten auf günstigen Listenplätzen platziert wurden. Bei der Kommunalwahl 1960 erweiterte er seinen Anhängerkreis erheblich. Wer sich gegen ihn stellte, hatte bei der nächsten Wahl kaum eine Chance, ins Stadtparlament zurückzukehren. Niemand verstand es besser als Kohl, seinen Machtanspruch unmissverständlich zu äußern und politische Macht über Jahre hinaus personell zu sichern. Stolz scharten sich die CDU-Ratsherren um ihren Spitzenmann, der so gut wie kein anderer Wünsche, Anträge und Angriffe formulieren konnte. Er zeigte nie Angst und sprach auch dann noch respektlos weiter, wenn längst die Glocke des Sitzungspräsidenten erklang. Mit dem forschen Friesenheimer bildete sich ein neues politisches Klima im Stadtrat. Die Beziehung zwischen SPD- und CDU-Räten verschlechterte sich von Jahr zu Jahr. Die unter Kohls entschiedener Regie stehende verjüngte CDU-Mannschaft steuerte einen strikten Konfrontationskurs. Es gab nicht nur viele sachbezogene, sondern immer häufiger auch persönliche Auseinandersetzungen, die bis zu Verletzungen reichten. Kohl verordnete seiner Fraktion eine harte Gangart im Umgang mit der SPD-Mehrheit, die sich jahrzehntelang in Ludwigshafen gehalten hatte.

Als Fraktionsvorsitzender lernte Kohl im Laufe der Jahre alle Probleme einer Großstadt (170 000 Einwohner) kennen: Straßenreinigung, Gesundheitswesen, Wohnungs-, Straßen- und Tiefbau,

Bestattungswesen, Finanzen, Müllbeseitigung, Personalfragen, Haushalt und manches mehr. Viele Anträge seiner Fraktion formulierte und begründete er handschriftlich. Immer wieder »meldete sich Stadtrat Dr. Kohl erneut zu Wort«, »widersprach Stadtrat Dr. Kohl«, »erklärte Stadtrat Dr. Kohl«, verzeichnete das Protokoll »Zwischenrufe von Stadtrat Dr. Kohl«. In seiner Heimatstadt hatte er an drei kommunalpolitischen Projekten großen Anteil – an der Verlegung des Bahnhofs, an der Errichtung des Pfalz-Baus sowie an der Bebauung der Pfingstweide. Seine Gefährten aus der damaligen Zeit meinen übereinstimmend, es sei dem Pfälzer Riesen später schwergefallen, sein Stadtratsmandat niederzulegen. Als Kohl am 19. Mai 1969 die Nachfolge Peter Altmeiers als Ministerpräsident von Rheinland-Pfalz antrat, konzentrierte er sich fortan ganz auf sein neues Amt.

Der alte Weggefährte Lothar Wittmann aus Ludwigshafen erinnerte sich an den Landtagswahlkampf 1959, als Helmut Kohl erstmals für den Landtag kandidierte: »Am 3. April 1959, Kohls Geburtstag, steht ein großer Auftritt bevor: Konrad Adenauer wird zu einer Großveranstaltung erwartet. Im hochroten Ludwigshafen soll der Besuch des Kanzlers zu einer eindrucksvollen Demonstration der ›Schwarzen‹ werden. Umfangreiche Vorbereitungen, die Veranstaltung soll in für Ludwigshafen ungewöhnlichen Dimensionen stattfinden. Dazu wurden zwei gewaltige Wurstmarktzelte auf dem Marktplatz aufgestellt. Die Wurstmarktzelte fassen 8 000 Besucher. Kleinmütige Zweifler haben Kohl vor solchen Ausmaßen gewarnt: Das sei für die Ludwigshafener CDU doch einige Kragenweiten zu groß, hier übernehme sich der junge Freund, er werde schon sehen ... Und insgeheim: Eine kalte Dusche würde dem jungen Heißsporn schon guttun, damit die Bäume nicht in den Himmel wachsen.

Zwanzig Minuten vor der auf 20.00 Uhr angesetzten Veranstaltung ist die Nervosität groß. Über Polizeifunk wird angekündigt, dass der Kanzlerwagen bereits Darmstadt passiert hat, und die Zelte sind höchstens zu 20 % gefüllt. Wenn der Besucherstrom so dünn bleibt, wird es eine Blamage geben. Kurz entschlossen dirigiert Kohl den Kanzler-Konvoi ins Hotel Sankt Hubertus um: Der geplagte Kanzler muss die Möglichkeit haben, sich vor dem Auftritt noch etwas frisch zu machen. Als der Kanzler dann um 23.20 Uhr am Veranstaltungsort eintrifft, sind die Zelte brechend voll. Eine gewaltige Kulisse. Der Zustrom hat in letzter Minute und schlagartig eingesetzt.

Drei Redner an diesem Abend: Helmut Kohl hält eine schwungvolle Begrüßungsrede, dann Peter Altmeier, der Ministerpräsident, dann Konrad Adenauer. Helmut Kohl bringt enthusiastische Stimmung ins Zelt, er spricht angriffslustig, wettert gegen Herbert Wehners Agitationsbesuch in der BASF. Droht die Politisierung der Betriebe?

Konrad Adenauer wird aufmerksam, mustert interessiert den lang aufgeschossenen Nachwuchsredner, fragt seinen Nachbarn Peter Altmeier, wer denn dieser hoffnungsvolle junge Mann sei ...«

Als Angestellter des Chemieverbandes zog Helmut Kohl im Frühjahr 1959 in den Mainzer Landtag ein. Erst 1969 schied er bei diesem Verband aus. In der Fraktion wurde er Mitglied des wichtigen Haushalts- und Finanzausschusses, obwohl sich Ministerpräsident Altmeier zunächst dagegen sträubte. Kohl und seine Freunde – auch »Kohlisten« genannt – fanden in Mainz eine merkwürdige Situation vor: Nominell führte Wilhelm Boden die CDU-Fraktion. Ihn vertrat der schwache Hermann Matthes. In Wirklichkeit aber war der Ministerpräsident und CDU-Landeschef Peter Altmeier auch Fraktionschef. Nichts lief ohne seine Einwilligung. Autoritär bestimmte er, was zu tun war. Abstimmungen in der Fraktion gab es ganz selten. Von oben herab wurde entschieden. Es gab sogar zwei Ministerpräsidenten. Einen in der Fraktion und einen in der Staatskanzlei, die auch so angesprochen werden wollten: Altmeier, der amtierende, und Boden, der ehemalige Ministerpräsident. Kohl beendete diesen Personenkult. Er sprach nur vom Vorsitzenden, wenn er Boden meinte. In der Fraktion verfolgten Kohl und seine Freunde eine Strategie, die viele zur Weißglut brachte. Als Erster meldete sich grundsätzlich Kohl zu Wort, gleich, um welche Problematik es ging. Daraufhin sprach ein Kohl-Gegner. Dann meldete sich ein Kohl-Freund zu Wort.

Bezog auch er rhetorische Prügel von den Grandseigneurs der Fraktion, musste der nächste Freund ins Feuer. Dann griff Kohl wieder in die Debatte ein. Die Mainzer Altvordern empfanden das als Unverschämtheit. Sie klüngelten Fallstricke aus, um den kessen Ludwigshafener auszutricksen. Wenigstens sollten dem jungen Mann endlich die eigenen Grenzen aufgezeigt werden. Deshalb betraute man ihn mit schwierigen Aufgaben. Beispielsweise musste er das Beamtenbesoldungsgesetz und das Wasserwirtschaftsgesetz bearbeiten. Mit großem Fleiß und der Hilfe seiner vertrauten jungen Fraktionskollegen absolvierte er diese Anforderungen und Tests blendend. Die bekannteste Falle wurde Kohl zu Beginn des Jahres 1960 gestellt, als die Fraktionsspitze ihm bei der parlamentarischen Behandlung des Wirtschaftsetats die Haushaltsrede übertrug. Viele Parlamentarier erinnern sich noch voller Grausen an seinen Auftritt. In Schweiß gebadet suchte Kohl Manuskriptseiten. Sprachlich, rhetorisch und inhaltlich war es eine miserable Rede. Altmeier und seine Leute waren fest davon überzeugt, Kohl »kleingekriegt« zu haben. »Den haben wir kaputt«, hieß es in der Staatskanzlei. Das Gegenteil war der Fall. Niederlagen beeinträchtigten Kohl niemals. Er steckte sein miserables Abschneiden vor dem Plenum einfach weg und ging in die Offensive. Altmeier sah das alles mit größtem Entsetzen. Kohl hingegen erfuhr innerhalb der CDU-Fraktion Zuspruch, weil er die Garantie dafür bot, dass etwas Neues passierte. Außerdem bewies der Wortführer der aufmüpfigen Jungen eine außergewöhnliche Integrationskraft. Seine Gegnerschaft zu Altmeiers Garde wurde immer schärfer.

Im Oktober 1961 starb Wilhelm Boden, Fraktionschef und erster Ministerpräsident von Rheinland-Pfalz, Präsident der Landeszentralbank, Rotarier und passionierter Jäger. Noch auf dem Sterbebett hatte er seinen Stellvertreter Hermann Matthes und den Fraktionsgeschäftsführer Willibald Hilf – einen engen Kohl-Vertrauten – zu sich gebeten, um beiden zu erklären, dass er Helmut Kohl, den jüngsten Parlamentarier, zu seinem Nachfolger vorschlage. Der Patriarch Peter Altmeier hatte jedoch ein ganz anderes personelles Konzept im Sinn. Er wollte mit allen Mitteln das

Aufrücken Kohls zum stellvertretenden Fraktionschef verhindern. Altmeier kämpfte für seinen Kandidaten, als ginge es um Sein oder Nichtsein. Am Wahltag wurde Kohl schließlich mit einer Stimme Mehrheit zum stellvertretenden Fraktionsvorsitzenden gewählt. Für Altmeier und seine Garde war das ein schwerer Schlag, für Kohl ein Sieg mit Konsequenzen. Seit dem 25. Oktober 1961 führte eigentlich der Ludwigshafener die CDU-Fraktion. Es hatte sich nicht nur ein Generationswechsel vollzogen, auch die Machtverschiebung von der Staatskanzlei zur Fraktion wurde bald spürbar. Als am 9. Mai 1963 38 von 41 Abgeordneten Kohl zum Fraktionschef wählten, lag das Machtzentrum der Mainzer Regierung längst bei ihm und der Fraktion.

Kohl besaß bei der Wahl 1963 eine ungewöhnliche Machtfülle. Als 33-jähriger Landtagsabgeordneter vereinigte er in seiner Person die Ämter des Fraktionschefs im Ludwigshafener Stadtrat, des Mitglieds des geschäftsführenden Vorstandes der CDU Pfalz und des CDU-Landesvorstandes und schließlich des Fraktionsvorsitzenden im Mainzer Landtag. Er galt als eigentliches Machtzentrum. Was ihm noch fehlte, war eine Hausmacht in seiner pfälzischen Heimat. Daher wollte er auch Vorsitzender des Bezirksverbandes der CDU Pfalz werden. Nach heftigem innerparteilichem Wahlkampf wurde Kohl dann auf dem außerordentlichen Bezirksparteitag am 13. Oktober 1964 mit 236 von 250 abgegebenen Stimmen auch zum Vorsitzenden des Bezirksverbandes der CDU Pfalz gewählt und ein Jahr später in diesem Amt bestätigt.

Damit war wieder ein wichtiges Rennen gelaufen. Als Bezirksfürst agierte er nun mit einer Art Doppelstrategie. Vor allem den Norden des Landes rollte er für sich auf. Bisher waren aus dieser Region nur Parteifreunde zu Landesparteitagen gekommen, die Kohl verhindern wollten. Offen bekannten sie sich als Altmeier-Vasallen und lehnten den Pfälzer ab. Doch einige alte Haudegen unterstützten Kohl. Er hatte sie für sich gewonnen. Sie hatten seine politische Begabung erkannt und dachten über den Tag hinaus. Je erfolgreicher Kohl in der Mainzer Fraktion politisch operierte, umso schneller wurde ihnen klar, dass der Pfälzer unter Umständen ihr Kabinettschef werden konnte. Daher liefen immer mehr Altmeier-Anhänger ins Lager des Benjamins über. Gleiches galt für die Altmeier-Riege innerhalb der CDU-Fraktion. Ohne viele aus der ehemaligen Altmeier-Garde hätte Kohl die Wahl zum CDU-Landesvorsitzenden 1966 (s. 6. Kapitel) nicht gewonnen.

6. ZIELSTREBIGER AUFSTIEG

Zu den hervorstechenden Eigenschaften Helmut Kohls zählte zweifellos die hohe Kunst, Menschen für sich einzunehmen und an sich zu binden. Dabei stellte er nicht immer hohe Ansprüche an die Auserwählten. Wichtig war vor allem, dass sie sich in die Gruppe einfügten, ihren Ehrgeiz in Grenzen hielten, verschwiegen und zuverlässig waren. Die »Kohlisten« oder »Kohlianer« in der Mainzer CDU-Fraktion hatten eine Menge vor. Helmut Kohl wollte eine andere CDU, die es bislang nirgendwo gab. Seine Vision von einer reformierten Partei auf Gemeinde-, Kreis-, Landes- und Bundesebene bedeutete eine Abkehr vom klerikalen Einfluss und Gehabe. Kohls CDU sollte durchaus christlich orientiert, aber nicht klerikal sein. Schon früh wurde in der »Kampfgruppe« Kohl beispielsweise über die Abschaffung der Konfessionsschule nachgedacht, was Jahre später dann auch verwirklicht werden konnte. Der Generationswechsel war sein besonderes Anliegen. Kohl lag besonders daran, das Selbstwertgefühl der Landtagsabgeordneten zu stärken. Zu diesem Zweck bemühte er sich, alle wichtigen Regierungsentscheidungen zuvor in der Fraktion abzuklären. Die Parlamentarier, auch jene, die ihn nicht gewählt hatten, schätzten seinen Einsatz, spürten den Neuanfang und trugen die Reformbemühungen mit. Kohl und seine Mannen waren ungeduldig und brachten die älteren Kollegen mit ihren forschen Forderungen oft in Rage und verschreckten die Anhänger der Honoratiorenpartei CDU. Der CDU-Fraktionsvorsitzende setzte sich auch für eine härtere Gangart gegenüber der SPD-Opposition im Mainzer Landtag ein. Neue Wege in der Landespolitik zu gehen, hieß auch, sich parlamentarisch durchzusetzen, Überzeugungsarbeit zu leisten. Kohls Drängen und sein ruppiges Vorgehen kamen nicht immer und nicht überall an. Doch die breite Unterstützung war ihm sicher, und sein Veränderungswille wurde auch vom älteren Teil der CDU-Fraktion mit Sympathie begleitet. Als »Generalist« – für Kohl kein Schimpfwort – musste sich der 33-jährige Landtagsabgeordnete fast um alles kümmern.

Bei der Landtagswahl am 31. März 1963 verlor die CDU die absolute Mehrheit der Mandate. Der CDU drohte sogar die Oppositionsrolle, denn es gab auch die Möglichkeit, eine Regierung aus SPD und FDP gegen die stärkste Fraktion zu bilden. Jetzt ging es darum, die CDU in der Regierungsverantwortung zu halten und mit großem Geschick Koalitionsverhandlungen mit den Liberalen zu führen. Schließlich einigten sich die Gremien von CDU und FDP, ihre Koalition fortzusetzen. Helmut Kohl hätte Innenminister werden können. Auch das Kulturressort wurde ihm angeboten. Kohls Kritikern schwebte vor, ihn unbedingt in die Kabinettsdisziplin einzubinden. Diesem lag jedoch völlig fern, Minister unter Ministerpräsident Peter Altmeier zu werden, und er schloss einen Kabinettsposten kategorisch aus. Für Kohl boten sich mit der Führung der CDU-Fraktion die eindeutig größeren politischen Gestaltungsmöglichkeiten. Denn hier lag das Machtzentrum, und in dieser Position verfügte er über weit mehr Einfluss auf die Landespolitik als auf jedem Ministersessel.

In seinen »Erinnerungen« schreibt Kohl: »Es mag heute altmodisch klingen, aber ich tat damals als 33-Jähriger alles, um die CDU-Fraktion zur politischen Heimat der Kolleginnen und Kollegen werden zu lassen. Menschlich sollte es zugehen, ein angenehmes Klima möglichst dauerhaft herrschen. Die Pflege einer guten Kameradschaft hielt ich für ein Gebot der Stunde in schwierigen Zeiten. Für mich war das eine der wichtigsten Voraussetzungen, um Erfolg zu haben. Dabei schloss gute Kameradschaft sachliche Gegensätze nicht aus. Im Gegenteil, sie waren geradezu notwendig, um überhaupt zu einer fruchtbaren Arbeit zu gelangen. Das Fraktionszimmer war jener Raum, in dem die offene Diskussion gepflegt wurde. Der politische Diskurs mit all seinen Facetten lag mir besonders am Herzen. Die Fraktion durfte nicht zur Abstimmungsmaschine degradiert werden. Sie war unter meiner Leitung auch kein Instrument, um Beschlüsse durchzupeitschen. Diskussion – auch Streit – gehört zum parlamentarischen Leben und zur parlamentarischen Demokratie wie die Luft zum Atmen. In dieser Form war die Fraktion in besonderer Weise Heimat auch der von der CDU getragenen Mitglieder der Landesregierung vom Staatssekretär bis zum Ministerpräsidenten. Die Regierungsmitglieder entstammten der Fraktion und benötigten die Unterstützung und das Vertrauen der Fraktionsmitglieder. Dabei sollte nicht unter den Teppich gekehrt werden, dass zwischen Parlament und Regierung ein natürliches Spannungsverhältnis bestand. Nur war es die Aufgabe der Regierungs- und Mehrheitsfraktion, zumal wenn sie sich Christlich Demokratische Union nennt, diese Spannungen auszuhalten, auf ein Mindestmaß zu beschränken und sie gewissermaßen im Schoß der Familie – eben in der Fraktion oder in der Partei – auszutragen. Zu alledem gehörte natürlich auch das Recht eines jeden Mitglieds der Fraktion, Kritik an den Maßnahmen der Fraktionsführung genauso zu üben wie beispielsweise Kritik an Maßnahmen von Mitgliedern der Landesregierung.«

In der fünften Wahlperiode von 1963 bis 1967 wurden wichtige landespolitische Weichen gestellt, an denen der Fraktionschef seinen Anteil hatte. Vor allem die Durchsetzung der umstrittenen Verwaltungsreform ist eng mit dem Namen Helmut Kohl verbunden. Seine Landtagsauftritte galten nicht nur der so wichtigen Haushalts- und Finanzpolitik. Auch auf dem weiten Feld der Kulturpolitik engagierte er sich stark, wobei ihm der Ausbau der Mainzer Landesuniversität besonders am Herzen lag. Was wirklich Ärger machte, war die Schulreform im Jahr 1967: Unter Kohls Führung schafften die rheinland-pfälzischen Christdemokraten die frommen Zwergschulen ab – trotz aller Verteufelung und massiven Widerstands katholischer Kreise. Hier zeigte Kohl Stehvermögen und das Engagement eines pragmatischen Reformers.

Bei der Landtagswahl 1967 gewann die CDU zwar zwei, drei Punkte hinzu, verfehlte aber erneut die absolute Mehrheit. Peter Altmeier blieb Ministerpräsident und schaffte eine Neuauflage der bisherigen CDU/FDP-Koalition. Im neuen Kabinett hatte der Fraktionsführer bereits zwei Vertraute untergebracht: Bernhard Vogel als Kultusminister und Heiner Geißler als Sozialminister. Dem alternden Landesvater Peter Altmeier rang Helmut Kohl das Versprechen ab, in der Mitte der Legislaturperiode »freiwillig« zurückzutreten, um ihm für das höchste Regierungsamt Platz zu machen.

Nachzutragen bleibt noch, dass die Delegierten des 13. Landesparteitags der CDU Rheinland-Pfalz in Koblenz am 6. März 1966 Helmut Kohl mit 415 von 480 abgegebenen Stimmen zum neuen Parteivorsitzenden in Rheinland-Pfalz gewählt hatten. Mit knapp 36 Jahren war er der jüngste Parteivorsitzende in der Bundesrepublik. Der Koblenzer Landesparteitag hatte ihn zugleich zum Nachfolger Altmeiers im Amt des Ministerpräsidenten designiert.

Am zweiten Tag des Parteitages gab es eine große Überraschung. Altbundeskanzler Konrad Adenauer war Kohls Einladung gefolgt und hielt eine mit großer Spannung erwartete Rede. Dabei ging Adenauer mit seinem Nachfolger Ludwig Erhard scharf ins Gericht. Er geißelte vor allem die Bonner Außenpolitik. Zu Helmut Kohl merkte er an, er habe seit geraumer Zeit beobachtet, welchen Weg er gehe, und er glaube, dass er die Partei auf einen guten Weg führen werde. Das war eine Art Ritterschlag, auf den Helmut Kohl mit Recht stolz sein konnte.

Mit der Wahl zum CDU-Landeschef legte Kohl seine Ämter als CDU-Bezirksvorsitzender und als Fraktionsvorsitzender im Ludwigshafener Stadtrat nieder. Gleichzeitig wurde ein Großteil der Macht aus der Staatskanzlei des amtierenden Ministerpräsidenten Peter Altmeier in die CDU-Fraktion verlagert. Nun konnte der Pfälzer auch den Generationswechsel im Mainzer Regierungsamt kraftvoll und für jedermann sichtbar vorbereiten. Politische Beobachter hatten damals den Eindruck, als wolle der Vorsitzende der größeren Regierungspartei der SPD im Parlament den Rang als Opposition gegen Peter Altmeier streitig machen. Gegen massiven Widerstand weiter Teile der Bevölkerung und innerparteilicher Bedenkenträger peitschte der CDU-Landesvorsitzende schließlich die Verwaltungsreform durch, die sich – von den Kommunen bis zu den Bezirksregierungen – radikal von überkommenen Strukturen des politischen Gemeinschaftslebens verabschiedete. Natürlich wurden im Überschwang des Reformeifers auch Fehler gemacht. Die feierlich beschworene größere Bürgernähe der Verwaltung wurde nicht selten in ihr Gegenteil verkehrt. In den neuen Großkreisen verwiesen Kritiker immer wieder auf die anonyme Ferne gegenüber vielen Bürgern. Kritik ließ den Macher der Landespolitik kalt. Er setzte generalstabsmäßig auf die Wachablösung. Der Herausforderer Peter Altmeiers bestimmte ohne langwierige Absprache mit dem Regierungschef kompromisslos die Hauptlinien der Landespolitik in der Fraktion. Rücksicht nahm er nur noch auf den Koalitionspartner FDP.

Peter Altmeier wollte nicht wahrhaben, nach 22 Amtsjahren mitten in einer laufenden Wahlperiode entmachtet zu werden. Als es so weit war, zauderte der mittlerweile dienstälteste Regierungschef eines deutschen Bundeslandes, die Helmut Kohl gegebene Zusage einzulösen. Gleichzeitig unterschätzte er die Stimmung in Partei und Fraktion und vor allem den Machtwillen Helmut Kohls. »Verbittert musste der Landesvater registrieren, dass der designierte Nachfolger bereits die Kellerräume der Staatskanzlei umbauen ließ, während in den oberen Räumen noch der Ministerpräsident auf Abruf seinen letzten Regierungsgeschäften nachging«, schrieb der Publizist Hermann Dexheimer, langjähriger Chefredakteur der »Allgemeinen Zeitung« in Mainz.

Schließlich wurde der Regierungswechsel auf den 19. Mai 1969 festgelegt. Drei Tage zuvor wurde Peter Altmeier im großen Festsaal der Mainzer Staatskanzlei verabschiedet. Der Patriarch beschrieb ausführlich die politischen Stationen seiner Amtszeit, und die Festversammlung zollte ihm reichlich Beifall. Während er in seiner Abschiedsrede sogar lobende Worte für seinen Fahrer fand, schien er den anwesenden Nachfolger vergessen zu haben.

Dann kam endlich der Wahltag: Am 19. Mai 1969 wählte der Landtag von Rheinland-Pfalz mit den Stimmen von CDU und FDP Helmut Kohl zum Ministerpräsidenten. Von den 96 Landtagsabgeordneten stimmten 57 für ihn. Es gab 38 Neinstimmen und eine Enthaltung. Die aus 49 CDU- und 8 FDP-Abgeordneten bestehende Regierungskoalition hatte geschlossen für den Pfälzer gestimmt.

7. DER MINISTERPRÄSIDENT

Nachdem Helmut Kohl schon jüngster Landtagsabgeordneter, Fraktionschef und CDU-Landesvorsitzender geworden war, war er nun auch der jüngste Ministerpräsident eines Bundeslandes. Er übernahm das alte Kabinett, in dem die FDP zwei Minister stellte. Kultusminister Bernhard Vogel und Sozialminister Heiner Geißler repräsentierten die junge Garde. Zeitzeugen berichten von einem völlig neuen Wir-Gefühl, das sich unter den Mitstreitern in Regierung, Fraktion und Partei entwickelte.

Dem neuen Regierungschef, ohne ideologische Scheuklappen, aber auch ohne sichtbares Charisma, gelang es in kürzester Zeit, ein Zusammengehörigkeitsgefühl zu entwickeln, aus dem ein späteres Landesbewusstsein entstehen konnte.

Vom ersten Amtstag an versuchte Kohl, das von ihm immer wieder beschworene Prinzip der Bürgernähe in die Tat umzusetzen. So führte er regelmäßige öffentliche Sprechstunden ein. Um den Bürgern die Scheu vor der Verwaltung zu nehmen und die staatliche Autorität vom distanzierten Sockel zu holen, berief Rheinland-Pfalz 1972 als erstes Land der Bundesrepublik einen Bürgerbeauftragten. Nach dem skandinavischen Vorbild des Ombudsmanns sollte er als Anwalt der Bürger bei Problemen in den Beziehungen zwischen Bevölkerung und staatlichen Institutionen wirken. Kohl versprach im Wahlkampf 1971, keine Gefälligkeitspolitik zu machen, keine Politik des Mehr und des bloßen Bessermachens, keinen Warenhauskatalog von Angeboten, die nicht einzulösen waren, »sondern wir wollten die Entscheidung darüber, wer in Rheinland-Pfalz solide, klar und souverän die politischen Geschäfte für die Bürgerschaft des Landes führen sollte«. Diese Wahlkampfstrategie zahlte sich aus. Der Wahlausgang vom 21. März 1971 bescherte der CDU mit 50 % der Stimmen einen Zuwachs von 3,3 Prozentpunkten im Vergleich zur letzten Landtagswahl, das beste Ergebnis seit Gründung des Landes. Erstmals hatte sich Kohl als Kandidat um das Ministerpräsidentenamt beworben und auf Anhieb einen großen Sieg errungen. Die SPD kam auf 40,5 %, der Koalitionspartner FDP auf 5,9 % der Stimmen. Erfreulich schlecht war das geringe Abschneiden der NPD, die mit einem Stimmenanteil von 2,7 % den Einzug ins Mainzer Landesparlament deutlich verfehlte, nachdem sie vier Jahre zuvor immerhin 6,9 % erzielt hatte. Mit diesem Wahlausgang verfügte die CDU über vier Sitze mehr als SPD und FDP zusammen. Einer Alleinregierung stand somit nichts im Wege. Gleichwohl machte Kohl der FDP das Angebot, das Justizministerium und einen Staatssekretärsposten im Landwirtschaftsministerium zu besetzen. Doch schon bald stellte sich heraus, dass sich die FDP an der neuen Regierung in Mainz nicht beteiligen wollte. Allerdings gelang es Kohl, Hans Friderichs von der FDP als Staatssekretär im Landwirtschaftsministerium zu gewinnen, wobei schon hier langfristige Überlegungen eine große Rolle spielten. In der ersten Sitzung der neuen Landtagsfraktion am 23. März 1971 wurde Kohl einstimmig für die Wiederwahl zum Ministerpräsidenten vorgeschlagen und konnte am 18. Mai 1971 eine reine CDU-Regierung bilden.

Die neue Regierung kümmerte sich um eine Verbesserung der Agrarstruktur, versprach, geeignete Maßnahmen zu ergreifen, um dem Weinbau und der Weinwirtschaft die notwendigen Anpassungen zu erleichtern, die sich aus der neuen EWG-Wein-Marktordnung ergaben. Überhaupt spielte die Landwirtschaftspolitik im Land der Rüben und Reben eine wichtige Rolle. Kohl fand in seiner Mainzer Zeit herausragende Persönlichkeiten für das Amt des Landwirtschaftsministers. Immer mehr verfeinerte der Pfälzer seinen sensiblen politischen Instinkt und seine Fähigkeit des Zusammenschließens und Verklammerns gegensätzlicher Charaktere und Meinungen. In seinem Wirken als Ministerpräsident spürten viele seine integrierende Kraft, und politische Beobachter registrierten, wie er mit einem Maximum an Pragmatismus und einem Minimum an Heilslehre an die landespolitischen Probleme heranging. Dabei war seine hemdsärmelige Art gefürchtet, alles und jedes gleich zu fordern und erledigen zu lassen.

Schon bevor Kohl CDU-Landesvorsitzender und Ministerpräsident von Rheinland-Pfalz wurde, besaß er die Fähigkeit, andere politische Begabungen zu entdecken und sie für sich selber und die eigene Politik nutzbar zu machen. Das war ein wichtiger Schlüssel zu seiner erfolgreichen Landespolitik und seinem späteren Erfolg auf Bundesebene. 15 Jahre lang wirkte Kohl in Mainz als Fraktionsvorsitzender und Ministerpräsident. Seine letzte Wahl in dieses Amt am 20. Mai 1975 verlief beinahe routinemäßig. Von den 100 Abgeordneten des Mainzer Landtags votierten 55 für den alten und neuen Ministerpräsidenten. Wieder verfügten Kohl und seine CDU über die absolute Mehrheit im Mainzer Landtag. Seine Ministerriege konnte sich sehen lassen, und der Amtschef sah keinen Grund, größere Veränderungen vorzunehmen. Außerhalb der Landesgrenzen galt die rheinland-pfälzische Landesregierung bei vielen als eine der effizientesten Landesregierungen in der Bundesrepublik.

Die letzten Jahre von Kohls Ministerpräsidentenzeit waren vor allem vom Bemühen geprägt, Arbeitsplätze zu erhalten und zu schaffen. In der Bildungs- und Sozialpolitik galt es, neue Standards zu setzen. Als Beispiel nannte Helmut Kohl gerne die Einrichtung von Kindergärten, insbesondere das erste Kindergartengesetz in der Bundesrepublik, das eine qualifizierte Ausbildung der Kindergärtnerinnen vorsah, aber auch die Einrichtung von Sozialstationen und ambulanten Hilfszentren mit qualifiziertem Personal. Zur Bilanz der Mainzer Landespolitik unter der Führung Helmut Kohls gehören natürlich die Verwaltungs- und Strukturreform und die Schaffung der Verbandsgemeinden. Besonders stolz war Kohl später auf die Neugründung der Universitäten Trier und Kaiserslautern. Erst nach seiner Amtszeit als Ministerpräsident wurden in der Verkehrsentwicklung, beim Straßenbau und in der Infrastruktur die positiven Wirkungen der Mainzer Kabinettspläne spürbar. In seinen »Erinnerungen« schreibt Helmut Kohl: »Während der Mainzer Zeit hatte ich die große Chance, Landespolitik als hohe Schule für politisches Handeln zu erleben. Politik fand in einem überschaubaren Rahmen statt. In unserem Land mit damals 3,6 Millionen Einwohnern konnte ich mich als Regierungschef um viel mehr Details kümmern als in anderen politischen Positionen. Die Menschen kamen wegen ganz praktischer Dinge zu mir, die sie vor Ort beschäftigten, seien es Umgehungsstraßen oder die Schnakenplage. Als Landespolitiker erfuhr ich die prägende Kraft für meine Zukunft. Mainz war nie ein Raumschiff, dem es schwerfiel, sich zurechtzufinden.«

8. BUNDESPOLITISCHE AMBITIONEN

Der rheinland-pfälzische Ministerpräsident Helmut Kohl beobachtete die Bonner Politik von Anfang an mit großem Interesse. Mit der Übernahme der Regierungsverantwortung in Mainz begann für ihn fast automatisch das bundespolitische Engagement in der Ländervertretung, dem Bundesrat.

Doch der kritische Blick nach Bonn setzte viel früher ein. Nachdem er im März 1966 zum Landesvorsitzenden der CDU von Rheinland-Pfalz gewählt worden war, wurde er kraft dieses Amtes auch Mitglied des CDU-Bundesvorstandes. Zwei Monate nach der März-Wahl besuchte er die führenden Politiker der Union in Bonn, allen voran den einflussreichen Heinrich Krone. Der enge Adenauer-Vertraute, von 1955 bis 1961 Fraktionsvorsitzender und von 1961 bis 1966 Bundesminister für besondere Aufgaben im Adenauer- wie im Erhard-Kabinett, notierte über Kohls Treffen in seinem Tagebuch für den 13. Mai 1966: »Der neue Mann in Rheinland-Pfalz war bei mir. Der war auch bei Konrad Adenauer und [Bundestagspräsident Eugen] Gerstenmaier und Erhard hatte ihn zum Essen eingeladen. Ganz bin ich mir dessen nicht gewiss, wer und was er ist. Von der Sache her interessiere ihn Verantwortung und Amt, nicht, weil er nach oben steigen wolle. Nun, wenn beides bei einem Menschen zusammenfällt, soll man zufrieden sein. [Außenminister Gerhard] Schröder müsse gehen, und [Minister für gesamtdeutsche Fragen Rainer] Barzel dürfe nicht der kommende Kanzler werden. Wir trafen uns in unserem guten Urteil über [CDU-Generalsekretär Bruno] Heck, auch über Eugen Gerstenmaier.« Das war zu einer Zeit, als bereits heftig am Stuhl von Bundeskanzler Ludwig Erhard gesägt wurde, der 1963 die Nachfolge Adenauers angetreten hatte. Adenauer hatte Erhard von Anfang an als nicht geeignet für das Amt des Bundeskanzlers angesehen und – allerdings vergebens – versucht, ihn als seinen Nachfolger zu verhindern.

Alle Befürchtungen sollten schon bald bestätigt werden. Nach Einschätzung Heinrich Krones ließ Erhard »alles an sich herankommen, plätscherte wie ein unwissender Junge in der Politik herum«. In mehrfacher Hinsicht zeigte Erhard Führungsschwäche: in innenpolitischen Fragen, vor allen Dingen aber auch in der Außenpolitik. Das galt für die deutsch-französischen Beziehungen genauso wie für die zum Bündnispartner in Washington.

Liest man die Protokolle des CDU-Bundesvorstandes jener Jahre, dann spürt man geradezu, wie Erhards Kredit dahinschmolz. Erkennbar ist aber auch, wie das jüngste Mitglied des Parteivorstands, Helmut Kohl, immer wieder massiv in die Diskussion eingriff und Antworten des Kanzlers auf grundlegende Fragen der Partei einforderte. In der ersten Sitzung nach der erfolgreichen Bundestagswahl vom September 1965 wurde Erhard unmissverständlich aufgefordert, die Vollmacht, die er mit dem Wahlergebnis erhalten habe, »in einer sehr schwierigen und kritischen Zeit« zu nutzen. Helmut Kohl forderte, dass sein neues Kabinett etwas aussagen müsse über die Regenerationskraft der CDU/CSU. In der zweiten Sitzung am 15. Oktober 1965 bat er Erhard, Stellung zu den deutsch-französischen Beziehungen zu nehmen. Ihm assistierte Adenauer, der an Erhard appellierte, er müsse die »großen Sachen in Ordnung halten«. Einen Gegensatz »in unsere[r] Freundschaft zu Frankreich und unsere[r] Freundschaft zu Amerika« hielt er für »ungefähr das Dümmste in der Politik, was ich je gehört habe«.

Aber auch in der ersten Sitzung nach seiner Wahl zum Parteivorsitzenden 1966 verzichtete Ludwig Erhard auf eine Lagebestimmung und appellierte stattdessen an den Zusammenhalt der Partei und bat um Unterstützung und Mitarbeit des Bundesvorstands »bei den Aufgaben, die wirklich von geschichtlicher Bedeutung sind für die Zukunft unseres Volkes«. Der Appell an die Solidarität der Partei war nur zu berechtigt, was Helmut Kohl mit aller Deutlichkeit festhielt. Er stellte fest, »dass die Solidarität so gering geworden ist, wie sie eigentlich zu keinem Zeitpunkt – das ist mein Eindruck – in diesen 20 Jahren (seit der Parteigründung) gewesen ist«. Er sprach von einer erkennbaren »Malaise«, einer chronischen Unlust in der Partei, die nicht durch »einen künstlichen Optimismus, sondern durch eine starke und energische Haltung« überwunden werden könne.

Dafür aber war Erhard der falsche Mann. Er hatte schlicht und einfach keinen Zugang zur Partei. Als die CDU dann im Juli 1966 die Landtagswahl in Nordrhein-Westfalen verlor, ging alles ganz schnell: Erhard musste abgelöst werden. In der Sitzung des CDU-Parteivorstandes am 8. November 1966 wollte Helmut Kohl nach eineinhalb Stunden Diskussion eine Entscheidung: »Jeder weiß, um was es geht. Es sind doch alles kluge, erfahrene Damen und Herren – keiner spricht es aus; es wird der Geist der Fraktion beschworen; es wird die CSU beschworen, die morgen tagt. Es wird all das vorgetragen, was eigentlich eine Ausflucht vor uns selbst ist. Glauben Sie denn, dass ein Mensch in der CDU/CSU glaubt, dass der Vorstand heute zusammensitzt und mehr oder weniger kluge Reden austauscht? Jeder erwartet, dass hier etwas herauskommt. [...] Deswegen meine ich, wir sollten jetzt schlicht und einfach die Namen auf den Tisch bringen und sollten sagen, wer genannt wird.«

Dann nannte Kohl in alphabetischer Reihenfolge jene Namen, von denen jeder wusste, dass sie als Nachfolger für Ludwig Erhard gehandelt wurden: Barzel, Gerstenmaier, Kiesinger und Schröder. Erhard begriff offensichtlich zuerst gar nicht, worum es ging. Erst als der CSU-Vorsitzende Franz Josef Strauß, der als Gast der Sitzung beiwohnte, den Vorschlag machte, die vier Kandidaten ohne weitere Diskussionen und Präjudizierung der Bundestagsfraktion zur Wahl vorzuschlagen, und der Vorstand dem folgte, schloss Erhard die Sitzung mit den Worten: »Dann darf ich Ihnen herzlich für Ihr Erscheinen, für Ihre Teilnahme danken. Es ist dies ein Abschied, den wir nehmen, wenn auch nicht gerade an diesem Tage. Ich habe diesem Gremium seit 17 Jahren angehört. Sie können überzeugt sein, dass ich mit Würde und Anstand diesen Posten niederlegen werde.«

Für Helmut Kohl war der Abgang Erhards mit einer sehr deprimierenden Erfahrung verbunden. Die Mitglieder des Vorstands verließen fluchtartig den Saal – mit Ausnahme von Kohl und Erhard. Plötzlich saß Kohl allein da, was ihm furchtbar peinlich war. Er, der Jüngste im Parteivorstand, und Erhard, der große, alte Mann. Erhard meinte dann plötzlich: »Sehen Sie, Herr Kohl, so ist das, wenn man zurücktreten muss.« Damit spielte er darauf an, dass alle sehr schnell den Saal verlassen hatten. Kohl schämte sich für die anderen und meinte zu Erhard, wenn er möge, würde er gerne sitzen bleiben. An diese Szene im Kanzlerbungalow hat Kohl sich später oft erinnert. Aber Erhard meinte: »Nein, nein, gehen Sie nur.« Kohl ist dann doch sitzen geblieben. Beide schwiegen so vor sich hin, als es an der Tür lärmte und Ernst Lemmer, Bundestagsabgeordneter aus Berlin und langjähriger Bundesminister in den Kabinetten Adenauers und Erhards, in schon leicht angetrunkenem Zustand auftauchte. Er hatte die Sitzung verwechselt und sich um ein paar Stunden geirrt, wahrscheinlich wegen des Genusses von Underberg, seiner Hausmarke. Dann sagte er immer nur: »Der Gerstenmaier darf es nicht werden.« Auch Lemmer war also schon bei der Nachfolge.

Ludwig Erhard zog sich danach in seine Villa am Tegernsee zurück, ein alter Mann, allein in einem großen Haus. Das war selbst für die CDU-Granden ein trauriger Zustand. CDU-Generalsekretär Bruno Heck bat Kohl eines Tages, Erhard zu besuchen, was Kohl umgehend tat. Zusammen mit dem Altkanzler trank er eine Flasche Wein, und bei dieser Gelegenheit brachte Kohl Erhard dazu, auf einer Veranstaltung im rheinland-pfälzischen CDU-Wahlkampf aufzutreten. Als Erhard über die Autobahn bei Frankenthal aus Richtung Saarbrücken kam und den Rhein überquerte, organisierte Kohl eine Polizeieskorte, und man fuhr wie in alten Zeiten nach Landau. Dort gab es eine außerordentliche Versammlung, in der Erhard frei und ohne Konzept zwei Stunden sprach. Nicht nur CDU-Anhänger waren gerührt. Die Menschen tobten und jubelten wie selten bei solchen Parteiveranstaltungen.

Am 10. November 1966 wurde Kurt Georg Kiesinger, seit 1958 Ministerpräsident von Baden-Württemberg, von der CDU/CSU-Bundestagsfraktion in geheimer Abstimmung zum Kanzlerkandidaten gewählt. Kiesinger war auch Kohls Kandidat gewesen. Man kannte sich seit einigen Jahren und war oft zu Gesprächen zusammengekommen. Kohl hätte am liebsten eine Fortsetzung der Koalition mit der FDP gesehen, aber Kiesinger war von Anfang an für eine Große Koalition.

Als eines der wichtigsten Vorhaben der Großen Koalition wurde mit der SPD die Einführung eines neuen Wahlrechts vereinbart: das Mehrheitswahlrecht. Das wäre das Ende der FDP gewesen. Darüber kam es am 29. November 1966 in der Sitzung des CDU-Bundesvorstands zu einer erstaunlichen Diskussion. Wortführer war Helmut Kohl. Sowohl in dieser Sitzung wie auch in den späteren Treffen des Bundesvorstands, für die die Protokolle mittlerweile vorliegen, wird deutlich, dass Kohl einer der Hauptredner wurde und so zu den entscheidenden Fragen Wortbeiträge lieferte, zumeist nicht zum Wohlgefallen der übrigen Vorstandsmitglieder. Bei keinem anderen Mitglied des CDU-Spitzengremiums wird im Protokoll so oft »sehr starke Unruhe und Bewegung« oder »anhaltende Bewegung« usw. vermerkt. In wichtigen Punkten wurde er der Meinungsführer, etwa bei der Wahlrechtsfrage, die auch Kiesinger als »durchaus problematisch« empfand. Kohl warnte vor einer »völligen Gleichschaltung der Politik« und vor allem: »Es wird keine FDP mehr geben in irgendeinem Land, die in eine Landeskoalition neu eintritt.« Und er wies auf die Konsequenzen für die CDU in den Großstädten hin: »Nehmen Sie das nicht gering. Die CDU Deutschland hat sich in 20 Jahren den Luxus erlaubt, die Kommunalpolitik auf kleiner Flamme zu verbraten und nicht zu beachten. Ein Teil unserer Misere kommt daher, dass uns die großen Städte entglitten sind und dass diese heute politisch ganz anders strukturiert sind.« Kohl machte klar, dass er »kein Freund der SPD und kein sonderlicher Freund der FDP« wäre, »aber wider die Natur geht es mir doch [...], eine von den Wählern immerhin noch legitimierte Partei, auch wenn sie noch so renitent in vielen Zügen sein kann, durch ein Wahlgesetz abzuschaffen (Starke Unruhe und Bewegung). [...] Es ist doch so, dass es eine Menge von Leuten in der Bundesrepublik gibt, die treue CDU-Wähler sind, die aber trotzdem gegen die ›Ermordung‹ einer noch präsenten Partei sind. Das ist das eine (Sehr starke Unruhe und Bewegung). Und was bedeutet eine Große Koalition? Vier Jahre, acht Jahre?« Gab es einen Zeitplan? Die Große Koalition war ein großes Experiment, aber, so Kohl: »Ich muss Ihnen ganz offen sagen, für mich ist es keineswegs ein erfreuliches Experiment.« Er beantragte die Einsetzung einer Kommission aus Partei und Bundestagsfraktion zum Thema Wahlrecht, denn: »Ich meine, meine Damen und Herren, wenn wir jetzt nicht begreifen, dass Matthäi am Letzten ist, wenn wir jetzt nicht zusammenhalten und einig sind, dann können wir in der Tat unseren Laden zumachen (Anhaltende Unruhe und Bewegung).«

So manch einer in der CDU vermutete damals, dass die SPD beim Thema Wahlrecht ein falsches Spiel spielte, um am Ende mit der FDP zusammenzugehen. Immer wieder warnte Kohl vor solchen Gedankengängen, so etwa im Dezember 1967 in einer Sitzung des CDU-Bundesvorstands. Er appellierte an die Partei: »Viele von denen, die so lauthals eine Wahlrechtsänderung fordern, haben den zweiten Denkprozess noch nicht vollzogen, dass die Partei nach einer solchen Wahlrechtsreform eine andere Partei sein wird als heute. Die Frage, wie diese Partei mit ihrem Pluralismus [...] fertig werden wird, muss ich bei dem inneren Zustand der CDU als Bundespartei mit einem großen Fragezeichen versehen.«

Aus der Sicht Kohls befand sich die Bundespartei in einem miserablen Zustand, sie war keine Partei für eine moderne Industriegesellschaft. Immer wieder wies er auf die Defizite der Partei hin, auch auf das mangelnde Problembewusstsein selbst im Parteivorstand. Für ihn war es so: »Wir fordern immer zu Beginn der Sitzung – ich wiederhole es – Auseinandersetzungen über Sachfragen ein, aber dann, wenn das Mittagessen erfolgt ist, ist der Bundesvorstand – wie auch jetzt – nicht mehr beschlussfähig. Das ist doch der Regelzustand hier bei uns« (14. Dezember 1967). »Was im Bundesvorstand diskutiert wurde, war eine Bankrotterklärung unserer ganzen Diskussion zur Parteireform« (13. Februar 1967). Immer wieder machte er auch klar, dass »die Zukunft der modernen Massendemokratie eine lebendige Partei (erfordert)« (2. Mai 1967).

Interessant sind auch Helmut Kohls Überlegungen zur NPD. Er war entschieden gegen ein Verbot dieser Partei, denn »wenn Sie heute die NPD verbieten, werden die Leute aus dieser Partei morgen eine andere Partei gründen«. Und er wunderte sich darüber, dass nicht einmal versucht werde, »ein nationales Programm zu entwickeln, das in die siebziger Jahre passt und auch für die jungen Leute akzeptabel ist. Wenn wir das tun, dann brauchen wir auf die Dauer keine Angst vor der NPD zu haben.« Und Kohl bestritt »entschieden, dass das alles Neo-Nazis sind«. Ein Verbotsantrag für die NPD war jedenfalls für Helmut Kohl nicht durchsetzbar, »wenn man nur nach der einen Seite schielt und auf der anderen plötzlich blind ist« (16. Januar 1969).

Was Kohl befürchtete, trat im März 1968 ein: Auf dem Nürnberger Parteitag der SPD wurde das Projekt Mehrheitswahlrecht vertagt und war damit faktisch erledigt. Wenige Tage später trat CDU-Innenminister Paul Lücke, ein vehementer Befürworter des neuen Wahlrechts, zurück.

1968 richtete der CDU-Bundesvorstand eine fünfzehnköpfige Programmkommission ein, an deren Spitze Helmut Kohl berufen wurde. Nach reger innerparteilicher Diskussion des Programmentwurfs und der Absegnung im CDU-Bundesvorstand beschäftigte sich der 16. CDU-Bundesparteitag am 4. November 1968 in der Berliner Kongresshalle mit dem endgültigen Entwurf des Aktionsprogramms. Nach heftigen Debatten und leidenschaftlichen Auseinandersetzungen vor allem um das Thema Mitbestimmung nahmen die 572 Delegierten das sogenannte Berliner Programm einstimmig an. Dieses Programm sollte den nächsten Bundestagswahlkampf inhaltlich wesentlich bestimmen und als CDU-Parteiprogramm die Anforderungen der siebziger Jahre erfüllen. Für Helmut Kohl brachten die Tage in Berlin den bis dahin größten innerparteilichen Erfolg. Mit dem Berliner Programm – u. a. Festhalten an der deutschen Wiedervereinigung, Konzept zur sozialen Marktwirtschaft, Positionen zu den Werten der Familie – war Helmut Kohls Name untrennbar verbunden.

Am 5. März 1969 wurde der Kandidat der SPD für das Bundespräsidentenamt, Gustav Heinemann, mit den Stimmen der FDP gewählt. Für manche in der CDU grenzte dies an Verrat durch die FDP. Entsprechend fielen einige Kommentare aus. Dazu stellte Kohl in der Sitzung des CDU-Bundesvorstands am 17. April 1969 klar: »Was mir nicht gefällt, ist die Tonart, mit der wir in den letzten Tagen angefangen haben, mit der FDP umzugehen. Es ist ganz logisch, dass wir gegen die FDP, insbesondere beim Wahlkampf, wenn sie uns angreift, zurückschlagen, aber ich muss sagen, es sind in einigen Artikeln in den letzten Tagen Äußerungen gefallen, die ich einfach für falsch halte. Erstens halte ich sie nicht für qualifiziert. Das will ich offen sagen. Man kann zur FDP stehen, wie man will, aber man muss doch die Möglichkeit offenlassen, am 29. September mit der FDP reden zu können. Wenn man aber jetzt unter den Gürtel schlägt – wie das geschehen ist –, dann gibt das Komplikationen, die nicht zu übersehen sind.«

In den Jahren der Großen Koalition gewann Helmut Kohl erkennbar an Statur und Einfluss. Was er mit Blick auf die FDP vorhergesehen hatte, trat dann am Tag der Bundestagswahl, dem 28. September 1969, ein. Es wurde ein Wahlabend, wie er dramatischer nicht hätte verlaufen können. Nach der ersten Hochrechnung fühlte sich Kurt Georg Kiesinger als Wahlsieger. Er wurde mit Blumen überschüttet. Wenig später traf ein Telegramm des amerikanischen Präsidenten Richard Nixon ein, der Kiesinger zum Wahlsieg beglückwünschte. Und dann trat Helmut Kohl ins Bild, der damals schon einen guten Draht zur Leiterin des Meinungsforschungsinstituts Allensbach, Elisabeth Noelle-Neumann, hatte und dem auf einem Zettel das Gesamtergebnis mitgeteilt worden war, wonach SPD und FDP zusammen drei oder vier Mandate mehr hatten als die CDU/CSU. Nur mit Mühe konnte Kohl Kiesinger im Fernsehwahlstudio klarmachen, dass die CDU zwar als stärkste Fraktion aus der Wahl hervorgegangen sei, rechnerisch jedoch eine sozial-liberale Koalition möglich werde. Erstmals bei Bundestagswahlen errang die SPD mehr Direktmandate – 127 – als die Christdemokraten – 121. Dabei nahm sie der CDU 34 Wahlkreise ab. Sie erzielte insgesamt 224 Sitze. Stärkste Fraktion mit 242 Sitzen blieb dennoch die CDU/CSU, auch wenn die CDU gegenüber der letzten Wahl 1,5 % verlor. Die höchsten Verluste musste die FDP hinnehmen, die von 9,5 % auf 5,8 % absackte und 30 Mandate erhielt. Sowohl die CDU/CSU als auch die SPD sahen sich als Sieger der Wahl und interpretierten das Wahlergebnis als Führungsauftrag. Was dann in Bonn geschah, war die große Überraschung: Willy Brandt verständigte sich mit Walter Scheel auf die Bildung einer neuen Koalition aus SPD und FDP. Nach zwanzig Jahren auf der Regierungsbank mussten CDU und CSU den Weg in die Opposition antreten.

Die Unionsparteien fielen nach der verlorenen Bundestagswahl in ein tiefes Loch. Auf dem 17. CDU-Bundesparteitag vom 17. und 18. November 1969, der erstmals in seiner Geschichte in der rheinland-pfälzischen Landeshauptstadt Mainz abgehalten wurde, sollte das Wundenlecken ein Ende nehmen und neuer Mut gefasst werden. Für die Christdemokraten galt es jetzt, die neue Rolle auf den Oppositionsbänken im Deutschen Bundestag anzunehmen. Auf Drängen des abgewählten Bundeskanzlers und amtierenden CDU-Bundesvorsitzenden Kurt Georg Kiesinger bewarb sich Helmut Kohl um die Position eines der fünf stellvertretenden Parteivorsitzenden. Was kaum jemanden überraschte: Auf Anhieb kam er mit 392 Stimmen von 476 gültigen Stimmen auf den zweiten Platz hinter Gerhard Stoltenberg. Damit hatte die Parteispitze eine erhebliche Verjüngung erfahren. Bei der Arbeitsteilung im CDU-Präsidium übernahm Helmut Kohl die Zuständigkeit für den Bundesrat und die CDU-Landesverbände Baden-Württemberg, Rheinland-Pfalz, Saarland und Hessen. In seinen »Erinnerungen« bemerkt der Altkanzler: »Obwohl es das Amt eines Fraktionsvorsitzenden im Bundesrat überhaupt nicht gab, bemühte ich mich um eine vergleichbare Führungsaufgabe innerhalb der CDU/CSU-geführten Landesregierungen, um in der Ländervertretung möglichst einheitlich agieren zu können. Dazu gehörten gewaltige Anstrengungen bei den inhaltlichen und organisatorischen Abstimmungen, die mich auch zeitlich erheblich in Anspruch nahmen.« Nach der ersten Präsidiumssitzung der neu gewählten Parteiführung übernahm Helmut Kohl die Bereiche Jugend, Studenten und Intellektuelle sowie Rundfunk und Fernsehen. Als Mainzer Ministerpräsident wurde er zum Vorsitzenden des ZDF-Verwaltungsrats gewählt und war von da an jahrelang Wortführer und Organisator des CDU-Freundeskreises. Bis zum Wechsel nach Bonn 1976 bestimmte er maßgeblich die Personalausstattung in den Leitungsetagen der Fernsehanstalt. Ohne seine Unterstützung konnte im Mainzer Sender niemand Intendant, Programm-, Verwaltungsdirektor oder Chefredakteur werden. Selbst bei den unteren Leitungspositionen mischte der Pfälzer mit. Bis heute hat sich der parteipolitische Einfluss – je nach Mehrheit und politischer Farbe – erhalten, sehr zum Nachteil eines unabhängigen Journalismus.

Auch Monate nach dem Bonner Machtverlust 1969 verharrte die CDU in Lethargie. Sie blieb in schlechter Verfassung. Der amtierende Parteivorsitzende Kurt Georg Kiesinger ließ Resignation erkennen, der Parteiapparat zeigte wenig Effizienz, und der Vorsitzende der Bundestagsfraktion Rainer Barzel mühte sich redlich ab. Das eigentliche Machtzentrum lag in der Unionsfraktion.

Schon im Frühjahr 1971 signalisierte Kiesinger, dass er auf dem nächsten Bundesparteitag nicht erneut für das Amt des Bundesvorsitzenden kandidieren werde. Er, der Helmut Kohl für das Amt seines Stellvertreters gewonnen hatte, war der Überzeugung, in ihm auch seinen Nachfolger gefunden zu haben. Doch dieser Plan wurde vom ehemaligen Außen- und Verteidigungsminister Gerhard Schröder durchkreuzt. Er hielt sich selbst für den besten Mann der Union und strebte eine Doppelspitze in der CDU an, mit ihm selbst als Vorsitzendem und Kanzlerkandidaten und Helmut Kohl als erstem stellvertretenden Vorsitzenden, der sich vor allem um eine organisatorisch neu aufgestellte Partei kümmern sollte. Diesem Modell stellte Rainer Barzel seine eigene Kandidatur für beide Funktionen in einer Person gegenüber. Er wollte alles oder nichts: Parteivorsitz und Kanzlerkandidatur. Doch Kiesingers Intention, Rainer Barzel zu verhindern und das Gespann Schröder/Kohl zu installieren, misslang. Als die parteiinternen Machtkämpfe in vollem Gange waren, zog Gerhard Schröder gegen jede vorherige Absprache seine Kandidatur für den Parteivorsitz zurück. Er sprach sich für Helmut Kohl aus, der das höchste Parteiamt übernehmen solle, während er als Kanzlerkandidat antreten wolle.

Um nicht als Kneifer, Umfaller oder Feigling gescholten zu werden, forderte der Mainzer entgegen seiner ursprünglichen Überzeugung die Ämtertrennung und erklärte sich zu einer Kandidatur für das Amt des CDU-Bundesvorsitzenden bereit. Auf dem 19. CDU-Bundesparteitag in Saarbrücken vom 4. bis 5. Oktober 1971 musste der Pfälzer allerdings eine schwere Niederlage hinnehmen. Bei der Wahl zum CDU-Bundesvorsitzenden stimmten 520 Delegierte für Rainer Barzel, für den Mainzer Ministerpräsidenten nur 174. Bei der Wahl der Stellvertreter erzielte er mit 470 Stimmen dagegen die höchste Stimmenzahl. Die erwartete Niederlage von Saarbrücken steckte Helmut Kohl gewohnt schnell weg. Er blieb auf der politischen Bühne in Bonn weiterhin präsent und pflegte zu Rainer Barzel geschäftlich-kühle Beziehungen. Die Chemie zwischen beiden stimmte nicht. Der machtbesessene Barzel – Parteivorsitzender und CDU/CSU-Fraktionsvorsitzender – versuchte schließlich, mit dem konstruktiven Misstrauensvotum am 27. April 1972 Bundeskanzler Willy Brandt zu stürzen. Das Vorhaben scheiterte ganz knapp. Statt der erforderlichen Mehrheit von 249 Stimmen erhielt Barzel nur 247. Eine der beiden fehlenden Stimmen stammte vom CDU-Abgeordneten Julius Steiner, der 1973 gegenüber einer Illustrierten angab, für 50 000 DM gekauft worden zu sein. Das Geld stammte aus Quellen des Ministeriums für Staatssicherheit der DDR und war vom Parlamentarischen Geschäftsführer Karl Wienand (SPD) übergeben worden. Wienand wiederum war der Vertraute Herbert Wehners, des Vorsitzenden der SPD-Bundestagsfraktion. Im Jahre 2000 wurde aus »Quellen der Stasi« auch der Name des zweiten »Verräters« bekannt: es war der nachmalige Parlamentarische Geschäftsführer der CDU/CSU-Bundestagsfraktion, Leo Wagner.

Somit blieb zunächst alles beim Alten. Doch die eklatante Niederlage der Unionsparteien bei der Bundestagswahl am 19. November 1972 hatte für Barzel Konsequenzen. Hinzu kam das Hin und Her um die Deutschland- und Ostpolitik der sozial-liberalen Koalition, genauer um die Verträge mit Moskau und Warschau und um den deutsch-deutschen Grundlagenvertrag. Der Partei- und Fraktionsvorsitzende Barzel beherrschte das schwierige Krisenmanagement innerhalb der CDU/CSU kaum. Es folgte sein langsamer Rückzug von allen Spitzenämtern. Zuerst trat er als

Fraktionsvorsitzender zurück, Karl Carstens wurde sein Nachfolger. Kurze Zeit später verzichtete Rainer Barzel auch auf das Amt des CDU-Parteivorsitzenden. Er hatte in der Partei jegliches Vertrauen verloren, die Trennung verlief gnadenlos. Ohne spürbares Zögern wurde der Mainzer Ministerpräsident auf den Schild gehoben. Auf einem Sonderparteitag in Bonn wählten ihn die Delegierten am 12. Juni 1973 mit 520 von 600 gültigen Stimmen zum neuen Parteichef – ohne Gegenkandidaten. Wieder einmal bewies Kohl seine Fähigkeit, seine Macht virtuos einzusetzen, um politische wie personelle Ziele durchzusetzen. Er berief den Industriemanager und ehemaligen Gründungsrektor der Universität Bochum, Kurt Biedenkopf, zum neuen CDU-Generalsekretär. Mit Kohls Wahl zum Parteichef war über den Kanzlerkandidaten der Unionsparteien für die Bundestagswahl 1976 noch keine Entscheidung gefallen. Bewusst hatte die Partei diesmal auf das einst von Rainer Barzel geforderte Junktim Parteivorsitz/Kanzlerkandidatur verzichtet. Doch für Kohl war die Aussicht auf »alles oder nichts« bei der nächsten Bundestagswahl in greifbare Nähe gerückt. Bis dahin musste aber noch manche Hürde genommen werden.

Am 9. März 1975 hatten zunächst einmal drei Millionen wahlberechtigte Rheinland-Pfälzer über die Zusammensetzung des Landtags zu entscheiden. Würden die Anstrengungen im Bereich von Kunst und Kultur belohnt, würden sich die lauthals propagierte Bürgernähe und die Verwaltungsratsvereinfachung, die Schulgeldfreiheit und die starken Investitionen in die innere Sicherheit in Stimmen für die CDU ummünzen lassen ?

Nach schlechten Umfragewerten und der großen Gefahr von Wahlenthaltungen dann das sensationelle Ergebnis: die CDU errang 53,9 % der Wählerstimmen und damit 55 Landtagsmandate. Das waren fast vier Prozent mehr als bei der Wahl 1971. Die SPD kam auf 38 % und 40 Mandate. Nur 5,6 % erreichte die FDP, die mit fünf Mandaten in den Mainzer Landtag einzog. Das gute Ergebnis war ein Erfolg für Helmut Kohl und für die Landes-CDU, die das beste Resultat erzielte, das sie bei Landtags- und Bundestagswahlen je erreichte.

Wenige Wochen später schufen die CDU-Spitzengremien Fakten: Auf der CDU-Bundesvorstandssitzung vom 12. Mai 1975 verzichtete der schleswig-holsteinische Ministerpräsident Gerhard Stoltenberg überraschend auf eine Bewerbung um die CDU-Kanzlerkandidatur. Für den Kohl-Vertrauten und CDU-Generalsekretär Kurt Biedenkopf höchste Zeit zum Handeln. Er stellte einen Antrag, der alle Unklarheiten endgültig beseitigen sollte: »Der Bundesvorstand beauftragt das Präsidium der CDU, in der gemeinsamen Sitzung der Präsidien von CDU und CSU den Parteivorsitzenden der CDU, Dr. Helmut Kohl, als Kandidaten der Union für das Amt des Bundeskanzlers vorzuschlagen.« Der von Helmut Kohl in seinen Memoiren zitierte Antrag wurde vom 25-köpfigen Bundesvorstand in geheimer Abstimmung ohne Enthaltung und ohne Gegenstimmen angenommen. Damit war auch das Bemühen von Franz Josef Strauß gescheitert, CDU-Fraktionschef Karl Carstens für eine Kanzlerkandidatur zu gewinnen. Dieser hatte sich nach längerer Bedenkzeit entschieden, das Angebot aus Bayern abzulehnen. In Kenntnis der wahren Mehrheitsverhältnisse glaubte er nicht, in der CDU gegen Helmut Kohl eine Mehrheit zu finden. Doch das Grummeln aus Bayern sollte noch lange nicht verstummen. Immerhin konnte ein gewisser Schulterschluss der Schwesterparteien erreicht werden.

Helmut Kohl hatte drei Jahre nach der Wahl zum Parteichef die CDU rundum erneuert. Den Parteiapparat hatte Kurt Biedenkopf auf Trab gebracht; organisatorisch, inhaltlich und materiell war der Wahlkampf gut vorbereitet. Die CDU war schuldenfrei, und die Spenden aus Wirtschaft, Industrie und Handwerk flossen wie selten zuvor.

Wenige Wochen vor der Bundestagswahl präsentierte der Kanzlerkandidat der Unionsparteien eine Mannschaft, mit der er im Falle eines Wahlsiegs eine Regierung bilden wollte. In den letzten Wochen vor der Wahl stellte Kohl die Themen Arbeitslosigkeit, Rentensicherung und Zukunftschancen der jungen Generation in den Vordergrund des auf Hochtouren laufenden Wahlkampfes. Sein wichtigster Gegner war die SPD. Der Kanzlerkandidat schonte keineswegs die FDP, achtete aber darauf, neben der Kritik an der

SPD/FDP-Regierungspolitik die Alternativen der Christdemokraten verständlich zu machen.

Die Bundestagswahl am 3. Oktober 1976 brachte den Unionsparteien und ihrem Spitzenkandidaten einen deutlichen Sieg. Die Union erreichte 48,6 % der gültigen Stimmen und verfehlte damit knapp die absolute Mehrheit. Gegenüber dem Bundestagswahlergebnis von 1972 gewann Kohl fast vier Prozentpunkte für die Union. Die Wahlbeteiligung fiel mit 90,7 % außergewöhnlich hoch aus. Die SPD und der amtierende Bundeskanzler Helmut Schmidt mussten eine herbe Niederlage hinnehmen. Im Vergleich zur Wahl von 1972 verloren sie über 3 %. Kohl scheiterte an nur 350 000 Stimmen bei 42 Millionen Wählern, die er der SPD/FDP hätte abjagen müssen. Ein Prozent mehr, und die Union hätte die damals gängige These widerlegt, dass es ohne die Liberalen keine regierungsfähige Mehrheit in Bonn geben könne.

9. OPPOSITIONSFÜHRER IN BONN

Lange vor dem Wahlabend des 3. Oktober 1976 hatte sich Helmut Kohl entschieden, von Mainz nach Bonn zu wechseln. Mit der Wahl zum CDU-Bundesvorsitzenden 1973 musste er damit rechnen, zu jeder Zeit auch in Bonn Verantwortung übernehmen zu müssen. Als Vorsitzender der größten Oppositionspartei, als Regierungschef eines Bundeslandes und wichtigster Kopf der Opposition im Deutschen Bundesrat reiste er bisher bereits ein bis zwei Tage in der Woche nach Bonn. Vier Tage nach der Wahl erklärte der Mainzer in der ersten Sitzung der CDU/CSU-Bundestagsfraktion seine Bereitschaft, deren Leitung zu übernehmen. Noch bevor er in diesem Amt installiert war, dann der Schock: Nach 27 Jahren gemeinsamer Bundestagsfraktion der Unionsparteien hatte der CSU-Vorsitzende Franz Josef Strauß auf einer Klausurtagung der CSU-Landesgruppe im bayerischen Wildbad Kreuth eine Mehrheit für die Aufkündigung der Fraktionsgemeinschaft von CDU und CSU im Deutschen Bundestag gefunden. Der Trennungsbeschluss fiel am 19. November 1976: 30 Abgeordnete stimmten für und 18 gegen die Auflösung der Fraktionsgemeinschaft. Der Streit unter den Schwesterparteien eskalierte und nahm beinahe kriegerische Formen an. Im Kern ging es Strauß um eine »vierte Partei«, mit der er seit Jahren liebäugelte, und damit um die bundesweite Ausdehnung der CSU. Hintergrund war der immerwährende Streit zwischen Kohl und Strauß über die Strategie der Opposition gegenüber der FDP.

Der CDU-Vorsitzende Kohl lehnte die Ausdehnungspläne rundweg ab. Er war fest entschlossen, die direkte Konfrontation mit dem bayerischen CSU-Chef zu wagen und mit allen Mitteln für die Einheit der Union zu kämpfen. In den Spitzengremien der CDU setzte er seine harte und fest entschlossene Haltung durch. Der Kreuther Trennungsbeschluss wurde als Absage an die Einheit der Union verstanden und die CSU aufgefordert, »ihren Willen zur Aufrechterhaltung der Einheit der Union in einer satzungsmäßig verbindlichen Form zum Ausdruck zu bringen«. Falls dies nicht gelingen sollte, so sehe sich die CDU gezwungen, bei Wahlen auch in Bayern anzutreten. Der Bundesvorstand habe deshalb das Präsidium vorsorglich beauftragt, Vorbereitungen zur Gründung eines Landesverbandes der CDU in Bayern zu treffen.

Wenige Tage nach der Kreuther Trennungsaktion hielt Strauß vor dem Landesausschuss der Jungen Union in der Münchner »Wienerwald«-Zentrale eine Rede, die durch eine Indiskretion dem »Spiegel« zur Veröffentlichung übermittelt wurde. Die Führungsriege der CDU nannte Strauß da »politische Pygmäen«, »Zwerge im Westentaschenformat«, »Reclamausgabe von Politikern«. Die harten Attacken gegen die CDU gipfelten in persönlichen und beleidigenden Ausfällen gegen deren Vorsitzenden. »Helmut Kohl«, so Strauß, »den ich nur im Wissen, den ich trotz meines Wissens um seine Unzulänglichkeit um des Friedens willen als Kanzlerkandidaten unterstützt habe, wird nie Kanzler werden. Er ist total unfähig. Ihm fehlen die charakterlichen, die geistigen und die politischen Voraussetzungen. Ihm fehlt alles dafür.«

An anderer Stelle seiner Rede meinte Franz Josef Strauß: »Und glauben Sie mir eines, der Helmut Kohl wird nie Kanzler werden, der wird mit 90 Jahren die Memoiren schreiben: ›Ich war 40 Jahre Kanzlerkandidat, Lehren und Erfahrungen aus einer bitteren Epoche.‹ Vielleicht ist das letzte Kapitel in Sibirien geschrieben.«

Es waren Helmut Kohls massive Drohung und die eindeutige Haltung der CDU-Spitzengremien, die CDU im Ernstfall auch in Bayern zu etablieren, die Franz Josef Strauß und seine Leute zum Einlenken zwangen. Buchstäblich kurz vor 12 wurde die Einheit der Union, drei Wochen nach dem Kreuther Trennungsbeschluss, nach mehreren Verhandlungen in einer mehrstündigen Sondersitzung von CDU und CSU gerettet. Am 12. Dezember 1976 kam man überein, die Fraktionsgemeinschaft doch fortzusetzen. Einen Tag später wurde Helmut Kohl auf einer gemeinsamen Fraktionssitzung von CDU und CSU mit 230 von 243 abgegebenen Stimmen zum Vorsitzenden der erneuten Fraktionsgemeinschaft gewählt. Auch wenn die Sprachregelung in München und Bonn lautete, am Ende habe es weder Sieger noch Besiegte gegeben, so war doch der CDU-Bundesvorsitzende eindeutig als Sieger aus dem Kampf mit Franz Josef Strauß hervorgegangen.

Doch dieser Sieg konnte nicht darüber hinwegtäuschen, dass es Helmut Kohl als Oppositionsführer außerordentlich schwer hatte. Zum einen gelang es dem Pfälzer nicht, sich gegen den international anerkannten Bundeskanzler Helmut Schmidt zu profilieren, zum anderen fehlte ihm der nötige Rückhalt in der Fraktion. Die unterschiedlichen Interessen und Persönlichkeiten unter einen Hut zu bekommen, war beinahe aussichtslos. Kohls Bemühen um Ausgleich zwischen den Flügeln – von den Sozialausschüssen, dem Wirtschaftsflügel, den Vertriebenenverbänden bis hin zu den ehemaligen Ministern und Staatssekretären – war nur bedingt erfolgreich. Hinzu kam der permanente Machtkampf mit Franz Josef Strauß. Der CSU-Chef verfügte in der Unionsfraktion über zahlreiche Anhänger. Daran änderte sich auch so gut wie nichts, als er im November 1978 zum bayerischen Ministerpräsidenten gewählt wurde. Der ewige Streit zwischen dem Bayern und dem Pfälzer schien unlösbar. Dabei ging es nicht nur um die Frage, wie sich CDU/CSU gegenüber der FDP verhalten sollten. Unterschiedliche Auffassungen zwischen Kohl und Strauß waren auf fast allen Politikfeldern – vor allem in der Außenpolitik – spürbar. Im Kern ging es dabei bis zum Tod des bayerischen Ministerpräsidenten im Jahr 1988 um den jeweiligen Führungsanspruch.

Unter Kohls Vorsitz war die CDU/CSU-Opposition im Deutschen Bundestag außerordentlich fleißig. Die Statistik weist nach, dass von den 354 in der 8. Legislaturperiode verabschiedeten Gesetzen mehr als 9 % direkt oder indirekt auf Initiativen der Opposition zurückgingen.

Im Jahr 1977 musste die Bonner Republik ihre bislang größte Herausforderung bestehen: den Terrorismus. Im Großen Krisenstab spielte Helmut Kohl dabei eine wichtige Rolle. Er unterstützte die Entscheidung der Bundesregierung, der Erpressung der Schleyer-Entführer nicht nachzugeben, obwohl es bei der Entführung des Arbeitgeberpräsidenten um seinen Freund ging. Niemand aus dem Bonner Krisenstab stand dem RAF-Opfer so nahe wie Helmut Kohl. Bei den folgenreichen Entscheidungen war sich der Oppositionsführer bewusst, dass er den Mord an seinem Freund nicht verhindern konnte.

Auf dem 25. CDU-Bundesparteitag in Düsseldorf vom 7. bis 9. März 1977 wurde Kohl als Parteivorsitzender mit 767 von 810 gültigen Stimmen im Amt bestätigt. Nach dem unerwarteten Rücktritt des CDU-Generalsekretärs Kurt Biedenkopf schlug Kohl den rheinland-pfälzischen Sozialminister Heiner Geißler als Nachfolger vor, der von den Delegierten mit großer Mehrheit gewählt wurde. Die Partei befand sich in guter Verfassung: inhaltlich wie personell war sie gut aufgestellt. Trotzdem wurde zunehmend Kritik an Kohl laut. Die Union hatte ein großes Unbehagen befallen. In der Presse kam der alte Provinzialismusvorwurf wieder auf, und Schlagzeilen wie »Kohls Talfahrt«, »ein Mann ohne Glück« beeinflussten auch innerparteilich die Stimmung. Der CDU-Bundestagsabgeordnete Jürgen Todenhöfer meinte, im Schlafwagen käme die Union nicht an die Macht. Kohls einstiger Erzrivale Rainer Barzel schrieb, noch nie habe ein Kanzler so gemütlich regiert wie der jetzige. Christdemokratische Jungpolitiker beklagten: »Mangelnde Ausdauer, mangelndes Stehvermögen, Angst vor öffentlicher Schelte und vor der eigenen Courage kennzeichnen die Oppositionsfraktion.«

Kurz nach der Jahreswende 1978/79 wurde ein vertrauliches »Memorandum« des früheren CDU-Generalsekretärs Kurt Biedenkopf bekannt, in dem er die Trennung von Partei- und Fraktionsführung in der CDU forderte. Nur so sei die Führungskrise der Union zu meistern. Wenn Kohl auf die Fraktionsführung nicht verzichten wolle, musse der nächste Parteitag darüber entscheiden.

Was auf den ersten Blick als eine Schwächung erschien, münzte der Parteivorsitzende in einen Erfolg um. Am 11. Januar 1979 beschäftigte sich der CDU-Bundesvorstand mit Biedenkopfs Memorandum. Dem gewieften Taktiker Kohl gelang es, einen Beschluss herbeizuführen, dass Partei- und Fraktionsvorsitz in einer Hand bleiben sollten. Die Intrige gegen den Pfälzer war gescheitert. Wieder einmal hatten Biedenkopf und seine Freunde Kohls Talent unterschätzt, Mitglieder von Spitzengremien der Partei für sich zu gewinnen. Gleichwohl bekam Kohl auf dem 27. CDU-Bundesparteitag in Kiel im März 1979 die allseits verbreitete Unzufriedenheit zu spüren. Er erhielt bei seiner Wiederwahl »nur« noch 617 von insgesamt 740 Stimmen bei 82 Nein-Stimmen und 41 Enthaltungen. Es war ein deutlicher Denkzettel für den Parteiarbeiter, den dieser aber wieder gut wegzustecken verstand.

Für Helmut Kohl war das Stimmungsbild zu dieser Zeit eindeutig. Er hatte einen nüchternen Blick für die Realitäten: Eine erneute Kanzlerkandidatur bei der Bundestagswahl 1980 schien aussichtslos zu sein. Weder in den CDU-Spitzengremien noch in der gemeinsamen Bundestagsfraktion von CDU/CSU sah er für sich eine Mehrheit. Nachdem die CSU-Politiker Friedrich Zimmermann und Edmund Stoiber am 24. Mai 1979 vor der Presse mitteilten, dass Franz Josef Strauß »als Kanzlerkandidat der Unionsparteien zur Verfügung stehe«, bestand dringender Handlungsbedarf. Vieles sprach gegen eine Strauß-Kandidatur. Demoskopische Daten verrieten, dass wichtige Kompetenzfragen im Vergleich zum amtierenden Bundeskanzler Helmut Schmidt negativ beantwortet worden waren. Auch Wechselwähler konnte Strauß nach Meinung Kohls für die Union kaum gewinnen. Der größte Vorbehalt des Pfälzers gegen Strauß war indes die Gewissheit, dass der bayerische Ministerpräsident nach einer gewonnenen Bundestagswahl den Bonner Liberalen nicht zu vermitteln wäre. Kohl dachte über personelle Alternativen zu Strauß nach. Er wollte den Unionsparteien eine reelle Wahlchance verschaffen und war dafür bereit, einen neuerlichen Konflikt mit der bayerischen Schwesterpartei und ihrem mächtigen Vorsitzenden zu wagen. Nach intensiven Beratungen mit seinen Vertrauten entschied er sich, den außerordentlich erfolgreichen niedersächsischen Ministerpräsidenten Ernst Albrecht als gemeinsamen Kanzlerkandidaten der Unionsparteien vorzuschlagen. Am 28. Mai 1979 – zuvor hatte Strauß erstmals selbst erklärt, er stehe für die Kanzlerkandidatur zur Verfügung – stärkte der CDU-Bundesvorstand seinem Vorsitzenden den Rücken, als er den Vorschlag Kohls begrüßte, für Gespräche mit der CSU Albrecht als Kanzlerkandidaten zu benennen. »Der Bundesvorstand macht sich diesen Vorschlag zu eigen«, heißt es im Protokoll. Damit war die Einheit der Union abermals in Gefahr. Kohl agierte mit vollem Risiko für sich und seine Position in der Doppelfunktion als Bundespartei- und Fraktionsvorsitzender. Die Lage wurde immer undurchsichtiger. Unterstellungen, Verdächtigungen und Intrigen vermittelten ein zerrissenes Bild der Unionsparteien. Dabei arbeitete die Zeit für Strauß. Um die Einheit der Union zu wahren, galt es – trotz anderslautender CDU-Beschlüsse –, eine Kanzlerkandidatur des bayerischen CSU-Vorsitzenden zu akzeptieren.

Nach tagelangen Auseinandersetzungen wurde Kohl in die Knie gezwungen. Ihm blieb nichts anderes übrig, als die Forderung zu akzeptieren, die CDU/CSU-Bundestagsfraktion solle allein den Kanzlerkandidaten bestimmen. Dann fiel die Entscheidung: Nach mehrstündiger Debatte wählte die Fraktion am 2. Juli 1979 Franz Josef Strauß zum Kanzlerkandidaten der Unionsparteien. Nach dieser persönlichen Niederlage für Helmut Kohl hofften seine Kritiker, er werde nicht länger im Amt bleiben. Doch weit gefehlt. Kohl hatte sich in letzter Minute den Realitäten gebeugt und seinen schärfsten Widersachern keine Chance gelassen, Gründe für seinen Sturz zu finden. Außerdem war dem neuen Kanzlerkandidaten sehr daran gelegen, den Parteivorsitzenden der CDU und dessen Mannen in den bevorstehenden Wahlkampf einzubinden. Dabei versagte Kohl sich einen Eintritt in die Regierungsmannschaft von Franz Josef Strauß. Er setzte auch für die nächste Legislaturperiode auf das Amt des Fraktionsvorsitzenden. Dies sollte sich noch als kluger Schachzug erweisen.

Der Wahlkampf für die Bundestagswahl am 5. Oktober 1980 wurde der schmutzigste in der Geschichte der Bundesrepublik. Die scharfen Auseinandersetzungen konzentrierten sich auf die Frage: Schmidt oder Strauß? Schmidt, der Staatsmann aus Hamburg, und Strauß, der Wüterich, der Unberechenbare aus Bayern. Die »Stoppt Strauß«-Kampagne der Sozialdemokraten verteufelte den Kanzlerkandidaten der CDU/CSU als großes Risiko für den Weltfrieden. Strauß wiederum malte die Gefahr des Sozialismus mit Volksfrontcharakter an die Wand und warf dem amtierenden Kanzler vor, ein »Rentenbetrüger« und »Schuldenmacher« zu sein. Helmut Kohl kämpfte für seine Partei, als ob er selbst Kanzlerkandidat gewesen wäre. Er zeigte rückhaltlosen Einsatz für Strauß, obwohl er schon lange fest davon überzeugt war, dass der

Unions-Kandidat gegen Helmut Schmidt kaum eine Chance hatte. Die FDP hatte sich von Anfang an für eine Fortsetzung der sozialliberalen Koalition ausgesprochen. Niemals wäre sie ein Bündnis mit Franz Josef Strauß eingegangen. So blieb der Opposition nichts anderes übrig, als auf eine absolute Mehrheit zu setzen. Aber daran glaubten selbst die eigenen Leute nicht. So traf ein, was alle repräsentativen Umfragen vorausgesagt hatten: Die Unionsparteien verloren über vier Prozentpunkte im Vergleich zur Wahl 1976 und erhielten nur noch 44,5 % der Stimmen. Trotz der verheerenden Niederlage blieben sie aber die stärkste Fraktion im neuen Bundestag. Die SPD kam mit 42,9 % der Stimmen ungefähr auf das Ergebnis von 1976, die Liberalen verbesserten ihren Stimmanteil um 2,7 Prozentpunkte auf 10,6 %. Sie waren die eindeutigen Sieger der Bundestagswahl 1980. Damit wurde die Koalition bestätigt. Schmidt und sein Vizekanzler Hans-Dietrich Genscher konnten ein weiteres sozial-liberales Bündnis gegen die Union bilden.

Zu den Siegern der Oktober-Wahl 1980 gehörte zweifellos auch der CDU-Bundesvorsitzende Helmut Kohl. Er vermied jegliche Schuldzuweisung und zeigte keinerlei Triumphgefühle gegenüber dem Wahlverlierer Franz Josef Strauß. Doch innerlich dürfte er erleichtert gewesen sein. Für jedermann sichtbar hatte die Wahlniederlage Franz Josef Strauß tief verletzt, der sich nun endgültig als bayerischer Ministerpräsident nach München zurückzog. Die Wahl hatte Kohls schärfstem Gegner seine Grenzen aufgezeigt und ein für alle Mal den Beweis erbracht, dass Strauß im Gegensatz zu anderen Spitzenkandidaten bei Bundestagswahlen nicht die notwendige Mehrheit erreichen konnte. Kohls faires Verhalten dem Bayern gegenüber ließ das Ansehen des Pfälzers vor allem in der Bundestagsfraktion steigen. Fast einstimmig wurde er als Fraktionsvorsitzender wiedergewählt. Reibungslos verlief auch die Fortschreibung der Fraktionsvereinbarung von 1976. Das Gespenst einer vierten Partei war vom Tisch, niemand dachte im Traum an eine Fraktionstrennung wie 1976.

Ein Jahr nach seiner schweren Niederlage meinte der CSU-Vorsitzende Strauß in einem »Spiegel«-Gespräch: »Es ist eine Selbstverständlichkeit in einer funktionierenden parlamentarischen Demokratie, dass der Oppositionsführer – das ist Helmut Kohl als Fraktionsvorsitzender der CDU/CSU – der natürliche Nachfolger von Helmut Schmidt wäre, wenn es zu einer Änderung kommt.« Das waren ganz neue, versöhnliche Töne, ein sichtbares Zeichen für die Anerkennung der Realitäten. Gleichwohl gab es immer mal wieder Zweifel an Helmut Kohls Führungsqualitäten, Zweifel, ob er die Fähigkeit zur Übernahme der Kanzlerschaft hätte. In seinen »Erinnerungen« ist nachzulesen, wie im Sommer 1982 hinter seinem Rücken taktiert wurde und dass bundesdeutsche Wirtschaftskapitäne den CDU-Schatzmeister Walther Leisler Kiep als möglichen Kanzlerkandidaten ins Gespräch brachten. Auf dem 29. CDU-Bundesparteitag in Mannheim Anfang März 1981 verabschiedeten die Delegierten ein Arbeitsprogramm mit dem Titel »Aufgaben der achtziger Jahre«. Das Papier konnte auch als Programm einer CDU/CSU-geführten Bundesregierung unter Helmut Kohl interpretiert werden, der mit 689 von 715 Stimmen als Parteivorsitzender bestätigt wurde. Kohl präsentierte eine nach außen geschlossenere Opposition, hatte die Partei fest im Griff und verfügte über das Vertrauen der Spitzengremien. Vor allem in der Fraktion hatte er personelle Veränderungen durchgesetzt und auf den einflussreichsten Positionen seine Vertrauten platzieren können.

Der Politikwissenschaftler Wolfgang Jäger analysierte 2009: »Die Jahre als Oppositionsführer, insbesondere die Zeit von 1976 bis 1980, waren für Kohl eine Zeit der Prüfungen, wie sie bislang kein Kanzlerkandidat in seiner bundesrepublikanischen Karriere bestehen musste. Innerparteiliche Intrigen, öffentliche Herabwürdigung aus dem eigenen Lager, Verletzungen der persönlichen Würde waren an der Tagesordnung, wobei Kohl selbst in diesem Ringen durchaus auch seinen Mann stehen konnte. Wer solche Jahre durch- und übersteht, bringt das machtpolitische Rüstzeug für das Amt des Kanzlers mit. Es waren mehrere Eigenschaften, die Kohl als Sieger, nicht zuletzt über Strauß, hervorgehen ließen. Grundlage war seine ungeheuer robuste physische und psychische Konstitution. Am wichtigsten war aber die Verankerung in

›seiner‹ Partei, der CDU. Er war und blieb immer ein Mann der ›Basis‹. Wie kein anderer vermochte er diese überaus heterogene Partei als Mann der Mitte zusammenzuhalten.«

Mit großer Gelassenheit beobachtete der Virtuose der Macht den Krach in der sozial-liberalen Koalition, sah, wie der Streit zwischen Kanzler Schmidt und seiner Partei, der SPD, eskalierte. In den entscheidenden Fragen der deutschen Politik – der Sicherheitspolitik (NATO-Doppelbeschluss), der Finanz- und Haushaltspolitik und vor allem der Energie- und Umweltpolitik – konnte Helmut Schmidt nur mühsam Unterstützung finden. Immer widerwilliger folgte ihm die SPD-Bundestagsfraktion. Auffallend war die gegenseitige Abneigung, die das Verhältnis zwischen Kanzler und Oppositionsführer seit Jahren prägte. Zeitzeugen beschreiben sie als abgrundtiefe Verachtung auf beiden Seiten. Wo immer es ging, ließ Schmidt den Pfälzer in überheblicher Art spüren, wie wenig er von ihm hielt. Für Schmidt war Kohl ein Generalist, »der von allem etwas, aber von nichts genug verstand, um regieren zu können«. Schmidt hielt es für völlig ausgeschlossen, dass Kohl ihn einmal aus dem Kanzleramt vertreiben und beerben könnte. Doch der gab sich gelassen. Er sah mit an, wie groß die Gräben zwischen dem Kanzler und dessen Partei waren, wie schwer es Schmidt fallen würde, den Haushalt 1983 in der eigenen Partei durchzubringen. Noch entscheidender war für Schmidt, dass er keine Chancen für die Durchsetzung des NATO-Doppelbeschlusses sah, dass selbst der Parteivorsitzende Willy Brandt auf Seiten der Nachrüstungsgegner stand.

Dann ging es Schlag auf Schlag. Auf Bitten des Kanzlers hatte FDP-Bundeswirtschaftsminister Otto Graf Lambsdorff ein Papier angefertigt, das als »Scheidungspapier« in die Geschichte der Bundesrepublik Deutschland eingehen sollte. Dieses »Konzept für eine Politik zur Überwindung der Wachstumsschwäche und zur Bekämpfung der Arbeitslosigkeit« hatte ein hoher Beamter des Wirtschaftsministeriums für seinen Minister formuliert, dessen Handschrift es auch trug. Am 17. September 1982 kam Helmut Schmidt einem Gesprächswunsch der Liberalen nach und lud die FDP-Minister Genscher, Baum, Ertl und Lambsdorff in sein Abgeordnetenzimmer im Bundeshaus ein. Nach kühlem, aber korrektem Empfang durch den gesundheitlich angeschlagenen Schmidt habe Genscher gesagt, er habe den Eindruck, dass von Seiten der Sozialdemokraten der Wille zur Fortsetzung der Regierungszusammenarbeit nicht mehr vorhanden sei, und dann habe er für sich und seine FDP-Kollegen den Rücktritt als Mitglieder der Bundesregierung erklärt. So wird es jedenfalls von Zeitzeugen auf FDP-Seite dargestellt und so ist es in Kohls »Erinnerungen« nachzulesen. Damit war Genscher dem Bundeskanzler offenbar zuvorgekommen, der in der bevorstehenden Bundestagsrede beabsichtigt hatte, die Entlassung der vier Minister bekannt zu geben. Schmidt bestreitet noch heute diese Version und behauptet, er habe die Liberalen vor die Tür gesetzt. Hier steht Aussage gegen Aussage. Damit war jedenfalls der Koalitionsbruch vollzogen, das Ende der sozial-liberalen Koalition besiegelt. Fortan beschuldigte Helmut Schmidt die FDP des Verrats.

Von diesem Zeitpunkt an entwickelten sich direkte Kontakte zwischen Hans-Dietrich Genscher und Helmut Kohl. Unterdessen beschlossen Präsidium und Bundesvorstand der CDU am 20. September 1982 einstimmig, Helmut Kohl zum Kanzler einer neuen Bundesregierung aus CDU, CSU und FDP vorzuschlagen. Am gleichen Tag empfahlen auch die Partei- und Fraktionsvorsitzenden von CDU, CSU und FDP ihren Fraktionen, am Freitag, den 1. Oktober 1982, Helmut Kohl zum Bundeskanzler zu wählen. Das geschah in der Unionsfraktion am 21. September. Von den 230 abgegebenen Stimmen – Kohl selbst wählte nicht mit – votierten 228 mit Ja. Es gab nur eine Neinstimme und eine Enthaltung. Parallel dazu hatten nach langen hitzigen Diskussionen 34 Abgeordnete der FDP in geheimer Abstimmung ihre Bereitschaft erklärt, gemeinsam mit der CDU/CSU-Fraktion am 1. Oktober 1982 für das konstruktive Misstrauensvotum zu stimmen. 18 FDP-Bundestagsabgeordnete stimmten mit Nein, zwei enthielten sich. Tiefer konnte der Graben zwischen den sozial-liberalen Abgeordneten und den zur politischen Wende bereiten FDP-Parlamentariern nicht sein. Bis zuletzt blieb es hochspannend und durchaus ungewiss, ob die erfolgreiche Durchführung des konstruktiven Misstrauensvotums nach Art. 67 des Grundgesetzes gelingen würde. In der hitzigen Debatte griff Helmut Schmidt die FDP scharf an, sprach von »Vertrauensbruch« und erklärte wörtlich: »Ihre Handlungsweise ist legal, aber sie hat keine innere, keine moralische Rechtfertigung.« Der amtierende Kanzler äußerte Zweifel an der »Ehrlichkeit« der Ankündigung der neuen Partner, am 6. März 1983 Neuwahlen abzuhalten. Doch er sollte sich täuschen.

Am Ende der mehrstündigen Debatte erfolgte dann der Kanzlersturz. Historische Stunden im Deutschen Bundestag in Bonn, das bittere Ende der sozial-liberalen Koalition. Auf Kanzler Helmut Schmidt folgte Helmut Kohl. Er erhielt von den 495 gültig abgegebenen Stimmen 256 Ja-Stimmen. 235 Abgeordnete stimmten mit »Nein«, vier enthielten sich. Der Beginn der Ära Kohl. Für manche Intellektuelle war das ein Betriebsunfall der deutschen Geschichte. Sie hofften auf eine kurze Episode. Doch auch sie sollten sich täuschen.

10. DIE FRAU AN SEINER SEITE

Hannelore Kohl hatte mit ihren Söhnen Walter und Peter die hitzigen Debatten und den anschließenden Wahlgang im Deutschen Bundestag von der Diplomatentribüne aus verfolgt. Sie gehörte natürlich zu den ersten Gratulanten. Sie litt seit Tagen unter starken Kopfschmerzen und war gegen ärztlichen Rat nach Bonn gekommen. Bei einer Parteiveranstaltung im Ruhrgebiet war sie durch eine Kamerabewegung verletzt worden und hatte sogar ein Krankenhaus aufsuchen müssen. Jetzt war der Schmerz vergessen, jetzt war sie stolz auf ihren Mann, den sie in seinem Streben unbeirrt unterstützt hatte, den Einzug ins Kanzleramt zu schaffen. Wer das Ehepaar Kohl etwas näher kennt, weiß, mit welcher Skepsis Hannelore Kohl der steilen politischen Karriere ihres Mannes über Mainz nach Bonn gegenüberstand. Nun schien auch sie überglücklich zu sein und die geschaffenen Fakten anzuerkennen. Die Kanzlergattin entwickelte sich in den folgenden 16 Kanzlerjahren im In- und Ausland zur hoch geachteten First Lady, zur größten Sympathieträgerin für Kohls Partei und werbewirksamen Verfechterin Kohl'scher Politik.

Bis dahin war es ein langer Weg gewesen für Hannelore Kohl, die nichts dagegen gehabt hätte, wenn ihr Mann nach dem Studium bei seinem Job in der Industrie geblieben wäre. Doch sie beugte sich im Laufe der Jahre dem leidenschaftlichen Kommunal-, Kreis-, Bezirks-, Landes- und Bundespolitiker und unterstützte ihn – bei allen grundsätzlichen Bedenken.

Helmut Kohl hatte die Frau an seiner Seite als 15-jähriges Flüchtlingsmädchen bei einem Tanztee in Ludwigshafen kurz nach der Währungsreform 1948 kennengelernt. Er selbst war damals 18 Jahre alt. Hannelore Renner, geboren am 7. März 1933 in Berlin und aufgewachsen in Leipzig, hatte 1945 mit ihren Eltern aus dem Osten ins pfälzische Mutterstadt flüchten müssen. Ihre Mutter Irene stammte aus einer großbürgerlichen Familie in Bremen, machte in den zwanziger Jahren Karriere als Sprecherin beim Rundfunk.

Hannelores Vater Wilhelm Renner, Jahrgang 1880, entstammte

einer pfälzischen Bauernfamilie aus Mutterstadt, wurde Elektroingenieur und machte Karriere in der Industrie. 1929 heirateten Hannelores Eltern und zogen kurze Zeit später nach Leipzig, wo der Vater zum Oberingenieur aufstieg. Das Unternehmen, in dem er arbeitete, stellte in Friedenszeiten Lampen her, vor allem für die Reichsbahn. Mit Ausbruch des Zweiten Weltkriegs wurde Kriegsgerät produziert: unter anderem Gewehre und leichte Waffen. Wilhelm Renner musste keinen Kriegsdienst leisten, da er »unabkömmlich« war. Als Oberingenieur in der Entwicklungsabteilung gehörte er unter anderem zu jenem Team, das später die Panzerfaust entwickelte.

In Leipzig besuchte Hannelore die Volksschule und ein Mädchengymnasium. 1943 zog sie mit ihrer Mutter aus Sicherheitsgründen ins 40 km von Dresden entfernte Döbeln. Als die Front immer näher rückte und die Angst um sich griff, russischen Truppen in die Hände zu fallen, verließen Mutter und Kind mit anderen Familien Döbeln in Richtung Leipzig. Zu Fuß zogen sie entlang der Mulde, einem Nebenfluss der Elbe. Nach äußerst beschwerlichen sechs Wochen kamen sie in Leipzig an. Bereits zweimal waren die Renners hier ausgebombt worden und hatten dabei ihr Hab und Gut verloren. Zum Glück trafen sie den Vater. Als sie erfuhren, dass sich die Amerikaner zurückziehen würden – in Torgau an der Elbe hatten sich amerikanische und sowjetische Truppen getroffen –, machten sich die Renners zu dritt – diesmal mit einem kleinen Auto – auf in Richtung Westen. Sie kamen nach Mutterstadt, in die Heimat des Vaters, und mussten, wie so viele Flüchtlinge, auf engstem Raum leben. Es folgten entbehrungsreiche Jahre, in denen Geld immer knapp war. Obwohl Hannelore eigentlich Mathematik und Physik studieren wollte, kam wegen Geldmangels nur die Dolmetscherschule infrage und so studierte sie Englisch und Französisch. Während des zweiten Semesters im Oktober 1952 starb der Vater mit 62 Jahren völlig unerwartet an einem Herzinfarkt. Zum Schmerz über den Verlust eines geliebten Menschen kam erschwerend hinzu, dass die Familie keine Versorgungsansprüche, keine Pension, rein gar nichts hatte. Hannelore brach ihr Studium an der Germersheimer Dolmetscherschule ab und kehrte zu ihrer Mutter zurück. Sie lernte Schreibmaschinenschreiben und Stenografie. An einer Stuttgarter Handelsschule legte sie eine Prüfung ab, fand bei der BASF eine Anstellung und arbeitete dort bis 1960.

Helmut Kohl war 30 Jahre alt, kaufmännischer Angestellter beim Chemieverband, Stadtrat in Ludwigshafen und Landtagsabgeordneter in Mainz, Hannelore Renner war 27 Jahre alt und Fremdsprachensekretärin bei der BASF, als sie am 27. Juni 1960 in der Friesenheimer Sankt-Josefs-Kirche getraut wurden. 1963 und 1965 kamen die beiden Söhne Walter und Peter zur Welt. (Nach Wehrdienst und Studien im In- und Ausland arbeiten sie heute erfolgreich in großen Wirtschaftsunternehmen. Beide sind verheiratet und haben Kinder. Die Beziehung zum Vater war bis zum Tod ihrer Mutter 2001 außerordentlich gut, nach Helmut Kohls zweiter Heirat im Mai 2008 verschlechterte sich das Verhältnis zwischen dem Vater und den beiden Söhnen allerdings.)

In der Kohl-Familie kümmerte sich fast ausschließlich die Mutter um die Erziehung der Söhne. Die häufige Abwesenheit des Vaters ließ kaum eine andere Möglichkeit zu. Hannelore Kohl schottete ihre Kinder gegenüber einer neugierigen Öffentlichkeit ab und unternahm alles, um ihnen jegliche Zurschaustellung als Prominentenkinder zu ersparen. Die Hauptlast für die Kohl-Söhne bestand im Namen ihres Vaters und jahrelang – nicht nur während der Zeiten des RAF-Terrors – wurden Walter und Peter von der Polizei zur Schule und zurückgefahren.

Seit 1971 engagierte sich Hannelore Kohl für Hirnverletzte. Damals übernahm sie die Schirmherrschaft über das Walter-Poppelreuter-Haus in Vallendar, eines von fünf Zentren des Bundes Deutscher Hirngeschädigter (BDH), einer Organisation, die sich seit 1919 besonders um hirngeschädigte ehemalige Soldaten kümmerte. 1982 dehnte sie diese Tätigkeit auf das Bundesgebiet aus und gründete 1983 das Kuratorium für Verletzte mit Schäden des Zentralen Nervensystems (ZNS). In der Bonner Humboldtstraße stand ihr Schreibtisch, an dem sie wöchentlich vier Stunden saß. Neben sieben ehrenamtlichen Mitarbeitern halfen ihr ein Geschäftsführer und zwei hauptamtliche Bürokräfte. Hannelore

Kohls Sorge galt weniger Kriegsopfern als Unfallgeschädigten. Die Überlebenschancen bei schweren Unfällen waren dank der medizinischen Weiterentwicklung wesentlich gestiegen, damit aber auch die Zahl der Schwerverletzten. Ihnen half Hannelore Kohl bis zu ihrem Tod auf vielfältige Art und Weise.

Einen zweiten Schreibtisch hatte sie im Konrad-Adenauer-Haus. Hier bereitete sie sich auf Auslandsreisen vor, die sie mit ihrem Mann unternahm. Termine im In- und Ausland wurden festgelegt, Petitionen geprüft und bearbeitet. Wie ihre Vorgängerinnen erledigte auch Hannelore Kohl dies ehrenhalber und unentgeltlich. Und je länger sie die Frau an seiner Seite war, umso mehr machte es ihr Freude zu repräsentieren. Dabei knüpfte sie enge Beziehungen zu zahlreichen Ehefrauen ausländischer Regierungschefs. Mit manchen war sie bis zu ihrem Selbstmord 2001 eng befreundet. Geschätzt wurde Hannelore Kohl nicht nur wegen ihrer herausragenden Sprachkenntnisse. Viele Zeitzeugen, die sie jahrelang aus der Nähe beobachten konnten, schwärmen noch heute von ihrer Intelligenz und ihrer zupackenden und unkomplizierten Art.

Strategisches Machtkalkül, parteipolitischer Machtinstinkt und zähes Durchhaltevermögen, verbunden mit einer permanenten Unterschätzung durch seine Gegner, hatten Helmut Kohl ins Kanzleramt gebracht. Er war der Kanzler, der mit der größten Missachtung der breitesten Öffentlichkeit sein Amt antrat. Von ihm erwartete man nicht sonderlich viel. Der bekannte Fernsehjournalist Friedrich Nowottny formulierte das so: »Er kam aus der pfälzischen Provinz. Er machte keinen Hehl daraus. Seine sprachliche Mitgift lebte er voll aus, auch in seinen Reden und Ansprachen. Er war ein Mann, der das Land Rheinland-Pfalz, wie ich finde, sehr eingehend und nachhaltig reformiert hat. Er war aber auch ein Mann, der keine Spuren hinterlassen hatte, die auf große innenpolitische Kraft und Wirksamkeit schließen ließen. Er war eben der Junge aus der Provinz, im Gegensatz zu allen anderen wie Helmut Schmidt, der große Macher, der schon 1962 das Hochwasser gemeistert hatte, oder Willy Brandt, der Friedensfürst, der in Warschau vor dem Denkmal gekniet und Schuld weggetragen hatte, oder Konrad Adenauer, der Gründungsvater der Republik, oder Ludwig Erhard, der Mann des Wirtschaftswunders.

Helmut Kohl war aber stark genug, um diese zum Teil niederträchtigen Einschätzungen mit unglaublicher Fassung zu ertragen und ist seinen Weg in der Partei, die für ihn ganz wichtig war, gegangen. Er war der langjährigste Parteivorsitzende der CDU gewesen, den es überhaupt je gab. Er hat aus dieser engen Bindung an die Partei jene Kraft geschöpft, die er brauchte, um in diesem schweren Amt zu bestehen. [...] Helmut Kohl hat, fest verankert in seiner Partei, das Kanzleramt geführt im Bewusstsein politischer, parteipolitisch gestützter Stärke, mit seinem sehr ausgeprägten Instinkt und mit der Fähigkeit, mit vorhandenen Tatbeständen, die der politische Gegner geschaffen hat, so zu leben, dass man selbst neue Entwicklungen anschieben konnte.«

Helmut Kohl war sich immer im Klaren darüber gewesen, dass er nur mit Hilfe der FDP Kanzler werden konnte. Insofern hatte er schon 1969 nichts von der Kiesinger-Politik gehalten, die FDP aus den Landesparlamenten »wegzukatapultieren«. Er hatte geduldig auf diesen 1. Oktober 1982 hingearbeitet. Und er schmetterte auch Franz Josef Strauß' Idee ab, noch im Jahr 1982 Bundestagswahlen durchzuführen. Das dahinterstehende Kalkül war klar: die FDP hatte Strauß 1962 aus dem Amt des Verteidigungsministers getrieben, jetzt hoffte er, dass die FDP angesichts ihres in der Öffentlichkeit als katastrophal empfundenen »Wendemanövers« bei einer Bundestagswahl den Sprung ins Parlament nicht mehr schaffen würde – und er als starker Minister Kohl als Bundeskanzler dirigieren konnte. Dieser Zahn wurde Strauß von Kohl gezogen; man vereinbarte Neuwahlen erst nach einer gewissen Übergangsperiode für Anfang März 1983. Bis dahin musste Kohl erst einmal regieren und sich bewähren.

Bei der ersten vorbereitenden Besprechung im Kanzleramt für seine Regierungserklärung am 13. Oktober nannte Kohl drei Grundelemente seiner künftigen Politik. Als Erstes ging es um die Deutschlandpolitik. Trotz der real existierenden Teilung sollte die Erinnerung an die gemeinsame Nationalgeschichte gesamtdeutsche Konturen schärfen und das Thema »Nation« eine orientierende und integrierende Wirkung entfalten. Die beiden anderen Elemente lauteten: »Europäische Integration als Schutz der Deutschen vor fragwürdigen Traditionsbeständen und die USA als Garant der westlichen Werteordnung und der äußeren Sicherheit.«

Im Vordergrund des öffentlichen Interesses aber standen zunächst Arbeitsplatzsicherung, Staatsfinanzen, Umweltschutz und Abrüstung. Als Mittel zur Bekämpfung von Wirtschaftskrise und Massenarbeitslosigkeit appellierte Kohl an den Opferwillen der Bürger; der Einzelne müsse Initiativen ergreifen und nicht mehr nur auf den Staat warten. Leistung sollte sich wieder lohnen: »Die Frage der Zukunft lautet, wie sich Freiheit, Dynamik und Selbstverantwortung neu entfalten können. Auf dieser Idee gründet die Koalition der Mitte.«

Kohl war angetreten, um in der Bundesrepublik »eine geistig-moralische Wende« herbeizuführen. Er selber hat das in der »Bonner Republik« so definiert, dass man das nicht auf den Tag beziehen konnte, vielmehr: »Das Entscheidende für die Zukunft war damals, dass die Bundesrepublik zum NATO-Doppelbeschluss stand, dass wir nicht aus der NATO ausgebrochen sind, sondern dass wir die erbitterten Auseinandersetzungen mit Hunderttausenden Protestierenden auf der Straße durchgestanden haben. [...] Mit meiner Wahl zum Bundeskanzler war dann schon entscheidend klar: Die Bundesrepublik wird nicht den Weg der Neutralisierung gehen. Eine Bundesrepublik mit dem Bundeskanzler Helmut Kohl wird an der Seite der Amerikaner und der westlichen Allianz stehen. Sie wird eine tragende Säule der westlichen Allianz sein. Das war die eigentliche Wende, denn daraus ist die spätere Politik erst erwachsen und überhaupt erst möglich gewesen.«

Aber es ging auch um die Überwindung der sogenannten »geistig-moralischen Krise«. Damit sollte, so Kohl später, »wieder die bürgerliche Mitte in der deutschen Politik deutlich werden. Es ging nun darum, deutlich zu machen, dass wir keine Experimente mehr im linken Spektrum machen würden.« Kohl hatte Glück: Die Weltwirtschaftslage wendete sich zum Positiven, sodass sich auch die Wirtschaft in der Bundesrepublik erholte. 1986 gab es sogar einen Rekord-Außenhandelsüberschuss in Höhe von 110 Milliarden DM; die Bundesrepublik wurde zur stärksten Handelsnation der Welt. Die Arbeitslosenzahl blieb dennoch besorgniserregend hoch, lag in den achtziger Jahren durchgehend bei zwei Millionen. Und von daher gab es auch später massive Kritik an der Formulierung der »geistig-moralischen Wende«, unter anderem von Burkhard Hirsch, FDP, 1975–1980 Innenminister von Nordrhein-Westfalen und von 1980 bis 1998 Mitglied des Deutschen Bundestages: »Was heißt ›Wende‹? Genscher hat die Außenpolitik fortgeführt, soweit das ging. In der Innenpolitik haben wir in den darauffolgenden 20, 25 Jahren eine innenpolitische Aufrüstung sondergleichen erlebt, die wirklich erschreckend ist. [...] Ich kann von einer geistig-moralischen Wende nichts erkennen. Ich kann nicht einmal erkennen, dass wir im Bereich der Wirtschaftspolitik gewaltige neue Wege entwickelt hätten. Die Zahl der Arbeitslosen hat sich nicht dramatisch verringert, im Gegenteil. Die Verschuldung des Staates ist nicht geringer geworden, im Gegenteil. Und als die Wiedervereinigung kam, war kein Plan da, wie man hätte vorgehen sollen. Ich habe von der angekündigten geistig-moralischen Wende nichts erkennen können.«

Auf die Frage, worin sich die Deutschlandpolitik der Regierung Kohl/Genscher von der Politik der Vorgängerregierung Schmidt/Genscher unterschieden habe, antwortete Helmut Kohl in der »Bonner Republik«: »In der Grundsatzfrage, ob man noch an die deutsche Einheit glaubte oder nicht. Ich war hier sicherlich einer der wenigen in der deutschen Politik, die ohne Wenn und Aber sagten: ›Die deutsche Einheit wird kommen. Ich weiß nicht wann, ich weiß nicht wie, aber wir geben die Idee nicht auf.‹«

Daran knüpft sich wohl die Frage, wem das größere Verdienst an der Wiedervereinigung gebührt. Konrad Adenauer oder der Koalition unter Willy Brandt und Walter Scheel – oder Schmidt/Genscher? Eine Frage, die logischerweise erst nach der Wiedervereinigung so gestellt werden konnte. Je nach politischer Sichtweise fallen die Antworten unterschiedlich aus. Wer hat wann nicht mehr an die Wiedervereinigung geglaubt? Adenauers Weg der Westintegration allein war sicherlich nicht der Weg zur Wiedervereinigung. Es ist kaum anzunehmen, dass diese Politik zur Wiedervereinigung geführt hätte. Auch die Westmächte hatten bekanntlich kein Interesse mehr daran – wenn sie es denn je gehabt hatten. Wollten Brandt und Scheel die Wiedervereinigung? War ihre Ostpolitik lediglich die, wie es die SED intern formulierte, »Fortsetzung der CDU/CSU-Politik mit anderen Mitteln – möglicherweise mit gefährlicheren Mitteln«? War es die vielzitierte »Aggression auf Filzlatschen«, wie der damalige DDR-Außenminister Otto Winzer diese Politik bezeichnete, mit dem langfristigen Ziel der Destabilisierung der DDR?

Blickt man auf die Politik von Brandt und Schmidt zurück, so bleibt festzuhalten, dass beide die DDR als einen Staat betrachteten, der über ihre Zeit hinaus existieren würde. Im Interesse der Deutschen in Ost und West sahen sie die Notwendigkeit, die DDR-Führung als gleichberechtigt zu respektieren und ein gutes Verhältnis zu ihr herzustellen und zu vertiefen – im Rahmen des Grundgesetzes. Wo dieser Rahmen überschritten worden wäre, gab es Stillstand. Diese Politik nahm in Kauf, was die Diktatur in der DDR an Abnormitäten mit sich brachte und was die deutsche »Normalität« keineswegs zufriedenstellend erscheinen ließ. Über die zwischenstaatlichen »normalen« Beziehungen hinaus versuchte die Regierung Schmidt beharrlich, die Abgrenzungsbestrebungen der DDR zu durchbrechen. Dafür wie für weitreichenden friedlichen Wandel war die Normalisierung im Verhältnis der beiden deutschen Staaten eine zentrale Voraussetzung. Normalisierung war das zu erreichende Minimum, um graduellen Wandel erzielen zu können. Von Liberalisierung in der DDR war man dabei allerdings weiter entfernt denn je.

Das wusste auch Helmut Kohl, der diese Politik erfolgreich und zur Überraschung so mancher Zeitgenossen fortsetzte. Und dennoch gab es bei ihm andere Nuancen.

Dies wurde bereits bei seiner ersten Regierungserklärung am 13. Oktober 1982 deutlich und fand seinen Niederschlag in dem bereits erwähnten ersten von drei Grundelementen seiner zukünftigen Politik. Wählerstimmen waren in jener Zeit mit diesem Thema nicht zu gewinnen. Im Vordergrund des öffentlichen Interesses standen damals Arbeitsplatzsicherung, Staatsfinanzen, Umweltschutz und Abrüstung. Dennoch bildete die Deutschlandpolitik im ersten großen programmatischen Auftritt des neuen Kanzlers, der Regierungserklärung, als Schlussakkord den emotionalen Höhepunkt. Der konkret-praktische Teil knüpfte unmittelbar an das vom Amtsvorgänger Schmidt Erreichte an, das es zu bewahren und auszubauen galt.

»Der Nationalstaat der Deutschen ist zerbrochen. Die deutsche Nation ist geblieben, und sie wird fortbestehen. [...] Mauer, Stacheldraht und Schießbefehl sind und können nicht das letzte Wort zwischen Ost und West sein, in Deutschland, in Europa und in der Welt. Menschlichkeit und Vernunft weigern sich, dies hinzunehmen. Gedanken sind frei, und Menschen müssen von Deutschland nach Deutschland gehen können ohne Todesgefahr. [...] Wir bestehen aber auf die Rücknahme der Erhöhung des Mindestumtausches für Besucher Ost-Berlins in der DDR.«

Diese Worte nannten die Dinge deutlicher als zuvor beim Namen. Abschließende Sätze über Berlin, in denen Kohl ein verstärktes Engagement ankündigte, beschlossen den Teil zur Deutschlandpolitik. Es schien sich eine Richtungsänderung anzudeuten. Der CDU/CSU wurde von der Opposition sogleich mangelnde Friedfertigkeit, Unzuverlässigkeit hinsichtlich der Ostpolitik, Unfähigkeit im Umgang mit der DDR und fehlender Sinn auch für das geschichtlich Notwendige vorgeworfen. Die SPD prognostizierte für die Ostpolitik eine »neue Eiszeit«, wie Hans-Dietrich Genscher in seinen »Erinnerungen« schreibt.

Die SED-Führung reagierte zurückhaltend, wenn auch kritisch auf die Regierungserklärung. Teile davon »stammen aus der Zeit des Kalten Krieges«, wie es im »Neuen Deutschland« am 14. Oktober 1982 hieß. Während eines Staatsbesuchs auf Zypern erklärte Erich Honecker, für die DDR sei die Friedensfrage das Wichtigste, er aber habe »erhebliche Zweifel, ob man sie lösen könne, wenn die Bundesregierung vorbehaltlos der Politik der Vereinigten Staaten zustimme«.

Es gab keine neue Eiszeit, wie schon sehr bald deutlich wurde. Im Übrigen begann die CDU/CSU-Regierung in ihrem Verhältnis zur SED-Führung nicht bei null. Seit Mitte der siebziger Jahre hatte es hochrangige Gespräche gegeben, die seitens der CDU von Schatzmeister Walther Leisler Kiep geführt wurden. Auch wenn CDU und CSU die Deutschlandpolitik der sozial-liberalen Koalition in den siebziger Jahren erbittert bekämpft hatten, deutschlandpolitisch stellte der Regierungswechsel 1982 keine Zäsur dar.

12. NÄHE ZU FRANKREICH

Am 1. Oktober 1982 war Helmut Kohl am Ziel: Mit 256 von 495 Stimmen sprach der Deutsche Bundestag Bundeskanzler Helmut Schmidt das Misstrauen aus und wählte Helmut Kohl zum neuen Bundeskanzler der Bundesrepublik Deutschland. Jahrelang hatte Helmut Kohl auf diesen Tag hingearbeitet. Seine Wahl zum Bundeskanzler war, wie er später meinte, »schon ein menschlich in jeder Weise bewegender Augenblick ..., ein Stück großer Genugtuung, auch ein Stück Triumph«. Nach vielen Rückschlägen und persönlichen Enttäuschungen jetzt endlich am Ziel. Drei Tage später, am Montag, den 4. Oktober, wurde das Kabinett im Bundestag vereidigt, anschließend unternahm Kohl seine erste Auslandsreise – nach Paris, zu Staatspräsident François Mitterrand. Das war eine bewusste Geste.

Man könnte meinen, dass zwischen der Wahl zum Bundeskanzler am Freitag und der Fahrt nach Paris am Montag wenig Zeit für eine exakte Vorbereitung dieser Reise blieb. Das Gegenteil war der Fall: Kohl bereitete sich außerordentlich akribisch auf diese Reise vor (wie er das im Übrigen bei allen Reisen und Begegnungen tat). Er kannte den persönlichen Hintergrund der Gesprächspartner in Paris, von François Mitterrand, aber auch von dessen persönlichem Berater Jacques Attali. Was dann im Elysée-Palast geschah, machte nicht nur einen tiefen Eindruck auf Attali, sondern war auch der Beginn einer persönlichen Freundschaft zwischen Kohl und Mitterrand.

Im Jahr 2007 erinnerte sich Attali in einem Interview an jenen Abend. Auf unsere Frage, was Mitterrand zu Beginn von Kohl gehalten habe, gab Attali zunächst eine einleitende Erklärung ab. Er wies darauf hin, dass er Jude sei und dass dies nicht ohne Bedeutung für sein Verhältnis zu Deutschland sei. Er habe seine Kindheit nicht vergessen, nicht vergessen, dass die Mitglieder seiner Familie in den Konzentrationslagern umgekommen seien, habe nicht vergessen, dass es in seiner Familie verboten gewesen sei, ein deutsches Auto oder überhaupt einen deutschen Gegenstand zu kaufen, »dass wir immer noch großes Misstrauen gegenüber

Deutschland hegten. Ich habe nicht vergessen, dass ich, als ich studierte, nie in Deutschland war, und die wenigen Male, als ich dort war, fand ich einen üblen Nachgeschmack dessen, was Deutschland gewesen war. Ich habe Deutschland gegenüber immer großes Misstrauen bewahrt.«

Aber dann geschah etwas, das ihn äußerst erstaunte. Während seines Besuches bei Mitterrand wandte Kohl sich nach wenigen Minuten an Attali, um mit ihm über dessen Leben und Vergangenheit zu sprechen. Und das spielte für Attali eine wichtige Rolle bei der Art und Weise, mit der er später diese Geschichte gesehen hat. Kohl sagte zu Attali, er sei tief bewegt, dass der wichtigste Mitarbeiter des französischen Staatspräsidenten jemand sei, der eine mit Deutschland verbundene persönliche Verletzung habe; dass er, wie jedermann wisse, durch den Krieg, durch diese Geschichte tief getroffen sei, und dass er die deutsche Schuld als etwas Unabänderliches erlebe. »Und in der Folge haben wir sehr oft darüber gesprochen, bei tausend und einer Gelegenheit und bei tausend und einem Anlass. Ich habe diese Haltung sehr geschätzt.« Kohl ist für Attali »ein außergewöhnlicher Mensch, ich bin voll Bewunderung für diesen Mann, der mit François Mitterrand zu sprechen wusste und seinen Weg zu ihm fand«.

An jenem Abend in Paris wurde der Grundstein für diese außergewöhnliche Beziehung zwischen diesen beiden Politikern gelegt. Zu einem Zeitpunkt, als man sich nicht kannte und sich vorher nicht einmal gesehen hatte. Man hatte bis dahin, wie Kohl es später formulierte, »überhaupt keine natürliche Nähe zueinander«. An diesem Abend aber kam man sich näher. Es entwickelte sich ein ganz anderes Verhältnis als etwa zwischen Mitterrand und Bundeskanzler Helmut Schmidt.

Schmidt war ein guter Freund von Mitterrands Vorgänger Valéry Giscard d'Estaing. Schmidt hatte alles für eine Wiederwahl Giscards getan, aber der Sozialist Mitterrand hatte 1981 die Präsidentenwahl gewonnen. Von daher verwunderte es nicht, dass die Beziehung zwischen Schmidt und Mitterrand anfangs kühl-distanziert war. Zum Erstaunen von Schmidt sprach sich Mitterrand dann aber mit Nachdruck für den NATO-Doppelbeschluss und die

Stationierung amerikanischer Raketen aus, wenn nötig in Paris. In diesem Zusammenhang entstand auch die berühmte Aussage Mitterrands, die damals um die Welt ging: »Die Pazifisten sind im Westen, aber die Raketen im Osten.« Das war eine große Überraschung für Helmut Schmidt, der keine Sekunde geglaubt hatte, Mitterrand werde diese Position einnehmen, auch wenn er es immer betont hatte. Auf dieser Grundlage wurde das Verhältnis zwischen den beiden besser, und am Ende der Amtszeit Schmidts war die Beziehung gut. Aus diesem Grund, so Attali, »haben wir Herrn Kohl wie einen Unbekannten aus einem anderen Lager empfangen«. Aber dann »waren wir sofort Feuer und Flamme«.

Der Sozialist Mitterrand, Jahrgang 1916, und der konservative Kohl, Jahrgang 1930, stellten fest, dass sie viele Dinge gemeinsam hatten: Beide waren sie Provinzbewohner, die der Hauptstadt misstrauten, kultivierte Männer, die den Intellektuellen misstrauten, die im eigenen Land verunglimpft wurden, die aber zugleich eine gemeinsame politische Vision hatten. Dazu leidenschaftliche Europäer, die in der Lage waren, in für sie wesentlichen Dingen für Europa Kompromisse einzugehen. Von Anfang an stimmte die Chemie, war die Beziehung ausgezeichnet. Es entwickelte sich ein außerordentlich enges, persönliches Vertrauensverhältnis. In den folgenden Jahren verging keine Woche, ohne dass Mitterrand und Kohl miteinander sprachen. Selbst bei multilateralen Reisen, europäischen Gipfeltreffen oder G8-Gipfeln gab es immer eine private Sitzung, ein Frühstück zu zweit, zu viert oder zu sechst mit den Dolmetschern. Es entstand, mit den Worten Attalis, »eine vollkommene Vertrautheit«. Dies entsprach zunächst der deutsch-französischen Notwendigkeit zusammenzuarbeiten; die Vertrautheit rührte daher, dass beide Männer geradezu besessen waren von der Idee, Europa aufzubauen, und sofort begriffen, dass sie dafür gemeinsame Träume haben mussten. Attali: »Sie mussten gemeinsam träumen; im Laufe dieser Frühstücke, Mittagessen oder Treffen kamen 15 Ideen. Man stellte diese Ideen auf die Probe. Eine hielt stand und eine von tausend wurde Realität.«

Helmut Kohl konnte François Mitterrand zum Lachen bringen – und das war schon etwas eher Ungewöhnliches. Beide gehörten verschiedenen Generationen an. Kohl hatte den Krieg als Kind und Jugendlicher miterlebt, Mitterrand dagegen als Beteiligter und war dabei in deutscher Gefangenschaft gewesen. Roland Dumas, Jahrgang 1922, 1983 Europaminister, 1984–1986 und 1988–1993 französischer Außenminister, formulierte das in einem Interview mit uns so: »Sie trugen das gesamte Elend Europas mit sich, das Elend der Kriege, die hier stattgefunden hatten. Und ich glaube, dass ihr Vorsatz derselbe war, d. h. diese Situation zu beenden und eine neue Ära einzuleiten. Dies war somit etwas, das über politische Zugehörigkeiten hinausging. Das war das eine. Das andere war, dass Mitterrand von Beginn an, in seinen ersten Kontakten mit Kohl, die Ernsthaftigkeit, die europäische Überzeugung Kohls, gespürt hat.«

Bei Staatsmännern sollte man eigentlich nicht von Freundschaft sprechen, und wenn man es tut, so klingt das im Allgemeinen konstruiert. Das sind Leute, die ihre Arbeit tun und die sich zwangsläufig ständig über den Weg laufen. Und es ist angenehmer, wenn dabei ein gutes Klima herrscht und man sich schließlich beim Vornamen nennt. Aber es ist keine echte Freundschaft, denn mit dem Ausscheiden aus dem Amt sieht man sich meistens nicht wieder. Bei Kohl und Mitterrand begann an jenem 4. Oktober aber etwas, das dann zu einem bestimmten Zeitpunkt darüber hinausging. Ein wichtiges Thema zwischen ihnen war dabei der Krieg. Sie sprachen sehr häufig davon und darüber, was in ihren Familien geschehen war. Und selbst bei offiziellen Treffen nahmen sie sich fast immer 15 bis 20 Minuten Zeit, um Erinnerungen auszutauschen. Und dann gab es zahlreiche Herausforderungen, die sie gemeinsam meisterten. Am Ende entstand daraus eine Art Freundschaft. Sie machten sich gegenseitig Geschenke, die nicht vom Protokoll ausgesucht waren. Das begann an jenem 4. Oktober 1982. Während die meisten deutschen Kommentatoren sich über Kohl lustig machten und ihn für einen linkischen, nicht besonders intelligenten Menschen hielten, spürte Mitterrand sofort, dass es sich um einen Mann handelte, der viel Autorität ausstrahlte und ausgesprochen europäisch dachte.

In dem Zusammenhang muss natürlich auch Mitterrands Rede

im Deutschen Bundestag am 20. Januar 1983 erwähnt werden. Mitterrand war, wie bereits erwähnt, für die Nachrüstung, und um seiner Haltung Gewicht zu verleihen, bat er darum, die Rede vor dem Bundestag halten zu dürfen. Mitterrand hielt diese Rede allerdings nicht, um Kohl einen Gefallen zu tun. Eingeladen hatte ihn bereits Schmidt; er hätte auch Schmidt keinen Gefallen erweisen wollen. Er hielt diese Rede als französischer Patriot und Europäer, der davon überzeugt war, dass man das Gleichgewicht der Kräfte in Europa wiederherstellen müsse, selbst wenn die europäische Linke vom Gegenteil überzeugt war. In diesem Punkt traf er sich mit Kohl. Und das brachte er im Bundestag zum Ausdruck.

Für Kohl war die Unterstützung durch Mitterrand von unschätzbarem Wert im anlaufenden Bundestagswahlkampf. Am nächsten Tag – 20-jähriges Jubiläum des Elysée-Vertrages – war Kohl in Paris und äußerte dort den Wunsch, eine Rede vor der französischen Nationalversammlung zu halten, um Frankreich zu danken und über die deutsch-französischen Beziehungen zu sprechen. Verfassungsrechtler sprachen sich aber dagegen aus. Erst einige Jahre später konnte Kohl dann vor dem französischen Senat sprechen.

Unvergessen ist die Gedenkfeier für die Gefallenen beider Weltkriege, als Mitterrand und Kohl sich am 22. September 1984 bei Verdun die Hände zur symbolischen Versöhnung reichten. Die Idee stammte vom französischen Staatspräsidenten und hatte eine Vorgeschichte. Mitterrand hatte Kohl eingeladen, an den Feierlichkeiten zum 40. Jahrestag der Invasion in der Normandie im Juni 1984 teilzunehmen. Kohl lehnte dankend ab, weil er der Meinung war, das sei eine Sache der Sieger und nicht der Besiegten. Die Absage wurde in Paris nicht übel genommen, sondern eher als Rücksichtnahme verstanden. Mitterrand suchte aber immer nach Gelegenheiten, um die Versöhnung auch symbolisch zum Ausdruck zu bringen. Nach Kohls Absage für die Normandie meinte Mitterrand zu seinem Außenminister Roland Dumas: »Ich möchte etwas tun, das die öffentliche Meinung prägt. Ich werde den Kanzler bitten zu kommen, und wir werden gemeinsam nach Verdun gehen. Oder haben Sie eine andere Idee?« Dumas hatte keine andere Idee – und so wurde es Verdun, jener große, emotionale Moment, mit dem Bild von Kohl und Mitterrand Hand in Hand. Das war im Übrigen, wie Mitterrand erzählte, in keiner Weise geplant. Es war nicht vorgesehen, dass sie sich an der Hand nehmen sollten. In einem bestimmten Moment reichte Mitterrand Kohl die Hand, und dieser ergriff sie. Es war eine spontane Geste. Hubert Védrine, 1983–1986 außenpolitischer Berater von Mitterrand, meinte dazu: »Aus ihrer Beziehung entwickelte sich eine echte persönliche Freundschaft. Erinnern wir uns nur an Kohls Tränen bei der Trauerfeier für Mitterrand in Notre-Dame nach der Wiedervereinigung. Wenn die Dinge während der Wiedervereinigung schiefgelaufen wären, wäre die Freundschaft daran zerbrochen.«

Dass Mitterrand in der Frage der Wiedervereinigung allerdings kein so treuer Freund von Kohl war, zeigen neue Dokumente aus London. Mitterrand spielte zeitweise ein Doppelspiel, anders sind seine Gespräche mit der britischen Premierministerin Margaret Thatcher kaum zu interpretieren. Ob Kohl davon etwas geahnt hat, ist eine offene Frage.

13. VERLASS AUF FREUNDE

Bereits am 14. November 1982, sechs Wochen nach seiner Wahl zum Bundeskanzler, flog Helmut Kohl nach Washington zu Präsident Ronald Reagan, um das deutsch-amerikanische Verhältnis zu »reparieren«, wie er meinte. Diese »Reparatur« war dringend notwendig, hatte das Verhältnis doch unter Helmut Schmidt und Jimmy Carter erheblich gelitten. Für Schmidt war Carter keine entscheidende Führungspersönlichkeit des Westens; er ortete bei ihm Entscheidungsschwäche in grundsätzlichen Fragen, etwa bei der Produktion und der Einführung der Neutronenbombe. Schmidt hatte sich bekanntlich für die Neutronenbombe ausgesprochen – unter erheblichen innenpolitischen Schwierigkeiten. Nach der Entscheidung im April 1978 waren Willy Brandt und Herbert Wehner »grußlos in die Osterferien abgereist«, wie Schmidt dem amerikanischen Botschafter Walter J. Stoessel anvertraute. Und dann hatte Carter beschlossen, die Bombe nicht zu bauen. Gegenüber seinem italienischen Kollegen Giulio Andreotti meinte Schmidt in diesem Zusammenhang, er habe »kein klares Bild von den Absichten Carters und zweifle an deren Stetigkeit«. Der deutsche Botschafter in Washington, Berndt von Staden, bestätigte, Carter sei ein »Loner«, ein Einzelgänger. Und dann wurde Ronald Reagan Präsidentschaftskandidat. Für viele in Bonn noch schlimmer als Carter. Eine Mischung aus intellektueller Überheblichkeit und kolossaler Fehleinschätzung führte dazu, dass man Reagan schon im Vorfeld der Präsidentschaftswahlen als völlige Fehlbesetzung betrachtete. So meldete etwa Botschafter Berndt von Staden 1978 mit Blick auf die Präsidentschaftswahlen 1980 nach Bonn, Carter würde wohl nicht mehr als Kandidat der Demokraten aufgestellt werden, »wenn es den Republikanern gelingen sollte, einen wirklich überzeugenden Kandidaten aufzustellen, und dazu müsste Reagan als frontrunner schleunigst abgelöst werden«. Von dem Moment an war Reagan in Regierungskreisen in Bonn bereits erledigt.

Denn wer war schon Ronald Reagan? Jahrgang 1911, ein alter Mann, Schauspieler in B-Movies – und ein schlechter noch dazu.

Er war Gouverneur von Kalifornien gewesen, aber das änderte nichts daran, dass in der westdeutschen Öffentlichkeit mit Spott und Hohn über ihn berichtet wurde; ein Mann, der nie Präsident werden würde – dachte man.

Noch bevor Reagan Präsidentschaftskandidat geworden war, besuchte er die Bundesrepublik. In Bonn bekam er, was niemand verwunderte, keinen Termin mit irgendeinem Minister. Für die Bundesregierung war er ein Nichts, eine Null. Helmut Schmidt war nicht der Meinung, dass das eine Figur sei, für die sich auch nur der geringste Zeitaufwand lohne. Ähnlich war auch die Meinung des Auswärtigen Amts. Auf die Anfragen der amerikanischen Botschaft nach einem Treffen mit Ronald Reagan reagierte damals nur ein Politiker positiv: Oppositionsführer Helmut Kohl. Der nahm sich viel Zeit für Ronald Reagan. So kam es zu einer erstaunlichen Begegnung. Nachdem man sich lange unterhalten hatte und Reagan gehen wollte, fragte ihn Kohl, ob er schon etwas gegessen habe. Als Reagan verneinte, meinte Kohl, sie sollten doch gemeinsam in seinem Büro essen, er würde etwas ganz Einfaches bestellen. Es wurden Bratkartoffeln mit Spiegeleiern. Danach ging man in einer ausgesprochen freundschaftlichen Stimmung auseinander – für beide ein unvergessliches Erlebnis. Hier wurde der Grundstein für eine außergewöhnliche persönliche Beziehung gelegt.

Bald darauf war der vielbelächelte Ronald Reagan der 40. Präsident der Vereinigten Staaten geworden, ein Präsident, der zur rechten Zeit nach dem Vietnam-Desaster telegen und mit großer Rhetorik die Herzen und Gefühle vieler Amerikaner gewann und ihnen ihr Selbstwertgefühl zurückgab. Reagan war angetreten, um den Kalten Krieg zu gewinnen, im Kampf gegen die Sowjetunion, das »Reich des Bösen«, wie er einmal öffentlich formulierte. Er setzte das größte Aufrüstungsprogramm in Gang, das es in den Vereinigten Staaten in Friedenszeiten jemals gegeben hatte. Um den Sieg zu erringen, eröffnete er gleich mehrere Fronten: Der sowjetisch-kommunistische Einfluss in der Dritten Welt wurde mit fast allen Mitteln bekämpft und dabei wurden Widerstandsbewegungen, egal welcher Art, massiv unterstützt. In Afghanistan, in das die Sowjets 1979 einmarschiert waren, erhielten die »Freiheitskämpfer« modernste Waffen. Auch in Mittel- und Lateinamerika wurde massiv eingegriffen. In Osteuropa setzte man in Polen an: Die Gewerkschaftsbewegung Solidarność wurde massiv unterstützt. Eine wichtige Rolle spielte dabei auch der neue polnische Papst Johannes Paul II., für den die Kommunisten Todfeinde waren. Und natürlich war Reagan für den NATO-Doppelbeschluss und die Stationierung der Pershing II. Dafür suchte und fand er in Helmut Kohl einen verlässlichen Partner. Nach Bratkartoffeln und Spiegeleiern traf man sich jetzt in Washington. Reagan wies darauf hin, dass Kohl als Oppositionsführer im Juni 1982 pro-amerikanische Kundgebungen in der Bundesrepublik organisiert hatte, und betonte: »Ich schätze diese wunderbare Geste sehr hoch.« Das war die Fortsetzung einer wunderbaren Freundschaft und eine Vertiefung der deutsch-amerikanischen Beziehungen, für Kohl ein Grundpfeiler seiner Politik. Reagan wies auch darauf hin, dass deutsche Auswanderer mehr als jede andere Volksgruppe die ethnische Zusammensetzung der USA geprägt und dem Land neben harter Arbeit und Fleiß auch Fortschritt und Freiheit gebracht hätten. Die Zukunft der beiden Länder hänge »so sehr von Freundschaft und gemeinsamen Werten ab: In diesen unsicheren Zeiten, in denen eine Macht im Osten eine massive Kriegsmaschine weit über alle legitimen Verteidigungserfordernisse hinaus aufgebaut hat, müssen die westlichen Demokratien zusammenstehen, wenn unsere Freiheit und der Frieden in der Welt erhalten werden sollen. Das deutsche Volk steht an der Frontlinie der Freiheit.«

In einer gemeinsamen Erklärung zum Abschluss des Besuches hieß es u. a.: »Die deutsch-amerikanischen Bande sind tiefer als bloße Bewegungen des Nationalinteresses. Sie wurzeln in der tiefen Zuneigung der beiden Völker und werden getragen von engen persönlichen und familiären Bindungen zwischen Amerikanern und Deutschen.«

Im Gegensatz zu seiner Frau Nancy war Ronald Reagan ausgesprochen deutschfreundlich und hegte keinerlei etwa durch die deutsche NS-Vergangenheit motivierte Aversionen. Er war ein

Mann mit Handschlagqualität, sein Wort galt. Das wurde besonders deutlich im Jahr 1985, als der Soldatenfriedhof in dem kleinen Städtchen Bitburg in Rheinland-Pfalz im Mai jenes Jahres beinahe in den Mittelpunkt des Weltgeschehens rückte und die deutsch-amerikanischen Beziehungen zeitweilig aufs schwerste belastete. Und mittendrin Helmut Kohl. In dessen Leben gab es nach eigener Aussage nur wenige Ereignisse, bei denen er in einem solchen Ausmaß erlebt habe, mit welch einer Perfidie »Volksverhetzung und Lügen« verbreitet worden seien. Was war geschehen?

Kohl hatte Reagan vom Treffen mit Mitterrand ein Jahr zuvor bei Verdun erzählt. Reagan war begeistert von dieser Sache und meinte, etwas Ähnliches sollten er und Kohl auch in Deutschland machen. Und dann kamen mehrere Dinge zusammen. Die nächste Gelegenheit, bei der Reagan in Deutschland war, war der Weltwirtschaftsgipfel vom 2. bis 4. Mai in Bonn. Ende Januar 1985 gab ein Sprecher des Weißen Hauses in Washington bekannt, dass sich Reagan nach diesem Gipfel noch bis zum 8. Mai zu einem offiziellen Staatsbesuch in der Bundesrepublik aufhalten werde und sich damit am 40. Jahrestag der Kapitulation Hitler-Deutschlands auf deutschem Boden befinden werde. Man wolle es der Bundesregierung überlassen, Vorschläge für ein entsprechendes Besuchsprogramm festzulegen. In Washington hieß es, Reagan wolle den Besuch als Demonstration des Vertrauens in die demokratischen Einrichtungen der Bundesrepublik und als Geste der endgültigen Versöhnung unter ehemaligen Kriegsgegnern nutzen. Er wolle alles vermeiden, was aus seiner Sicht alte Wunden aufreißen und die nachgewachsene Generation in Deutschland mit der Vergangenheit des Nationalsozialismus belasten könnte.

Ein Sprecher Reagans teilte mit, der Präsident habe nicht die Absicht, das ehemalige Konzentrationslager Dachau zu besuchen, weil »er nicht denkt, dass dies das Passende sei«. Diese Position wurde von amerikanischen Juden heftig kritisiert. Auf eine entsprechende Frage antwortete Reagan, dass der Jahrestag der Kapitulation, anstatt Erinnerungen und Leidenschaften zu wecken, als Tag begangen werden solle, an dem »vor 40 Jahren Frieden und Freundschaft begannen«. In Deutschland sei eine neue Generation herangewachsen, die keine eigenen Kriegserinnerungen mehr habe. Es sei unnötig, ihr Schuldgefühle aufzuerlegen. Vielmehr hätten die Deutschen um der Demokratie willen, die sie schufen, Anerkennung verdient.

Am 12. April wurde das offizielle Programm für Reagans Besuch in der Bundesrepublik bekannt gegeben. Es sah unter anderem einen Besuch des deutschen Soldatenfriedhofs in Bitburg am 5. Mai vor.

Bitburg war Kohls Idee gewesen. Bei seinem Besuch im November 1984 in Washington war die Idee entstanden, ähnlich wie mit Mitterrand in Verdun, »sich über den Gräbern Gefallener die Hand zur Versöhnung zu reichen«. Da es in der Bundesrepublik keinen amerikanischen Soldatenfriedhof gibt, hatte Kohl Bitburg vorgeschlagen. Wenig später wurde bekannt, dass dort auch 49 ehemalige SS-Soldaten begraben sind. Von dem Moment an gerieten die Dinge beinahe außer Kontrolle.

In den USA setzte eine massive Welle der Kritik an Reagans Absicht ein, zwar einen Soldatenfriedhof, aber kein ehemaliges KZ zu besuchen. Als Erster verurteilte der American Jewish Congress Reagans Besuchsprogramm, dann folgte die 2,6 Millionen Mitglieder starke Veteranenorganisation American Legion. Der Vorsitzende des Zentralrats der Juden in Deutschland forderte Reagan auf, der jüdischen Opfer des Naziterrors zu gedenken. Aus dem Weißen Haus kam als Erstes die Reaktion, dass der Besuch des Friedhofs überprüft werde. Der Bürgermeister von Jerusalem, Teddy Kollek, erklärte, er halte es zwar für »ganz selbstverständlich«, dass 40 Jahre nach dem Ende des Zweiten Weltkriegs ein amerikanischer Präsident der toten Soldaten gedenke, er glaube nur, dass er besser beraten wäre, wenn er auch ein früheres KZ besuchen würde. Ähnlich äußerte sich auch der Vorsitzende der Jüdischen Gemeinde in Berlin, während auf die Frage, ob es der Bundesregierung bekannt gewesen sei, dass in Bitburg auch SS-Angehörige begraben seien, Bonns Regierungssprecher Peter Boenisch darauf hinwies, dass gegen Ende des Krieges zahlreiche junge Leute zur Waffen-SS gezwungen worden seien, ohne dass man sie gefragt hatte, ob sie wollten oder nicht.

Obwohl das Weiße Haus am 17. April bekannt gab, dass Reagan nun doch ein ehemaliges Konzentrationslager besuchen werde, forderten am nächsten Tag 53 von 100 Mitgliedern des amerikanischen Senats den Präsidenten mit Nachdruck auf, den Besuch in Bitburg zu unterlassen. Man erinnerte Reagan daran, dass die SS an der Ardennenoffensive im Winter 1944/45 stark beteiligt gewesen sei. Diese Offensive sei mit besonderer Grausamkeit verbunden gewesen und habe rund 19 000 jungen Amerikanern das Leben gekostet. 100 amerikanische Kriegsgefangene seien von der SS auf einem Feld bei Malmedy erschossen worden; einige der Täter könnten unter den in Bitburg beigesetzten Toten sein. In jenen Tagen gingen im Weißen Haus täglich rund 100 negative Telefonanrufe zu Reagans Deutschlandbesuch ein. Reagan verteidigte unterdessen in Washington seinen Besuch in Bitburg mit dem Hinweis auf den gemeinsamen Besuch von Kohl und Mitterrand in Verdun, der »Wunden geheilt« habe. Die meisten der in Bitburg beerdigten Soldaten seien 17 und 18 Jahre alte Wehrpflichtige gewesen. »Ich glaube, nichts spricht gegen den Besuch jenes Friedhofs, wo diese jungen Leute auch Opfer des Nazismus sind, selbst wenn sie in deutscher Uniform kämpften. Sie waren Opfer, genauso sicher wie die Opfer in den Konzentrationslagern.« Daraufhin wurde die Kritik noch massiver. Mehrere amerikanisch-jüdische Gruppen reagierten mit Bestürzung auf diese Äußerungen Reagans. Der Vorsitzende des US-Holocaust-Gedächtnisrates, Eli Wiesel, sagte, die Angaben Reagans seien unwahr: »Ich hoffe, er glaubt das selbst nicht. Weiß er wirklich, was es bedeutet, Opfer in einem Konzentrationslager zu sein, mit anzusehen, wie die Eltern umgebracht werden? Wie kann er da Vergleiche ziehen?« Nach den Worten des Präsidenten der Union of American Hebrew Congregation, Rabbiner Alexander Schindler, machte Reagan eine »schreckliche Erklärung, die Schande über das amerikanische Volk« bringe. Sie beleidige nicht nur Juden und andere, die unter dem Nazi-Regime zu leiden gehabt hätten, sondern auch jeden Amerikaner und alliierten Soldaten, der sein Leben im Kampf für die Befreiung Europas gegeben habe.

Als erste Reaktion auf diese massive Kritik teilte das Weiße

Haus mit, dass Reagan das ehemalige Konzentrationslager Bergen-Belsen besuchen werde. In einem Fernsehinterview meinte Kohl, er sei froh, dass das ergänzte Programm »auch unseren Gefühlen, den Gefühlen der Kriegerwitwen des Zweiten Weltkrieges, den Gefühlen derer, die Kinder im Weltkrieg verloren haben, den Gefühlen derer, die Geschwister verloren haben, wie ich und viele andere, [...] Rechnung trage, dass sie ein Symbol des Friedens deutlich machen«.

Die Kritik in den USA hielt dennoch an. Die Dinge schaukelten sich weiter hoch. In Washington gab man der Bundesregierung die Schuld an der Kritik, der Amerikas Präsident nun im eigenen Land ausgesetzt sei, weil er zu seinem einmal gegebenen Wort stehen wolle. Es handle sich bei Reagans Besuch auf dem Friedhof in Bitburg nicht mehr um ein Versöhnungstreffen alter Frontkämpfer, die sich heute ausgesöhnt die Hand reichten. Reagan würde dort als Präsident eines Landes stehen müssen, in dem noch Zehntausende von Opfern lebten, die noch selbst oder deren Eltern unter den Quälereien der SS gelitten hätten. Man frage sich in Washington, warum niemand in Bonn die Einsicht gehabt hätte, Reagan diese Zumutung zu ersparen. Man sprach von einem schweren Schaden für die deutsch-amerikanischen Beziehungen. Ein engerer Freund Reagans sprach von einem »permanenten Albtraum«, den die Reise jetzt für das Präsidentenpaar bedeute.

Am 25. April waren die Vorbereitungen des Besuchs ein wichtiges Thema im Deutschen Bundestag. Kohl verteidigte sein Vorhaben, den Friedhof zu besuchen. In langen Gesprächen sei man übereingekommen, dass der amerikanische Präsident in der Bundesrepublik zur Jugend sprechen solle, dass er der Opfer des Nationalsozialismus an einer »gemäßen Stätte« gedenken und auch auf einem Soldatenfriedhof die Gefallenen aller Völker ehren solle. Man sei dann auf Bitburg gekommen. Auf dem dortigen NATO-Flugplatz hätten im Laufe der Jahre mehr als hunderttausend Amerikaner Dienst getan. Dabei seien zahlreiche enge Bindungen zu Deutschen entstanden. Es seien über 5 000 Ehen geschlossen worden. Bei den 49 SS-Soldaten habe sich herausgestellt, dass 32 von ihnen am Tag ihres Todes jünger als 25 Jahre alt gewesen seien. Jetzt diskutiere man über Gefallene, die in der Mehrzahl nur 17, 18 oder 19 Jahre alt geworden seien. Ihr Leben sei kürzer gewesen als die Distanz, welche die Gegenwart von ihrem Todestag trenne.

Kohl verwies dann auf Kurt Schumacher, der bekanntlich viele Jahre seines Lebens selbst in einem KZ verbracht hatte. Schumacher habe 1951 erklärt, man dürfe die Waffen-SS nicht mit jenen speziellen SS-Einheiten gleichsetzen, die für die Folterungen und Morde in den Konzentrationslagern verantwortlich gewesen seien. Hunderttausende junger Menschen seien ohne ihr Zutun zur Waffen-SS als einer Wehrmachtseinheit abkommandiert worden. Seinem Besuch mit Reagan in Bitburg liege die Idee zugrunde, gemeinsam aller Opfer des Krieges zu gedenken. Er, Kohl, danke Reagan dafür, dass er mit ihm Bergen-Belsen aufsuche: »Ich bin ihm aber auch dankbar dafür, dass er auf diesen Friedhof geht.«

Wenig später schaltete sich die britische Premierministerin Margaret Thatcher ein. Sie kritisierte Reagans Plan, den Friedhof in Bitburg zu besuchen. Auf die Äußerung des Labour-Abgeordneten Winnick, Reagans Gang nach Bitburg sei »zutiefst beleidigend und anstößig für die Opfer der SS«, antwortete Thatcher: »Ich bin nicht verantwortlich für die Handlungen der Vereinigten Staaten. Ich empfinde erhebliche Sympathie für das, was Sie [Winnick] sagen.« Inzwischen forderten 257 Abgeordnete des amerikanischen Repräsentantenhauses Kohl schriftlich auf, Bitburg aus dem Besuchsprogramm zu streichen. Ihnen ließ Kohl den Text jener Rede zukommen, die er im Bundestag gehalten hatte. Die entstandene Situation wurde allgemein als »katastrophal« eingeschätzt. Beamte des Weißen Hauses machten in Gesprächen immer unverhohlener darauf aufmerksam, dass Reagan nur deshalb nach Bitburg gehe, weil Kohl sich weigere, die Einladung zurückzunehmen. Nach dem Repräsentantenhaus forderte nun auch der Senat Reagan auf, den Besuch auf dem Soldatenfriedhof zu unterlassen und stattdessen »ein Symbol der deutschen Demokratie« zu besuchen. Diese Resolution wurde ohne Gegenstimme angenommen.

In dieser Situation telefonierten Kohl und Reagan miteinander. Nach Aussage Kohls war es ein sehr dramatisches Gespräch.

Reagan erzählte Kohl von seinen Schwierigkeiten, worauf Kohl ihm eine Absage des Friedhofsbesuchs freistellte. Er selbst werde diesen Besuch aber nicht absagen. Nach einer kurzen Pause kam die Antwort von Reagan: »Ich sage die Reise nicht ab, ich werde kommen.« So war Ronald Reagan! Mit dieser Haltung beeindruckte er nicht nur die Deutschen, sondern letztlich auch die Kritiker im eigenen Land. Wenig später teilte der Stabschef dem Weißen Haus mit: »Der Präsident hat es versprochen, er wird sein Wort halten.« Und weiter: Reagan sei über die Woge der Kritik jüdischer Organisationen und Veteranenverbände sowie über die Appelle aus dem Kongress »bestürzt« und »verletzt«.

Am 1. Mai landeten Ronald Reagan und seine Frau Nancy auf dem Köln-Bonner Flughafen. Am nächsten Tag traf der US-Präsident mit Kohl zusammen, der ihm für die Festigkeit dankte, mit der er an dem Plan der Totenehrung auch auf dem Soldatenfriedhof Bitburg festhalte: »Alle in Deutschland wissen, wie sehr Sie in den letzten Wochen verletzt worden sind.«

Nach dem Weltwirtschaftsgipfel in Bonn ging das offizielle Besuchsprogramm mit Reagans Besuch der KZ-Gedenkstätte Bergen-Belsen weiter. Dies war der erste Besuch eines ehemaligen KZs durch einen amerikanischen Präsidenten. Reagan legte einen Kranz nieder und hielt eine bewegende Rede, in der er daran erinnerte, wie auch an diesem Ort »das Leben über die Tragödie und den Tod des Holocaust triumphiert« habe: »Was wir hier sehen, macht uns allen auf unauslöschliche Weise deutlich, dass niemand, der nicht betroffen war, in vollem Umfang das Ausmaß des Grauens ermessen kann.«

Der Besuch verlief ohne Störung, wobei bemerkenswert war, dass Vertreter jüdischer Organisationen wegen Reagans Besuch auf dem Soldatenfriedhof in Bitburg die Teilnahme an der Gedenkfeier in dem ehemaligen KZ abgesagt hatten. Anschließend flogen Kohl und Reagan gemeinsam zum Luftwaffenstützpunkt nach Bitburg. Auf dem dortigen Friedhof legten sie Kränze zum Gedenken an die Toten des Zweiten Weltkrieges nieder. Reagan zur Seite stand der frühere NATO-Oberbefehlshaber General Matthew Ridgway. Kohl wurde vom ehemaligen Inspekteur der

Luftwaffe, Johannes Steinhoff, flankiert. Die beiden Generäle, Gegner im letzten Weltkrieg, reichten einander wortlos die Hände. Ein Bundeswehrsoldat spielte: »Ich hatt' einen Kameraden«. Die Zeremonie dauerte nur zehn Minuten. Auf dem amerikanischen Luftwaffenstützpunkt hielten beide Politiker anschließend Ansprachen. Kohl sagte: »Und dieser Gang zu den Gräbern von Bitburg bedeutet auch eine Bekräftigung und eine weithin sichtbare und empfundene Geste der Aussöhnung zwischen unseren Völkern [...], die die Vergangenheit nicht verdrängt, sondern sie im Miteinander überwindet. Und schließlich ist unser Hiersein die Bewährung einer Freundschaft, die sich als standfest und verlässlich erwiesen hat und die sich in dem Wissen um gemeinsame Wertordnungen gründet. Ich danke Ihnen, Herr Präsident, für das ganze deutsche Volk, und danke Ihnen persönlich als Freund, dass Sie diesen Gang mit mir gemeinsam gemacht haben.« Am Abend des 5. Mai schrieb Ronald Reagan in sein Tagebuch: »Ich war immer der Meinung, dass dies moralisch richtig war.« Am nächsten Tag hieß es Abschied nehmen von den Kohls. Reagan schrieb in sein Tagebuch: »Wir waren sehr gerührt. Helmut hat ewige Freundschaft geschworen.«

Am 11. Juni 1982 hatte Reagan als Präsident erstmals West-Berlin besucht, begleitet vom Regierenden Bürgermeister Richard von Weizsäcker und Bundeskanzler Helmut Schmidt, der unter anderem betont hatte: »Diese Stadt weist jeden Besucher auf die ungelöste deutsche Frage hin, auf die für alle Deutschen schmerzliche Teilung unseres Vaterlandes. Die Mauer, die Sie gesehen haben, symbolisiert den Riss, der quer durch diese Stadt, quer durch die Nation und das Empfinden jedes Deutschen geht.«

Reagan gehörte zu jenen amerikanischen Präsidenten, für die die deutsche Teilung völlig inakzeptabel, ja geradezu widernatürlich war. Am 12. Juni 1987 war Reagan wieder in Berlin und hielt vor der Mauer am Brandenburger Tor jene Rede, die inzwischen in die Geschichte eingegangen ist, von seinen Kritikern aber damals geradezu als lächerlich und irreal beurteilt wurde. Hinter ihm eine schusssichere Glaswand – zum Schutz vor Scharfschützen aus Ost-Berlin –, vor ihm etwa 40 000 West-Berliner. An jenem Tag hielt Reagan – neben ihm Helmut Kohl – die wohl bekannteste Rede seiner Amtszeit. Sie endete mit dem berühmten Satz: »Mr. Gorbachev, tear down this wall!« (»Herr Gorbatschow, reißen Sie diese Mauer nieder!«) Am Abend schrieb der Präsident in sein Tagebuch: »Ich habe vor Zigtausenden Menschen gesprochen – Menschen, soweit mein Auge reichte. Meine Rede wurde fantastisch aufgenommen – 28-mal durch Beifall unterbrochen.« Zwei Jahre später fiel die Mauer. Von Kritik an ihm und seiner Rede keine Spur mehr.

Reagan war ein Visionär und Realist, aber – und das ist wichtig: In seinem Kampf gegen die Sowjetunion war er nicht nur ein simpler Kalter Krieger. Er wollte diesen Krieg, wenn es ging, diplomatisch beenden. Und dafür brauchte er einen Partner. Der bot sich mit Gorbatschow an. Im Zusammenspiel mit ihm wurde Reagan zum großen Politiker. Das erste Treffen der beiden fand im November 1985 in Genf statt. Das einzige Ergebnis war die Übereinkunft, den Dialog fortzusetzen und die sowjetisch-amerikanischen Beziehungen zu verbessern. Das nächste Treffen war ein Jahr später, im Oktober 1986, in Reykjavík. Gorbatschow legte ein detailliertes Abrüstungsprogramm vor. Es ging um die Reduzierung der strategischen Waffen. Innerhalb von zehn Jahren sollten alle strategischen Atomwaffen abgeschafft werden. Das war für den Anfang wohl zu viel; aber ein Jahr später wurde der erste, wahrhaft historische Schritt getan: Am 8. Dezember 1987 unterschrieben Reagan und Gorbatschow in Washington den INF-Vertrag (Intermediate-Range Nuclear Forces), mit dem alle Mittelstreckenraketen in Europa abgebaut werden sollten. Dass das überhaupt möglich war, ging auch auf die Entschlossenheit der Kohl-Regierung zurück, den NATO-Doppelbeschluss zu exekutieren und Pershing-II-Raketen aufzustellen. Eine Entscheidung, mit der Kohl in die Bundestagswahl im März 1983 – die »Raketenwahl« – gegangen und die im Herbst 1983 vom Bundestag beschlossen worden war. Für Reagan war Helmut Kohl »Helmut«, für Kohl war Ronald Reagan »Ron«. Ein Präsident, der nicht nur die Herzen vieler Amerikaner gewinnen konnte, sondern in der Tat ein großer Präsident war und ein großes Herz für Deutschland hatte. Ihm zu Ehren und zur Erinnerung an seine Rede vom Juni 1987 vor dem Brandenburger Tor wurde später am Eingang der Ronald Reagan Presidential Library in Simi Valley in Kalifornien ein Stück der Mauer aufgestellt.

14. DEUTSCH-DEUTSCHE BEZIEHUNGEN

Am 14. November 1982 kam es in Moskau am Rande der Trauerfeierlichkeiten für den sowjetischen Parteichef Leonid Breschnew zu einer Begegnung zwischen Karl Carstens und Erich Honecker. Der Bundespräsident gab eine Mitteilung Helmut Kohls weiter: »Die Einladung zu einem Besuch in der BRD stehe. Man würde sich freuen, wenn dieser Besuch zustande kommt.« Kohl habe ihn auch gebeten zu erklären, »dass er auf Kontinuität und Dialog Wert lege. Die Treffen von Ministern der BRD und der DDR seien ein gutes Zeichen, dass die Kontakte fortgesetzt würden und man sich bemühe, die Probleme zu lösen. Die DDR könne fest davon ausgehen, dass die Politik Bonns fortgesetzt werde.« Honecker ging auf die Verschlechterung der internationalen Situation ein; davon hänge viel ab für die weitere Entwicklung der Ost-West-Beziehungen: »Positive Wirkungen könnten vom Verhältnis zwischen der DDR und der Bundesrepublik ausgehen, z. B. auf dem Gebiet der Abrüstung. Wenn es hier zu Fortschritten komme, dann werde er immer noch auf die Möglichkeit hoffen, dass das Teufelszeug der Mittelstreckenraketen verschwinde.« Honecker unterstrich, was zwischen der DDR und der Bundesrepublik vereinbart sei, werde durchgeführt. Die DDR lasse sich nach wie vor von dem Grundsatz leiten, »dass von deutschem Boden nie wieder ein Krieg ausgehen darf«. Und dann wiederholte er die seit seiner Rede in Gera am 13. Oktober 1980 bekannten Forderungen: 1. Anerkennung der Staatsbürgerschaft der DDR, 2. Auflösung der Zentralen Erfassungsstelle in Salzgitter (die Gewaltakte von DDR-Staatsorganen registrierte und dokumentierte), 3. Umwandlung der Ständigen Vertretungen in Bonn und Ost-Berlin in Botschaften, 4. Festlegung des Grenzverlaufs zwischen BRD und DDR in der Mitte der Elbe. Abschließend stellte er fest, »in der DDR gehe es gut voran«.

Während Carstens die Sorgen in der Bundesrepublik über die zunehmende Arbeitslosenzahl zum Ausdruck brachte, meinte Honecker, »dass in der DDR Arbeitskräfte fehlen. Dem werde durch die verstärkte Nutzung von Wissenschaft und Technik begegnet.«

In einem Schreiben vom 29. November an Honecker versicherte Kohl, der Grundlagenvertrag und die anderen Vereinbarungen »zwischen beiden deutschen Staaten« blieben »Grundlagen und Rahmen für die Entwicklung der Beziehungen. Die Bundesregierung ist an guten Beziehungen zur Deutschen Demokratischen Republik interessiert.« Seine Anweisungen an die zuständigen Bundesminister, die laufenden Verhandlungen mit der DDR fortzusetzen, seien Ausdruck »unseres festen Willens, die Möglichkeiten des Grundlagenvertrages auszuschöpfen«. Die künftige Zusammenarbeit zwischen Bundesrepublik und DDR »sollte positive Impulse für Zusammenarbeit und Dialog in Europa geben«. Kohl betonte weiter, die »Politik der Bundesregierung« sei »vor allem anderen Friedenspolitik«, werde »von allen Kräften des Deutschen Bundestages unterstützt«, und er teile mit Honecker »die Überzeugung, dass von deutschem Boden nie wieder Krieg ausgehen darf« und »beide deutsche Staaten« eine »besondere Verantwortung für die Sicherung des Friedens in Europa« tragen würden.

Kohl erinnerte an die Schlussakte von Helsinki und das »hohe Gewicht«, das »die neue Bundesregierung im Interesse der Menschen auf Verbesserungen im Reise- und Besucherverkehr« lege, der durch die Erhöhung der Mindestumtauschsätze drastisch behindert werde. Kohl kam dann auf die von Helmut Schmidt 1981 ausgesprochene Einladung Honeckers zum Besuch der Bundesrepublik zu sprechen: »Die Menschen knüpfen an ein solches Treffen hohe Erwartungen. Ich halte an dieser Einladung fest.«

Honecker antwortete am 7. Dezember 1982, und am 24. Januar 1983 führten beide ein erstes Telefonat, dem im selben Jahr noch zwei weitere folgten. Insgesamt gab es drei Treffen zwischen Kohl und Honecker: das erste am 13. Februar 1984 in Moskau, anlässlich der Beisetzung des KPdSU-Generalsekretärs Jurij Andropow; dann am 12. März 1985 wieder in Moskau, anlässlich der Trauerfeierlichkeiten für Andropows Nachfolger, Konstantin Tschernenko, bevor es dann im September 1987 zum Besuch Honeckers in Bonn kam.

Beim ersten Telefonat am 24. Januar tauschten beide Freundlichkeiten aus. Dass diesem Gespräch nur noch zwei weitere Telefonate folgten, hängt wohl damit zusammen, dass das Telefon für Kohl ein politisches Arbeitsinstrument war, nicht jedoch für Honecker. Es kam hinzu, dass solche Telefonate in der Regel abgehört wurden. Außerdem lagen Honecker spontane Gespräch überhaupt nicht. Er wirkte hier, wie auch sonst, innerlich sehr gehemmt. Es kamen dann die üblichen vorgestanzten Formeln: Verantwortung für die Sicherung des Friedens in Europa usw. Dem stimmte Kohl zu, nach dem Motto »Wir wollen Frieden mit weniger Waffen.« Um dann allerdings auf andere Dinge einzugehen, die die Menschen als echte Maßnahmen der Friedenspolitik erkennen würden, nämlich »die Verbesserungen im Reiseverkehr, humanitäre Anstrengungen. Von unserer Seite kennen Sie ja unsere Position zu den Mindestumtauschsätzen.« Honecker bekräftigte, dass man in der DDR »immer« von der Existenz zweier deutscher Staaten ausgehe. »Und ich muss sagen, mich irritiert jetzt sehr oft der Wortgebrauch: beide Staaten in Deutschland. Aber ein solches Deutschland gibt es ja gar nicht. Es gibt zwei deutsche Staaten, die laut dem Grundlagenvertrag in ihren inneren und äußeren Angelegenheiten souverän sind. Aber das lass' ich jetzt einmal dahingestellt. Ich wollte jetzt bloß darauf aufmerksam machen, dass das selbstverständlich hier zu einer bestimmten Irritierung führt, wenn andere Begriffe plötzlich auftauchen. Aber das soll nicht das Hauptproblem sein.« Kohl: »Eben, das glaub' ich aber auch.« Man vereinbarte, das Gespräch »außerhalb dieser Leitung fortzusetzen, am besten nach dem 6. März, dem Tag der Bundestagswahl, damit«, so Honecker, »man nicht in den Geruch kommt, sich in innere Angelegenheiten einzumischen«. Kohl: »Das versteh' ich völlig.«

In seiner Regierungserklärung am 4. Mai 1983 betonte Kohl beim Thema Deutschlandpolitik, der Volksaufstand vom 17. Juni 1953 in der DDR habe aller Welt den Freiheitswillen der Deutschen vor Augen geführt: »Mauer, Stacheldraht, Schießbefehl und Schikanen sind auch heute noch ein Anschlag auf die Menschlichkeit. Wo sie existieren, gibt es keine Normalität.« Aus eigener Kraft könnten die Deutschen die Teilung nicht ändern; sie müssten diesen Zustand aber erträglicher und weniger gefährlich machen. Im

Einzelnen trete die Bundesregierung für die Menschenrechte, einschließlich des Rechts auf Meinungs- und Informationsfreiheit sowie auf Freizügigkeit ein, halte an nur einer deutschen Staatsangehörigkeit fest, sei zu langfristigen Abmachungen über wissenschaftlichen, technischen und kulturellen Austausch bereit, bestehe aber entschieden auf der Senkung der Mindestumtauschsätze und strebe nach Erleichterungen für Reisen in beide Richtungen.

In seinem ersten Bericht zur Lage der Nation am 23. Juni 1983 ging Kohl noch einmal auf diese Problematik ein. Er formulierte drei Eckpunkte seiner Deutschlandpolitik, die bis zum Ende des Jahrzehnts Gültigkeit besaßen. Er hob den normativen Abstand zum SED-Regime hervor und stellte die Freiheit und Verwirklichung der Menschenrechte im Westen der Unfreiheit und Rechtlosigkeit im Osten gegenüber.

Weniger eindeutig waren seine Ausführungen zur deutschen Frage, die er in den Kontext der europäischen Integration stellte: »Die Teilung Deutschlands ist immer zugleich die Teilung Europas. Deutschlandpolitik muss sich deshalb immer auch als Beitrag zum europäischen Einigungswerk und damit als europäische Friedenspolitik verstehen.« Welcher Einigungsprozess Priorität haben sollte, blieb unklar. Ein hoher Mitarbeiter des Ministeriums für innerdeutsche Beziehungen notierte damals: »Was heißt hier Europa und Europäisierung der Deutschlandfrage? Ein Schwamm, in den man alles aufsaugen, aus dem [man] schnell alles wieder herausdrücken kann. Was ist, wo liegt Europa?« Im Redeentwurf hatte es noch geheißen:

»Bis zur Wiederherstellung der Einheit Deutschlands werden wir allerdings noch einen langen Weg gehen müssen. Wir werden bis dahin nicht untätig verharren, sondern alles tun, damit die Belastungen abgebaut und Spannungen vermindert werden und die Menschen in Deutschland zueinanderkommen.«

Diese Passage war gestrichen worden. Dafür stellte Kohl jetzt fest, dass eine »praktische Deutschlandpolitik nur als Politik des Dialogs, des Ausgleichs und der Zusammenarbeit erfolgreich sein« könne. Ziel sei es, die Teilung »erträglicher« zu machen. Auf

Kohls Agenda für innerdeutsche Verhandlungen stand das, was auch schon bei Schmidt gestanden hatte, nämlich Senkung des Mindestumtausches, Ausbau des Reise-, Besucher- und Transitverkehrs, Umweltschutz, Zusammenarbeit in Kultur, Bildung, Wissenschaft, Technik und Sport, Rechtshilfeverhandlungen und innerdeutscher Handel. Kohl betonte, einseitige Vorleistungen der Bundesrepublik seien nicht zu erwarten; er forderte eine Politik des »Gebens und Nehmens«.

Auch wenn Kohl stärker als seine Vorgänger den normativen Dissens zur DDR-Führung betonte und seine Deutschlandpolitik kompromisslos und konfrontativ gegenüber der DDR in einen größeren historischen Rahmen einbettete, die pragmatische Kooperation im deutschlandpolitischen Alltagsgeschäft gestaltete sich für die Beobachter des Regierungswechsels und die Bonner Opposition überraschend gut. Mitentscheidend dafür war auch und vor allem die sich dramatisch verschlechternde wirtschaftliche Lage der DDR, die im Westen so nicht erkannt wurde. Tatsächlich lebte die DDR von der Substanz. Als diese verbraucht war, fiel der sogenannte erste Arbeiter-und-Bauern-Staat auf deutschem Boden wie ein Kartenhaus in sich zusammen. Denn Honecker führte die DDR in den Bankrott. Dabei hatte sich seit Mitte 1976 alles so schön angehört, vor allem die griffige SED-Formel von der »Einheit von Wirtschafts- und Sozialpolitik«. Das war das realsozialistische Wohlfahrtspostulat, das dann den Verschuldungsmechanismus massiv beschleunigte. In der Praxis war diese Politik nicht durchzuhalten, aber die SED-Führung fürchtete den Unmut der Bürger über nicht gewährte Verbesserungen mehr als die finanziellen und wirtschaftlichen Folgen einer ökonomisch nicht fundierten Anhebung des Lebensstandards. Die Aufrechterhaltung des Lebensstandards ging mit einer zunehmenden Verschuldung vor allem im Westen einher. Seit Ende der siebziger Jahre steckte die DDR in der Schuldenfalle: fällige Kredite und Zinsen mussten durch die Aufnahme neuer Kredite finanziert werden. Und die Zahlungsfähigkeit der DDR hing von der Bereitschaft des sogenannten Klassenfeindes ab, neue Kredite zu gewähren. Interessant ist, dass ausgerechnet in Moskau schon 1978 die Devisennot der DDR erkannt wurde. Da war die Rede vom Misstrauen der Sowjets, »ob Honeckers Politik nicht zu einer gewissen Instabilität in der DDR beiträgt«, wie der damalige Leiter der Ständigen Vertretung, Günther Gaus, aus Ost-Berlin nach Bonn berichtete.

Die sogenannten Freunde in Moskau konnten allerdings auch nicht mehr helfen – im Gegenteil. Auch der Sowjetunion stand bereits seit Anfang der achtziger Jahre wirtschaftlich das Wasser bis zum Hals. Das Land hatte mehrere Missernten in Folge erlebt – mit der daraus resultierenden Notwendigkeit, große Mengen an Getreide und Fleisch aus dem Westen zu importieren. Breschnew machte das im Gespräch mit Honecker im August 1981 auf der Krim unverblümt deutlich. Er teilte dem SED-Chef lapidar mit, dass erstens die DDR in den kommenden vier Jahren mit keinerlei sowjetischen Krediten zur Bilanzierung des bilateralen Handels rechnen könne, dass zweitens die vereinbarte Lieferung an Erdöl nicht gesichert sei und dass drittens die Zunahme der Westverschuldung der DDR in Moskau anhaltendes Unbehagen auslöse, weil, so Breschnew, dies ein »Hebel verschiedenartigster Druckausübung« des Westens sei und zu den »schwersten Folgen« führen könne, wie das polnische Beispiel »in dramatischer Weise« zeige. Abgrenzung insbesondere zur Bundesrepublik sei für die DDR weiterhin oberstes Gebot.

Kurz darauf kündigte Moskau an, die Planrohöllieferungen an die DDR ab 1982 zu verringern. In einem Schreiben an Breschnew bezichtigte Honecker daraufhin die Sowjetunion, die »Grundpfeiler der Existenz der DDR« zu untergraben. Die Antwort des Kremls – überbracht vom Gesandten Russakow – war vielsagend: »Die Sowjetunion benötigt wegen der Missernten Devisen, weil sie sonst ihre gegenwärtige Stellung in der Welt nicht halten kann, und das hat dann Folgen für die ganze sozialistische Gemeinschaft. Die Missernten sind ein Unglück von einem Ausmaß, das es seit der Existenz der Sowjetunion noch nicht gegeben hat. Ganz bestimmte Reserven sind schon angegriffen. Die Sowjetunion steht praktisch wieder vor Brest-Litowsk« – mithin vor der Entscheidung, auf einen Teil des äußeren Einflussgebietes zu verzichten, um das Kernland zu retten.

In der DDR musste als Konsequenz der Verbrauch von Heizöl, Diesel- und Vergaserkraftstoffen eingeschränkt werden, mit weitreichenden Folgen für die Transportleistung und für die Wirtschaft insgesamt. Die Arbeitsproduktivität fiel weiter dramatisch ab. Die Auslandsverschuldung betrug Anfang 1982 30 Milliarden Dollar; die Beschaffung der erforderlichen Bargeld- und Warenkredite für 1982 war nicht gesichert. Das Ministerium für Staatssicherheit konstatierte damals die »reale Gefahr des kurzfristigen Eintritts der Zahlungsunfähigkeit gegenüber dem nicht sozialistischen Wirtschaftsgebiet« und dadurch »eine Gefährdung der inneren Stabilität der DDR sowie eine Beeinträchtigung der Versorgung der Bevölkerung«; die »Bewältigung möglicher Gefahrenstationen und Gefahrenzustände sei nicht mehr zu gewährleisten«, so das Ministerium weiter.

Helfen konnte da nur die Bundesrepublik. Von daher war der von Franz Josef Strauß im Sommer 1983 eingefädelte und am 29. Juni bekannt gegebene Milliardenkredit für die DDR fast so etwas wie eine Wende. Entgegen den Ankündigungen des Bundeskanzlers erhielt die DDR erstmals ein von Bonn genehmigtes Bankendarlehen, das nicht offiziell an Vorbedingungen oder an einen Verwendungszweck gebunden war. Ausgerechnet einer der schärfsten Kritiker der früheren Ostpolitik, Strauß, war der Initiator. Aus der Opposition heraus hatten CDU und CSU einst die Kreditvergabe der sozial-liberalen Koalition gegeißelt und bemängelt, es werde zu viel für zu wenig gegeben. Jetzt hieß es, die Bundesregierung wolle »entspannungspolitische Zeichen« setzen.

Kreditgeber war ein Bankenkonsortium unter Führung der Bayerischen Landesbank. Für die Banken bedeutete der Kredit ein großes Geschäft, weil er durch die Bürgschaft der Bundesregierung ohne Risiko war. Verhandlungspartner von Strauß war Alexander Schalck-Golodkowski, der als stellvertretender Minister und Staatssekretär für Außenwirtschaft zugleich Leiter der berüchtigten DDR-Außenhandelsorganisation Kommerzielle Koordinierung (Koko) war und Honecker direkt unterstand. Hauptaufgabe von Koko war die Beschaffung von Devisen für die DDR. Die Frage, welche Rolle die Koko und prominente westdeutsche Politiker gespielt haben, wurde nach der Wiedervereinigung ein brisantes Thema. Der Milliardenkredit hatte auch eine innenpolitische Dimension. Für Strauß eine negative, da es innerhalb der CSU zu ernsten Auseinandersetzungen bis hin zu Parteiaustritten und am 16. Juli beim Parteitag zur »Denkzettelwahl« kam: Mit nur 77 % der Stimmen bei der Wiederwahl zum Parteivorsitzenden musste Strauß das schlechteste Ergebnis seiner bis dahin 22-jährigen Amtszeit einstecken. Für Kohl eine positive, weil das Kreditgeschäft Strauß in die deutschlandpolitische Linie der Bundesregierung einband; erst dadurch wurde der Kredit risikolos und sicherte Kohls Macht ab. Ein Wegbegleiter Kohls erinnerte sich an die Feststellung des Bundeskanzlers, dass ihm damit »der größte Fischzug geglückt sei, den er sich je habe träumen lassen«.

Helmut Kohl meinte später in der »Bonner Republik«, der Milliardenkredit sei »genial« gewesen, weil sich damit die »Chance bot, mit der DDR wieder einen Gesprächsfaden aufzunehmen – und Erleichterungen für die Menschen in der DDR zu erreichen. Der Milliardenkredit war das erste öffentliche Eingeständnis Honeckers, dass die DDR wirtschaftlich und finanziell am Ende war. [...] Für mich war es ein ausgesprochener Glücksfall, dass vieles über München gelaufen ist und Franz Josef Strauß ganz begeistert war, sich in dieser Sache persönlich zu engagieren. Mir war das sehr, sehr recht. Es wäre innenpolitisch, vor allem auch innerhalb der Union, für mich viel, viel schwieriger gewesen, wenn ich der Hauptakteur gewesen wäre – und Strauß womöglich ein erbitterter Gegner. Strauß hat dann – immer nach vorheriger Absprache mit mir – die Verhandlungen massiv betrieben und den Milliardenkredit eingefädelt, wie er das später selbst nannte. Er war mit Begeisterung bei der Sache.«

Wenn auch offiziell ohne Bedingungen war der Kredit doch mit erheblichen Gegenleistungen von Seiten der DDR verbunden: Abbau der Selbstschussanlagen an der innerdeutschen Grenze, Erleichterungen bei der Familienzusammenführung und beim Mindestumtausch. Allerdings hatte sich Bonn verpflichtet, diese Dinge nicht öffentlich zu machen, was die öffentliche Vermittlung des Kredits erheblich erschwerte. Von Persönlichkeiten aus der ehemaligen DDR wird die Kreditvergabe allerdings auch noch 20 Jahre nach der Vereinigung äußerst kritisch gesehen. Für Joachim Gauck – 1990–2000 erster Bundesbeauftragter für die Unterlagen des DDR-Staatssicherheitsdienstes – war der Kredit »politisch nicht klug«, für Markus Meckel – 1990 für einige Monate DDR-Außenminister – eine »ambivalente Angelegenheit; es war einerseits merkwürdig, dass diejenigen, die vorher gegen diese Politik eingetreten waren – insbesondere Herr Strauß –, die DDR weiter am Leben erhielten. Andererseits hielten wir die Entspannungspolitik insgesamt und die wirtschaftliche Verflechtung für notwendig. Da wir sie als unsere einzige Chance ansahen, waren wir auch nicht gegen den Milliardenkredit. Doch in gewisser Weise hielten wir es für einen ›Witz der Geschichte‹.« Auch Friedrich Schorlemmer – 1989 Mitbegründer des »Demokratischen Aufbruchs« – hielt die Milliardenkreditvergabe für »ganz falsch! Dieses System noch zu füttern, dass es überlebt, ich fand das eine Katastrophe! [...] Ich weiß noch, wie das auch die Genossen verletzt hat, die wirklich glaubten, der Sozialismus sei möglich. [...] Jedenfalls war ich ganz und gar dagegen und sagte dort: ›Mensch, ihr sorgt dafür, dass dieses System weiter existieren kann.‹ Nein, das fand ich unmöglich! Denn dieses Geld kam uns doch nicht zugute, das kam dem System und seiner Stabilität zugute.« Auf die Frage, ob der Kredit willkommen gewesen sei, antwortete Wolfgang Thierse – 1998–2005 Bundestagspräsident, seitdem Bundestagsvizepräsident: »Natürlich war er willkommen. Ich war der einfachen Überzeugung, wenn wir Westgeld erhalten, dann hilft das doch, dann ist das Warenangebot besser, dann ist das mit den Löhnen besser.« Thierse ist nach wie vor davon überzeugt, dass der Kredit die DDR stabilisiert hat.

Friedrich Zimmermann – 1976–1982 Vorsitzender der CSU-Landesgruppe im Bundestag und von 1982–1989 Bundesminister des Inneren –, einer der engsten Vertrauten von Franz Josef Strauß, auf die Frage, welche Rolle Strauß bei diesem Kredit wirklich gespielt hat: »Strauß hat lange strategisch überlegt. Ich war informiert über diese Überlegungen und sagte: ›Wenn wir die DDR schon nicht anders zwingen können, ein Verhalten an den Tag zu legen, wie wir es meinen, dann müssen wir versuchen, es auf diese Weise zu tun.‹ Er war offenbar informiert über die wirtschaftlichen Schwierigkeiten, die die DDR in der Tat in höchstem Maße hatte. Er war vor allem durch einen informiert: Alexander Schalck-Golodkowski; der hat ihn regelmäßig besucht, öfter als Honecker lieb war.«

Die geheimen, geradezu konspirativen Gespräche zwischen Strauß und Schalck-Golodkowski führten offensichtlich dazu, dass sich Strauß nun als der große Deutschland-Politiker sah. In seinen »Erinnerungen« betont Kohl, dass er von Anfang an über alle Gesprächskontakte informiert gewesen sei und Franz Josef Strauß »in keiner Phase der Verhandlungen« auf eigene Faust oder nach eigenem Ermessen agiert habe: »Nichts lief ohne vorherige Absprachen.« Daraus ergab sich offensichtlich eine Rivalität, wie in einem Gespräch deutlich wird, das Strauß am 9. Dezember 1983 mit Schalck-Golodkowski führte. Der berichtete von diesem Gespräch, wonach Kohl Strauß mit »Nachdruck« gebeten habe, diesen Kontakt weiterzuführen. Allerdings, so Strauß danach wörtlich: »Kohl ist wie ein Pudding, wenn man ihn festnageln will, rutscht alles herunter. Der Letzte, der zu ihm kommt, erhält recht.« Er habe überdies »nach wie vor Illusionen« über die »Politik zur DDR«, so, was »die Frage der Senkung des Rentenalters, mindestens für Frauen«, betrifft. Strauß deutete schon »einen weiteren Milliardenkredit an«, »dem ein dritter folgen könnte«, und schlug vor, »wenn er mit Kohl Einigung über das weitere Vorgehen erreicht hat und die DDR an der Weiterführung weiterer geheimer informeller Gespräche mit ihm interessiert ist, [Staatsminister] Jenninger beim nächsten Gespräch hinzuzuziehen«.

Der DDR stand damals jedenfalls das Wasser bis zum Halse, was man in Bonn so allerdings nicht sah. Hätte man vom desolaten Zustand der DDR gewusst, wären möglicherweise die Bedingungen für die Kreditvergabe härter geworden. So ging es nach dem Prinzip »Vertrauen gegen Vertrauen« – schriftliche Vereinbarungen gab es nicht –, wie es der Regierende Bürgermeister von West-Berlin, Richard von Weizsäcker, gegenüber Honecker am 15. September 1983 formulierte. Und Weizsäcker fügte hinzu: »Es bedürfe nur mehr der Gegensignale.« Im Vieraugengespräch sandte Honecker dann die Signale: Der Mindestumtausch für Jugendliche bis zum 14. Lebensjahr würde aufgehoben werden, »ein Drittel der automatischen Schussanlagen an der Zonengrenze sei schon abgebaut. Die anderen zwei Drittel wolle er ebenfalls beseitigen lassen. Die betonierten ›spanischen Reiter‹ sollten verschwinden.« Auch in den Kulturverhandlungen, bei den Themen Wissenschaft und Technik, Gesundheit, Verkehr und Umwelt gab es anschließend Fortschritte. Honecker wiederholte dann die vier Forderungen von Gera und fügte hinzu, »an der Unabhängigkeit der beiden deutschen Staaten voneinander werde sich in Zukunft nichts ändern. Daher sehe er auch keinen Sinn darin, den Gedanken der Wiedervereinigung immer besonders herauszustellen.« Weizsäcker wies darauf hin, dass es zu einer Teilung Deutschlands und Berlins ohne Hitler nicht gekommen wäre: »Aber die historische Erfahrung spreche durchaus dagegen, dass die Teilung die letzte Antwort der Geschichte auf die Frage nach der politischen Struktur Zentraleuropas bleiben werde. Dass man in einer historischen Perspektive an die Aufhebung der Teilung denke, sei nur natürlich.« In der Aufzeichnung über dieses Gespräch heißt es dann: »Dem widersprach Honecker nicht.«

Die Entscheidung des Bundestages über die Stationierung amerikanischer Pershing-II-Raketen war für den 22. November 1983 angesetzt. Es gehörte offensichtlich zum öffentlichen Ritual Honeckers, vor den möglichen Konsequenzen zu warnen, insbesondere die negativen Auswirkungen eines solchen Beschlusses auf die deutsch-deutschen Beziehungen zu betonen. Sowohl gegenüber Weizsäcker als auch gegenüber einer Delegation der Grünen äußerte er sich am 21. Oktober in Ost-Berlin in diesem Sinne.

Als der Bundestag am 22. November die Stationierung der neuen Mittelstreckenraketen beschloss, kam es dennoch zu keiner Eiszeit. Während die Sowjetunion mit Drohungen und Beschimpfungen der Bundesrepublik reagierte, rückten die beiden deutschen Staaten unbeeindruckt von der weltpolitischen Konfliktlage sogar enger zusammen und setzten die pragmatische Kooperation vor die ideologische Konfrontation. Aus der Sicht der DDR war dies offensichtlich schon eine Überlebensstrategie. Permanent war jetzt von der »Verantwortungsgemeinschaft« der beiden deutschen Staaten die Rede. Am 14. Dezember versicherte Kohl in einem Schreiben an Honecker, »dass die Bundesregierung nach wie vor entschlossen ist, ihre Politik des Dialogs und der langfristig angelegten Zusammenarbeit auch mit der Deutschen Demokratischen Republik fortzusetzen. Sie möchte das in den Beziehungen zwischen den beiden Staaten in Deutschland im Verlauf vieler Jahre Erreichte bewahren und das Geflecht von Beziehungen auf den bewährten vertraglichen Grundlagen weiterentwickeln und ausbauen.« Kohl weiter: »Ich bin mit Ihnen darin einig, dass vom Verhältnis unserer beiden Staaten zueinander positive Impulse auf das europäische Klima ausgehen sollten. Ein Höchstmaß an Dialog und Zusammenarbeit wird den Entspannungsprozess in Europa fördern. Dies ist gerade dann wichtig, wenn die internationale Lage schwieriger geworden ist.« Unterzeichnet handschriftlich mit »Ihr Helmut Kohl«.

Fünf Tage später, am 19. Dezember, rief Kohl Honecker zum dritten Mal innerhalb von 12 Monaten an und versicherte gleich zu Beginn des Gesprächs, dass die Bundesregierung alles tun wolle, »um das Erreichte zu bewahren und [...] vernünftige Beziehungen einfach zu gestalten und dort, wo das möglich ist, auszubauen«. Honecker sprach dann von einer »Verantwortungsgemeinschaft, vielleicht könnte man auch sagen, Sicherheitspartnerschaft«, um dann ein offensichtlich vorbereitetes Statement zu verlesen. Im Protokoll sind das sieben Druckseiten. Kohl wies anschließend beim Thema Stationierung auf die sehr konträren Standpunkte hin und meinte sehr deutlich: »Hier sind unsere Meinungen völlig verschieden.« Das waren die üblichen Rituale. Schaut man sich das Protokoll dieses Gesprächs an, so ist jedenfalls eines deutlich: Die Atmosphäre war entspannt und das Gespräch erfüllte seinen Zweck, nämlich »nach der Entscheidung über die Stationierung zur Entkrampfung beizutragen«, wie Staatsminister Philipp Jenninger resümierte. Das Gespräch diente der Schadensbegrenzung – und hatte eine ganz bestimmte Perspektive: Kohl versicherte dem SED-Generalsekretär wörtlich:

»Sie können vor allem davon ausgehen, das, glaube ich, ist sehr wichtig: Sie sprechen hier mit einem Mann, der nichts unternehmen wird, um Sie in eine ungute Lage – ich will es nicht näher interpretieren –, in eine ungute Lage zu bringen.«

Bis zum Ende des Jahres stellten sich jedenfalls auch die von Bonn erwarteten Gegenleistungen auf humanitärem Gebiet ein: erhöhte Familienzusammenführung, zügigere Abfertigung an der Grenze, weniger Kontrollen beim Transitverkehr. Die Zahl der Reisen von DDR-Bewohnern in dringenden Familienangelegenheiten stieg um mehr als 40 %, im grenznahen Bereich gab es Mehrfachberechtigungsscheine für sechs statt bisher drei Monate, und man durfte auch in mehr als drei grenznahe DDR-Kreise reisen. Das S-Bahn-Problem in Berlin wurde gelöst, im Umweltschutz konnten Abkommen unterzeichnet werden, im Post- und Fernmeldeverkehr wurden Fortschritte erzielt: Der Selbstwählferndienst wurde ausgebaut, zusätzliche Telefon- und Fernschreibleitungen wurden geschaltet. An der innerdeutschen Grenze wurden die Minenfelder beseitigt.

Am 13. Februar 1984 trafen Honecker und Kohl zum ersten Mal persönlich zusammen, und zwar in Moskau am Rande der Trauerfeierlichkeiten für den verstorbenen Generalsekretär Andropow. Wie schon das Telefonat im Dezember, so war auch dieses Treffen von entspannter Atmosphäre gekennzeichnet. Honecker war Kohl keineswegs unsympathisch, »weil«, so Kohl später, »wir trotz härtester politischer Gegensätze ein irgendwie menschliches, wenn auch seltsames Verhältnis zueinander hatten«. Man tauschte Erinnerungen an gemeinsame Bekannte aus dem Saarland aus und kam sich menschlich näher. Als Kohl zu Honecker sagte, »eigentlich sollten wir in unserer Mundart sprechen, dann könnte uns niemand abhören, konnte er sich ein Lachen nicht verkneifen«.

Damals verwahrten sich die Sowjets gegen die Bonner Versuche, sich, wie es hieß, »direkt in die Angelegenheiten der DDR« einzumischen und zum Sprecher aller Deutschen »aufzuspielen«. Das musste Honecker bei einem Geheimtreffen in Moskau zur Kenntnis nehmen, wo er sich von den Sowjetführern die Zustimmung für seinen Besuch in der BRD holen wollte. Er sprach von der Notwendigkeit des politischen Dialogs mit Bonn, von Schadensbegrenzung nach dem Raketenbeschluss und dass es darum gehe, alle Kräfte weiter zu ermuntern, die sich für den Stopp der Raketenstationierung und den Abzug der bereits aufgestellten Systeme einsetzten:

»Alles in allem: Unter Abwägung aller Faktoren kommen wir zu der Schlussfolgerung, dass der Besuch in der BRD richtig wäre und für unsere gemeinsame Politik des Kampfes zur Verminderung der Kriegsgefahr, gegen die Hochrüstungspolitik der Vereinigten Staaten und der NATO von Nutzen wäre.«

Der neue sowjetische Parteichef Konstantin Tschernenko hielt dagegen: »Gegenwärtig auf einen Ausbau der Beziehungen mit der BRD einzugehen, bedeutet, ihr zusätzliche Kanäle für die ideologische Beeinflussung der DDR zu geben.« Es gebe keine Veranlassung für eine gesamtdeutsche Koalition der Vernunft. »Wir möchten Ihnen sagen, dass die sowjetischen Kommunisten es positiv aufnehmen würden, wenn Sie in der entstandenen Lage von dem Besuch Abstand nehmen.« Verteidigungsminister Dmitri Ustinow warf Honecker vor, es fehle ihm an Härte in den Beziehungen mit der Bundesrepublik. Wenn er das Tor zur DDR weiter aufmache, steige nicht nur die Gefahr der Spionage, auch die Sicherheit der dort stationierten Sowjetsoldaten werde gefährdet.

Kurz nach dem Moskauer Treffen sagte Honecker seinen für September vorgesehenen Bonn-Besuch ab. In der öffentlichen Begründung kam Moskau allerdings nicht vor. Honecker benutzte eine Äußerung des CDU-Politikers Alfred Dregger als Vorwand. Dregger hatte in einem Interview erklärt, dass die Zukunft der Bundesrepublik nicht davon abhänge, ob Honecker Bonn »die Ehre seines Besuchs« gebe – was im Übrigen wohl zutraf.

Am 12. März 1985 trafen Kohl und Honecker erneut zusammen – wieder in Moskau, wo der nächste KPdSU-Chef beerdigt wurde. Das nannte man damals »Beerdigungsdiplomatie«. Beide waren auf die Bilanz deutsch-deutscher Politik seit 1982 stolz. Kohl meinte, er habe seit seinem Amtsantritt »eine Reihe von Schritten getan, an die seine Vorgänger nicht zu denken gewagt, geschweige denn, dass sie sie unternommen hätten. Diese Entwicklung habe ihm nicht geschadet, im Gegenteil. Er habe E. Honecker als einen Partner kennengelernt, auf den Verlass sei.« In der sogenannten »Moskauer Erklärung« unterstrichen beide nun das, was inzwischen schon zu einer Art Ritual geworden war, nämlich den gemeinsamen Willen: »Von deutschem Boden darf nie wieder Krieg, von deutschem Boden muss Frieden ausgehen.« Wie Letzteres organisiert werden sollte, war eine andere Frage. Gleichzeitig wurde auch ein Bekenntnis abgelegt, wonach die »Unverletzlichkeit der Grenzen und die Achtung der territorialen Integrität und der Souveränität aller Staaten in Europa in ihren gegenwärtigen Grenzen eine grundlegende Bedingung für den Frieden« seien.

Das klang alles ganz wunderbar. In das deutsch-deutsche Verhältnis schien so etwas wie gut funktionierende Normalität einzuziehen.

Die politischen Gespräche wurden in jenen Jahren intensiver und in vertraulicher Runde auch erstaunlich offen geführt – Letzteres zumeist allerdings nur von westdeutscher Seite. Strauß tat sich dabei besonders hervor. Kohl hatte ihn zwar in seine Politik eingebunden, aber vor allem in Gesprächen mit Schalck-Golodkowski äußerte Strauß wiederholt ätzende Kritik am Bundeskanzler, so etwa bei einem Treffen mit Schalck am 10. Juni 1985 in München. Kohl zeige ernste Führungsschwächen; das habe er, Strauß, bereits 1984 gesagt, und das habe sich in zunehmendem Maße bestätigt, was sich insbesondere daran zeige, dass Kohl »einen oberflächlichen Arbeitsstil hat, die Probleme nicht gründlich durchdenkt und keine Entscheidungen trifft«. Wieder einmal irrte sich Strauß.

Erich Honecker in der Bundesrepublik

Vom 7. bis 11. September besuchte Erich Honecker endlich die Bundesrepublik. Moskau, wo inzwischen Gorbatschow regierte, hatte diesmal grünes Licht gegeben. Für Helmut Kohl war dieser Besuch, wie er in der »Bonner Republik« sagte, »eine sehr schmerzliche Angelegenheit. Aber es musste sein.« Die Einladung hatte bekanntlich Helmut Schmidt ausgesprochen, Kohl hatte sie mehrfach erneuert, mehrfach hatte der Kreml Honecker die rote

Karte gezeigt. Die Erneuerung der Einladung fiel Helmut Kohl zwar schwer, »aber es war einfach zwingend und richtig, weil wir miteinander leben mussten, wenigstens auf dieser sehr schmalen Ebene der Notwendigkeit zwischen den – wie man damals sagte – beiden deutschen Staaten«, wie Kohl später schilderte. Und weiter: »Die ganze Sache war mir zutiefst zuwider. Ich kann gar nicht schildern, wie unglücklich ich war, als zur Begrüßung Honeckers die DDR-Hymne vor dem Kanzleramt gespielt wurde. Es war schon ein ungewöhnliches, ein mehr als eigenartiges Gefühl, dazustehen vor der Truppe, mit rotem Teppich, Abschreiten der Ehrenkompanie, dazu Wachbataillon und Stabsmusik von der Bundeswehr, Beflaggung, Hymne der DDR und deutsche Nationalhymne. Das war schon eine große Überwindung, für mich jedenfalls.« An dem Morgen, als Honecker kam, hatte es Kanzleramtsminister Wolfgang Schäuble übernommen, ihn am Flugplatz abzuholen. Vorher war Schäuble noch einmal mit Kohl in dessen Büro gewesen. Und da meinte Kohl zu ihm, das werde wohl einer der schlimmsten Tage seiner ganzen Laufbahn sein. Schäubles Antwort: »Ja, Herr Bundeskanzler, Sie haben völlig recht. Es geht mir auch so. Schauen Sie, ich habe meinen ältesten Anzug angezogen. Aber ich sage Ihnen, ich bin ganz sicher, was wir machen, ist richtig. Es ist richtig. Deswegen lassen Sie es uns tun in der Überzeugung, dass es sich lohnt.«

Nicht alle CDU/CSU-Anhänger waren über den Besuch Honeckers begeistert. Für jeden sichtbar wurde die Zweistaatlichkeit demonstriert. 2 400 Journalisten, 1 700 aus dem Ausland, begleiteten Honecker und seine Delegation auf Schritt und Tritt durch Bonn und die Bundesländer. Einen »Trost« hatte Kohl, wie er es formulierte: die Tischreden beim offiziellen Abendempfang wurden live im Fernsehen der Bundesrepublik und der DDR ausgestrahlt. Das war Kohls Bedingung für den Besuch Honeckers. Die Tischrede, die Kohl dann hielt, gehört nach eigener Aussage zu seinen wichtigsten Reden. Es war eine Bestandsaufnahme der geteilten Nation, gepaart mit einer Perspektive zukünftiger Politik. Die wichtigsten Sätze bleiben unvergessen:

»Die Menschen in Deutschland leiden unter der Trennung. Sie

leiden an einer Mauer, die ihnen buchstäblich im Wege steht und die sie abstößt. Wenn wir abbauen, was Menschen trennt, tragen wir dem unüberhörbaren Verlangen der Deutschen Rechnung: Sie wollen zueinanderkommen können, weil sie zusammengehören. Daher müssen Hindernisse jeder Art abgeräumt werden. Die Menschen in Deutschland erwarten, dass nicht Barrieren aufgetürmt werden. Sie wollen, dass wir – gerade auch in diesen Tagen – neue Brücken bauen. Auch deswegen sollten wir uns noch intensiver darum bemühen, für die Deutschen ein Maximum an Miteinander und Begegnungen, an Reisen und Austausch zu ermöglichen.«

Kohl in der »Bonner Republik«: »Den entscheidenden Punkt dieses Besuches haben viele gar nicht begriffen, dass die DDR in diesem Moment eine Öffnung vollziehen musste und dass die Menschen aus der DDR in großer Zahl dann die Bundesrepublik besuchen konnten. Ich bleibe bei meiner These: Das war aus Honeckers Sicht der entscheidende Fehler im Blick auf das System und die Machtverhältnisse, weil diese Machtverhältnisse durch den hohen Kenntnisstand von zusätzlichen Millionen Deutschen in der DDR über die wirklichen Verhältnisse in der Bundesrepublik am Ende ausgehöhlt worden sind. Die Fernsehübertragung unserer Tischreden war unter diesem Gesichtspunkt sicherlich eine der wichtigsten Fernsehsendungen, die es gab. Wichtig in dem Sinne, dass die Menschen in beiden Teilen Deutschlands zuschauten.«

Honecker sah das offensichtlich anders. In seinem Bericht für das SED-Politbüro bezeichnete er den Besuch als das »wichtigste Ereignis in den Beziehungen zwischen der DDR und der BRD seit Abschluss des Grundlagenvertrages. Er ist von weitreichender Wirkung und historischer Bedeutung.« Mancher von den direkt betroffenen Bürgern der DDR war da ganz anderer Meinung. Joachim Gauck empfand damals Mitgefühl für Helmut Kohl und dachte: »Ich möchte jetzt kein Politiker sein. Das tut der Mann nicht gerne. Vielleicht dient er seinem Land jetzt, aber ich möchte da nicht stehen.« Er sah in dem Besuch ein ungutes Symbol. Lothar de Maizière fand die deutlichen Worte in Kohls Tischrede »schon erstaunlich«, Wolfgang Thierse den Besuch als solchen positiv. Thierse in einem späteren Interview: »Dann hat man so ein bisschen grimmig gelacht, als der kleine Honecker neben dem großen dicken Kohl dahermarschierte über den roten Teppich, in all seiner Tapsigkeit. Das hatte etwas so Rührendes. Und zugleich war es ein Bild für dieses innerdeutsche Verhältnis: Da die kleine, popelige, schwächliche, kaum noch gerade stehende DDR, hier die kraftstrotzende Bundesrepublik. Zugleich hatte ich auch gegenüber Kohl so ein eigentümliches grimmiges Lächeln und sagte: ›Jetzt muss er etwas tun, was ihm vielleicht nicht sonderlich gefällt, er muss den Honecker als einen Staatsmann behandeln und feine Reden halten.‹ Auch das hat mir ein gewisses grimmiges Lächeln entlockt. Dann seine Rede beim Abendempfang. Das fand ich auch in Ordnung, dass er nicht nur liebedienerisch daherschwafelt, sondern dass er auch zur Sache redet. Das fand ich sehr in Ordnung.«

Der damalige SPD-Vorsitzende Hans-Jochen Vogel erinnert sich an den Besuch. Beim Abendessen saß er neben DDR-Außenminister Oskar Fischer, der ihn immer mit »Genosse« anredete, bis Vogel zu ihm sagte: »Herr Kollege, ich glaube, die Bezeichnung drängt sich nicht auf in meinem Fall.« Vogel: »Dann hat er das auch gelassen. Aber Honecker war damals schon in einem Zustand [...] zunehmenden Realitätsverlusts. Er hat den Besuch als Höhepunkt all seiner politischen Anstrengungen empfunden, und das war zwei Jahre vor dem Ende.«

Zentrales Ziel von Kohls Deutschlandpolitik war nach eigener Aussage, solange die Einheit nicht zu erreichen war, »dass wir uns möglichst wenig auseinanderlebten, dass wir mehr Deutsche aus der DDR und der Bundesrepublik zusammenbrachten. Das war auch ein zentraler Punkt bei dem Besuch.« An anderer Stelle meinte Kohl einmal, die DDR-Besucher sollten einmal am Parkplatz von BASF in Ludwigshafen vorbeigehen und selbst sehen, was sich ein westdeutscher Arbeiter leisten konnte – u. a. ein Auto, wofür der DDR-Bürger 14 Jahre warten musste (bis er dann mit viel Glück einen Trabant bekam). Im Kern ging es immer darum, mehr Reisemöglichkeiten zu erreichen, die Grenze durchlässiger zu machen – natürlich mit einem Hintergedanken.

Schäuble formulierte das so: »Und jeder, der eine Reise in den Westen machte, hat, wenn er wieder in der DDR war, gesagt: ›Schön, dass wir jetzt mal reisen durften.‹ Aber mit jeder Westreise wurde die Unzufriedenheit mit den eigenen Verhältnissen größer. Das ist doch logisch. Wenn man erst einmal erlebt hat, wie man auch anders leben kann, und erlebt hat, dass das sogenannte kapitalistische Ausland nicht so schrecklich, sondern doch eigentlich sehr menschlich, mit allen Fehlern, allen Vor- und Nachteilen, aber doch sehr viel menschenwürdiger, attraktiver als das eigene Regime ist, dann ist die Zufriedenheit nicht unbedingt gewachsen. Das war übrigens immer in meinen vertraulichen Gesprächen das Argument meines Verhandlungspartners, der gesagt hat: ›Sie wissen es doch. Es ist doch klar, wenn die Leute bei Ihnen waren … Der Konsumdruck, den Sie auf uns ausüben, führt dazu, dass sie größere Ansprüche stellen.‹ Deswegen hat er gesagt: ›Wir können nur großzügiger in der Reiseerlaubnis werden, wenn Ihr uns helft, mit dem daraus resultierenden Druck einigermaßen fertig zu werden.‹ […] Ich habe immer gesagt, soweit wir das vertreten können, wollen wir es nutzen.«

Das war der Teufelskreis, in dem sich die DDR befand: DM-Milliarden gegen Reiseerleichterungen und Verbesserung der deutsch-deutschen Beziehungen auf fast allen Gebieten, bei gleichzeitiger Aufrechterhaltung grundsätzlicher Differenzen, etwa bei Staatsbürgerschaft, Erfassungsstelle in Salzgitter, Ständige Vertretungen, Elbgrenze. Die Zahl der Besucher aus der DDR stieg jedenfalls kontinuierlich, von rd. 2,6 Millionen (darunter 600 000 Rentner) im Jahre 1986 auf 5 Millionen im Jahr 1987 (1,2 Millionen Rentner) und auf fast 7 Millionen im Jahre 1988. »Die Öffnung der DDR«, so Erich Honecker im April 1988 zu Hans-Jochen Vogel, »bringe Probleme, die sie selbst meistern werde.« Dies war einer der vielen Irrtümer der DDR-Führung in jenen Monaten. Ein Jahr später, als nach den Westbesuchen massenhafte Ausreiseanträge gestellt wurden, analysierte die Stasi die Lage folgendermaßen: »Diese Leute kommen insbesondere durch Vergleich mit den Verhältnissen in der BRD und in West-Berlin zu einer negativen Bewertung der Entwicklung in der DDR. Die Vorzüge des

Sozialismus, wie z. B. soziale Sicherheit und Geborgenheit, werden zwar anerkannt, im Vergleich mit aufgetretenen Problemen und Mängeln jedoch als nicht mehr entscheidende Faktoren angesehen.«

15. DER SOMMER 1989

Es war Ungarn, das den Stein ins Rollen brachte. Was den DDR-Bürgern verwehrt wurde, hatten die Ungarn schon seit dem 1. Januar 1988: Jeder Staatsbürger konnte einen Reisepass erhalten – und in den Westen reisen. Der Eiserne Vorhang war damit für Ungarn sinnlos geworden. Im März 1989 trat Ungarn als erstes Ostblockland der Genfer Flüchtlingskonvention bei, die eine Rückführung politischer Flüchtlinge verbietet. Und am 2. Mai 1989 begannen ungarische Grenzsoldaten mit der Beseitigung des Stacheldrahtverhaus an der Grenze zu Österreich – und das vor laufenden Fernsehkameras. Wir wissen, was dann geschah. Im September öffnete Ungarn die Grenze vollständig, und das führte zu Zehntausenden DDR-Flüchtlingen, letztlich zum Ende der DDR und zu einem Wendepunkt in der europäischen und globalen Geschichte.

Bei nüchterner Betrachtung und in Kenntnis neuester Akten wird deutlich, dass dieses weltbewegende Ereignis fast so etwas wie ein Treppenwitz der Geschichte ist, denn Ungarn hatte alles andere im Sinn, als das Ende des Kalten Krieges einzuleiten. Es war viel einfacher: es ging um ungarische nationale Interessen, schlicht um die Frage: Was ist gut für Ungarn? Und gut für Ungarn war angesichts der katastrophalen Wirtschafts- und Haushaltslage des Landes eine Einsparung im Haushalt, dessen Verabschiedung anstand. Und angesichts dieser Situation fällte der neue ungarische Ministerpräsident Miklós Németh eine für ihn schlichte Entscheidung. Németh hatte im November 1988 erst vierzigjährig die Regierungsgeschäfte übernommen und tat jetzt einen entscheidenden Schritt als Regierungschef auf eigene Verantwortung, ohne sich vorher der Zustimmung der Parteiführung zu versichern. Németh erkannte, dass sein Haushaltsentwurf, so wie er vorlag, unrealistisch war. Auf der Suche nach Einsparmöglichkeiten stieß er auf einen gewichtigen Posten, dessen codierte Bezeichnung er nicht verstand.

Aus den Forschungen des in Ungarn geborenen und 1956 in die Schweiz geflohenen Andreas Oplatka wissen wir, was dann geschah: Als sich Németh erkundigte, was die Bezeichnung bedeutete, bekam er zur Antwort, es handle sich um die jährlichen Kosten für die Aufrechterhaltung des elektrischen Signalsystems an der Grenze zu Österreich. Oplatka: »Worauf der Ministerpräsident einen Bleistift nahm und den Posten im Budget kurzerhand strich. Zwei Momente sind dabei bemerkenswert. Heute, im Rückblick auf den Erfolg der Grenzöffnung, wäre es für Németh wohl leicht und verlockend zu erklären, er habe seinen Beschluss im vollen Bewusstsein der Folgen, mit der Absicht des in europäischen Dimensionen denkenden Reformpolitikers gefasst. Der frühere Ministerpräsident sagt indessen frank und frei das Gegenteil. Ihm sei es damals, wie er zugibt, einzig um eine Sparmaßnahme gegangen.« Dabei war wichtig: Németh war vom Überleben des Regimes nicht mehr überzeugt. Im Gegensatz zu manchen anderen war er kein Reformkommunist, wollte keine Reformierung des Systems, sondern nach der Ersetzung des Ein-Parteien-Staates die Errichtung einer demokratischen Ordnung. Was bislang ebenfalls nicht bekannt war: In der ersten Hälfte des Jahres 1988 besuchte er zweimal die Bundesrepublik Deutschland und lernte dabei Helmut Kohl und Horst Teltschik persönlich kennen. Dies sollte ihm dann die Entscheidung im Spätsommer 1989 erleichtern. Innenminister István Horváth, dem der Grenzschutz unterstand, nahm Némeths Entscheidung in einer Kabinettssitzung zur Kenntnis, bemerkte aber, die geplante Maßnahme betreffe ja nicht Ungarn allein, sondern in höchstem Maße auch die verbündeten sozialistischen Länder, die informiert werden müssten. Informiert wurde aber zunächst der »Klassenfeind«.

Am 13. Februar 1989 unternahm Németh seine erste Auslandsreise als Ministerpräsident – nicht etwa nach Moskau, sondern nach Österreich, wo er Bundeskanzler Franz Vranitzky davon unterrichtete, dass Ungarn die Grenzsperren beseitigen werde. 14 Tage später stand diese Entscheidung im Politbüro an. Schon Monate zuvor hatte der Oberbefehlshaber der Grenzwache, Jánosz Székely, darauf hingewiesen, dass für die jährliche Aufrechterhaltung der Grenzsperren zwischen 760 000 und 900 000 US-Dollar benötigt würden. Dieses rein finanzielle Argument wirkte letztlich auch auf die Politbüromitglieder überzeugend. Niemand widersetzte sich dem Abbau der Sperren. In dieser Sitzung ging es dann auch um die erweiterten Auswirkungen auf die DDR. ZK-Mitglied Imre Pozsgay, der herausragende Reformpolitiker jener Zeit, meinte, die ungarischen Staatsbürger brauchten keine Kontrolle mehr, darum solle das Land die Lasten dieses Systems auch nicht mehr auf sich nehmen. Damit spielte er auf die DDR an. Das Verfahren bis zu diesem Zeitpunkt sah so aus: DDR-Bürger wurden nach einem gescheiterten Fluchtversuch auf dem Flughafen von Budapest der ostdeutschen Staatssicherheit übergeben. Das, so Németh in der Sitzung, sei angesichts neuer oppositioneller Gruppen und Parteien und unabhängiger Zeitungen, die diese Vorgänge publik machten, nicht mehr möglich. Am Ende stimmte auch Parteichef Karoly Grósz Horvaths Bericht zu. Man solle bei der Orientierung der »Freunde« nur den richtigen zeitlichen »Rhythmus« wählen. Unter völliger Verkennung der Tragweite der Entscheidung meinte er: »Eine bedeutende Angelegenheit ist das nicht, man muss es aber umsichtig erledigen.«

Wie wir inzwischen wissen: Es war eine folgenschwere Entscheidung.

Am 2. Mai begann Ungarn mit dem Abbau der Grenzsperren, am 27. Juni – möglicherweise auch noch ermutigt durch die Wahlen in Polen Anfang Juni, bei denen die Kommunisten abgewählt worden waren – wurde diese Maßnahme von Ungarns Außenminister Gyula Horn und Österreichs Außenminister Alois Mock in einem feierlichen, allerdings nur noch symbolischen Akt wiederholt, als beide die hässlichen Drähte eigenhändig – vor laufenden Fernsehkameras – durchschnitten. Diese Bilder in den westlichen Medien bekamen auch die DDR-Bürger zu sehen – woraufhin jener Ansturm von DDR-Touristen nach Ungarn einsetzte, der zu einer Massenbewegung wurde und das Ende der DDR einläutete.

Die DDR-Führung war geradezu entsetzt und befürchtete bei einer vollständigen Öffnung der Grenze einen Massenexodus ihrer Bürger. Am 5. September befasste sich das SED-Politbüro mit dem Problem. Die vorgeschlagene Lösung entsprach der Breschnew-Doktrin: Druck auf Ungarn ausüben. Diese Option sollte auf einer

Außenministerkonferenz der Ostblockstaaten versucht werden. Für Stasi-Chef Erich Mielke war klar: »Ungarn verrät den Sozialismus.« Es kam zu keiner Konferenz: Moskau lehnte ab. Für SED-Politbüromitglied Kurt Hager spielten die Ungarn ein Doppelspiel: »Sie werden Befehlen aus Bonn folgen.«

DDR-Botschafter Gerd Vehres in Budapest erhielt von einem Vertreter des ungarischen Außenministeriums die Mitteilung, bei der Grenzöffnung handle es sich nur um eine »vorübergehende Maßnahme«. Vehres wies diese Version zurück. Für ihn führte Ungarn die DDR »bewusst in die Irre«. Mit der massenhaften »Ausschleusung« Tausender DDR-Bürger schaffe ein sozialistisches Land einen Präzedenzfall im Sinne der BRD. Als die erhoffte Hilfe aus Moskau ausblieb, war das Ende abzusehen.

Über den ungarischen Plan, den Eisernen Vorhang zu beseitigen, hatte Budapest Kremlchef Michail Gorbatschow bereits am 3. März 1989 offiziell unterrichtet. Der ließ den Ungarn freie Hand und erklärte wörtlich, er sehe darin überhaupt kein Problem. Offen bleibt, ob Gorbatschow die Tragweite der von ihm solcherart sanktionierten Entscheidung damals ermessen hat. Tatsache ist, dass dann am 19. August 1989 das inzwischen berühmte Paneuropäische Picknick in der Nähe der Stadt Sopron die nächste Station auf dem Weg zum Niedergang der DDR wurde: 661 DDR-Bürger nutzten die Veranstaltung zur Flucht nach Österreich. Wir wissen inzwischen, dass Ungarns Ministerpräsident Miklós Németh mit dieser ersten kleinen Grenzöffnung die sowjetische Reaktion testen wollte. Moskau blieb stumm.

Im Kreml herrschte seit 1985 als neuer Generalsekretär der KPdSU Michail Sergejewitsch Gorbatschow. Nach den Politikergreisen Breschnew, Andropow und Tschernenko war Gorbatschow mit seinen 54 Jahren fast so etwas wie ein Neuling im politischen Geschäft. Mit ihm begann eine neue Ära in der Sowjetunion und damit auch in den internationalen Beziehungen. Dabei wird im Nachhinein oft übersehen, dass es Gorbatschow in erster Linie darum ging, das Sowjetsystem zu erhalten – allerdings durch Reformen. Die Stichwörter dafür lauten bekanntlich Glasnost und Perestroika, Transparenz und Umgestaltung. Erst sehr viel später stellte sich heraus, dass dies der untaugliche Versuch war, die Diktatur zu modernisieren und gleichzeitig zu erhalten. Dieser Versuch kam jedenfalls zu spät, geriet schon bald außer Kontrolle und führte zur bekannten Entwicklung in der DDR und Ost-Europa und letztlich zum überraschend schnellen Zerfall der Sowjetunion. Dass Gorbatschow heute nicht für alle Bürger der ehemaligen UdSSR der große Held ist, wurde in einem Interview deutlich. Als wir für unsere Fernsehdokumentation »Bonner Republik« den ehemaligen sowjetischen Regierungschef Nikolai Ryschkow fragten, ob die Entwicklung Gorbatschow aus dem Ruder gelaufen sei, kam die bezeichnende Gegenfrage: »Welches Ruder?« Dennoch ist eines klar: Gorbatschow bleibt die Schlüsselfigur in der Ost-West-Entwicklung seit 1985, auch wenn der Westen ihm anfangs mit Misstrauen begegnete. Gorbatschow, Sohn einer Bauernfamilie, stammt aus dem nördlichen Kaukasus. Als Zehnjähriger hatte er deutsche Soldaten erlebt und unter der deutschen Besatzung gelitten. Sein Vater war schwer verwundet aus dem Krieg heimgekehrt und wenige Jahre nach Kriegsende an den Folgen dieser Verwundung gestorben. Der Sohn studierte später in Moskau Jura und machte Karriere in der Partei. 1978 wurde er Sekretär des Zentralkomitees und war für Agrarfragen zuständig.

Im Jahr 1966 besuchte Gorbatschow zum ersten Mal die DDR – und nahm dort auch die Mauer wahr. 1975 war er in Frankfurt am Main. Er leitete eine Delegation, die von den westdeutschen Kommunisten zu den Feiern des 30. Jahrestags der Kapitulation der Deutschen Wehrmacht eingeladen worden war. Das war seine erste Reise in den Westen. 1984 besuchte er London, wo die britische Premierministerin Margaret Thatcher den Eindruck gewann, er sei ein Mann, mit dem man reden könne. Diese Einschätzung wurde schon bald auch von ihrem Kollegen im Weißen Haus, Ronald Reagan, geteilt, nachdem Abrüstungsvorschläge realisiert werden konnten: 1987 unterschrieben Gorbatschow und Reagan, wie bereits erwähnt, das erste wirklich historische Abrüstungsabkommen über den Abbau der atomaren Mittelstreckenraketen in Europa. Am 10. April 1987 hielt Gorbatschow in Prag eine bedeutende Rede, in der er u. a. feststellte: »Wir meinen nicht, dass wir die endgültigen Antworten auf alle Fragen gefunden haben, vor die uns das Leben gestellt hat. Wir sind auch weit davon entfernt, irgendjemanden dazu aufrufen zu wollen, uns zu kopieren. Jedes sozialistische Land hat seine Spezifik. Die Bruderparteien legen den politischen Kurs unter Berücksichtigung der nationalen Bedingungen fest.« Das war das Ende der Breschnew-Doktrin, die der damalige Kremlchef Leonid Breschnew nach dem Einmarsch der Warschauer-Pakt-Truppen in die Tschechoslowakei im August 1968 verkündet hatte und der zufolge die Verteidigung des Sozialismus nicht die Angelegenheit eines bestimmten Volkes, »sondern auch mit der Verteidigung der Position des Weltsozialismus verknüpft« sei. Diese Position hatte schon 1953 in der DDR und 1956 in Ungarn zum Einsatz sowjetischer Panzer geführt.

Gorbatschow kündigte damals gleichzeitig den sowjetischen Rückzug aus der Dritten Welt an: Zwischen Mai 1988 und Februar 1989 wurden die sowjetischen Truppen aus Afghanistan zurückgezogen. Mit Washington einigte man sich außerdem auf den Rückzug aus Angola und Namibia. Als Reagan 1988 Moskau besuchte, antwortete er auf die Frage, ob er die Sowjetunion immer noch als das zentrale Übel der modernen Welt, als das »Reich des Bösen« betrachte: »Sie haben sich verändert.«

Der Transformationsprozess begann in Polen – Stichworte: Solidarność und polnischer Papst – und setzte sich dann in Ungarn fort, während die DDR-Führung weder zu Reformen bereit noch fähig war. Im Juli 1987 hatten Jugendliche in Ost-Berlin in Sprechchören den Abriss der Mauer gefordert und Gorbatschow-Rufe skandiert, woraufhin das SED-Regime in einer ersten Reaktion auf den neuen Kurs in Moskau die Vorführung sowjetischer Filme in der DDR verbot. Höhepunkt dieser Entwicklung war das Verbot der kritischen sowjetischen Monatszeitschrift »Sputnik« im November 1988. Dazu passte die vielzitierte Äußerung von SED-Politbüro-Mitglied Kurt Hager, wenn der Nachbar seine Wohnung neu tapeziere, müsse man sich nicht verpflichtet fühlen, die eigene Wohnung ebenfalls neu zu tapezieren.

In der gestörten Selbstwahrnehmung der SED verschwamm die Realität, sodass die Parteispitze offenbar wirklich glaubte, mit

Verboten und einer Anti-Gorbatschow-Kampagne Diskussionen in der Bevölkerung zu beenden. Das war ein fataler Irrtum, wie sich schon bald zeigen sollte.

Gorbatschow wurde mehr und mehr zur Schlüsselfigur in der deutschen Frage – auch wenn eines von Anfang an klar war: Er war nicht der Mann, der für die Wiedervereinigung eingetreten war. Ganz im Gegenteil. Noch Anfang Dezember 1989 erklärte er gegenüber US-Präsident George Bush beim Treffen in Malta, das Urteil der Geschichte stehe fest: zwei deutsche Staaten. Und insofern war der Beginn des Verhältnisses zwischen Kohl und Gorbatschow ausgesprochen problematisch. Gorbatschow sprach später von einer »äußerst delikaten Beziehung zur BRD«. Gorbatschow: »Die BRD hat zu jener Zeit Amerika so treu und ergeben gedient, dass da überhaupt keine Eigenständigkeit möglich war. Die BRD konnte da nicht raus, und das haben wir wiederum sehr genau gespürt. Ich habe eines Tages zu Genscher gesagt: ›Ich glaube, dass alles, was aus der Bundesrepublik kommt, alle Erklärungen und Meinungen, eigentlich nur Übersetzungen aus dem Weißen Haus sind. Übersetzungen in die gute deutsche Sprache.‹ Misstrauen hat unsere Beziehungen geprägt, und da muss ich ganz klar sagen: Kohl war derjenige, von dem das in erster Linie ausging.« Anlass war eine Stelle in einem Interview, das Kohl dem amerikanischen Magazin »Newsweek« im Oktober 1986 gegeben hatte. Dort wurde er mit der Feststellung zitiert, Gorbatschow sei ein »moderner kommunistischer Führer, der sich auf Public Relations versteht. Goebbels, einer von jenen, die für die Verbrechen der Hitler-Ära verantwortlich waren, war auch ein Experte für Public Relations.« Im Grunde hatte Kohl damit nur das formuliert, was so mancher im Westen nach anderthalb Jahren Gorbatschow immer noch dachte. Kohl hatte diesen Satz in einem 80-minütigen Interview mit dem »Newsweek«-Korrespondenten in der Tat so gesagt. Aber wer weiß, was von solchen Interviews dann am Ende tatsächlich übrig bleibt, weiß auch, dass hier nur ein Versehen vorliegen konnte. Und in der Tat war das auch so. Das Interview war zur Korrektur Kohls Regierungssprecher Friedhelm Ost vorgelegt worden, dann aber versehentlich freigegeben worden, ohne dass es noch einmal überprüft worden war. Kohl nannte seine Äußerung später »eine Dummheit, eine kapitale Dummheit«, die in Moskau gar nicht gut ankam. Wie Ryschkow später erzählte, forderten einige sofort Rache, nach dem Motto: »Das können wir nicht durchgehen lassen, man hat unseren Genossen beleidigt. Die Hitzköpfe verlangten eine Strafe, einige schlugen ein Embargo vor, u. a. sollten die Gaslieferungen gestoppt werden.« Der ehemalige Außenminister Eduard Schewardnadse berichtet ebenfalls von einer äußerst heftigen Reaktion: »Alle waren aufgebracht und entsetzt, alle geplanten Besuche westdeutscher Minister wurden abgesagt. Kein Kontakt mehr! Wir mussten so reagieren, diese Reaktion wurde so erwartet. Auch von den Menschen im Land. Dann begann die allmähliche ›Reparaturarbeit‹ von Genscher und mir. Dann hat sich Kohl noch einmal in einer Zeitung geäußert und versucht, richtigzustellen und zu erklären, was er eigentlich gemeint hat. Danach hat er im Bundestag gesprochen und sich auch dort entschuldigt. Das haben wir versucht, in der Sowjetunion publik zu machen. Danach habe ich mich gleich mit Genscher in Wien getroffen, und wir haben besprochen, wie wir diese Geschichte herunterschrauben, um den wichtigen Prozess der Annäherung nicht zu behindern. Damals haben wir schon an die Wiedervereinigung gedacht. Gorbatschow hat sich auch allmählich beruhigt, und auch die sowjetischen Menschen haben sich allmählich beruhigt.«

Gorbatschow meinte später, Kohl habe sich »hinreißen lassen, hat über alle Stränge geschlagen«. Man habe dann beschlossen, dieser Geschichte nicht zu viel Aufmerksamkeit beizumessen, um die Sache nicht zu verschärfen und die Beziehungen nicht zu verkomplizieren. Aber: »Wir wollten es dem Kanzler zeigen! Wir wollten die Bundesrepublik nicht ignorieren, aber doch etwas in den Hintergrund stellen – nur als Lektion für den Kanzler war das gedacht damals.«

Das sollte sich schon bald ändern. Nachdem Richard von Weizsäcker, Hans-Dietrich Genscher und Franz Josef Strauß Moskau schon wenige Monate später besucht hatten, wurde im Oktober 1988 auch Kohl im Kreml empfangen. Für Gorbatschow wurde es

»ein richtig gutes Treffen. Wir haben sofort alle Missverständnisse beseitigt und die vorherigen Geschichten abgeschlossen.« Das begann mit dem von Kohl später viel zitierten Satz Gorbatschows: »Das Eis ist gebrochen.« Für den Kremlchef war es »ein offenes Gespräch unter Männern. Bismarck haben wir zwar nicht zitiert, aber er war irgendwie anwesend. Von da an hatten wir einen sehr guten Kontakt miteinander – wir haben uns geschrieben, haben telefoniert, es veränderte sich wirklich alles sehr schnell.«

Acht Monate später, im Juni 1989, war Gorbatschow in Bonn. Es war ein bemerkenswerter Besuch, von dem sowohl Gorbatschow wie auch Kohl wussten, dass er, wie es Kohl später formulierte, »eine schicksalhafte Bedeutung bekommen könnte«. Bei diesem Besuch ist Kohls enges persönliches Verhältnis zu Gorbatschow entstanden. Von entscheidender Bedeutung war dabei jenes Gespräch, das beide am Abend ganz alleine – nur mit Dolmetschern – am Rhein führten. Nach dem Abendessen im Kanzler-Bungalow waren Gorbatschow und Kohl über das Gelände des Kanzleramtes hinunter zum Rhein gegangen und hatten dann dort auf der Mauer gesessen. Eine berühmte Szene, die auch Gorbatschow oft beschrieben hat. An diesem Abend wurde man sich einig, dass die Sowjetunion und die Bundesrepublik – von der DDR war keine Rede – einen neuen Anfang brauchten. Es war die Rede von einem »großen Vertrag« zwischen den beiden Ländern – ein Neuanfang auf allen Gebieten. Kohl war für alles zu haben, wies aber mit Nachdruck darauf hin, dass es weiterhin eine Frage gebe, nämlich die »offene Frage der deutschen Einheit«. Und dann meinte er:

»Herr Generalsekretär, schauen Sie sich diesen Fluss an. Der Rhein fließt ins Meer. Sie können den Rhein stauen. Dann wird er sich mit seiner ganzen Kraft seinen Weg ins Meer anders bahnen. Und so wird es mit der deutschen Einheit sein. So sicher der Rhein zum Meer fließt, so sicher wird die deutsche Einheit kommen – bei noch so vielen Widerständen: Wenn die Deutschen dies wollen, wird es so sein.«

Gorbatschow widersprach nicht, was für Kohl das Wesentliche war. »Und dann«, so erinnert sich Helmut Kohl, »fing er plötzlich an – womit ich überhaupt nicht gerechnet hatte –, von seinen

Schwierigkeiten zu erzählen, dass er echte Versorgungsprobleme für den Winter befürchte. Es ging im Wesentlichen um Lebensmittel und Gebrauchsgüter des täglichen Bedarfs. Und er fragte mich, ob ich ihm helfen würde, wenn es notwendig würde. Ich habe spontan gesagt: ›Natürlich, Ja.‹« Für Kohl war dieser Abend ein Schlüsselerlebnis, und vermutlich auch für Gorbatschow.

Bemerkenswert war denn auch jene Formulierung in der sogenannten gemeinsamen Erklärung, in der das Recht aller Völker und Staaten festgeschrieben wurde, »ihr Schicksal frei zu bestimmen, und [...] insbesondere die Achtung des Selbstbestimmungsrechts der Völker in ganz Europa endlich durchzusetzen«. So etwas hatte noch kein sowjetischer Parteichef zuvor unterschrieben. Für Kohl war am Ende des Besuchs klar, dass damit Voraussetzungen geschaffen worden waren, »die sich schon wenige Monate später bewähren sollten. Ohne diese Treffen wäre die deutsche Einheit so nicht zustande gekommen.«

Als am 2. Mai der österreichisch-ungarische Grenzzaun durchschnitten wurde, meinte jemand: »Damit ist die Mauer gefallen, sie weiß es nur noch nicht.« Im Nachhinein betrachtet, so der damalige Bundesinnenminister Wolfgang Schäuble, »war es der Anfang vom Ende der DDR«. Diese Erkenntnis rückte näher, als die ungarische Regierung am 22. August den Grundsatzbeschluss fasste, die DDR-Deutschen – inzwischen befanden sich Zigtausende in Ungarn – ziehen zu lassen. Drei Tage später kam es zu einem streng geheim gehaltenen Treffen zwischen Kohl und Genscher mit Ungarns Ministerpräsidenten Miklós Németh und Außenminister Gyula Horn auf Schloss Gymnich bei Bonn.

Helmut Kohl befand sich damals innen- und außenpolitisch in einer schwierigen Situation. Seine Umfragewerte waren schlecht, einige innerhalb der CDU probten den Aufstand für den im September anstehenden Parteitag der CDU. Heiner Geißler erinnerte sich später: »Es war keine Perspektive mehr erkennbar. Das Ansehen der Regierung war geschwunden. Die CDU ist in Mitleidenschaft gezogen worden. Die Inhalte sind unklar geworden. Die ganze Auseinandersetzung auch um die Steuer- und Wirtschaftspolitik hat in der Partei keinen großen Anklang mehr gefunden.

[…] Es war eine allgemeine Unzufriedenheit und allgemeine Kritik, die relativ diffus gewesen ist und die auch damit zusammenhing, dass das Ansehen von Helmut Kohl stark gesunken war. Die Union wollte einfach hier rauskommen.« Es ging dabei nicht darum, Kohl als Kanzler zu stürzen, sondern man wollte lediglich einen neuen Parteivorsitzenden, was »vielleicht aus der politischen Sicht der richtige Weg gewesen wäre«.

Kohl spricht in diesem Zusammenhang in seinen »Erinnerungen« von einem »Putsch« – initiiert von Heiner Geißler, dem Kohl seine Ablösung als Generalsekretär angekündigt hatte. Geißlers politischer Ehrgeiz war dem Kanzler zu weit gegangen. Und das hieß: Ende einer engen und erfolgreichen Zusammenarbeit. Von »Königsmördern« war damals die Rede. Mit dabei waren neben Heiner Geißler Lothar Späth (Ministerpräsident von Baden-Württemberg), Rita Süssmuth (Bundestagspräsidentin), Norbert Blüm (Sozialminister) und Ernst Albrecht (Ministerpräsident von Niedersachsen). Von uns befragt, was damals überlegt worden sei, hielten sich alle sehr bedeckt. Auch wohl deshalb, weil das Unternehmen kläglich scheiterte. Kohl hat damals wohl geahnt, dass man ihn abservieren wollte – und reagierte entsprechend. Und da lief er in der Regel zur Höchstform auf. Da war er wieder: der Virtuose der Macht, der seine innerparteilichen Widersacher an die Wand spielte. Für den Parteitag änderte er die Agenda. Die neue Tagesordnung lautete: DDR-Flüchtlinge und Ungarn. Er und Németh gelangten in Gymnich offensichtlich zu einer stillschweigenden Vereinbarung. Jeder half dem anderen. Németh war bereit, am 11. September, kurz vor Beginn des CDU-Parteitages in Bremen, die Deutschen aus der DDR über Österreich ausreisen zu lassen. Im Gegenzug stellte Kohl wirtschaftliche und finanzielle Hilfe in Aussicht – auch wenn die Ungarn in Gymnich nichts forderten. Am 4. Oktober nannte Kohl den Betrag: 1 Milliarde DM.

Kohl war damals an der Prostata erkrankt und konnte nur unter erheblichen Schmerzen am Parteitag in Bremen teilnehmen, wo er am Abend des 10. September vor den versammelten Journalisten triumphierend die Nachricht von der Öffnung der ungarischen Grenze verkündete: »Vor wenigen Minuten hat der ungarische Außenminister die Entscheidung seiner Regierung bekannt gegeben, dass ab heute Nacht null Uhr Deutsche aus der DDR in ein Land ihrer Wahl von Ungarn aus ausreisen können.« Die Nachricht schlug wie eine Bombe ein. Zu Beginn des Parteitages bedankte sich Kohl bei Németh »für den großherzigen Akt der Menschlichkeit. [...] Ihre Politik ist richtungsweisend und vorbildlich«, und er versprach: »Herr Ministerpräsident, was Ungarn in diesen Tagen für uns geleistet hat, werden wir nie vergessen.« Kohl war der Held des Parteitages; die Delegierten waren begeistert und zollten ihm stehend Beifall, seine innerparteilichen Gegner wurden abserviert. Angesichts der aktuellen internationalen Entwicklung stieß die Intrige der von Kohl einst geförderten Parteifreunde zudem auf Unverständnis des Parteitages.

In seinen »Erinnerungen« behauptet Kohl, das zeitliche Zusammentreffen der Grenzöffnung mit dem Bremer Parteitag sei »weder geplant noch beabsichtigt« gewesen. Das darf zumindest bezweifelt werden.

Ungarn öffnete seine Grenzen zu Österreich in der Nacht vom 10. auf den 11. September. Binnen 24 Stunden nutzten etwa 10 000 DDR-Bürger die Fluchtmöglichkeit in den Westen; bis Ende September waren es bereits 32 500. Ein Kommentar der DDR-Nachrichtenagentur ADN mit der Überschrift »Der ›Coup‹ aus der BRD« am 11. September sah darin »weder eine zufällige noch vereinzelte Aktion. Er ist Bestandteil des Kreuzzuges des Imperialismus gegen den Sozialismus insgesamt.« In einem weiteren Bericht hieß es: »Eiskaltes Geschäft mit DDR-Bürgern – Silberlinge für Ungarn.« Die Wahrnehmung der Krise in der DDR wird am besten illustriert durch die Frage von Stasi-Chef Erich Mielke in einer Dienstbesprechung im Ministerium für Staatssicherheit am 31. August 1989: »Ist es so, dass morgen der 17. Juni ausbricht?« Der so angesprochene Oberst versuchte, seinen Minister zu beruhigen, und antwortete: »Der ist morgen nicht, der wird nicht stattfinden, dafür sind wir ja auch da.« Er sollte sich täuschen.

Aber auch auf westlicher, insbesondere amerikanischer Seite wurden ähnliche Besorgnisse laut. Würde es einen zweiten Volksaufstand in der DDR geben? Das war auch schon die Sorge der

Amerikaner vor dem Mauerbau 1961 gewesen. Am 7. September wollte der stellvertretende US-Außenminister Lawrence Eagleburger bei seinem Besuch in Bonn vom Chef des Bundeskanzleramtes, Rudolf Seiters, wissen, »wie gefährlich sich die Lage in der DDR entwickeln könnte, wenn es keine Reformen gebe, und ob die Gefahr eines Volksaufstandes bestehe«. Seiters machte klar, dass die Bundesregierung ein »unmittelbares Interesse« an Reformen habe, denn »jeder Schritt zu mehr Reformen sei ein Schritt zur Überwindung der Teilung«. Aber was hieß Überwindung der Teilung? Doch wohl Wiedervereinigung – oder? Seiters erwähnte eine im Kanzleramt oft zitierte Äußerung des SED-Ideologen und ZK-Mitgliedes Otto Reinhold, wonach die Existenzberechtigung der DDR in der sozialistischen Alternative gesehen werde. Die, so Seiters, sei bezeichnend für die DDR-Führung. Und Seiters fragte: »Was sei denn die DDR ohne das System?« Seine Antwort: »Deutschland!« Eagleburger war begeistert: »Sehr gut.« Und dann machte Eagleburger die amerikanische Position klar: »Er wolle ›keine große Sache‹ daraus machen, aber doch darauf hinweisen, dass Präsident Bush meine, was er sage, wenn er sich öffentlich für die Wiedervereinigung ausspreche. Die USA seien unter allen Verbündeten das Land, das sich hierzu am eindeutigsten äußere. Die Wiedervereinigung sei zwar nicht eine ›Frage des Heute‹, aber die Entwicklung in Osteuropa habe alles in Bewegung gebracht. Er wiederhole, dass es in dieser Frage keinen Unterschied der öffentlich und privat geäußerten Meinung der US-Regierung gebe.«

Vier Tage später griff Helmut Kohl auf dem CDU-Parteitag in Bremen dieses Thema auf, als er erklärte, das Ende des Kommunismus stehe bevor und man sei »der Verwirklichung dieser Vision«, dass alle Deutschen »Freiheit und Einheit« genießen könnten, noch nie so nahe gewesen. Das passte zu der von Kohl am 22. August auf der Bundespressekonferenz öffentlich verkündeten Feststellung, dass die deutsche Frage »nach wie vor auf der Tagesordnung der internationalen Politik« stehe. CSU-Chef Theo Waigel gab die Zusicherung, das Thema der deutschen Einheit neu zu beleben.

Eagleburgers Bonner Erklärungen wurden am 18. September

öffentlich von US-Präsident George Bush bestätigt. Bei dessen Besuch in Montana fragte ein Reporter, ob die Wiedervereinigung Deutschlands seiner Meinung nach stabilisierend oder destabilisierend wäre. Bush gab ihm eine direkte Antwort: »Ich denke, das ist eine Sache, die die Deutschen entscheiden müssen. Aber lassen Sie es mich einmal so sagen: Wenn das zwischen den Deutschlands ausgehandelt worden ist, dann sollten wir es nicht als schlecht für den Westen betrachten. Ich denke, dass sich in Deutschland nach dem Zweiten Weltkrieg ein dramatischer Wandel vollzogen hat. Und deshalb habe ich keine Angst vor ihm. Es gibt bei manchen ein Gefühl, nun, dass ein wiedervereintes Deutschland dem Frieden in Europa – in Westeuropa – abträglich wäre. Ich kann das nicht nachvollziehen, ganz und gar nicht.« Bush kam von nun an regelmäßig auf dieses Thema zu sprechen, während sich die Bonner Politik erst allmählich in diese Richtung entwickelte.

Noch stand bei der Bundesregierung das Flüchtlingsproblem im Mittelpunkt aller Überlegungen. Inzwischen füllten sich nämlich die bundesdeutschen Botschaften in Prag und Warschau mit potenziellen DDR-Flüchtlingen. In Prag kletterten die Menschen über den Zaun auf das Gelände der Botschaft; Mitte September befanden sich dort bereits mehrere Tausend Flüchtlinge. In Warschau waren es etwa 800. Die Bilder von den Flüchtlingen gingen um die Welt. In Bonn war man davon überzeugt, dass die DDR das nicht durchhalten würde. Die Einsicht auf Seiten der DDR kam erst spät. Deren Vertreter stellten immer die gleiche Forderung, dass niemand in die Botschaft hineingelassen werden dürfe. Das sei eine Verletzung internationalen Rechts. Am 19. September übermittelte Außenminister Genscher seinem tschechoslowakischen Kollegen Johanes eine persönliche Botschaft, über die ein Sonderbeauftragter Prags DDR-Außenminister Oskar Fischer am 21. September in Ost-Berlin informierte. Genschers Botschaft – von BRD-Botschafter Hermann Huber überreicht – enthielt demnach eine »sehr emotionell betonte Darstellung der Lage in der BRD-Botschaft in Prag sowie das Angebot, dieses Problem nach dem ›ungarischen Modell‹ zu lösen«.

Kurz zuvor hatte Huber bereits sondiert und deutlich gemacht, dass die BRD Ungarn bereits ihren Dank ausgedrückt habe »und diesen auch materiell zeigen werde. Dasselbe Angebot gelte auch für die ČSSR.« Oder man lasse die Flüchtlinge mit Dokumenten des Internationalen Roten Kreuzes ausreisen. »Man wolle niemanden irritieren und deshalb keine BRD-Pässe für die betreffenden DDR-Bürger ausstellen.« Prag lehnte das Angebot ab und versicherte im Gegenzug Ost-Berlin, dass man die Politik der DDR »in vollem Umfang unterstütze und auch künftig mit der DDR gemeinsam handeln werde bei der Abwehr des Angriffs des Imperialismus auf das sozialistische System in Europa«.

Gleichzeitig bat man die DDR zu überlegen, ob eine Lösung des Problems durch eine einmalige, ausdrücklich als große Ausnahme deklarierte Verfahrensweise, d. h. Ausreise der Flüchtlinge, möglich wäre. Für den Fall sicherte die tschechoslowakische Seite zu, »dass eine lückenlose Bewachung der BRD-Botschaft sowie eine Erhöhung des Stahlzaunes um die Botschaft, der Eigentum der ČSSR ist, vorgenommen würde«. Entsprechende Gespräche seien bereits geführt worden.

Aus Ost-Berlin kamen keine neuen Vorschläge zur Lösung des Problems – außer einem, nämlich »eine Mauer um die Botschaft zu bauen«. Das aber, so hieß es am 29. September, »sei für Prag nicht akzeptabel«. Mit der Bitte um »absolute Vertraulichkeit« wurde auf Gespräche verwiesen, die Genscher in New York mit Johanes und Schewardnadse führe; Genscher habe Letzteren gebeten, auf die ČSSR Einfluss zu nehmen; im Übrigen würden »der Aufenthalt der DDR-Bürger in der BRD-Botschaft und eine Reihe von damit zusammenhängenden Auswirkungen mehr und mehr zu einem Problem der öffentlichen Ordnung in Prag werden«.

Es gab damals pausenlose Verhandlungen, die auf Seiten Bonns Minister Rudolf Seiters führte – in enger Absprache mit Helmut Kohl, der sich von seiner Prostata-Operation erholte. Am 30. September führten Seiters und Genscher – wieder in Absprache mit Kohl – in Seiters' Büro im Kanzleramt das letzte Gespräch mit dem Ständigen Vertreter der DDR in Bonn, Horst Neubauer. Die DDR bot an, die Flüchtlinge am 1. Oktober mit Sonderzügen der

DDR-Reichsbahn über das Gebiet der DDR in die Bundesrepublik ausreisen zu lassen – bei freiem Geleit. Man gab auch die Zusage, dass auf den ersten beiden Zügen Genscher und Seiters mitfahren dürften. Das wurde dann allerdings wenige Stunden später von Honecker persönlich wieder zurückgenommen, weil man offensichtlich diesen symbolischen Akt fürchtete.

Noch am Abend des 30. September flogen Genscher und Seiters (der die entscheidenden Verhandlungen geführt hatte) nach Prag, wo Genscher – als Außenminister faktisch Hausherr – den Flüchtlingen vom Balkon der Botschaft jenen Satz zurief, der inzwischen schon historisch geworden ist: »Wir sind zu Ihnen gekommen, um Ihnen mitzuteilen, dass heute Ihre Ausreise …« Der Rest ging im Jubel der DDR-Bürger unter.

Noch in der Nacht zum 1. Oktober fuhren von Prag und Warschau aus mehr als 6 000 Flüchtlinge in sieben Sonderzügen der DDR-Reichsbahn in die Bundesrepublik. Mit dem Umweg durch die DDR sollte deren Souveränität und ihre Verfügungsgewalt über die Flüchtlinge demonstriert werden, denen in den Zügen die Personaldokumente abgenommen wurden, um sie nachträglich ausbürgern zu können. Außerdem war nur so die Kenntnis der Personalien möglich, um sich des Eigentums der »Republikflüchtlinge« zu bemächtigen, Sperrmaßnahmen über die Ausgereisten zu verhängen und künftige Besuchsreisen in die DDR sowie die Benutzung der Transitstrecken zu verhindern. Gleise und Bahnhöfe in der DDR wurden von Menschen geräumt, die auf die Züge hatten aufspringen wollen. In Dresden kam es vor dem Hauptbahnhof zu gewalttätigen Auseinandersetzungen zwischen Sicherheitskräften und rund 3 000 Menschen. In einem vom kranken Honecker redigierten Kommentar hieß es dazu im SED-Zentralorgan »Neues Deutschland«, die Flüchtlinge hätten alle durch ihr »Verhalten die moralischen Werte mit Füßen getreten und sich selbst aus unserer Gesellschaft ausgegrenzt. Man sollte ihnen deshalb keine Träne nachweinen.«

Inzwischen füllte sich die Botschaft erneut mit Flüchtlingen. Sie kamen durch den Garten der amerikanischen Botschaft, einige sogar über die Dächer benachbarter Gebäude. Am 3. Oktober beschloss Ost-Berlin das Ende des visumfreien Reiseverkehrs zwischen der DDR und der ČSSR mit sofortiger Wirkung, weil, wie es hieß, »bestimmte Kreise in der BRD weitere Provokationen zum 40. Jahrestag der DDR« vorbereiteten. Zu diesem Zeitpunkt befanden sich 4 500 Personen in der Botschaft, und ca. 2 000 vor der Botschaft, weitere 4 000 in der ČSSR. In dieser Situation bat Helmut Kohl Ministerpräsident Ladislav Adamec um ein Gespräch. Man telefonierte um 17.00 Uhr. Über den Inhalt ist bislang nichts bekannt. Der Prager KP-Chef Jakeš ließ jedoch »Genossen Honecker persönlich mitteilen, dass die Lage in Prag äußerst kritisch« sei. »Führende Genossen der ČSSR befürchten, dass es zu Demonstrationen in Prag kommt, denen sich tschechoslowakische Dissidenten, Intellektuelle und Jugendliche anschließen. Massendemonstrationen von diesem Ausmaß könnten den Gegner verleiten, Aktionen nach dem Pekinger Modell durchzuführen.« »Wenn aber nicht bald eine Entscheidung vorliegt, sieht sich die Regierung der ČSSR gezwungen, eine eigene Lösung herbeizuführen.«

Am 4. Oktober tagte das ZK der SED um 10.00 Uhr. Eine bereits beschlossene zweite »Ausweisungsaktion« sollte um 17.00 Uhr beginnen; gleichzeitig wurde beschlossen, die Grenze zur Tschechoslowakei und Polen »in ihrer Gesamtlänge unter Kontrolle zu nehmen«.

In acht Sonderzügen verließen dann genau 8 270 Personen, die sich inzwischen auf dem Gelände der Botschaft befanden, das Land. Fünf Züge mussten allerdings »aufgrund der entstandenen kritischen Situation auf dem Bahnhof Dresden-Hauptbahnhof kurzfristig auf dem Territorium der ČSSR umgeleitet werden«, wie es im Bericht des DDR-Ministeriums für Staatssicherheit heißt. Weiter heißt es da, es habe Ansammlungen von bis zu ca. 20 000 Personen gegeben und es sei zu »tumultartigen Ausschreitungen« gekommen. Diese Personen hätten versucht, »gewaltsam die Absperrung zu durchbrechen, zerschlugen die Bahnhofstüren, sodass eine ernste Gefahr einer vollständigen Besetzung des gesamten Bahnhofsgeländes entstand.« Weitere Schäden wurden verursacht durch Demolierung der Intershop-Einrichtungen im Bahnhofsgelände, durch das Zerstören von Bahnhofsuhren,

Schalteinrichtungen sowie einer Vielzahl von Fensterscheiben und Türen.

Vor dem Haupteingang des Bahnhofes wurde das Kopfsteinpflaster aufgerissen. Die Sicherungskräfte wurden mit großen Steinen und Flaschen beworfen sowie mit Holzstöcken geschlagen. Ein Funkstreifenwagen wurde umgekippt und geriet in Brand. (Insgesamt wurden zusätzlich 1750 Angehörige der Bereitschaftspolizei, der NVA, der Kampfgruppen und des MfS zum Einsatz gebracht.) Die Zahl der Flüchtlinge führte bei der SED-Führung geradezu zu einer Lähmung. Ihre Reaktion schien, so der Bericht des tschechoslowakischen Botschafters an das Außenministerium in Prag, vollkommen verwirrt; ihre einzige konkrete Reaktion sei es gewesen, vorübergehende Auffanglager in Prag zu suchen. Prag machte inzwischen klar, dass die ČSSR »keine Flüchtlingslager für politische Flüchtlinge« der DDR einrichten werde. Sie forderte von der DDR, entweder solche Maßnahmen einzuleiten, die den Zustrom an »politischen Flüchtlingen« beenden, oder eine solche Ausweisungspraxis vorzunehmen, dass »jeden Tag so viele ehemalige DDR-Bürger aus der ČSSR in die BRD ausreisen können, wie täglich in der BRD-Botschaft neu hinzukommen«. Gleichzeitig schlug man vor, die DDR-Bürger direkt aus der ČSSR in die Bundesrepublik ausreisen zu lassen, »ohne dabei DDR-Territorium zu berühren«. Am 6. November hieß es: »Zustrom aus DDR hält weiter an.« Die DDR hatte inzwischen die von Prag vorgeschlagene Lösung akzeptiert, aber wenig später hieß es, »dass auch gegenwärtige Lösungsvariante Probleme schafft«, nämlich »faktische Blockierung des am nächsten gelegenen Grenzübergangs als auch auf Schiene erhebliche Probleme für vorgesehene Abwicklung des Warenverkehrs zwischen der ČSSR und der BRD«. Und dann hieß es weiter: »Die tschechoslowakischen Genossen anfragen daher zunehmend, wann DDR-Bürgern Ausreise über Grenzübergänge DDR/BRD mit gleichen Konditionen wie zurzeit über ČSSR-Territorium möglich gestattet wird. Darüber hinaus wird Frage gestellt, wie DDR reagieren würde, wenn ČSSR Grenze für Einreise DDR-Bürger schließt.« Es war klar, dass die DDR eine Ausreiseregelung anbieten musste. Ihre Hoffnung, dass mit der

Schließung der Grenze und der Abschiebung der Flüchtlinge – auch noch über das Gebiet der ČSSR – die Krise vorüber und das Leck gestopft sei, war von den Realitäten widerlegt worden. Es kam noch etwas anderes hinzu: Die Massenflucht hatte eine Protestwelle im Innern ausgelöst. Die Frage war: Wie sollte es weitergehen? Und wie sah die Bonner Politik in dieser Situation aus? »Was auch immer kommt: Bundesdeutsche Politik wird es nur im Rahmen der europäischen Politik geben.« So Helmut Kohl am 5. Oktober zu Jacques Delors. Er wies den Präsidenten der Kommission der Europäischen Gemeinschaften darauf hin, dass, wie er weiter formulierte, die Bundesrepublik »die Einbindung in die Europäische Gemeinschaft und die Atlantische Allianz ›wie Luft zum Atmen‹ braucht«. Mit Blick auf die DDR stellte er fest, dass sich die Lage dramatisch zugespitzt habe: »Insgesamt sei ein lebensgefährliches Gemisch entstanden, das bei der Bevölkerung in der Frage gipfle, wieso sie allein den 2. Weltkrieg verloren habe. Folge sei der Ruf nach einem höheren Lebensstandard, nach sozialer Gerechtigkeit und – aber nicht nur – mehr Freiheit.« Und dann stellte er klar: »Unser Interesse sei es nicht, die DDR zu destabilisieren. Es wäre eine Illusion zu glauben, dass die Sowjetunion kein Interesse an der DDR habe. Sicherheitsinteressen hätten für die Sowjetunion Priorität vor der Perestroika. Er wolle dazu beitragen, dass es in der DDR nicht zu einer Explosion komme. Wir hätten kein Interesse, dass viele DDR-Bürger ihre Heimat verlassen würden, andererseits würden wir jeden, der dies wolle, bei uns aufnehmen.« Und dann mit einer Deutlichkeit: »Ziel unserer Politik müsse es sein, dass die Bevölkerung in der DDR bleiben könne und wolle. Die DDR müsse politische und wirtschaftliche Reformen einleiten. Wenn sie dies tue, sei er bereit zu helfen. Es dürfe unter allen Umständen nicht der Eindruck entstehen […], dass die deutsche Einheit bzw. die Hilfe und Zusammenarbeit mit Osteuropa für die Bundesrepublik Deutschland eine Alternative zur europäischen Integration darstelle. Dies sei nicht der Fall. Es gebe kein ›Entweder-oder‹ sondern nur ein ›Sowohl-als-auch‹.«

Politische und wirtschaftliche Reformen aber, und das war

auch klar, würde die SED nicht überleben. Das war genau in dem Sinne, wie es Seiters am 7. September formuliert hatte: Jeder Schritt zu mehr Reformen sei ein Schritt zur Überwindung der Teilung. Genau da setzte auch der sowjetische Botschafter in Bonn, Jurij Kwizinskij, im Gespräch mit Kohls außenpolitischem Berater und Vertrauten Horst Teltschik am 29. September an. Kwizinskij wollte wissen, ob man Teltschiks Äußerung so verstehen könne, »dass Einheit nicht staatlich sein müsse«. Teltschik bestätigte das und unterstrich, die Bevölkerung der DDR müsse selbst ihr Schicksal bestimmen können. Geschehe dies in völliger Freiheit, »dann sei für uns jedes Ergebnis akzeptabel. Die Frage von Kwizinskij, welchen Sinn dann der Begriff Einheit im Grundgesetz habe, könne man dahingehend beantworten, dass Selbstbestimmung zur Einheit führen könne, aber nicht führen müsse.«

In dieser angespannten Situation liefen wie geplant die Vorbereitungen für die Feiern zum 40. Jahrestag der Gründung der DDR. Auf Befehl Honeckers ordnete Verteidigungsminister Heinz Keßler allerdings für den Zeitraum vom 6. bis 9. Oktober nicht nur eine verstärkte Grenzsicherung für die »Hauptstadt der DDR« – Ost-Berlin – an, sondern auch »erhöhte Gefechtsbereitschaft« für verschiedene Truppenteile in und um Ost-Berlin. Man konnte ja nicht wissen …

Ehrengast bei den Feierlichkeiten war Michail Gorbatschow, der anfangs überhaupt nicht nach Ost-Berlin fahren wollte. Zweimal rief er in dieser Sache seinen außenpolitischen Berater Anatoli Tschernajew an: »Und dann habe ich gesagt: ›Nein, das geht nicht. Wir sollten das akzeptieren und uns an unsere Versprechen halten, nämlich jedes Land ist für sich verantwortlich, wir sollten fahren und schauen, was da los ist. Ich meinte, ich müsse unbedingt in die DDR fahren, und es wäre ein großer Fehler, wenn ich es nicht täte. Aber ich werde Honecker mit keinem Wort unterstützen, nur die DDR und die Revolution.‹« Gorbatschow berichtete später: »Ich habe darum gebeten, Honecker am Vorabend treffen zu können; wir haben dann drei Stunden geredet. […] Er hat dann die ganze Zeit immer wieder gesagt: ›Bei uns ist alles sehr gut, es gibt keine Probleme, alles wunderbar.‹« Honecker wörtlich: »Verglichen mit der Sowjetunion ist die DDR nur ein kleiner Staat, aber sie ist eine führende Macht in Industrie, Wissenschaft und Technologie.«

Gorbatschow später: »Ich habe ihn angeschaut und gedacht, mit dem Mann stimmt was nicht. Dann habe ich gesprochen und deutlich gemerkt, dass Honecker unzufrieden war mit dem, was ich sagte, aber das war für mich kein Kriterium. Ich dachte nur: ›Wie soll ich reagieren? Ich kann doch nicht die DDR kritisieren.‹ Ich wollte mich nicht einmischen, die DDR sollte souveräne Entscheidungen treffen. Also fing ich an, von unseren Problemen zu berichten. Ich erzählte von der Perestroika, davon, was uns gelungen war, und was noch nicht.

Am nächsten Morgen habe ich mich mit dem Politbüro getroffen und wieder von der Perestroika erzählt. Ich habe ehrlich gesagt, dass wir viel erreicht hatten, aber auch, dass wir manche Sachen gar nicht bedacht und auch etwas verloren hatten. Ich hatte schon Honecker vorher alles erzählt. Hier habe ich dann gesagt: ›Wer zu spät kommt, den bestraft das Leben.‹ Dieser Satz wurde aus der Sitzung getragen, ist um die Welt und in die Geschichte eingegangen.

Aber am Vorabend des Jahrestages gab es Demonstrationen in Berlin. Menschen aus allen Bezirken der DDR waren da. Das waren junge Menschen voller Energie und Tatendrang; sie wussten, was sie wollten. Das war nicht mehr so konform. Auch die Plakate, die sie trugen, sahen diesmal etwas anders aus. Sie liefen mit Fackeln an uns vorbei, riefen uns etwas zu und richteten sich auch direkt an mich. Honecker wollte nichts bemerken, tat sehr zufrieden, hüpfte und sang und lachte; ich war ganz irritiert, sein Verhalten machte mir einfach Sorgen. Ich ahnte, dass sich hier etwas tun würde. Mieczyslaw Rakowski stand neben mir und fragte: ›Michail Sergejewitsch, verstehen Sie Deutsch?‹ Ich antwortete: ›Ich verstehe so viel, dass ich sehen kann, dass hier alles etwas anders als geplant läuft.‹ Rakowski sagte: ›Das ist das Ende, das ist klar. Jedenfalls ist das Ende nicht mehr weit.‹ Wir standen direkt neben Honecker. Ich bin sehr beunruhigt weggefahren aus der DDR. Mit Sorge. Ich hatte die Demonstration gesehen und die Stimmung mitbekommen. Und da war mir klar: Honeckers Zeit ist vorbei. Und ein paar Tage später begann es ja auch schon. Einige Tage später war alles passiert. Es war eine schwierige Zeit. Die Deutschen hatten einfach die Geduld verloren und wollten nicht mehr darauf warten, bis ihre Regierung irgendetwas beschloss. Die DDR war in Bewegung geraten, unumkehrbar.«

Beim offiziellen Geschehen war Gorbatschow deutlicher geworden. Auf die Frage eines Journalisten, ob die jetzige Lage in der DDR gefährlich sei, antwortete er: »Gefahren warten nur auf jene, die nicht auf das Leben reagieren.«

Während am Abend des 7. Oktober, einem Samstag, im Palast der Republik gefeiert wurde, versammelten sich auf dem Alexanderplatz 15 000–20 000 Menschen, die »Gorbi, Gorbi«-Rufe skandierten. Als Gorbatschow später zum Flughafen fuhr, schlugen die Anti-Terror-Einheiten des Ministeriums für Staatssicherheit mit unglaublicher Härte zu. Zwei Tage später, am 9. Oktober, kam bei der Montagsdemonstration in Leipzig der Moment der Entscheidung. Einheiten der Volkspolizei und der Betriebskampfgruppen wurden zusammengezogen, am Stadtrand standen Panzer der Nationalen Volksarmee bereit, Piloten der Hubschrauberstaffel aus der 150 km entfernten Albert-Zimmermann-Kaserne hatten ›Führungsbereitschaft‹, Krankenhäuser bereiteten sich auf die Versorgung einer größeren Zahl von Verletzten vor. In der Stadt kursierten Gerüchte, man munkelte von einer »chinesischen Lösung« – in Erinnerung an das Massaker auf dem Platz des Himmlischen Friedens in Peking am 4. Juni des Jahres mit mehreren Hundert Toten. Dennoch: Unter dem Motto »Wir sind das Volk – keine Gewalt!« demonstrierten an jenem Montag 70 000 Menschen in Leipzig für Demokratie und eine Umgestaltung der DDR.

Am Vorabend dieses 9. Oktober rief SED-Politbüromitglied Egon Krenz beim sowjetischen Botschafter in Ost-Berlin, Wjatscheslaw Kotschemassow, an und teilte ihm mit, er habe von Honecker den Auftrag erhalten, zusammen mit Vertretern des Innenministeriums und der Armee nach Leipzig zu fliegen, »um die Situation einzuschätzen und die notwendigen Maßnahmen zu treffen«. Kotschemassow erwiderte: »Wie ich es verstehe, besteht das Wichtigste darin, kein Blutvergießen zuzulassen. Deshalb mein kategorischer Rat: Auf keinen Fall repressive Maßnahmen ergreifen und schon gar nicht von der Armee.« Krenz pflichtete ihm bei, dass das undenkbar sei. Kotschemassow wies anschließend in eigener Verantwortung den Oberbefehlshaber der Westgruppe der sowjetischen Streitkräfte in der DDR an, seine Truppen von den in Leipzig zu erwartenden Demonstrationen fernzuhalten. Die Anweisung wurde am nächsten Tag von Moskau bestätigt. Bei der nächsten Montagsdemonstration in Leipzig eine Woche später forderten 100 000 Demonstranten demokratische Reformen. Ähnliche Demonstrationen gab es auch in anderen Städten der DDR.

Wenn für die SED-Führung überhaupt noch etwas zu retten war, dann offensichtlich ohne Honecker. Der sowjetische Regierungschef Nikolai Ryschkow berichtet über Gorbatschows Reaktion nach dessen Rückkehr aus Ost-Berlin. Von den »Gorbi! Gorbi! Gorbi!«-Rufen sei er geradezu »beseelt« gewesen. Und weiter: »Er dachte, dass die DDR-Führung nicht versteht, was getan werden müsse, aber dass das Volk es sehr wohl verstehe. Das Auseinanderdriften zwischen der DDR-Führung und unserem Generalsekretär war nach dieser Veranstaltung in Ost-Berlin vollzogen. Er sagte damals erstmals ganz klar: ›Honecker folgt uns nicht.‹ Er redet davon, dass Honecker und dessen Leute konservativ seien.«

Am selben Tag, dem 9. Oktober, schrieb Tschernajew in sein Tagebuch:

»Ganz Europa ist begeistert von M. [Michail] S. [Sergejewitsch Gorbatschow]. Und viele flüstern uns ins Ohr: ›Es ist sehr gut, dass sich die Sowjetunion gegen eine Wiedervereinigung Deutschlands ausgesprochen hat.‹ [Vadim] Zogladin [außenpolitischer Berater Gorbatschows] ist soeben von einer Frankreichreise zurückgekehrt. Er hat viele Leute getroffen – von Mitterrand bis zu Bürgermeistern. Alle sagen einstimmig: ›Niemand braucht *ein* Deutschland.‹ Attali will eine neue französisch-sowjetische Allianz – mit einer militärischen Integration – getarnt als gemeinsame Aktion bei Naturkatastrophen.

Thatcher sagt an einer Stelle des Gesprächs zu M. S., ›Keine Aufzeichnungen machen‹; sie ist entschieden gegen eine Wiedervereinigung, kann das aber zuhause und in der NATO nicht sagen. [s. dazu Kap. 20]

Kurz: sie wollen, dass wir die Wiedervereinigung verhindern sollen.«

Vor Beginn der Leipziger Montagsdemonstration am 9. Oktober hatte Kohl vergeblich versucht, mit Gorbatschow zu telefonieren. Der wollte nicht. Am 10. erinnerte Tschernajew Gorbatschow an Kohls Bemühen. Gorbatschow lehnte erneut ab; er wollte nicht mit Kohl telefonieren. Erst am 11. wies er Tschernajew an, die Verbindung herzustellen – um im letzten Moment mit Blick auf die unklare Situation im SED-Politbüro erneut zu zögern. Sein Berater drängte ihn zu telefonieren, »alles andere wird sehr merkwürdig aussehen«. Kohl teilte dann mit, dass es nicht im Interesse der Bundesrepublik liege, »dass die Entwicklung in der DDR außer Kontrolle gerate. Unser Interesse sei vielmehr, dass die DDR sich dem Kurs Gorbatschows anschließe und dass die Menschen dort blieben.« Gorbatschow bezeichnete diese Erklärung als »sehr wichtig. Er nehme sie zur Kenntnis. Er glaube, dass die DDR eine Lösung für diese Probleme finden werde.«

Sechs Tage später, am 17. Oktober, empfing Gorbatschow Willy Brandt im Kreml. Nachdem man Freundlichkeiten ausgetauscht hatte, ging Gorbatschow auf die Lage in der DDR ein. Von den 40-Jahr-Feierlichkeiten sei er »besorgt und alarmiert« nach Moskau zurückgekehrt. Die Führung dort »verliert Zeit«, sagte er, um dann auf Kohls Rede auf dem CDU-Parteitag und das Telefonat mit ihm am 11. Oktober einzugehen. Kohl habe in Bremen eine nationalistische Position eingenommen, offensichtlich um Wählerstimmen zu gewinnen, aber »Nationalismus ist eine gefährliche Sache«. Und unter Anspielung auf die baltischen Staaten: »Das sieht man ja bei uns.« Er, Gorbatschow, habe das daher in seiner Rede in Ost-Berlin erwähnt, worauf ihn Kohl angerufen habe. »Es war kein einfaches Telefonat. Der Kanzler hat gezögert, mir den Grund seines Anrufes zu nennen. Erst als ich die DDR erwähnt habe, hat er bestätigt, dass er nicht beabsichtige, die Lage dort zu verschärfen.«

Am nächsten Tag wurde Erich Honecker abgelöst, am 24. Oktober wählte die Volkskammer Egon Krenz in offener Abstimmung zu dessen Nachfolger als Staatsratsvorsitzender und Vorsitzender des Nationalen Verteidigungsrates. Anschließend hielt Krenz eine mit altbekannten Floskeln durchsetzte Rede, in der er seiner Gefolgschaft versicherte, dass »der Sozialismus auf deutschem Boden nicht zur Disposition steht« und »unsere Macht die Macht der Arbeiterklasse und des ganzen Volkes ist, unter Führung unserer Partei«. Er kündigte aber auch »gesellschaftlichen Dialog« und »einen neuen Arbeitsstil für Volkskammer und Staatsrat« an.

Am Morgen des 26. Oktober kam es zu einem 14-minütigen ersten Telefonat zwischen Helmut Kohl und Egon Krenz. Gleich zu Beginn wünschte Kohl Krenz »eine glückliche Hand und Erfolg« für dessen »wichtige und sehr, sehr schwierige Aufgabe« und bekundete Interesse an einer »ruhigen, vernünftigen Entwicklung« in der DDR. Krenz hatte am 18. Oktober auch erklärt, die SED habe eine »Wende« eingeleitet. Darauf verwies er jetzt und erläuterte: »Wende bedeutet aber jedoch keinen Umbruch, da hoffe ich, stimmen Sie mit mir überein, dass eine sozialistische DDR auch im Interesse der Stabilität in Europa ist.« Kohl ging nicht direkt darauf ein, aber in diesem Punkt stimmte er wohl mit Krenz nicht überein. In seinen »Erinnerungen« berichtet Kohl, er habe anschließend mit Gorbatschow telefoniert und den Eindruck gewonnen, dass Egon Krenz nicht dessen Mann war. Das stimmt wohl so nicht. Im Gegenteil: Gorbatschow setzte seine Hoffnungen auf Krenz, der am 31. Oktober zu seinem obligatorischen Antrittsbesuch nach Moskau fuhr. Zu diesem Zeitpunkt war die DDR bereits pleite. Die Zahlen, die er Gorbatschow mitteilte, waren für den Kremlchef ein Schock. Die DDR, so Krenz, werde Ende 1989 mit 26,5 Milliarden Dollar im Westen verschuldet sein, die Devisenbilanz weise ein Defizit von 12,1 Milliarden Dollar auf. Obwohl Gorbatschow zuvor gemeint hatte, der Sowjetunion sei die wirkliche Lage der Volkswirtschaft der DDR bekannt, heißt es an dieser Stelle im DDR-Protokoll: »Genosse Gorbatschow fragte erstaunt, ob diese Zahlen exakt seien. So prekär habe er sich die Lage nicht vorgestellt.« Die Lage war so prekär! Das Einzige, was Gorbatschow zusagen konnte, war die weitere Lieferung lebensnotwendiger Rohstoffe. Mehr nicht. Er gab Krenz den Rat zur Fortführung der »prinzipiellen und flexiblen Politik« gegenüber der Bundesrepublik, wobei man natürlich stets so handeln müsse, dass »die Entscheidungen in Berlin und nicht in Bonn gefällt werden«. Die Gefahr, dass der Westen die Schwäche der DDR-Wirtschaft ausnutzen könnte, um auf die Vereinigung Deutschlands zu drängen, sah Gorbatschow nicht. Er verwies auf westliche Politiker – Thatcher, Mitterrand, Italiens Ministerpräsident Andreotti –, die nach wie vor von zwei deutschen Staaten ausgehen würden.

Interessant sind auch die Ausführungen Gorbatschows über

Kohl. Dieser sei »keine intellektuelle Leuchte, sondern ein Kleinbürger. Von diesen Schichten werde er auch am besten verstanden. Aber er sei trotz allem ein geschickter und hartnäckiger Politiker.«

Zwei Tage später stand das Thema DDR auf der Tagesordnung des ZK der KPdSU. Als Wladimir Krjutschkow auf die für den nächsten Tag in Ost-Berlin geplante Großkundgebung mit »500 000« Teilnehmern verwies, fragte Gorbatschow, ob Krenz das überleben werde, um dann festzustellen: »Ohne Hilfe aus Bonn können wir die DDR nicht weiter halten«, worauf Außenminister Eduard Schewardnadse den bemerkenswerten Vorschlag machte: »Es wäre besser, wenn wir selbst die Mauer einreißen würden.« Darauf Krjutschkow: »Wenn wir das tun, wird es hart für die DDR.«

Gorbatschow beendete die Diskussion mit der Feststellung: »Der Westen will keine Vereinigung Deutschlands, aber er will, dass wir das verhindern sollen, er will uns damit gegen die Bundesrepublik ausspielen, um so jede Möglichkeit eines späteren Zusammengehens zwischen uns und Deutschland auszuschließen.«

Zu diesem Zeitpunkt lag der Bankrott der DDR für einige ihrer Spitzenfunktionäre offen zutage: Der Leiter der ZK-Abteilung Planung und Finanzen, Günter Ehrensperger, brachte das wenig später in einer ZK-Sitzung auf den Punkt, nämlich, »dass wir mindestens seit 1973 Jahr für Jahr über unsere Verhältnisse gelebt haben und uns etwas vorgemacht haben. Wir haben Schulden mit Schulden bezahlt. Und [...] wenn wir aus dieser Situation herauskommen wollen, müssen wir 15 Jahre mindestens hart arbeiten und weniger verbrauchen, als wir produzieren.«

Die Industrienation DDR war in fast allen Wirtschaftszweigen auf den Stand eines Entwicklungslandes zurückgefallen. »Die Feststellung, dass wir über ein funktionierendes System der Leitung und Planung verfügen, hält einer näheren Betrachtung nicht stand«, so hieß es in einem Papier, das Planungschef Gerhard Schürer und Devisenbeschaffer und ehemaliger Honecker-Vertrauter Alexander Schalck-Golodkowski Ende Oktober verfassten. Die Verschuldung gegenüber dem Westen – 20 Mrd. Dollar – stelle die Zahlungsfähigkeit der DDR infrage. Als wichtigste Ursache wurde genannt: »Der Verschleißgrad der Ausrüstungen in der Industrie hat sich auf 53,8 % erhöht.« Konkret hieß das: Jede zweite Maschine war schrottreif. Ohne Wirtschaftshilfe aus dem Westen ging nichts mehr. Schürer und Schalck: »Alleine das Stoppen der Verschuldung würde im Jahre 1990 eine Senkung des Lebensstandards um 25 bis 30 % erfordern und die DDR unregierbar machen.« Unregierbar war die DDR bereits, pleite auch, und auf neue Kredite aus dem Westen – gar noch ohne politische Bedingungen – war nicht mehr zu hoffen. Schalck-Golodkowski und Schürer schlugen als letzten Ausweg vor, Bonn für neue Kredite und eine erweiterte wirtschaftliche Kooperation die Durchlässigkeit der Mauer als letztes Tauschmittel anzubieten, wie Historiker Hans-Hermann Hertle eruiert hat. Es sollte in Aussicht gestellt werden, dass »die Mauer noch vor Beginn des Jahres 2000 überflüssig geworden sei«. In der Begründung für dieses Tauschgeschäft hob Schürer gegenüber dem Politbüro ausdrücklich hervor, man sei »bis zur großen Politik der Form der Staatsgrenze gegangen. Wir wollen deutlich machen, wie weit die Überlegungen angestellt werden sollen. Diese Gedanken sollen aufmerksam machen, dass wir jetzt vielleicht für solche Ideen noch ökonomisches Entgegenkommen der BRD erreichen können.« Und dann: »Wenn die Forderungen von der Straße oder gar aus Betrieben gestellt werden, wäre die Möglichkeit einer Initiative von uns wieder aus der Hand genommen.«

Angesichts der Entwicklung in der DDR wurden die Stimmen mit Blick auf eine mögliche Kursänderung der Bonner Politik in London, Den Haag, Rom, Paris, z. T. auch in den USA, kritischer. In einem Telefonat mit US-Präsident Bush ging Kohl am 23. Oktober darauf ein. Dabei wies er zunächst auf die dramatische Situation in der DDR hin, wo die Dinge außer Kontrolle zu geraten drohten, wenn keine Reformen durchgeführt würden. Es liege nicht im Bonner Interesse, dass möglichst viele Menschen aus der DDR weglaufen würden. Bis Weihnachten rechne man mit 150 000 Übersiedlern. Er, Kohl, wolle alles tun, was vernünftig sei, »er wolle den Kessel nicht erhitzen, aber er wiederhole, falls keine

Reformen durchgeführt würden, werde die Lage sehr schwierig sein«. Dann ging er auf die kritischen westlichen Stimmen ein, in denen die Meinung geäußert würde, die Deutschen »– hart formuliert – beschäftigten sich jetzt mit einer ›Ostpolitik‹ und Wiedervereinigungsgedanken. Deshalb seien die Bindungen an die EG, den Westen und die NATO nicht mehr so stark.« Dies, so Kohl, sei »absoluter Unsinn«. Ohne eine starke Position der NATO und ohne die Entwicklung der Gemeinschaft in Europa gebe es nicht diese starke Veränderung im Warschauer Pakt. Die Ergebnisse in der Abrüstung und die Reformbewegung im Osten seien nur möglich, weil der Westen zusammenstehe. Er werde das immer wieder öffentlich unterstreichen. Dann bat er Bush, bei passender Gelegenheit in einer Botschaft »über den Atlantik« ebenfalls eine entsprechende Aussage zu machen.

Bush dankte Kohl für dessen Ausführungen und betonte, er kenne die Position des Bundeskanzlers. Er habe die Zeitungsartikel über Wiedervereinigung und Neutralismus auch gesehen und glaube nicht, dass dies die Haltung der Bundesrepublik sei.

Schon am nächsten Tag gab Bush der »New York Times« ein Interview, in dem er deutlich machte, dass er nicht die Sorgen einiger europäischer Länder hinsichtlich einer möglichen Wiedervereinigung Deutschlands teile; er befürchte keinen neutralistischen Weg. Zur selben Zeit bezeichnete der demokratische Mehrheitsführer im US-Senat, George Mitchell, die deutsche Wiedervereinigung als »unvermeidlich«. Die Berliner Mauer werde in »relativ kurzer Zeit« abgerissen werden. Woher Mitchell seine Informationen hatte, bleibt unklar. Klar war indessen, dass das Schlüsselwort für die DDR-Bevölkerung Reisefreiheit hieß. Um den Druck aus dem politischen Kessel zu nehmen, bereitete die SED-Führung ein entsprechendes Gesetz vor. Ob das so weit gegangen wäre, wie Schalck-Golodkowski und Schürer vorgeschlagen hatten, ist unklar. Klar ist inzwischen aber, dass Günter Schabowski, der durch seine Pressekonferenz am 9. November weltberühmt wurde, eine Woche vor dieser Pressekonferenz den Regierenden Bürgermeister von West-Berlin, Walter Momper, auf diese Entwicklung aufmerksam gemacht und auf ein vollständiges

Reisegesetz verwiesen hatte. Diese Information ist entweder gar nicht weitergegeben worden nach Bonn oder aber in ihrer Bedeutung überhaupt nicht erkannt worden. Tatsache ist jedenfalls, dass das DDR-Volk der eigenen Führung zuvorkam und ihr die Initiative aus der Hand nahm: Die Mauer fiel – und damit gab es für Ost-Berlin keine Verhandlungsmasse mehr für die erhofften Milliardenbeträge aus Bonn zur Stabilisierung der DDR.

Am 2. und 3. November fanden in Bonn deutsch-französische Konsultationen statt. Kohl betonte auch hier gegenüber François Mitterrand, dass es »unser Interesse sei, eine Explosion zu vermeiden«. Mitterrand äußerte sich zu einer möglichen Wiedervereinigung – allerdings etwas sibyllinisch. Er betonte, der weitere Aufbau Europas werde zu dem Tag führen, an dem die Trennung Europas überwunden werden würde, an dem Deutschland wiedervereinigt werden könne. Letztlich werde die westliche Zivilisation die Oberhand gewinnen und behalten; das deutsche Problem werde sich durch die Magnetkraft regeln, die von Westeuropa ausgehe.

Die Rückendeckung aus Washington führte in Bonn offensichtlich dazu, von nun an den Reformdruck auf die DDR zu erhöhen. In einer Besprechung der beamteten Staatssekretäre hieß es am 6. November, man solle den Wunsch der DDR nach Zusammenarbeit nicht zurückweisen, diese dürfe jedoch nicht so gestaltet werden, dass sie der Stabilisierung des Systems und des Regimes dient, »vielmehr muss der Veränderungsdruck aufrechterhalten werden«. Am selben Tag fiel im Kanzlerbungalow bei einer Besprechung zwischen Helmut Kohl, Rudolf Seiters und Wolfgang Schäuble die Entscheidung, die bisherige Zurückhaltung aufzugeben und sich offen in die inneren Angelegenheiten der DDR einzumischen – nachdem Schalck-Golodkowski gegenüber Seiters die Finanzmisere der DDR offenbart hatte. Kohl hatte noch am 18. Oktober gegenüber Giulio Andreotti erklärt, es sei nicht seine Politik, die DDR zu destabilisieren, vielmehr wolle man, dass deren Bürger in der DDR bleiben und dort Verbesserungen erreichen würden. Niemand könne Interesse an einer explosiven Lage in der DDR haben, denn »dies würde letztlich die Sowjetunion zu einem

(1) Der junge Helmut Kohl.

(2) Mit Ehefrau Hannelore bei Nancy und Ronald Reagan im Weißen Haus.

(3) Mit François Mitterrand in Verdun, Mai 1984.

(4) Mit Ronald Reagan vor dem Brandenburger Tor, Juni 1987.

(5) SED-Chef Erich Honecker in Bonn, September 1987.

(6) Bei George Bush, September 1991.

(7) Mit Bill Clinton auf der Wartburg, Mai 1998.

(8) Nach dem Fall der Mauer, November 1989.

Israel: ein besonderes Anliegen von Helmut Kohl.
(9) Auf dem Tempelberg mit dem Mufti von Jerusalem, 1984.
(10) Mit Ministerpräsident Yitzhak Schamir, 1984.
(11) Mit Ministerpräsident Shímon Peres, 1986.
(12) Mit Ministerpräsident Yitzhak Rabin, 1993.
(13) Mit Ehefrau Hannelore und dem Präsidentenpaar Ezer und Reuma Weizmann, 1996.
(14) Mit Ministerpräsident Benjamin Netanjahu, 1996.

Eingreifen veranlassen. Hier dürfe man keine Illusionen haben.« Gleichzeitig hatte er betont, die wirtschaftliche Lage in der DDR sei »vergleichsweise gut«, wohingegen jetzt deutlich wurde, dass die DDR bankrott war. Schalck-Golodkowski hatte die gleichen Zahlen präsentiert wie Krenz in Moskau. Für die bereits fertig vorliegende Rede zum »Bericht zur Lage der Nation« im geteilten Deutschland, die Kohl am 8. November im Bundestag halten wollte, formulierten Kohl, Seiters und Schäuble abends folgenden Passus:

»Ich erkläre gegenüber der neuen SED-Führung meine Bereitschaft, einen Weg des Wandels zu stützen, wenn sie zu Reformen bereit ist, kosmetische Korrekturen genügen nicht. Wir wollen nicht unhaltbare Zustände stabilisieren. Aber wir sind zu umfassender Hilfe bereit, wenn eine grundlegende Reform der politischen Verhältnisse in der DDR verbindlich festgelegt wird.« Um die Ernsthaftigkeit des Angebotes zu unterstreichen, hatten sie die Schlüsselwörter »umfassend«, »grundlegend« und »verbindlich« eingesetzt. Dennoch musste man vorsichtig agieren. Am 7. November erklärte Kohl vor der Unionsfraktion, das Ziel der aktuellen Politik gegenüber der SED müsse die Herbeiführung freier Wahlen sein. Zugleich warnte er vor unüberlegtem Aktionismus und einem »Deutschlandplan« etwa mit der Überschrift »Wie kommt man zur Wiedervereinigung?«.

Kohls Erklärung im Bundestag am 8. November war nicht weniger und nicht mehr als die Forderung nach dem Ende des SED-Machtmonopols, und das hieß freie Wahlen und unabhängige Parteien. Offener als bisher sprach er von einer möglichen Wiedervereinigung und er dankte Bush für dessen Äußerung vom 24. Oktober. Seine Regierung, so erklärte er weiter, halte an dem in der Präambel des Grundgesetzes verankerten Ziel fest, »in freier Selbstbestimmung die Einheit und Freiheit Deutschlands zu vollenden«. Voraussetzung dafür sei die Ausübung des Selbstbestimmungsrechts durch alle Deutschen. »Unsere Landsleute haben keine Belehrung nötig, von welcher Seite auch immer. Sie wissen selbst am besten, was sie wollen. Und ich bin sicher: Wenn sie die Chance erhalten, werden sie sich für Freiheit und Einheit entscheiden.« Die Deutschen hätten weniger denn je Grund, sich »auf Dauer mit der Zweistaatlichkeit Deutschlands abzufinden«. Kohl beendete seine Rede mit einem Zitat Konrad Adenauers: »In einem freien und geeinten Europa ein freies und geeintes Deutschland.«

17. DER 9. NOVEMBER 1989

Am Mittag des 9. November, an einem Donnerstag, flog Helmut Kohl mit einer großen Delegation nach Warschau. Es war sein erster Besuch als Bundeskanzler in jenem Land, das während des Zweiten Weltkrieges wohl am meisten unter den Deutschen gelitten hatte. Diese Vergangenheit war in Polen nicht vergessen, und deshalb waren die Beziehungen nach wie vor schwierig. Der Warschauer Vertrag aus dem Jahr 1970 hatte daran nur ansatzweise etwas geändert. Es gab weiterhin Probleme. Aus polnischer Sicht insbesondere die Anerkennung der Oder-Neiße-Linie als Westgrenze Polens. Kohl wollte einen Neuanfang nach dem Vorbild der deutsch-französischen Beziehungen. Aber das war schwierig. Schon im Vorfeld gab es über das Besuchsprogramm Differenzen, weil Kohl den Annaberg besuchen wollte, jenen Ort, an dem Polen und Deutsche um Schlesien gestritten hatten. Schließlich einigte man sich auf einen Besuch des niederschlesischen Kreisau, wo sich während der NS-Zeit die Widerstandsgruppe um Helmuth James Graf von Moltke getroffen hatte. Das sollte mit einer Friedensmesse in Kreisau verbunden werden.

Erster Gesprächspartner in Warschau war um 18.00 Uhr der legendäre Führer der Gewerkschaft Solidarność, Lech Wałęsa. Kohl wies darauf hin, dass ein Erfolg im deutsch-polnischen Verhältnis angesichts der dramatischen Entwicklung in der DDR besonders dringlich geworden sei. Niemand könne sagen, wie es in der DDR weitergehe – auch Krenz nicht. Zuletzt seien pro Tag zwischen 10 000 und 15 000 Menschen einfach aus der DDR weggelaufen. Krenz wolle Reformen, aber nach dem Modell Moskaus, nicht nach dem Warschaus und Budapests. Er wolle praktisch die bisherige Parteiherrschaft beibehalten, »dies aber werde nicht funktionieren«. Wenn Krenz keine Parteien zulasse und auch keine freien Wahlen garantiere, werde es keine Ruhe geben. Gerade deshalb sei ein Erfolg der Reformen in Polen »umso wichtiger«.

Wałęsa hielt die Entwicklung in der DDR für »sehr gefährlich«. Man müsse dort »zu bremsen versuchen«, in der DDR wirke auf ihn alles kurzfristig und zugleich verspätet, »ein Menschenzug bewege sich nach Westen, und niemand bleibe übrig, das Licht auszumachen«. Er frage sich, ob die Bundesrepublik Deutschland diesen Zustrom aushalten könne. Was werde geschehen, »wenn die DDR ihre Grenzen voll öffne und die Mauer abreiße – müsse dann die Bundesrepublik Deutschland sie wieder aufbauen«? Kohl erwiderte, wenn die Zahl der Zuflucht Suchenden noch dramatischer anwachse, »werde die DDR kollabieren«. Dann betonte er noch einmal, was entscheidend sei: Zulassung unabhängiger Parteien, freie Wahlen und glaubwürdige Garantien. Dann werde Bonn helfen. Wałęsa sah das anders und äußerte Besorgnis und Furcht vor unkontrollierbaren Entwicklungen. Die Lage in der DDR erfordere mutige Lösungen – diese würden aber jetzt auf der Straße gefällt. Die SED sei nicht in der Lage, Reformen durchzuführen, niemand werde ihr glauben. Kohl verwies auf Ungarn, das als Beispiel für eine Entwicklung in der DDR dienen könne. Wałęsa hielt das nicht für möglich; er bezweifelte, »ob die Mauer in ein bis zwei Wochen noch stehen wird«, und fragte, was dann geschähe. Kohl antwortete, im Gegensatz zu Polen und Ungarn sei die DDR »keine Nation, sondern ein Teil Deutschlands«. Hieß das Wiedervereinigung?

Das Gespräch endete um 19.00 Uhr. Wenige Minuten zuvor, um 18.57 Uhr, hatte Ost-Berlins SED-Parteichef Günter Schabowski im Pressezentrum in der Mohrenstraße vor laufenden Kameras der SED-Herrschaft den Gnadenstoß versetzt. Es war ein historischer Moment. Am Ende einer routinemäßig verlaufenen internationalen Pressekonferenz mit etwa 200 Journalisten, die live im DDR-Fernsehen übertragen wurde, erkundigte sich der italienische Korrespondent Ricardo Ehrmann nach dem Entwurf für das neue DDR-Reisegesetz. Was dann kam, ist inzwischen immer wieder im Fernsehen gezeigt worden. Schabowski redete und erläuterte, »deshalb haben wir uns dazu entschlossen, heute eine Regelung zu treffen, die es jedem Bürger der DDR möglich macht, über Grenzübergänge der DDR auszureisen«. »BILD«-Reporter Peter Brinkmann hakte nach: »Ab wann tritt das in Kraft?« Schabowski, schlecht vorbereitet, wühlte in seinen Papieren, wusste nichts von der Sperrfrist – der nächste Morgen 4.00 Uhr – und äußerte dann jenen inzwischen berühmten Satz: »Das tritt nach meiner Kenntnis, äh, ist das sofort, unverzüglich.« Mit den Worten »sofort, unverzüglich« begann die Nacht der Nächte, zwei Wörter, die wenige Stunden später die Mauer zum Einsturz brachten und die deutsche Frage wieder zu einem großen Thema der internationalen Politik machten.

Am Abend dieses 9. November behandelte der Bundestag im Bonner Wasserwerk den Entwurf eines Vereinsförderungsgesetzes, als der CSU-Abgeordnete Karl-Heinz Spielker ans Rednerpult trat und eine erste dpa-Eilmeldung über Schabowskis Pressekonferenz vorlas: »Ab sofort können DDR-Bürger direkt über alle Grenzstellen zwischen der DDR und der Bundesrepublik ausreisen.« Es gab lang anhaltenden Applaus – dann setzten die Abgeordneten die Debatte ungerührt fort.

Zur gleichen Zeit hatten sich im Kanzleramt in Bonn die Fraktionsvorsitzenden Hans-Jochen Vogel (SPD), Wolfgang Mischnick (FDP) und Alfred Dregger (CDU/CSU) sowie der Landesgruppenvorsitzende der CSU, Wolfgang Bötsch, und Innenminister Wolfgang Schäuble beim Chef des Kanzleramtes, Rudolf Seiters, versammelt. Der hatte zu einem Gespräch eingeladen, in dem es um die Unterbringung der DDR-Flüchtlinge ging. Dann kam plötzlich der engste Mitarbeiter von Helmut Kohl, Eduard Ackermann, mit der Agenturmeldung ins Zimmer. Wolfgang Schäuble erinnerte sich später: »Es war ein Moment der Sprachlosigkeit in dieser Runde. Ich meine mich zu erinnern, dass ich gesagt habe: ›Sagen Sie mal, Herr Ackermann, als ich Chef des Kanzleramts war, war Alkohol während der Dienstzeit verboten.‹ Dann hat er das bestätigt. Ich weiß nicht mehr genau, aber wir haben wohl gesagt, wir müssen in den Bundestag rüber. [...] Da war Haushaltsdebatte. Man kann so nicht weitermachen. Dann hat man gesagt, o. k., die sollen kurz die Sitzung unterbrechen. Dann soll der Chef des Kanzleramts eine kurze Erklärung abgeben. Und dann sollen die Vorsitzenden der Fraktion auch kurze Erklärungen abgeben. Das war dann diese denkwürdige Sitzung, wo der Deutsche Bundestag seine sängerischen Qualitäten unter Beweis gestellt hat.«

In Warschau bereiteten sich Kohl und seine Delegation zur gleichen Zeit auf das festliche Bankett im Palast des polnischen Ministerrats vor. Der polnische Ministerpräsident, Tadeusz Mazowiecki, hatte eingeladen. Unmittelbar vor Abfahrt der Wagenkolonne rief Seiters aus Bonn an und berichtete kurz, was soeben geschehen war. Dann ging er mit Kohl die Erklärung durch, die er vortragen wollte. Anschließend wurde die Sitzung des Bundestages erneut unterbrochen. Um 20.46 Uhr ergriff Seiters dort das Wort. Er erinnerte sich später:

»Ich habe in der Tat von der Solidarität der Westdeutschen mit unseren Landsleuten in der DDR gesprochen und dass wir alles tun müssten, um in einer solchen historischen Stunde die richtigen Weichen zu stellen. Es war natürlich intuitiv. Es war klar, wenn diese Entwicklung jetzt weitergeht, dann müssen wir so viel tun, um dies alles friedlich und im Interesse der Menschen in West und in Ost zu gestalten. Eine gigantische Aufgabe stand uns bevor, auch wenn sie nur in ihren Umrissen erkennbar war.« Nach Seiters sprach Hans-Jochen Vogel im Bundestag und wurde deutlicher: »Diese Entscheidung bedeutet, dass die Mauer nach 28 Jahren ihre Funktion verloren hat.« Das Ziel der DDR müsse es sein, durch freie Wahlen die Bereitschaft der Menschen, in der DDR zu bleiben, zu stärken und die Übersiedlungen zu stoppen. Vogel später: »Ich sah Willy Brandt vor mir und habe ihn darauf angesprochen, dass er, der 1961 beim Mauerbau Regierender Bürgermeister von Berlin war, jetzt dies erleben könne. Dies sei doch ein großartiger Moment für ihn.« Der FDP-Fraktionsvorsitzende Wolfgang Mischnick betonte: »Alle diejenigen, die jetzt noch schwanken, bitte ich herzlich: Bleibt daheim!«

Dann erhoben sich die Abgeordneten und stimmten die Nationalhymne an. Wolfgang Schäuble in der Erinnerung: »Es ist für mich der bewegendste Moment in der ganzen Geschichte der Jahre 1989/90 gewesen. Und so ging es vielen anderen. Ein Teil der Grünen hat den Saal verlassen, nach dem Motto: ›Oh Gott, jetzt singen die auch noch die Nationalhymne.‹ Aber die meisten sind aufgestanden und haben mitgesungen, und viele haben einfach geweint, insbesondere die Älteren. Das sind mit die schönsten

Tränen gewesen. Natürlich war es trotzdem noch ein kritischer und gefährlicher Moment. Aber es war klar, jetzt geht dieses Entsetzliche, was mit diesem Scheusal von Hitler begonnen hat, zu Ende. Das hat man irgendwie gespürt. So was kann man ja nicht organisieren. Ein organisiertes Fest ist auch etwas Schönes, aber das Spontane, Unmittelbare ist noch bewegender. Insofern, wenn ich gefragt werde, welches der bewegendste Moment war, dann war es dieser.«

Die Sitzung des Bundestages wurde um 21.10 Uhr geschlossen. Während man in Bonn sang, wurden in Warschau im Palast des polnischen Ministerrats Tischreden gehalten. Unmittelbar danach unterbrach der Chef des Bundespresseamts, Hans Klein, Kohls Unterhaltung mit Ministerpräsident Mazowiecki und berichtete von den Ereignissen in Bonn. Nach der Sitzung des Bundestages rief Eduard Ackermann an, der schon während des Essens versucht hatte, Kohl zu erreichen, und gegenüber dessen Büroleiter, Walter Neuer, darauf bestanden hatte, dass Kohl sofort ans Telefon kommen sollte. Kohl berichtet in seinen »Erinnerungen«: »›Herr Bundeskanzler, im Augenblick fällt gerade die Mauer!‹, rief er begeistert ins Telefon. Ich sagte: ›Ackermann, sind Sie sicher?‹ ›Ja!‹, antwortete er und berichtete, dass an den Berliner Übergängen die ersten Menschen eingetroffen seien, die die Probe aufs Exempel machten.« Ackermann erinnerte sich später: »Ich sagte: ›Herr Doktor Kohl, halten Sie sich fest, die DDR-Leute machen die Mauer auf.‹ Er wollte es nicht glauben. ›Sind Sie sicher, Ackermann?‹ Ich erzählte ihm, dass ich die Pressekonferenz von Schabowski im Fernsehen verfolgt hätte und dass in Berlin bereits Menschen aus dem Ostteil herübergekommen seien. ›Das gibt's doch nicht. Sind Sie wirklich sicher?‹ Ich sagte: ›Das Fernsehen überträgt live aus Berlin, ich kann es mit eigenen Augen sehen.‹ Kohl: ›Das ist ja unfassbar.‹« Kohl selbst dazu: »Es verschlug mir fast die Sprache. Wir alle hatten erwartet, dass nach meinem Signal vom 8. November im Bundestag bald etwas Entscheidendes in Sachen Reisefreiheit passieren würde, aber dass es so schnell und vor allem mit solchen Auswirkungen geschehen würde, das war kaum zu fassen.«

Eine Stunde später rief Ackermann erneut an und bestätigte: Hunderte Ost-Berliner hätten inzwischen die Grenzposten passiert, mehrere Grenzübergänge seien geöffnet worden, die Leute würden einfach durchgelassen: »Das ist wirklich das Ende der Mauer.«

In Bonn war Folgendes auch »völlig klar«, so Seiters später: »Der Bundeskanzler muss am nächsten Tag in Berlin sein, denn das Abgeordnetenhaus hatte eine Kundgebung vor dem Schöneberger Rathaus angekündigt.« Kohl dachte genauso, als er am Abend im Hotel die Fernsehbilder aus Berlin sah. Der Platz des Bundeskanzlers, so schrieb er später, »konnte in dieser historischen Stunde nur in der deutschen Hauptstadt sein«.

Die polnischen Gastgeber waren überhaupt nicht begeistert, als Kohl ihnen mitteilte, dass er den Staatsbesuch unterbrechen wolle. Mazowiecki sprach von einem Affront gegenüber Staatspräsident Jaruzelski, mit dem er anschließend in Gegenwart von Kohl telefonierte. Kohl sprach dann selbst mit Jaruzelski und erläuterte ihm seine Gründe – mit der klaren Zusage, den Staatsbesuch nach der Rückkehr aus Berlin fortzusetzen.

In Washington verfolgten Präsident George Bush und Außenminister James Baker die Ereignisse im Fernsehen. Im Interview mit den Autoren gestand Baker zu, dass niemand in der Regierung der Vereinigten Staaten auf diese Dinge vorbereitet gewesen sei. Baker: »Alles kam für uns überraschend. Ich war beim Essen mit dem damaligen Präsidenten der Philippinen im Außenministerium, als mir die Nachricht überreicht wurde. Ich entschuldigte mich und ging ins Weiße Haus zu Präsident Bush, wo dieser zu mir sagte: ›Ich möchte nicht, dass irgendjemand lauthals triumphierend auf den Resten der Mauer tanzt, denn wir müssen weiter mit Gorbatschow und Schewardnadse zusammenarbeiten.‹«

Bereits kurz nach 15.30 Uhr Washingtoner Zeit begrüßte Bush öffentlich die Entscheidung der DDR-Führung zur Öffnung der Grenze. Zur Überraschung der Journalisten reagierte er jedoch äußerlich eher zurückhaltend. Während die amerikanische Öffentlichkeit und zahlreiche Politiker aufgewühlt von Liveberichten auf fast allen Fernsehkanälen euphorisch über das Ende des

Eisernen Vorhangs sprachen und einen großen Sieg im Kampf zwischen Ost und West verkündeten, meinte Bush lediglich, er sei »sehr zufrieden«, und begründete seine Zurückhaltung damit, dass er schließlich kein sonderlich emotionaler Typ sei. Die so angesprochenen Journalisten verstanden dieses zurückhaltende Auftreten zunächst nicht. Dahinter stand aber die amerikanische Sorge, dass die sowjetische Führung durch eine triumphierende Rhetorik verärgert und zu unberechenbaren Schritten verleitet werden könnte.

Der Fall der Mauer war eine Niederlage des Kreml im Kalten Krieg. Angesichts von rund 400 000 sowjetischen Soldaten in der DDR hatte auch US-Außenminister Baker Bedenken, dass, wie er meinte, »beispielsweise ein Betrunkener oder allzu euphorischer Ostdeutscher einen Vorfall auslösen könnte, der das Ganze außer Kontrolle geraten lassen würde«. Genau diese Bedenken hatte wenig später auch Gorbatschow. Rücksicht auf die Reformer in Moskau war deshalb für Bush und seine Mitarbeiter das Gebot der Stunde. »I didn't want to rub it in«, meinte er später. Es gab auch in Washington zu diesem Zeitpunkt noch keinen Masterplan für die weitere Entwicklung. Baker erinnerte sich: »Bis zu diesem Zeitpunkt wusste niemand, ob und wann es zu einer Wiedervereinigung kommen würde.« Allerdings kannte man die ungeheuerlichen innenpolitischen Probleme, mit denen Gorbatschow konfrontiert war. Schon Ende September hatte die CIA vor Handlungen gewarnt, die von den Hardlinern in Moskau als Versuche des Westens interpretiert werden könnten, aus der Schwäche der Sowjetunion Vorteile für sich herauszuschlagen. Damit würde Gorbatschow getroffen, an dessen langfristigem politischem Überleben die CIA allerdings jetzt schon Zweifel äußerte.

Anfang November war die Lage in der Sowjetunion bereits äußerst angespannt. Fatalismus war erkennbar. Am 9. November standen die baltischen Staaten und deren Unabhängigkeitsbestrebungen auf der Tagesordnung der ZK-Sitzung der KPdSU. An einer Stelle meinte Regierungschef Ryschkow: »Wir sollten nicht vor den baltischen Staaten Angst haben, sondern vor Russland und der Ukraine. Ich spüre überall Kollaps. Es wird eine andere Regierung geben, eine andere Führung, ein anderes Land.« Am Abend fiel die Mauer.

Gorbatschow schlief – und niemand weckte ihn. Ob aber das alles wirklich so zutrifft, was Gorbatschow anderen und auch uns später über seine Reaktion erzählt hat, ist eine andere Frage. Gorbatschow wörtlich: »Ich habe das am nächsten Morgen erfahren. Man hat mich angerufen und mir das dann mitgeteilt. Es war ein ganz normaler Tag. Gewundert hat mich das überhaupt nicht mehr. Ich habe keinen Schock erlitten. Ich habe darin nur die Folgerichtigkeit unserer Politik gesehen und gesagt: ›Nun gut, alles läuft richtig.‹ Wir hatten den Prozess mit unserer Politik in Gang gesetzt und durften uns nicht mehr wundern. Wir mussten nur dafür Sorge tragen, dass der Prozess nicht im Chaos endete.«

Am selben Tag schrieb Gorbatschows außenpolitischer Berater, Anatolij Tschernajew, in sein Tagebuch: »Die Mauer ist gefallen. Das ist das Ende des Sozialismus, eine Veränderung im Kräftesystem der Welt, das Ende von Jalta, das Ende von Stalins Erbe und der Niederlage Hitler-Deutschlands. Das ist es, was Gorbatschow erreicht hat. Er hat sich in der Tat als großer Politiker erwiesen.«

Inzwischen war Helmut Kohl auf dem Weg nach Berlin – über den Umweg Hamburg. Die Maschine der Luftwaffe durfte bekanntlich weder das Gebiet der DDR überfliegen noch in Berlin landen. Nur mit Hilfe des amerikanischen Botschafters kam Kohl noch einigermaßen rechtzeitig in Berlin an. Vernon Walters hatte dafür gesorgt, dass in Hamburg eine amerikanische Militärmaschine bereitstand. Mit der wurde Kohl von den Amerikanern nach Berlin geflogen. Philip Zelikow und Condoleezza Rice meinen dazu: »Die Symbolträchtigkeit dieses Vorgangs scheint damals niemand bemerkt zu haben.«

Kohl kam jedenfalls noch rechtzeitig zur Veranstaltung vor dem Schöneberger Rathaus mit Willy Brandt, Hans-Dietrich Genscher und dem Regierenden Bürgermeister Walter Momper (SPD). Momper sprach da vom »Volk der DDR«, um die Zweistaatlichkeit Deutschlands zu betonen, was für Kohl in dieser Situation unglaublich war. Sein Kommentar dazu: »Lenin spricht, Lenin spricht.« Für ihn repräsentierte Momper nicht die Stimmung des

Volkes. Kohls Rede ging anschließend in einem gellenden Pfeifkonzert linker Gruppierungen unter, genauso wie das gemeinsam angestimmte Deutschlandlied. Für Kohl war das der »linke Pöbel« von Berlin.

Wichtiger war aber etwas anderes: Für Kohl war es die »Schicksalsstunde«. Während der Vorbereitungen für die Veranstaltung vor dem Schöneberger Rathaus wurden in Moskau gezielt Falschmeldungen verbreitet, wonach es in Ost-Berlin zu schweren Ausschreitungen gegen sowjetische Einrichtungen gekommen sei und sowjetische Kasernen angegriffen worden seien. Damit sollte offensichtlich Druck auf Gorbatschow ausgeübt werden. Denn eines war auch klar: Sollten diese Meldungen zutreffen, dann blieb Gorbatschow wohl nichts anderes übrig, als dem Militär in der DDR den Befehl zu geben, die Sache zu beenden. Und damit wäre das »Loch in der Mauer« wieder gestopft worden. Bemerkenswerterweise wollte Gorbatschow nicht vom sowjetischen Botschafter in Ost-Berlin wissen, was an diesen Meldungen zutraf oder nicht, sondern von Kohl. Die Anfrage lief über den sowjetischen Botschafter in Bonn, Kwizinskij. Der hatte den Eindruck, dass »alle Beamten in Bonn betrunken waren« (nach den Feiern des 9. November). Er konnte jedenfalls »keinen Menschen irgendwo finden. Ich hatte einen Auftrag von Gorbatschow, und ich konnte nichts ausrichten.« Schließlich gelang es ihm aber, Gorbatschows Anfrage telefonisch an Teltschik in Berlin durchzugeben, der sie sofort an Kohl weitergab. Gorbatschow wies darauf hin, dass nach der erfolgten Öffnung der Mauer eine »chaotische Situation« entstehen könnte, »deren Folgen unübersehbar wären«. Angesichts der »Zuspitzung im gegenwärtigen Augenblick« habe er es für notwendig gehalten, Kohl »im Geiste der Offenheit und des Realismus persönlich anzusprechen«. Er bat Kohl, darauf hinzuwirken, dass die Ereignisse nicht einen Verlauf nehmen, »der nicht wünschenswert wäre«, und Maßnahmen einzuleiten, »um eine Verschärfung der Lage zu verhindern und der Destabilisierung vorzubeugen«.

Kohl stand in diesem Augenblick eingezwängt auf dem Balkon des Schöneberger Rathauses und konnte nicht direkt mit Gorbatschow sprechen. Er wollte den Balkon auch nicht verlassen – »zumal es so ausgesehen hätte, als würde ich vor dem Pöbel zurückweichen«. Er ließ Gorbatschow dann ausrichten, die Horrormeldungen seien gelogen, er habe sein, Kohls, Wort, dass seine Befürchtungen nicht zuträfen. Kein Mensch denke daran, den Aufstand gegen die Sowjetunion zu proben. In seiner Ansprache rief Kohl die Menschen dann dazu auf, »besonnen zu bleiben und klug zu handeln« sowie »radikalen Parolen und Stimmen nicht zu folgen«.

Gorbatschow hatte auch bei Willy Brandt nachgefragt, der eine ähnliche Antwort wie Kohl gegeben hatte. Später erfuhr Kohl von Gorbatschow, dass der Sowjetführer im Anschluss an Kohls Nachricht der DDR-Führung signalisiert habe, dass die sowjetischen Panzer diesmal, anders als 1953, in den Kasernen bleiben würden. Für Kohl war dies die erwähnte »Schicksalsstunde Europas und Deutschlands«. Der damalige sowjetische Außenminister Eduard Schewardnadse beurteilte die Situation später allerdings so: »Eine wirkliche Gefahr gab es nicht. Der Oberbefehlshaber der Armee war doch Gorbatschow. Man hätte ohne ihn niemals gehandelt. Die Sowjetarmee war in ihren Kasernen in Bereitschaft, sicher. Der Verteidigungsminister hätte ein Kommando geben können, aber er hätte es nie ohne Gorbatschow gemacht. [...] Rein theoretisch hätte alles passieren können, aber zum Glück war ja Gorbatschow der Oberbefehlshaber.« Und Nikolai Portugalow, Berater Gorbatschows, meinte in der Rückschau:

»Man kann dem Michail Sergejewitsch [Gorbatschow] vieles vorwerfen, aber seine wirklich staatsmännische Großtat war sein ausdrücklicher und kategorischer Befehl, sich nicht in die deutschen Angelegenheiten einzumischen, und schon gar nicht mit bewaffneter Gewalt. Das war eine der größten Leistungen Gorbatschows als Staatsmann. Es fehlte damals nicht an Männern unter unseren Generälen und KGB-Leuten, die anders reagieren wollten und die gegen jede Art von Wiedervereinigung waren.«

Zurück nach Berlin und zum Abend des 10. November. Nach der missglückten Veranstaltung am Schöneberger Rathaus fuhr Kohl zum Platz an der Gedächtniskirche, wo eine von der CDU organisierte Kundgebung stattfand – mit weit über hunderttausend Menschen. Zum Missvergnügen Kohls wurde *diese* Veranstaltung allerdings nicht vom Fernsehen übertragen, und so sind nur jene Bilder vom Schöneberger Rathaus überliefert, als er niedergebrüllt worden war. Nach der Veranstaltung an der Gedächtniskirche fuhr Kohl dann zum Checkpoint Charlie, wo die Menschen auf ihn zukamen und ihm die Hände schüttelten, als er, wie er später erzählte, »die weiße, über den Asphalt gezogene Trennlinie, die nicht mehr trennte, überschritt – dort, wo sich nach dem Bau der Mauer sowjetische und amerikanische Panzer [im Oktober 1961] gegenübergestanden hatten«.

Teltschik, der Kohl begleitete, schrieb später: »Dem Kanzler gibt das Bad in der Menge sichtlich Kraft. Als wir wieder im Wagen sitzen, sagt er zu mir: ›Hier sieht man, was die Leute wirklich denken.‹«

Aus Berlin ins Bundeskanzleramt nach Bonn zurückgekehrt, wollte Kohl so schnell wie möglich die westlichen Verbündeten über die Ereignisse in Berlin informieren. Um 22.00 Uhr telefonierte er zunächst mit Margaret Thatcher. Die britische Premierministerin, wahrlich keine Freundin der Deutschen und schon gar nicht einer möglichen Wiedervereinigung, hörte sich Kohls Schilderung an und fragte dann, ob er auch mit Gorbatschow sprechen wolle, was Kohl bejahte. Dann schlug sie eine Sondersitzung des Europäischen Rates vor, auf dem die Dinge diskutiert werden sollten. Ihr sei es sehr wichtig, dass man in engem Kontakt bleibe. Kohl hatte das richtige Gefühl, dass Thatcher die ganze Entwicklung mit Unbehagen verfolgte (s. Kap. 20).

Anders war die Stimmung beim nächsten Gespräch, das Kohl um etwa 22.30 Uhr mit Präsident Bush führte. Ausführlich schilderte Kohl die Situation in Berlin; was man derzeit erlebe, sei »eine historische Stunde«. Bush war mit seinen Gedanken offensichtlich schon bei dem Treffen mit Gorbatschow Anfang Dezember vor Malta, sprach von der allergrößten Achtung, mit der die Bonner Regierung diese Vorgänge behandle, und meinte auch, dass er dafür sorgen werde, dass seine Leute sich jetzt nicht in eine »exzessive Rhetorik steigerten, denn dann könne man

Schwierigkeiten bekommen«. Abschließend wünschte er Kohl »viel Erfolg« und versicherte ihm, dass die amerikanische Regierung »sehr stolz darauf sei, wie er die Dinge handhabe«.

Zu später Stunde rief Kohl seine engsten Berater zu einer Lagebesprechung zusammen: Wolfgang Schäuble, Rudolf Seiters, Theo Waigel, Dorothee Wilms, Hans Klein und Horst Teltschik. Dabei ging es auch um die Frage,was er Egon Krenz sagen sollte, mit dem für den nächsten Morgen ein Telefonat vereinbart worden war. Sollte die DDR-Führung für die Öffnung der Mauer belohnt werden? Denn die wartete natürlich auf schnelle Hilfe seitens der Bundesregierung. Die Wiedervereinigung war an diesem Abend noch kein Thema, sie »schwebte allerdings in diesem Raum in Bonn ebenso in der Luft wie in ähnlichen Räumen in anderen europäischen Hauptstädten auch«, wie Philip Zelikow und Condoleezza Rice schreiben. Noch während der Besprechung rief Brent Scowcroft, der Nationale Sicherheitsberater von George Bush, Teltschik an und informierte ihn darüber, dass Gorbatschow eine Botschaft geschickt habe, die der Mitteilung entsprach, die Kohl erhalten hatte. Gorbatschow sprach darin von einer »ziemlich extremen Lage und einer möglichen chaotischen Situation mit unübersehbaren Folgen«. Er warnte jetzt vor »politischem Extremismus«, der in der Bundesrepublik auftreten könnte, und schlug ein sofortiges Treffen von Vertretern der Vier Mächte vor, »damit die Ereignisse nicht einen Verlauf nehmen, der nicht wünschenswert ist«. Die »interessanteste Nachricht« aber war für Teltschik die vertrauliche Mitteilung, dass Gorbatschow die SED-Spitze dazu aufgefordert habe, einen »friedlichen Übergang« in der DDR sicherzustellen. Für Kohl und seine Berater war damit klar: »Es wird keine Wiederholung des 17. Juni geben.«

Für den nächsten Tag, Samstag, den 11. November, standen drei weitere wichtige Telefonate auf Kohls Terminkalender. Das erste führte er um 9.15 Uhr mit Staatspräsident François Mitterrand, dem er die Situation in Berlin schilderte, wo es »wie auf den Champs-Elysées am 14. Juli« zugegangen sei. Mitterrand gab sich diplomatisch: Es sei »ein großer Augenblick der Geschichte. Es sei die Stunde des Volkes«; man habe jetzt die Chance, »dass diese

Bewegung in die Entwicklung Europas einmünde«. Abschließend versicherte man sich der gegenseitigen Freundschaft. Diese Freundschaft wurde dann in den folgenden Wochen auf eine harte Probe gestellt. Kohl konnte nicht ahnen, dass Mitterrand am Abend zuvor die Bilder der DDR-Bürger, die nach West-Berlin strömten, im privaten Kreis mit den Worten kommentiert hatte: »Diese Menschen spielen mit einem Weltkrieg«, wie Mitterrands Berater Jacques Attali seinem Tagebuch anvertraute. Von anderen französischen Diplomaten wurde diese Äußerung später dementiert. Mitterrand spielte in den folgenden Wochen jedenfalls eine äußerst dubiose Rolle, fast schon ein Doppelspiel.

Nach dem Gespräch mit Mitterrand telefonierte Kohl mit Egon Krenz, der sich einmal mehr als orthodoxer Kommunist zeigte. Er wolle ihm sagen, so Kohl, »dass ich [sie] sehr, sehr begrüße, diese sehr wichtige Entscheidung der Öffnung«, dass jetzt aber nicht »Aufgeregtheit«, sondern »eine ruhige Gelassenheit« angebracht sei, »um die richtigen Entscheidungen zu treffen«. Er habe den »dringenden Wunsch«, in sehr naher Zukunft mit Krenz zusammenzukommen, um in einem offenen und direkten Gespräch einmal zu überlegen, »was geht und was nicht geht«. Für Krenz war wichtig, bei der praktischen Durchführung »überall Sachlichkeit, Berechenbarkeit und guten Willen« an den Tag zu legen: »Denn nach wie vor bleibt ja die Grenze.« Er bat Kohl mitzuhelfen, bestimmte Emotionen auszuräumen, die »nun am liebsten alles über Nacht beseitigen möchten. Aber die Grenze durchlässiger zu machen, bedeutet ja noch nicht, die Grenze abzubauen. Da wäre ich Ihnen also sehr dankbar, wenn Sie in dieser Beziehung beruhigend einwirken könnten.« Kohl erwiderte, er habe in dieser Situation immer wieder darauf hingewiesen, dass es jetzt darauf ankomme, »jede Form von Radikalisierung zu vermeiden«. Dann kam Krenz auf die Wiedervereinigung zu sprechen. Er gehe davon aus, dass beide »absolut übereinstimmten«, dass »sie gegenwärtig« nicht auf der Tagesordnung stehe, worauf Kohl klarmachte, dass beide bei diesem Thema »vom Grundverständnis« her ganz unterschiedlicher Meinung seien, »weil wir halt auf der Verfassung der Bundesrepublik Deutschland vereidigt sind, und da steht ja das Selbstbestimmungsrecht drin«. Dann beruhigte er Krenz: »Bloß, das ist jetzt nicht das Thema, das uns im Augenblick am meisten beschäftigt. Sondern im Moment muss uns beschäftigen, dass wir zu vernünftigen Beziehungen zueinander kommen.« Worauf Krenz antwortete: »Ja, und wir sind für diese Beziehungen bereit.«

Wenig später führte Kohl das wohl wichtigste Telefonat an jenem Tag – mit Gorbatschow. Die Frage war: Wie würde Gorbatschow reagieren? Wie würde er seinen Vorschlag für eine Vier-Mächte-Konferenz interpretieren? Welche Rolle spielte das persönliche Vertrauensverhältnis? Welche seine Zusage vom Juni, ihm wirtschaftlich zu helfen? Kohl war sich im Klaren darüber, dass es Gorbatschow in erster Linie darum ging, kein Chaos entstehen und die Dinge sich in Ruhe weiterentwickeln zu lassen. Genauso begann er dann auch das Gespräch. Er wiederholte, was er zu Krenz gesagt hatte, dass die Reformen in Ruhe abgewickelt werden sollten, dass er, Kohl, »jede Form der Radikalisierung« ablehne, dass die Menschen in der DDR bleiben sollten, »im Interesse der Stabilität«. Und er betonte noch einmal, dass er »keine Destabilisierung wolle, und dabei bleibe er«. Um im selben Atemzug auf die erkennbaren wirtschaftlichen Schwierigkeiten der Sowjetunion hinzuweisen und auf die Bonner Absprachen vom Juni des Jahres. Er bat Gorbatschow ausdrücklich, ihm zu sagen, »wenn er helfen könne«.

Als Gorbatschow sich für den Anruf bedankte und meinte, es entstehe auch in dieser Hinsicht eine gute Tradition und dies entspreche dem Niveau sowohl der deutsch-sowjetischen als auch der persönlichen Beziehung zwischen ihnen beiden, warf Kohl ein: »Vor allem der persönlichen Beziehung«.

Gorbatschow ging anschließend auf die weitere Entwicklung ein: zwischen Moskau, Ost-Berlin und Bonn würde eine Art Dreieck entstehen, »in dem alles balanciert und ausgewogen sein müsse«. Man müsse vorsorgen, »dass kein Chaos entstehe«. Kohl bestätigte das und verwies auf das Maß der Übereinstimmung mit Gorbatschow. Und dann: »Man erlebe eine historische Stunde.« Bei allem, was man tue, müsse man die Folgen bedenken, persönliche Verantwortung sei gefordert, die er besonders verspüre: »Kein Bundeskanzler sei bisher in einer Lage gewesen, die so viel Verantwortungsgefühl erfordert habe wie die jetzige.« Und dann ging er noch einmal auf das Vertrauensverhältnis zu Gorbatschow ein und meinte, er wisse, dass die persönlichen Beziehungen kein Problem lösen, »die Lösung jedoch erleichtern könnten«. Abschließend wies Gorbatschow noch einmal darauf hin, dass es wichtig sei, »umsichtig zu handeln«. Nach dreißig Minuten war das Gespräch beendet. Kohl und Teltschik waren erleichtert: Gorbatschow hatte keine Kritik geübt und seinen Vorschlag von den Vier-Mächte-Gesprächen nicht erwähnt. »Keine Drohung, keine Warnung, nur die Bitte, Umsicht walten zu lassen«, notierte Teltschik.

Am 12. November setzte Kohl seinen Polenbesuch fort, wo er am 14. November in den ehemaligen nationalsozialistischen Vernichtungslagern Auschwitz und Birkenau Kränze niederlegte. Dieser Besuch hinterließ einen nachhaltigen Eindruck bei Kohl und führte später dazu, dass er sich sehr entschieden für die Gedenkstätte für die ermordeten Juden in Berlin einsetzte, die ohne ihn nicht gekommen wäre. Gegen vielfachen Widerstand setzte Kohl sowohl das Modell wie auch den Platz in der Nähe des Brandenburger Tores als Gedenkstätte durch. (Zu dieser Grundhaltung gehören auch die Besuche Kohls in Israel – Ausdruck seines besonderen Verhältnisses zu jenem Staat, in der Tradition von Konrad Adenauer und Ludwig Erhard. Und auch die finanzielle und militärische Hilfe, die ebenfalls fortgesetzt wurde, etwa 1991 während des Golfkrieges. Als er 1984 in Israel von der »Gnade der späten Geburt« sprach, wurde das von seinen Kritikern »bewusst missverstanden und falsch interpretiert«.)

Ein weiterer wichtiger Punkt bei dieser Polenreise Kohls war der Besuch in Kreisau und die auf Deutsch gehaltene Messe. Beim Friedensgruß umarmten sich Kohl und der polnische Ministerpräsident Mazowiecki. Kohl erklärte anschließend, dies sei ein wichtiger Augenblick im Leben beider Völker: »Wir haben die Geschichte gespürt. Sie war da, auf diesem Platz mitten in Europa.« Dass er mit dem polnischen Ministerpräsidenten die Worte gewechselt habe: »Gott segne dich, Gott segne dein Volk«, dürfe nicht ohne Folgen bleiben. Am Ende wurden zahlreiche Verträge unterschrieben, mit denen das deutsch-polnische Verhältnis langfristig verbessert werden sollte.

In einer wichtigen Frage gab es aber später zwischen Bonn und Warschau Irritationen. Kohl hatte sich bei der Oder-Neiße-Grenze auf den Warschauer Vertrag und die dort festgelegte Unverletzbarkeit dieser Grenze bezogen, gleichzeitig aber auch klargemacht, dass eine definitive Festlegung einem Friedensvertrag vorbehalten sein müsse. Im Bundestag meinte der FDP-Vorsitzende Otto Graf Lambsdorff zur weiteren Ausgestaltung des deutsch-polnischen Verhältnisses: »Die Unverrückbarkeit der polnischen Westgrenze muss ein Fixpunkt deutscher Politik sein; jede andere Haltung brächte das Konzept einer europäischen Friedenserwartung in Gefahr.« Die Frage der Oder-Neiße-Grenze sollte auch in den folgenden Wochen und Monaten ein wichtiger Diskussionspunkt bei der Weiterentwicklung der deutschen Frage sein.

18. DER ZEHN-PUNKTE-PLAN

Am 16. November 1989 konkretisierte Helmut Kohl in einer Regierungserklärung vor dem Bundestag das, was er am 8. November ebenfalls im Bundestag verkündet hatte: nämlich die Bedingungen der Bonner Hilfe für Ost-Berlin: Die DDR müsse grundlegende Reformen in Angriff nehmen, von freien, gleichen und geheimen Wahlen über eine freie Presse bis hin zur Marktwirtschaft. Und dann ging er einen Schritt weiter und sprach erstmals das Thema deutsche Einheit an: »Wir sind noch lange nicht am Ziel. Das Recht aller Deutschen auf Selbstbestimmung ist noch nicht verwirklicht; der Auftrag des Grundgesetzes, die Einheit und Freiheit Deutschlands zu vollenden, ist noch nicht erfüllt.« Die Menschen in der DDR müssten selbst entscheiden, welchen Weg sie gehen wollten: »Sie wissen am besten, was sie wollen.« Das gelte auch für die Einheit. Und dann die Klarstellung: Man werde »jede Entscheidung, die die Menschen in der DDR in freier Selbstbestimmung treffen, selbstverständlich respektieren«.

Inzwischen gab es tatsächlich Reformen in der DDR, aber aus Bonner Sicht waren sie nicht grundlegend. Immerhin: Am 13. November wurde Hans Modrow, der SED-Bezirkssekretär von Dresden, als Nachfolger von Willi Stoph zum neuen Ministerratsvorsitzenden gewählt. Modrow war kein Hardliner und war für viele auch im Westen eine Art Hoffnungsträger. Seine Politik war von Anfang an klar: Erhalt der DDR als eigenständiger Staat – bei gleichzeitiger Unterstützung aus Bonn. Das wurde bereits in seiner Regierungserklärung am 17. November deutlich. Er kündigte konkrete Reformen an, die »die Legitimation der DDR als sozialistischer Staat, als souveräner deutscher Staat erneuern« würden; die neue Realität würde »den ebenso unrealistischen wie gefährlichen Spekulationen über eine Wiedervereinigung« eine Absage erteilen. Dann sprach er von der Möglichkeit einer »kooperativen Koexistenz«. Und dann führte er einen neuen Begriff ein: »Vertragsgemeinschaft« auf der Grundlage der bestehenden Verträge und Abkommen, in der die beiden Staaten zu Stützen des »gemeinsamen europäischen Hauses« werden könnten.

Für den Augenblick schien Modrow damit in der deutschen Frage die Meinungsführerschaft übernommen und Bonn in die Defensive gedrängt zu haben. Aber das schien nur so. Kohl reagierte meisterlich, virtuos. Er war entschlossen, Modrow in dieser Frage nicht die Initiative zu überlassen. Und er war davon überzeugt, dass sich auch die neue Regierung der DDR ohne wirkliche Reformen nicht würde halten können. Modrow hatte kaum von »Vertragsgemeinschaft« gesprochen, da rief Kohl Bush an und informierte ihn über die von Modrow angekündigten Reformen, die sich »sehr im Allgemeinen bewegt« hätten, vor allem im wirtschaftlichen Bereich, aber die Bürger interessierten vor allem freie Wahlen, die freie Zulassung von Parteien, freie Gewerkschaften und eine freie Presse; das alles sei nicht angesprochen worden. Würden solche Reformen nicht durchgeführt, würde die Regierung Modrow scheitern. Gleichzeitig versicherte er Bush, er werde bei seinem bisherigen Kurs bleiben und »nichts tun, was die Lage destabilisieren könne«. Er dankte Bush noch einmal für dessen öffentliche Äußerungen und die Unterstützung der Bonner Politik. Bush bestätigte erneut, dass die USA die Reformen weiter unterstützen würden, mahnte aber, man müsse unvorhersehbare Reaktionen in der DDR oder der Sowjetunion vermeiden: »Deshalb müsse man von großer Rhetorik Abstand nehmen. Man müsse deshalb auch davon absehen, über die Wiedervereinigung oder einen Zeitplan zum Abriss der Mauer zu reden.« Im Protokoll, das Condoleezza Rice anfertigte, heißt es an dieser Stelle: »Wir werden nicht mit großen Reden zur Wiedervereinigung ermuntern und auch keine Zeitpläne aufstellen. Wir werden das Problem nicht verschärfen, indem der Präsident der Vereinigten Staaten vor der Berliner Mauer posiert.« Bush wies auf sein anstehendes Treffen mit Gorbatschow auf Malta hin und bat um die persönliche Stellungnahme Helmut Kohls, auf die er »größten Wert« lege. Er wolle sicher sein, »dass er jede Nuance der deutschen Frage erfasst habe«.

Für den nächsten Tag, den 18. November, hatte Mitterrand zu einem EG-Sondergipfel nach Straßburg eingeladen – auf Antrag von Margaret Thatcher, die über die Rede Kohls im Bundestag mehr als beunruhigt war. Der Ton mit Blick auf eine Wiedervereinigung hatte sich aus ihrer Sicht geändert. Vor diesem Treffen hatte sie in einer Botschaft an Bush noch einmal klargemacht, dass das Thema zurzeit nicht diskutiert werden sollte. Am 18. eröffnete Mitterrand die gemeinsame Sitzung mit der Frage nach den Grenzen in Europa und ob das Thema diskutiert werden sollte. »Dann«, so Thatcher in ihren Erinnerungen »Downing Street No. 10«, »›beehrte‹ uns Kohl mit einer 40-minütigen Rede.« Kohl schreibt in seinen »Erinnerungen«, dass während des Essens über die Wiedervereinigung »noch nicht einmal geflüstert« wurde. Kohl: »Die Stimmung war gereizt. Und Thatcher machte das auch klar. Jeder Versuch, die Grenzen in Europa zu verändern oder die deutsche Einheit anzustreben, würde Gorbatschows Position unterminieren und auch Pandoras Büchse von Grenzberichtigungen in ganz Europa öffnen.« Kohl zog sich auf jene Linie zurück, die auch in Washington gefahren wurde: statt Wiedervereinigung Selbstbestimmung. Auch dem deutschen Volk müsse dies zugestanden werden. Und dann zitierte er aus einer Erklärung des NATO-Gipfels von 1970, in der die NATO sich positiv zur Wiedervereinigung geäußert hatte. Für Thatcher war dies kein Argument. Kohl: »Sie drückte eigentlich in der Antwort nur das aus, was so manch anderer auch dachte: Man hatte von Wiedervereinigung gesprochen in der Hoffnung, dass sie nie stattfinden werde.«

Straßburg war ein erstes Anzeichen dafür, wie die europäischen Verbündeten beim Thema Wiedervereinigung reagieren würden. Umso erstaunlicher und auch risikobereiter ist jener Schritt, den Kohl dann unternahm.

Am 17. November hatte Horst Teltschik in einer Vorlage für den Bundeskanzler die Haltung der drei Westmächte und der Sowjetunion zur Wiedervereinigung bis zu diesem Zeitpunkt bilanziert. Da hieß es unter anderem:

»Unter den drei Westmächten gibt es eine deutlich abgestufte Haltung zur Wiedervereinigung: Am positivsten die USA, zurückhaltender Frankreich und gegenüber beiden deutlich abfallend Großbritannien. [...] Der mögliche Prozess einer Wiedervereinigung wird – soweit überhaupt angesprochen – als langsam, vorsichtig, demokratisch und evolutionär gewünscht, ebenso wie eine Einbettung in den europäischen Einigungsprozess.

Die besondere Verantwortung (Deutschlandvertrag) wird – wenn überhaupt – dann nur sehr zurückhaltend zum Ausdruck gebracht. [...] Die USA haben sich insgesamt – wenn auch mit Nuancen – am deutlichsten für die Wiedervereinigung ausgesprochen. Dies gilt insbesondere für Präsident Bush.«

Im Gegensatz dazu verträten Gorbatschow und Schewardnadse klar die Position, dass die Wiedervereinigung »jetzt nicht zur Debatte stehe und lediglich in einer fernen, nicht sehr konkret gesehenen Zukunft, nur bei Auflösung der Militärpakte, Beachtung der bestehenden Grenzen und nicht in Form einer ›Absorbierung‹ der DDR denkbar sei«.

Die Modrow-Regierung beschäftigte sich inzwischen mit vielen Dingen, die z. T. »überflüssig waren«, wie Ilko-Sascha Kowalczuk in seinem Buch »Endspiel« feststellt. Sie hob z. B. die Erlasse über Ordensverleihungen auf oder bestimmte, was mit »Wanderfahnen« geschehen sollte. Es gab allerdings auch ganz andere Beschlüsse, wie jenen über den Erwerb von Eigenheimen zu überaus günstigen Konditionen durch die Mieter; damit konnte sich die alte SED-Nomenklatura noch kurz vor Torschluss preiswert Grund und Boden sichern. Außerdem durfte fortan jeder »Kaderakten«, d. h. Personalakten, selbst bereinigen, und schließlich wurden auch noch MfS-Mitarbeiter in staatlichen Stellen untergebracht. »Das alles«, so Kowalczuk, »war nicht geeignet, den Zerfallsprozess der DDR und der SED aufzuhalten.«

In einer Vorlage aus dem Kanzleramt an Kohl über die Stimmung in der Bevölkerung der DDR hieß es: »In der politischen Führungselite herrscht der Eindruck, dass nichts mehr kalkulierbar ist. Niemand wagt mehr Prognosen, zu welchen politischen Aktionen und Zielen die Menschen sich hinwenden werden.« Ausgangspunkt sei die Frage der Korruption der bisher Herrschenden, wo ein sofortiges Zur-Rechenschaft-Ziehen gefordert werde. Weiter heißt es: »Im Vordergrund der Diskussion steht ebenso die Forderung, Konsum jetzt zu erhalten. Daneben kommt eine Stimmung des ›Rette-sich-wer-kann‹ auf.«

Der Modrow-Regierung fehlten die Mittel, um die prekäre Versorgungslage abzumildern. Bei allen Diskussionen waren die Menschen in der DDR schon einen Schritt weiter. Am 13. November waren bei der Leipziger Montagsdemonstration Sprechchöre »Deutschland, einig Vaterland!« zu hören. Und aus der bislang gerufenen Parole: »Wir sind das Volk!« war am 19. November zum ersten Mal »Wir sind *ein* Volk!« geworden.

In dieser Situation ergriff Kohl mit seinem Zehn-Punkte-Plan die Initiative. Der Anstoß dazu kam, grotesk genug, von der Sowjetunion und war das Ergebnis eines groben Missverständnisses, das fast überall zu erheblichen Irritationen führte. Die zehn Punkte haben ihren Ursprung in den Überlegungen von Valentin Falin, dem Leiter der Internationalen Abteilung des ZK der KPdSU. Der britische Botschafter in Moskau beschrieb Falin in jenen Tagen als einen Mann, der von Depressionen geplagt mit ansehen müsse, wie sein Lebenswerk den Bach runtergehe. Das war die DDR. Falin war kein besonderer Freund der Westdeutschen. In diesem Sinne hatte Modrow die »Vertragsgemeinschaft« ins Gespräch gebracht – mit zwei gleichberechtigten Staaten. Die DDR war keinesfalls gleichberechtigt, sollte es aber in dieser Vertragsgemeinschaft werden, und das war wohl nur in einer Art Konföderation möglich. Im Gespräch mit Hans Modrow und Egon Krenz stellte Falin dies zur Diskussion: »Ich denke mal laut: Wohin wird es weitergehen?« Er bezog sich dabei auf die Diskussion Ende der fünfziger, Anfang der sechziger Jahre, als eine Konföderation öffentlich diskutiert worden war.

Falin sah in einer solchen Konföderation eine Möglichkeit, langfristig einen einigermaßen gleichberechtigten Status für die DDR zu schaffen, bevor alles zusammenbrach. Tschernajew, bekanntlich Rivale Falins, der allerdings einen engeren Draht zu Gorbatschow hatte als Falin, verhinderte, dass Falin seine Überlegungen Gorbatschow direkt vortragen konnte. Falin suchte darum einen anderen Weg, um seine Ideen dem Kremlchef nahezubringen. Er benutzte dabei seinen »back-channel« Nikolai Portugalow, Mitarbeiter seiner Abteilung. Der sollte Teltschik informieren, in der klaren Erwartung, dass Kohl den Kontakt zu Gorbatschow suchen würde, um die Sache mit ihm zu besprechen. In dem Punkt hatte Portugalow allerdings keine klare Anweisung, und insofern trug er dies auch nicht vor.

Falin entwarf in der Folge zwei Papiere: ein »offizielles«, sozusagen die »amtliche Position«, abgesprochen mit Tschernajew, in dem die Dinge bestätigt wurden, die Kohl Gorbatschow zugesagt hatte: keine Verschärfung der Lage etc. etc. Dann ein »inoffizielles«, nicht amtliches Papier bezüglich einer Konföderation. Am 21. November traf Teltschik im Bundeskanzleramt mit Portugalow zusammen. Er erlebte den sowjetischen Gesprächspartner »um vieles ernsthafter« als sonst, wie er seinem Tagebuch anvertraute. Portugalow übergab zunächst das offizielle Papier und dann »fast feierlich« ein handgeschriebenes Papier – das inoffizielle –, in dem die sowjetischen Überlegungen zur weiteren Entwicklung in der DDR niedergelegt waren. Es sei »die Stunde gekommen, das Verhältnis der Bundesrepublik Deutschland zur DDR von allen Relikten aus der Vergangenheit zu befreien«, hieß es da. Würde die Bundesregierung die Frage der Wiedervereinigung bzw. der Neuvereinigung in die praktische Politik einführen, dann sollte man über zukünftige Allianzen nachdenken – auch über den Austritt aus den bestehenden Verträgen. Und dann sehr dezidiert: »Die Sowjetunion denke im Zusammenhang mit der deutschen Frage bereits über alle möglichen Alternativen nach, sogar über gewissermaßen ›Undenkbares‹. Sie habe von Anfang an gewusst, worauf sie sich bei der Umgestaltung auch in der DDR einlasse.«

Teltschik war wie »elektrisiert«. Die Sowjetunion, so notierte er, identifiziere sich mit der Entwicklung in der DDR und »übernimmt mit dem Hinweis auf die Perestroika sogar die Verantwortung dafür«. Von sowjetischer Seite waren konkrete Fragen und Überlegungen angestellt worden, die in Richtung deutsche Einheit deuteten. Für Teltschik war schlagartig klar: Bei diesem Thema war man in der sowjetischen Führung schon viel weiter als im Kanzleramt. Das war der entscheidende Irrtum. Unmittelbar nach dem Gespräch informierte Teltschik jedenfalls Kohl: »Wenn schon Gorbatschow und seine Berater die Möglichkeit der Wiedervereinigung und die damit zusammenhängenden Fragen« diskutierten, sei es »höchste Zeit«, deutschlandpolitisch »in die Offensive« zu gehen.

Am 23. November schlug Teltschik daraufhin im Kanzlerbungalow vor, ein »Wiedervereinigungskonzept« zu erarbeiten, »das einen gangbaren Weg zur deutschen Einheit aufzeigt«. Er plädierte für einen »Überraschungseffekt«: Der Kanzler müsse während der Debatte über den Bundeshaushalt am 28. November einen realistischen Weg zur Wiedervereinigung aufzeigen. Nicht einmal die Mitglieder der Bundesregierung sollten informiert werden. Damit stieß Teltschik im Kanzleramt jedoch zunächst auf Widerstand. Seiters und der Leiter des Arbeitsstabes »Deutschlandpolitik«, Carl Duisburg, bezweifelten, ob es mit Blick auf das westliche Ausland und die möglichen Wirkungen auf die Bevölkerung der DDR taktisch klug sei, Kohl mit einem solchen Plan an die Öffentlichkeit treten zu lassen. Man einigte sich schließlich darauf, einen Entwurf zu erarbeiten und dann den Kanzler entscheiden zu lassen. An den folgenden zwei Abenden wurde dieses Papier im Kanzleramt in ganz kleinem Kreis von Horst Teltschik, Wolfgang Schäuble, Eduard Ackermann und Rudolf Seiters erarbeitet. Teltschik hatte die Idee, das Programm in zehn Punkte zu gliedern.

Am 25. November stand der Entwurf, nachdem man vor allem über die Frage gestritten hatte, ob der Bundeskanzler konföderative Strukturen oder eine deutsche Föderation vorschlagen sollte. Die von Modrow vorgeschlagene »Vertragsgemeinschaft« liefe auf eine Konföderation hinaus, d.h. eine Zusammenarbeit von zwei Staaten, während es Kohl um eine Föderation ging, also um die staatliche Einheit Deutschlands. Der Entwurf wurde Kohl am Wochenende des 25./26. November nach Oggersheim geschickt, wo er den Text nicht nur redaktionell überarbeitete, sondern in einigen Punkten eine klare inhaltliche Präzisierung der deutschlandpolitischen Zielsetzung einfügte. So setzte er die Formulierung, »konföderative Strukturen zwischen beiden Staaten in Deutschland zu entwickeln mit dem Ziel, eine Föderation, d.h. eine bundesstaatliche Ordnung, in Deutschland zu schaffen«, als Punkt 5 ein, wobei das nur mit einer demokratisch legitimierten Regierung möglich war. So hieß es dann, man sei bereit, den Gedanken der Vertragsgemeinschaft aufzugreifen, aber »auch bereit, noch einen entscheidenden Schritt weiter zu gehen« – und dann kam der Weg hin zur Föderation. Auch die Begriffe »Wiedervereinigung« und »wiedervereinigt« setzte erst Kohl in den Entwurf ein.

Die endgültige Formulierung von Punkt 10: »Die Wiedervereinigung, d. h. die Wiedergewinnung der staatlichen Einheit Deutschlands«, kam im Gespräch mit dem niedersächsischen Ministerpräsidenten Ernst Albrecht zustande, der sich am Montag, dem 27. November, zufällig im Kanzleramt aufhielt. Ein drittes Anliegen des Kanzlers war schließlich noch die stärkere Akzentuierung von Punkt 7, betreffend die Europäische Gemeinschaft als »Grundlage einer wirklich umfassenden europäischen Einigung« und den Prozess der »Wiedergewinnung der deutschen Einheit« als »europäisches Anliegen«. Der Schlusssatz in Punkt 5 blieb besonders im Gedächtnis, nämlich: »*Wie* ein wiedervereinigtes Deutschland schließlich aussehen wird, das weiß heute niemand, *dass* aber die Einheit kommen wird, wenn die Menschen in Deutschland sie wollen, dessen bin ich sicher.«

Kohl trug die zehn Punkte am 28. November im Bundestag im Rahmen der für diesen Tag angesetzten Haushaltsdebatte vor. Er hatte weder die Alliierten noch die Mitglieder der Bundesregierung vorher unterrichtet, »um den Überraschungseffekt zu sichern«. Die Punkte sollten nicht zerredet werden. Es war nicht die »Stunde der Bedenkenträger«, wie Kohl in seinen »Erinnerungen« schreibt: »Jetzt war die Stunde der Offensive. Es war der Moment, in dem der deutsche Bundeskanzler sich die Initiative in Richtung deutsche Einheit nicht mehr aus der Hand nehmen lassen durfte.«

Im Bundestag gab es zunächst selbst von Seiten der SPD spontane Zustimmung, die Karsten Voigt formulierte. Wenige Tage später rückte allerdings die Führungsspitze der Partei um Oskar Lafontaine mit scharfen Tönen vom Zehn-Punkte-Plan und von der Wiedervereinigung überhaupt ab. Führende Politiker der SPD wollten keine Wiedervereinigung. Für Hans-Dietrich Genscher war das, was da geschah, »außergewöhnlich«. Dass zwischen ihm und Kohl auf dem Wege zur Vereinigung nicht immer nur Harmonie herrschte, wurde auch im Nachhinein an Genschers Reaktion auf den Zehn-Punkte-Plan deutlich: »Normalerweise hätte das zu einer Koalitionskrise führen müssen. Ich habe in meiner Partei alles getan, dass es nicht dazu kam. Denn in diesem Augenblick ging es nicht darum, wie eine Koalition zusammenarbeitet, sondern es ging darum, dass die deutsche Regierung handlungsfähig ist.« Für ihn fehlten in Kohls Plan wichtige Elemente: »Unser Verbleiben im westlichen Bündnis; die klare Notwendigkeit, dass mit der deutschen Vereinigung die Ostgrenze feststand. Aber mehr noch erstaunte mich eigentlich, dass von konföderativen Strukturen die Rede war. Denn die Entwicklung von unten war viel weiter, die Einheit von unten.« Genscher verweist dann auf die Parolen der Demonstranten in der DDR: »Sie wollten keine Konföderation haben und keine konföderativen Strukturen, sondern der Zug lief auf die deutsche Vereinigung zu. Das war das Thema, aber nicht eigentlich ein sich über Jahre erstreckendes Nebeneinander der beiden deutschen Staaten.«

Der Zehn-Punkte-Plan war, so Rudolf Seiters später, »eine Sensation, ein Trompetenstoß. Es war eine Fanfare, die allerdings in ihrem Ton dadurch gedämmt war, dass alle Überlegungen über konföderierte Strukturen und spätere Wiedervereinigung eingebunden waren in den gesamteuropäischen Kontext.« Das war von Anfang an die Linie von Helmut Kohl und sie blieb es bis zum Schluss: Die deutsche Frage und die europäische Einigung waren die zwei Seiten ein und derselben Medaille. Und das Recht auf Selbstbestimmung stand auch den Deutschen zu. Aber der Zehn-Punkte-Plan war eben auch, wie Helmut Kohl an anderer Stelle später formulierte, »ganz dünnes Eis«. In der Tat war es so. In seinen »Erinnerungen« weist Kohl darauf hin, dass er nur einen Verbündeten vorab in einem verschlüsselten Schreiben informiert habe, das »wegen der Zeitverschiebung Stunden früher nach Washington gesandt wurde«. Dieses Schreiben war die Antwort auf die Bitte des amerikanischen Präsidenten, die er in einem Telefonat mit Kohl am 17. November ausgesprochen hatte, jede Nuance der deutschen Frage für sein Treffen mit Gorbatschow in Malta kennenzulernen. In dem Schreiben machte Kohl nun genau diese Position deutlich, versicherte, dass die Bundesregierung nicht versuchen werde, »das nationale Ziel der Deutschen im Alleingang zu erreichen«, dass man im Gegenteil die »unverbrüchliche Treue zum Bündnis bekräftigt« und die »aktive Mitarbeit an der europäischen Integration noch verstärkt« habe. Eher beiläufig waren am Ende in Kurzfassung die zehn Punkte aufgelistet, die Kohl im Bundestag vortragen wolle. Kohl schloss diesen Brief mit dem Satz: »Lieber George, ich wäre Ihnen besonders verbunden, wenn Sie gegenüber Generalsekretär Gorbatschow die in diesen 10 Punkten zum Ausdruck kommende Politik unterstützen und ihm verdeutlichen würden, dass nicht das Festhalten an überkommenen Tabus, sondern dieser zukunftsgerichtete Kurs im besten Interesse auch seines Landes liegt.«

Bush erhielt diesen Brief zeitgleich mit der Verkündung der zehn Punkte durch Kohl im Bundestag. Das war kein Übermittlungsfehler, wie man allerorten lesen kann, sondern Absicht. Was damit beabsichtigt war, war klar: Bush sollte keine Gelegenheit haben, etwas gegen den Zehn-Punkte-Plan zu sagen. Washington war durch dieses Vorgehen konsterniert. Sicherheitsberater Brent Scowcroft kommentierte: »Wenn Kohl so weitermacht, jedes Mal, wenn er glaubt, wir würden Einwände vortragen, dann haben wir in Zukunft wenig Einfluss.« Die Amerikaner sorgten in der Folge dafür, dass es diese Art von »Missverständnis« nicht mehr geben würde. Zelikow und Rice berichten, dass die US-Administration sofort begriffen habe, »dass sich Kohl mit dem Zehn-Punkte-Programm weit aus dem Fenster gelehnt hatte«. Von daher wollte man Kohl denn auch öffentlich unterstützen. Von dem Plan überrascht und ohne jegliche Hintergrundinformation stellte sich Bush dann öffentlich hinter den Kanzler.

Scowcroft fand den Zehn-Punkte-Plan »ziemlich gewagt«. Für ihn war er ein Zeichen dafür, dass Kohl sehr viel schneller vorgehen wollte, als es die Belastbarkeit der Systeme hergab. Die schnelle Reaktion von Bush erstaunte ihn ein wenig und war für ihn nur durch die ganz besondere Beziehung der zwei Politiker zueinander zu erklären, die wirklich ein sehr großes gegenseitiges

Vertrauen entwickelten. Scowcroft: »Die sprachen gar nicht so viel am Telefon miteinander, aber sie empfanden füreinander große Sympathie.« In dem Zusammenhang bezeichnet Scowcroft Kohl als keine dynamische Führungsperson, wenn man die Art betrachtet, wie er Deutschland regierte. Für Scowcroft war Kohl in der Wiedervereinigungsfrage anfangs ein »sehr vorsichtiger, behutsamer Politiker, aber er schaffte es, dass es funktionierte. Er war nicht annähernd so spektakulär wie manch einer seiner Vorgänger, aber sehr, sehr kompetent.« Kohl beeilte sich, Bush am 29. November anzurufen. Und da stellte der amerikanische Präsident klar: »Wir befinden uns auf einer Wellenlänge.« Und am selben Tag betonte Bush gegenüber der Presse: »Ich bin zuversichtlich. Ich denke, wir sind auf dem richtigen Weg.«

Zur Reaktion von Bush auf den Zehn-Punkte-Plan meinte Wolfgang Schäuble später: »Das ist Vertrauen. Und das war das Kapital. Und das hat funktioniert. Stellen Sie sich vor, der amerikanische Präsident hätte sich damals von diesem Plan distanziert ...«

Am 3. Dezember unterrichtete US-Präsident George Bush in Brüssel die NATO-Partner über seine Begegnung mit Gorbatschow an Bord des sowjetischen Kreuzfahrtschiffes »Maxim Gorki« vor Malta. Am Abend des 3. trafen sich Kohl und Bush zum ersten Mal nach dem Mauerfall. Das Gespräch fand von 20.30 Uhr bis 22.30 Uhr statt. Bush meinte, die deutsche Frage sei zwar keine zentrale Frage beim Gipfeltreffen gewesen, aber Gorbatschow habe bei der Erörterung der deutschen Frage dennoch »recht gespannt« gewirkt und gesagt, »Kohl gehe zu schnell voran«. Er, Bush, habe dazu bemerkt, dies sei eine »emotional sehr geladene Zeit für die Deutschen. Er kenne Kohl. Er sei vorsichtig und würde die Dinge nicht überstürzen.«

Dann erläuterte Kohl dem amerikanischen Präsidenten ausführlich die Lage in der DDR und dann seinen Zehn-Punkte-Plan. Er versicherte, dass er nichts tun werde, was »unvernünftig« sei. Er habe auch keinen Zeitplan für die Durchführung seines Programms gemacht. Die zehn Punkte seien keine Alternative zur europäischen Einigung. Im Gegenteil, »die europäische Einigung sei eine Voraussetzung für sein Programm«. Und dann nannte er zwei Gründe, warum aus seiner Sicht die Dinge überhaupt so weit gediehen seien, nämlich zum einen, weil er 1982/83 vor der Drohung nicht zurückgewichen sei und die Stationierung der Pershing-II-Raketen durchgesetzt habe. Als die NATO sich als stabil erwiesen habe, habe Gorbatschow eingesehen, dass er den Rüstungswettlauf verliere und seine wirtschaftliche Lage immer schlechter werde. Und dann betonte er: Die Bundesrepublik Deutschland sei ein integraler Bestandteil der Europäischen Gemeinschaft und der westlichen Allianz. Das Problem in der Europäischen Gemeinschaft sei ein anderes; es gebe 62 Millionen Deutsche in der Gemeinschaft, was schon wirtschaftlich für die anderen schwer zu ertragen sei; weitere 17 Millionen dazu seien zu viel; dies sei das »Hauptproblem«. Und dann betonte er noch einmal, dass »unsere Position im Bündnis und in der Europäischen Gemeinschaft fest sei«. Er ging nochmals auf den letzten Punkt seines Zehn-Punkte-Plans ein, wo er von einer Föderation gesprochen hatte. Dazu könne er Gorbatschow nur sagen, dies sei »eine Sache der Zukunft«, die sich erst in Jahren verwirklichen werde. Er könne als deutscher Bundeskanzler nicht sagen, dies werde nie eintreten. Er könne aber sagen, dass alles in Übereinstimmung mit den Nachbarn geschehen solle.

Bush ging noch einmal auf Gorbatschows Problem ein, nämlich die Geschwindigkeit, mit der sich die Entwicklung vollziehe. Für Gorbatschow sei es »beunruhigend, nicht absehen zu können, wo er morgen stehe«, er sehe nicht, wohin die Dinge trieben. Kohl verstand das und betonte, genau aus diesem Grund dürfe man nichts tun, was Gorbatschow beunruhigen könne. Er wolle Gorbatschow »nicht in die Ecke drängen«, wolle aber seine Gesamtpolitik wie bisher weiterbetreiben, und dabei müsse er auch auf die Stimmung im eigenen Land Rücksicht nehmen. Er erwähnte dann die Bemerkung des ehemaligen amerikanischen Außenministers Henry Kissinger, der für die Wiedervereinigung einen Zeitraum von zwei Jahren genannt habe. Das, so Kohl, wäre »ein wirtschaftliches Abenteuer«, das wirtschaftliche Gefälle sei zu groß. Er, Kohl, verspüre keinen Druck, er brauche eine ruhige Periode der Entwicklung, man könne nicht wissen, »was in zehn Jahren sei«. Man dürfe sich nicht unter Druck setzen lassen. Wichtig sei, dass die Menschen in Deutschland sehen, »was der Bundeskanzler wolle«. Die meisten seien damit sehr zufrieden. Die deutsche Frage sei »wie eine Grundwelle gekommen«; deswegen sei es notwendig und wichtig gewesen, dass der deutsche Bundeskanzler sage, »in welche Richtung die Entwicklung gehen sollte«; er habe eine wegweisende Erklärung abgeben müssen, nur so könne er den Kurs seines Landes halten.

Bush wollte dann wissen, wie die westlichen Partner auf den Zehn-Punkte-Plan reagiert hätten. Kohl äußerte sich zu González, Mitterrand, Luxemburg und Belgien und dann meinte er, »London sei sehr verhalten«, was Bush als »das Understatement des Jahres« bezeichnete. Er kannte die Haltung Thatchers, die wenige Tage zuvor in Camp David massiv auf ihn eingeredet hatte. Immerhin äußerte Kohl Verständnis für die Haltung Thatchers; Großbritannien habe im Zweiten Weltkrieg seine Existenz aufs Spiel gesetzt und ein Weltreich geopfert, es habe den Krieg gewonnen und viel verloren. Interessant, dass Kohl schon in diesem Punkt auf die wenig Erfolg versprechende Politik Thatchers einging. An ihrer Stelle, so Kohl, würde er sich an die Spitze der Bewegung setzen, um Deutschland einzubinden. Wir wissen, dass genau das nicht geschah. Das Gespräch endete in vollständiger Harmonie. Kohl war sich nun endgültig sicher: der amerikanische Präsident Bush stand hundertprozentig hinter ihm.

Anders der sowjetische Parteichef. In seiner ersten Analyse der sowjetischen Reaktion kam Teltschik noch am 30. November zu dem Ergebnis, dass die Äußerungen von Außenminister Schewardnadse ein »klarer Hinweis« darauf seien, dass die Sowjetunion »bereit« sei, über den Zehn-Punkte-Plan zu diskutieren. Nichts war falscher als das, wie Hans-Dietrich Genscher am 5. Dezember in Moskau schmerzhaft zur Kenntnis nehmen musste. Inzwischen liegt das sowjetische Protokoll dieses Gesprächs zwischen Genscher, Gorbatschow und Schewardnadse vor, und da kann man schon erstaunliche Dinge lesen. Gorbatschow nannte die zehn Punkte ein Ultimatum gegenüber einem unabhängigen und souveränen deutschen Staat. »Offensichtlich glaubt Kohl, dass seine Musik schon gespielt wird, ein Marsch – und er schon entsprechend marschiert.« Alles, was Kohl ihm, Gorbatschow, am Telefon zugesichert habe, u. a. keine Destabilisierung der DDR, gelte offensichtlich nicht mehr. Er schreibe der DDR vor, was sie zu tun habe. Kohl habe gesagt, dass Präsident Bush die Idee einer Konföderation unterstütze. Was bedeute Konföderation? »Gemeinsame Verteidigung, gemeinsame Außenpolitik. Wo steht dann die BRD? In der NATO, im Warschauer Pakt? Oder wird sie vielleicht neutral? Und was wird die NATO ohne die BRD sein? Und was geschieht dann? Was geschieht mit den bestehenden Verträgen?« An dieser Stelle warf Schewardnadse ein, so wie Bonn jetzt mit der DDR umgehe, werde es dies möglicherweise morgen mit Polen, der Tschechoslowakei und Österreich tun. »Auf jeden Fall ist Kohl kein verantwortungsbewusster und verlässlicher Politiker.«

Genscher war offensichtlich vollkommen überrascht von der Heftigkeit der Vorwürfe. Er verteidigte Kohl, so gut es ging, und beteuerte, die zehn Punkte seien ein langfristiges Programm; die DDR werde selbst entscheiden, was sie tun wolle; der Plan sei kein Ultimatum, worauf Gorbatschow nur meinte, er hätte nicht erwartet, dass Genscher als Kohls Verteidiger auftrete, um dann auf Punkt 3 des Plans einzugehen: »Wie würden Sie das anders nennen als direkte Einmischung in die inneren Angelegenheiten eines souveränen Staates?« Und dann machte Schewardnadse eine mehr als bemerkenswerte Ergänzung: »Selbst Hitler hat sich so etwas nicht geleistet.« Gorbatschow weiter: »Kanzler Kohl behandelt die Bürger der DDR schon wie seine Untertanen. Das ist ganz einfach offener Revanchismus.« Als Genscher auf Punkt 2 hinwies, wurde er von Gorbatschow unterbrochen: »Hören Sie auf, Herr Genscher, das zu verteidigen. Punkt 2 wird vollkommen durch Punkt 3 entwertet. Das ist so wie im zaristischen Russland, wenn man einen politischen Gefangenen entlässt und ihm sagt, er könne sich überall aufhalten, mit Ausnahme der 18 Gebiete in Russland. Es gibt aber nur 18 Gebiete in Russland. Wo, glauben Sie, kann er dann leben? Und genauso ist das mit Punkt 2. Kohls Zehn-Punkte-Plan ist ein politischer Fehler. Wir können das so nicht hinnehmen.« Kohl habe damit das Ende des europäischen Friedensprozesses eingeläutet. In der BRD würden inzwischen einige Leute einigermaßen durcheinander sein. Gorbatschow weiter: »Die Deutschen sind ein emotionales und ein philosophisches Volk. Sie sollten sich daran erinnern, wohin in der Vergangenheit eine unvernünftige Politik geführt hat.« Genscher fast schon verzweifelt: »Wir sind uns der Fehler bewusst, die wir in der Vergangenheit gemacht haben, und wir werden sie nicht wiederholen.« Gorbatschow kam wieder auf die zehn Punkte zurück: »Sie vergessen die Vergangenheit. Jeder kann sehen, dass es Kanzler Kohl eilig hat, dass er die Dinge künstlich vorantreibt und damit die Entwicklung in Europa gefährdet.«

Als Gorbatschow dann meinte, Genscher habe von den zehn Punkten wohl erst im Bundestag erfahren, und Genscher das bestätigte und gleichzeitig den Plan als »interne Angelegenheit« bezeichnete, meinte Gorbatschow eher süffisant: »Sie sehen, dass Ihre interne Angelegenheit jedem Sorgen bereitet.« Die Presseerklärung werde zurückhaltend ausfallen. Dann aber kam die deutliche Warnung: »Denken Sie daran: Wenn einige bei euch nicht zur Besinnung kommen, werden wir morgen eine andere Erklärung abgeben«, worauf Genscher beteuerte: »Seien Sie versichert, dass wir außerordentlich vernünftig handeln werden.«

In Bonn war offensichtlich Schadensbegrenzung angesagt. Teltschik legte Kohl am 6. Dezember die beiden sowjetischen Papiere vor und empfahl dem Kanzler ein persönliches Gespräch mit Gorbatschow. Das aber sollte es erst im Februar 1990 geben, als einige der aufgeworfenen Fragen bereits von den DDR-Bürgern beantwortet worden waren.

Irritationen gab es vor allen Dingen auch in Paris. Wir wissen aus den Memoiren von Jacques Attali, wie dieser am 30. November Genscher anging: »Entweder wird die deutsche Vereinigung nach der europäischen Vereinigung hergestellt, oder Sie haben ein Dreierbündnis Frankreich, Großbritannien, Russland gegen sich, und das Ganze endet als Krieg.«

Attali berichtet, dass François Mitterrand »sehr verärgert« war. Und weiter: »Für ihn war das ein richtiger Bruch, ein Gefühl fehlenden Vertrauens.« Mitterrand habe immer wieder gesagt: »Er hätte es mir sagen müssen, ich hätte nichts gesagt, das hätten wir gemeinsam gemacht.« Attali gibt aber Kohl noch im Nachhinein recht, denn in den zehn Punkten habe es Dinge gegeben, die »nicht akzeptabel waren«. Es stand bekanntlich nichts über die Anerkennung der Grenze, nichts über den deutschen Kernwaffenverzicht und nichts über den Fortschritt der europäischen Vereinigung drin. »So hätten wir in diese zehn Punkte nicht einwilligen können. Und sie uns daher zu sagen und uns in die Lage zu versetzen, sie zu missbilligen, wäre sehr unangenehm gewesen. Sie dagegen öffentlich zu verkünden und sofort in einem Gespräch mit uns, unter Freunden, das Kräfteverhältnis zu schaffen, war ein geschickter Schachzug von ihm.« Attali weiter: »Ich denke, der Kanzler hatte recht; aber das führte zu einem Bruch zwischen François Mitterrand und ihm. Es mussten einige Stunden vergehen; sie durften sich drei, vier Tage nicht sehen, damit François Mitterrand sich beruhigte, damit er erklärte, dass es anders nicht möglich war. Danach suchte man nach einer Lösung.«

Auf diesem Weg spielte Mitterrand eine mehr als zwiespältige Rolle. Er war – und das zeigen neue Dokumente aus London, deren Veröffentlichung Paris verhindern wollte – ein entschiedener Gegner der deutschen Vereinigung. In Moskau und London suchte er Verbündete, um die Vereinigung zu verhindern. Erst als weder Gorbatschow noch Thatcher helfen konnten, gab er sich gegenüber Kohl versöhnlich.

Zunächst suchte Mitterrand eine Lösung mit Gorbatschow. Den traf er am 6. Dezember in Kiew. Dort machte er gegenüber seinem »Freund und Verbündeten« unverhohlen klar, dass er eine deutsche Einigung ablehnte, und drängte den Kremlchef in immer neuen Variationen zum konkreten Eingreifen in die Entwicklung in Deutschland. Gorbatschow hielt aber das Prinzip »Wahlfreiheit« hoch und wich Mitterrand wiederholt aus. Dieses Schlüsselerlebnis dürfte Mitterrand, der fest auf Gorbatschows Widerstand gegen eine deutsche Einigung gezählt hatte, in seiner deutschlandpolitischen Meinungsbildung maßgeblich geprägt haben. Als Verbündete blieb danach nur noch Margaret Thatcher. Zu den

Konsequenzen von Mitterrands Politik gehörte wohl auch sein Besuch in der DDR am 20. Dezember, im Übrigen der erste offizielle DDR-Staatsbesuch eines Regierungschefs der drei westlichen Alliierten.

Wer sich überhaupt nicht beruhigte, war Margaret Thatcher. Das musste Kohl beim Gipfeltreffen des Europäischen Rates am 8./9. Dezember in Straßburg zur Kenntnis nehmen. Niemals zuvor habe er, so berichtete Kohl später, »einen EG-Gipfel in so eisiger Atmosphäre miterlebt«. Die Konferenz war »bitter, gallenbitter. Überrascht war ich nicht. Ich habe keine freundliche Atmosphäre erwartet. Aber dass das so unfreundlich wird, habe ich nicht erwartet.« Er musste eine »fast tribunalartige Befragung« über sich ergehen lassen. Margaret Thatcher giftete: »Zweimal haben wir die Deutschen geschlagen! Jetzt sind sie wieder da.«

Dass Thatcher so reagierte, überraschte Kohl allerdings nicht. Entgegen dem allgemeinen Eindruck nahm er ihr diesen Auftritt nicht einmal besonders übel. Später meinte er: »Sie war die Ehrlichste. So gedacht haben fast alle unsere westlichen Partner und Verbündeten.«

Was hätte er wohl gesagt, wenn er gewusst hätte, was sein »Freund« Mitterrand tatsächlich dachte. Am Rande des Gipfels trafen sich Mitterrand und Thatcher unter vier Augen, wobei der Franzose, ausweislich eines Schreibens von Thatchers außenpolitischem Chefberater Charles Powell an Stephen Wall, Privatsekretär des britischen Außenministers Douglas Hurd, gegenüber der Premierministerin klagte: »Die Russen können nichts tun, die Deutschen aufzuhalten. Die USA haben den Willen dazu nicht. Übrig bleiben nur Frankreich und England. Er macht sich Sorgen, dass er und die Premierministerin sich in der Situation ihrer Vorgänger wiederfinden, denen es in den dreißiger Jahren nicht gelang, auf den ständigen Vorwärtsdrang zu reagieren.«

Und nach dem Abendessen sagte Mitterrand zu Attali: »Kohl redet nie von der Wiedervereinigung der BRD mit der DDR, das wäre ja noch klar und deutlich. Er benutzt stattdessen systematisch die Formel: ›Einheit des deutschen Volkes‹. Was soll das heißen – die Einheit des deutschen Volkes? Schließt Kohl darin die

Deutschen ein, die im polnischen Schlesien oder im tschechischen Sudetenland leben? Jedes Mal wenn man ihn bittet, das zu präzisieren, verbleibt er im Nebulösen. Er muss offensichtlich Zugeständnisse an die Wahlerfolge der deutschen Rechten machen, die das Gebiet Großdeutschlands fordern. Aber indem Kohl hier Zweifel bestehen lässt, spielt er ein gefährliches Spiel. Diese Formulierung ist eine zentrale Frage für die Zukunft Europas. Wir dürfen nicht vergessen, wie Europa 1937 explodierte.«

Lediglich vom spanischen Ministerpräsidenten, dem Sozialisten Felipe González, erhielt Kohl in Straßburg uneingeschränkte Unterstützung. Kohl: »Er war die Ausnahme, wie auch der amerikanische Präsident Bush, während die amerikanische Administration, das State Department, überhaupt nicht auf unserer Seite war.«

Dessen Chef, James Baker, war es allerdings. Dennoch konnte es nicht schaden, auch ihm noch einmal die deutsche Position klarzumachen, so wie er es wenige Tage zuvor bei Bush gemacht hatte. Gelegenheit dazu bot Bakers Besuch in West-Berlin am 12. Dezember. Kohl erklärte da, es stehe in der Tat außer Zweifel, dass man eine gefährliche Phase vor sich habe, wenn man nicht sehr vorsichtig vorgehe. Man habe es mit einer Art Slalomfahrt zu tun; das gefährlichste Hindernis sei dabei die öffentliche Meinung. Tatsache sei aber nun einmal, dass die Menschen zusammenkommen wollten. Wer ihnen etwas anderes einreden wolle, sage nicht die Wahrheit. Daher sei es aus seiner Sicht außerordentlich wichtig, den Menschen eine Perspektive aufzuzeigen. Dies habe er mit seinem Zehn-Punkte-Vorschlag getan. Am Ende des Prozesses könne eine Konföderation stehen, aber er habe nie eine Art Kalender entwickelt. Natürlich gebe es auch Leute, die Termine ins Spiel brächten. So habe Kissinger davon gesprochen, dass die Wiedervereinigung in drei bis vier Jahren verwirklicht werden könne. Er, Kohl, halte derartige Voraussagen für völlig falsch. Denn erstens glaube er nicht, dass sie so einträfen, zweitens solle man nicht versuchen, ein Datum zu nennen. Dann machte er noch einmal deutlich, dass die deutsche Entwicklung in eine europäische Architektur eingebettet werden müsse. Sein Ziel sei es immer gewesen, die Bundesrepublik so stark wie möglich in der Europäischen Gemeinschaft zu verankern. Schon jetzt sei sie wirtschaftlich die Nummer eins in Europa. Wenn jetzt noch 17 Millionen Deutsche dazukämen, sei das eben für manche ein Albtraum. »Aber diese 17 Millionen gibt es nun einmal.« Er frage sich, was er denn noch mehr tun könne, als beispielsweise die Schaffung einer Europäischen Wirtschafts- und Währungsunion mitzutragen. Dann erwähnte er die Grenzfrage, und da vor allem die Oder-Neiße-Linie. Und da stellte er klar: »Wenn es zur deutschen Einheit kommt, wird die Grenzfrage mit Polen keine Sekunde ein Problem darstellen.« Dann ging er noch einmal auf den Zehn-Punkte-Plan ein. Wenn *er* den nicht gemacht hätte, »wären er selber und der amerikanische Außenminister eines Morgens aufgewacht und hätten festgestellt, dass Gorbatschow einen entsprechenden Vorschlag auf den Tisch gelegt hätte. Ein solcher Vorschlag hätte dann allerdings die Bedingung enthalten, dass die Bundesrepublik Deutschland sich aus der NATO zurückziehen müsse. Und man müsse sehen, dass Derartiges doch in der Luft liege. Deswegen bitte er auch um Unterstützung und Vertrauen: Er spiele gegenüber den USA mit offenen Karten. Die Amerikaner würden von ihm über alles informiert.« Und abschließend machte er noch einmal klar, dass »die Westbindung Teil unserer Staatsräson ist. Daran halte ich fest.«

Am 14. Dezember schrieb Kohl einen Brief an Gorbatschow, in dem er auf dessen Kritik an seinem Zehn-Punkte-Plan einging, die dieser gegenüber Genscher geäußert hatte. Kohl wies darauf hin, dass seit dem Sommer 1989 rund 500 000 Menschen in die Bundesrepublik übergesiedelt waren. Dann erinnerte er an Gorbatschows Botschaft vom 10. November und dessen Befürchtung, dass eine chaotische Situation mit unübersehbaren Konsequenzen entstehen könnte. Kohl: »Dass dies nicht eingetreten ist, beweist, mit welcher Umsicht und Verantwortung die Menschen in Berlin, in Leipzig, in Dresden und in anderen Orten der DDR in ihrem berechtigten Protest vorgehen.« Die zehn Punkte seien »kein Fahrplan, sondern verzichten bewusst auf jegliche Terminvorgabe«; ihr Ziel sei es, jegliche chaotische Situation zu verhindern, den Menschen der DDR konkrete Perspektiven aufzuzeigen und der Diskussion in der Bundesrepublik vernünftige und organische Leitlinien vorzugeben. Dann ging Kohl auf das Ost-West-Verhältnis ein, das insgesamt verbessert werden müsste. Die europäische Einigung müsse fortgeführt werden, Abrüstungs- und Rüstungskontrolle müssten beschleunigt werden und: »Wir stellen die Bündnisse nicht infrage.« Auch der Helsinki-Prozess müsse konsequent fortgeführt werden. Und er bat Gorbatschow zu beachten, »dass es erklärte Politik der Bundesregierung ist, das Ergebnis einer in freier Selbstbestimmung getroffenen Wahl der Menschen in der DDR – wie immer es ausfällt – zu respektieren«. Die Forderungen, die er, Kohl, gestellt habe, seien schon vorher von der DDR-Bevölkerung gestellt worden, nämlich freie Wahlen und die Zulassung von neuen Parteien und Gewerkschaften; er stellte fest: »Ich habe für konkrete Fortschritte keinerlei Fristen gesetzt.«

Vier Tage später ließ Gorbatschow einen Brief an Kohl überreichen, in dem er seine Sorge über Bonns Politik gegenüber der DDR zum Ausdruck brachte. Er kritisierte den Zehn-Punkte-Plan, sprach von »ultimativen Forderungen«, die für die DDR und die Sowjetunion »unannehmbar« seien: »Die Ereignisse künstlich anzupeitschen, politischen Sprengstoff in das noch glühende Feuer zu werfen, ist äußerst gefährlich.« Es sei für alle interessierten Seiten wichtig, »Zurückhaltung und Besonnenheit zu bewahren«. Mit Nachdruck warnte Gorbatschow, »diese meine Botschaft ganz ernst zu nehmen und sie als die Fortsetzung unseres politischen Dialoges zu betrachten, der für unsere Beziehungen und für das Schicksal Europas so wichtig ist«.

Das Schreiben am Vorabend der Gespräche Kohls in Dresden diente offensichtlich dazu, Kohl die Besorgnisse der sowjetischen Führung hinsichtlich seiner Deutschlandpolitik noch einmal drastisch vor Augen zu führen. Die Sprache war teilweise hart und ging über Formulierungen von Gorbatschows Rede vor dem Zentralkomitee der KPdSU hinaus. In einer Bewertung des Briefes durch das Bundeskanzleramt hieß es: »Was die SU im Kern besorgt, sind Tempo und Finalität des deutsch-deutschen Einigungsprozesses und dessen Rückwirkungen auf ihre eigene geopolitische und strategische Situation einschließlich evtl. bündnispolitischer Implikationen. Dies dürfte auch damit zu tun haben, dass die innersowjetische Kritik an Gorbatschow nicht mehr nur die desolate Wirtschaftslage, sondern zunehmend auch die Außenpolitik einbezieht.« Da das Schreiben Gorbatschows sich offenbar mit Kohls persönlicher Botschaft gekreuzt hatte, hielt man eine schriftliche Antwort nicht mehr für erforderlich. Kohl war aber jedenfalls gewarnt, als er sich auf den Weg nach Dresden machte.

19. HELMUT KOHL IN DRESDEN

Am 19. Dezember 1989 war Helmut Kohl auf dem Weg nach Dresden zum Treffen mit seinem politischen Gegenüber in der DDR, Hans Modrow. Es war seine erste Reise in die DDR als Bundeskanzler, zu einem Zeitpunkt, als die Gesamtlage, wie er später meinte, »völlig undurchsichtig und explosiv« war. Gorbatschow hatte eine drastische Warnung ausgesprochen, François Mitterrand würde am nächsten Tag die DDR besuchen, während Hunderttausende DDR-Bürger in zahllosen Demonstrationen im ganzen Land »Deutschland! Deutschland!« und »Wir sind *ein* Volk!« skandierten. Am 11. Dezember hatten sich drei Viertel der 507 000 Einwohner der Stadt Leipzig für die Wiedervereinigung ausgesprochen. Überall in der DDR war ein Autoritätsverlust erkennbar, Partei und Staatssicherheit waren total diskreditiert, die Verwaltung drohte in fast allen Städten zusammenzubrechen. In dieser Situation wusste Kohl nicht, was ihn in Dresden erwarten würde, vor allem nicht, wie ihn die Menschen dort empfangen würden. Dass Dresden zu einem Schlüsselerlebnis auf dem Weg zur deutschen Einheit werden würde, konnte damals noch niemand ahnen.

Vor allen Dingen ahnte das auch Hans Modrow nicht. Da aus Bonner Sicht Ost-Berlin als Verhandlungsort nicht infrage kam, war auch über die Wartburg gesprochen worden. Schließlich akzeptierte man aber den Vorschlag Bonns, nach Dresden zu gehen. Modrow meinte später selbstkritisch: »Ob wir uns damals klug verhalten haben oder doch hätten zur Wartburg gehen sollen, das will ich heute nicht weiter beurteilen.« Bei der Wahl Dresdens bewies Kohl jedenfalls einen »unglaublich sicheren Instinkt«, wie Wolfgang Schäuble später feststellte. Dresden war ein außergewöhnlich symbolischer Ort. Und natürlich war schon zu diesem Zeitpunkt eine Art Zweiteilung in der DDR erkennbar: Im Süden waren die Rufe nach Einheit sehr viel deutlicher formuliert worden als im Norden; bei Dresden und Sachsen kam hinzu, dass dies das vielzitierte »Tal der Ahnungslosen« war, in dem West-Fernsehen größtenteils nicht empfangen werden konnte.

Bei der Landung Kohls war das Flughafengelände übersät mit DDR-Fahnen, aus denen das Mittelstück herausgeschnitten worden war. Diese dienten jetzt demonstrativ als Bundesflaggen. Dazwischen gab es auch die weiß-grüne Fahne des Landes Sachsen, eines Landes, das es – wie die anderen Länder auch – so in der DDR seit Anfang der fünfziger Jahre gar nicht mehr gab. Auf dem Weg in die Stadt säumten Zehntausende die Straße, ganze Belegschaften, die der Arbeit ferngeblieben waren, ganze Schulklassen jubelten dem Bundeskanzler zu. Bei diesem Anblick meinte Helmut Kohl zu Rudolf Seiters: »Seiters, die Birne ist geschält.« Was auf Pfälzisch wohl heißen sollte: »Die Sache der Deutschen ist entschieden.« Und so war es auch.

Die Dinge wurden komplizierter, als das Gerücht aufkam, Kohl würde eine Rede halten, und das vor der Ruine der Frauenkirche, dem wohl symbolträchtigsten Ort in Dresden. Dort wurde ein Holzgerüst aufgestellt. Kohl erinnerte sich später: »Ich merkte, die Stimmung springt über die Schwellen. Ich wusste, was ich sagen wollte, aber ich wusste nicht, wie es ankommt.« Was, wenn die Menge die erste Strophe des Deutschlandliedes anstimmen würde? Wie würde so etwas auf die Welt wirken? Rudolf Seiters, der die Situation vor der Frauenkirche miterlebt hatte, erinnert sich: »Ein Schlüsselerlebnis, weil diese Begegnung von Kohl mit den Menschen an der Frauenkirche, ohne dass sich ein SED-Funktionär sehen ließ, so eindeutig war, was gewollt war, und auch friedlich ablief. Eine der wichtigsten Reden, die Helmut Kohl in seinem Leben gehalten hat. Er hätte eine ganz andere, fulminante, aufputschende Rede halten können, und die Menschen wären ihm gefolgt. Aber er hat eine sehr, sehr verantwortungsvolle Rede gehalten, die klar erkennbar machte, was wir wollten und was wohl alle auf dem Platz wollten, aber ohne einen Ton, der im Ausland hätte irritierend wirken können.«

Für alle Beteiligten war es eine unfassbare Sache, dass der Bundeskanzler der Bundesrepublik Deutschland mitten in der DDR eine Rede hielt – am 19. Dezember 1989! Für Kohl war es nach eigener Aussage »die schwierigste Rede« seines Lebens. Er war sich bewusst: Das Ausland schaut zu. Dutzende Fernsehanstalten übertragen live. Und so dämpfte er die Erwartungen der hunderttausend, die sich da versammelt hatten. Aber er machte auch unmissverständlich klar: »Mein Ziel bleibt, wenn die geschichtliche Stunde es zulässt, die Einheit unserer Nation. Und, liebe Freunde, ich weiß, dass wir dieses Ziel erreichen können und dass die Stunde kommt, wenn wir gemeinsam dafür arbeiten, wenn wir es mit Vernunft und mit Augenmaß tun und mit Sinn für das Mögliche.« Das waren die Schlüsselworte: Vernunft, Augenmaß, Sinn für das Mögliche. Und – auch das machte er deutlich – »gemeinsam mit unseren Nachbarn. [...] Das Haus Deutschland, unser Haus, muss unter einem europäischen Dach gebaut werden. Das muss das Ziel unserer Politik sein.« Kohl meinte später: »An diesem Abend habe ich gespürt und zu unserer kleinen Delegation gesagt: ›Ich glaube, wir schaffen die Einheit. Das läuft. Ich glaube, das ist nicht mehr aufzuhalten, die Menschen wollen das.‹« Wolfgang Schäuble meinte später, es sei eine Rede gewesen, bei der Kohl »die Menschen nicht enttäuschen durfte, aber er durfte auch nicht einen falschen Halbsatz, einen falschen Ton sagen. Das war wahrscheinlich eine seiner größten Herausforderungen, eine seiner größten Leistungen.« Hans Modrow bekannte später, er und seine Genossen hätten die Veranstaltung in Dresden »ein wenig auf die leichte Schulter genommen«. Auch ein Zeichen für den zunehmenden Realitätsverlust der alten SED-Garde. Dass Modrow später noch 15 Milliarden D-Mark »Lastenausgleich« forderte – und dafür eine Absage von Kohl erhielt, verwunderte auch nicht mehr. Immerhin einigte man sich auf die Öffnung des Brandenburger Tors für den 22. Dezember.

Das wurde dann einmal mehr eine Veranstaltung, bei der man eigentlich gar nicht mit Worten fassen konnte, »wie die Gefühle waren, als wir von West nach Ost durch das Tor schritten«, wie Helmut Kohl sich später in der »Bonner Republik« erinnerte. An jenem 22. Dezember regnete es in Strömen. Es war ein »feuchtes, aber historisches Ereignis«, wie der britische Militärkommandant, Generalmajor Robert Corbett, und ein Angehöriger der britischen Botschaft in Ost-Berlin notierten: »Vor sechs Monaten einfach unvorstellbar.«

All das schien am Morgen jenes 22. Dezember noch gar nicht sicher. Um 8.30 Uhr hatte die DDR die Veranstaltung in einem Telefonat mit dem Senat nämlich abgesagt. Begründung: Angesichts der aktuellen Ereignisse in Rumänien (Sturz des Diktators Nicolae Ceauşescu) und Panama (US-Invasion) sei eine festivalähnliche Zeremonie unangemessen. Lediglich neben dem Brandenburger Tor werde die Mauer für Fußgänger geöffnet.

Kohl aber bestand auf der einmal getroffenen Vereinbarung. Und so schritt man dann doch am Nachmittag durch das Brandenburger Tor, wo anschließend der Regierende Bürgermeister Walter Momper von der »Hauptstadt der DDR« sprach, was mit etlichen Pfiffen und Buhrufen quittiert wurde. Er hatte die Zeichen der Zeit offensichtlich immer noch nicht begriffen.

Kohl erinnerte sich an jene Situation vom Juni 1987, als US-Präsident Ronald Reagan in seiner Rede am Brandenburger Tor Gorbatschow aufgefordert hatte, die Mauer niederzureißen und das Tor zu öffnen. Damals hatten viele eher mitleidsvoll über Reagan gelächelt und dessen Aufforderung an den Kremlchef als simple Propaganda abgetan. Nun war genau das geschehen: »Das alles zusammen ist nicht mit normalen Gefühlen zu beschreiben, das war der Überschwang. Und es war auch so. Die Menschen haben geweint, haben sich umarmt. Es war ein Ausbruch von Gefühlen und Emotionen der besten Art.« Aber Kohl war auch in dieser Situation darum bemüht, wie er später in seinen »Erinnerungen« formulierte, »aufkeimenden Überschwang zu dämpfen«. Und wiederholte dabei das, was er in den vergangenen Wochen immer wieder verkündet hatte, nämlich: »Wir wollen Frieden, wir wollen Freiheit, wir wollen unseren Beitrag zum Frieden in Europa und in der Welt leisten.« Und er bat auch um Geduld und Augenmaß.

Dresden war zum Schlüsselerlebnis geworden. Nach dem Fall der Mauer hatte Helmut Kohl vorsichtig und behutsam agiert, nach Dresden wurde er »wie so ein Caterpillar«, wie ihn Klaus Kinkel, 1992–1998 Nachfolger von Hans-Dietrich Genscher als Außenminister, später treffend charakterisierte. Man saß damals von morgens bis spätabends zusammen und Helmut Kohl saß

»bildlich – da oben in diesem Führerhäuschen des Caterpillar (mit riesigen Rädern, die über alles hinweggehen), und nichts konnte ihn aufhalten. Es gab kein Hindernis, das nicht beseitigt werden konnte. Er war derjenige, der mit ungeheuer zielsicherem Blick gesehen hat, was gemacht werden musste und konnte. [...] Da war er Macher, kein Zögerer und kein Zauderer und kein Hinterzimmervisionär.« Selbst ein so erklärter Gegner Kohls wie der langjährige Generalsekretär der CDU, Heiner Geißler, billigt in der Rückschau zu: »Und jetzt begegnen wir einem Helmut Kohl, der, mit einer sagenhaften Präsenz und auch mit einer politischen Weisheit ausgestattet, eine historische Schwellensituation meistert, der die Krise nicht hochkommen lässt, sondern der sich jetzt auf seine größte Zeit zubewegt. Es ist schon bewegend zu sehen, dass ein Politiker, dem einst bei seinem Antritt so wenig zugetraut wurde, jetzt in eine Form kommt und auch mit einer politischen Klugheit zu handeln vermag, die man wirklich nicht oft findet.« Nach Dresden wurden die Schritte auf dem Weg zur Einheit jedenfalls schneller.

Bereits am 6. Dezember hatte der britische Botschafter in Bonn, Sir Christopher Mallaby, sich Gedanken über die weitere Entwicklung gemacht und Erstaunliches und Weitsichtiges an das Foreign Office geschrieben: »Kohl spielt das Spiel seines Lebens, mit hohem Risiko. Wenn er es richtig spielt, wird er die Bundestagswahl im nächsten Jahr gewinnen und dann kann er als Kanzler der Einheit in die Geschichte eingehen. Aber nur ein falscher Tritt, und er kann alles verlieren. Die nächsten Monate – möglicherweise auch nur Wochen – sind entscheidend. Kohl weiß das.«

20. ABLEHNUNG IN LONDON

Helmut Kohl war ein Mann, der auch und gerade im politischen Leben sehr viel von persönlichen Beziehungen hielt. Das galt insbesondere für die amerikanischen Präsidenten Ronald Reagan und George Bush – später auch für Bill Clinton –, für den spanischen Ministerpräsidenten Felipe González und den kanadischen Premierminister Brian Mulroney. In gewisser Weise auch für Michail Gorbatschow. Dabei war ihm klar, dass persönliche Beziehungen kein Problem lösen, »die Lösung jedoch erleichtern könnten«, wie er es in seinem Telefonat mit Gorbatschow am 11. November 1989 einmal formulierte. Es gab allerdings auch Politiker, bei denen es ein solches Vertrauensverhältnis nicht gab, etwa beim italienischen Ministerpräsidenten Giulio Andreotti oder bei dessen niederländischem Kollegen Ruud Lubbers. Beide lehnten eine Wiedervereinigung ab, beide konnten allerdings darüber nicht mitentscheiden.

Anders war es bei der britischen Premierministerin Margaret Thatcher: die konnte. Sie und Kohl verband über Jahre eine herzliche persönliche Abneigung. Margaret Thatcher war von Anfang an der Meinung, wie es ihr langjähriger Außenminister Douglas Hurd später formulierte, dass »eine persönliche Annäherung, der Aufbau einer engen, vertraulichen Beziehung zu Kohl nicht gelingen könne. Es waren einfach Reibungen persönlicher Art. Sie war der Meinung, Kohl rede zu viel, und manchmal kann man nicht viel machen, wenn die Chemie nicht stimmt.« Kohl bemühte sich dennoch, Thatcher zu beweisen, dass er ein »echter Europäer« sei, eben ein »Rheinländer und nicht so sehr ein Deutscher«, wie der britische Finanzminister Norman Lamont sich erinnerte. Aus diesem Grund lud Kohl Thatcher einmal zu sich nach Hause ein. Man verstand sich dennoch nicht wirklich gut bei diesem eher misslungenen Treffen, das früher als von Kohl erwartet endete. Als Thatcher das Flugzeug bestieg, sagte sie zu ihrem außenpolitischen Sekretär und Berater Charles Powell: »Ich habe noch nie jemanden getroffen, der sooo deutsch ist.«

Kohl sprach intern von Thatcher lediglich als von »dieser Frau«.

Bei einem Besuch an Churchills Grab meinte er einmal zu ihr: »Der Unterschied zwischen Ihnen und mir, Margaret, ist, dass Sie Churchill vor der Zürcher Rede sind und ich Churchill danach.« In Zürich hatte Churchill 1946 zur europäischen Einigung aufgerufen.

Kohl erzählte dies dem britischen Außenminister Douglas Hurd bei einer Unterredung in Bonn am 7. Februar 1990 und verband damit die Frage, ob er sich nicht öfter direkt an ihn wenden könne, mit ihm sehe manches einfacher aus. Charles Powell notierte für die Premierministerin: »Ich halte das nicht für sehr befriedigend. Sie sind zuständig, und Kohl muss mit Ihnen umgehen.« Thatcher sah das genauso – und so blieb alles beim erfolglosen Alten.

Margaret Thatcher war Jahrgang 1925. Ihr Bild von Deutschland und den Deutschen hatte sich während des Zweiten Weltkrieges entwickelt und nach eigener Aussage in den Jahren danach nicht wesentlich verändert. Sie mochte Deutschland und die Deutschen nicht. In der Nähe ihrer Heimatstadt Grantham gab es eine Munitionsfabrik und einen Flughafen der Royal Air Force – mit der Konsequenz von insgesamt 21 deutschen Bombenangriffen mit nachfolgenden Versorgungsengpässen. Und dann gab es die Geschichte des jüdischen Mädchens Edith. Edith war die Tochter einer befreundeten Familie aus Wien, die während des Krieges für einige Zeit von Margarets Eltern aufgenommen wurde. Sie berichtete von den Lebensumständen der Juden unter den Nazis. Das und die Bombenangriffe prägten Thatchers Deutschlandbild. Für sie war Deutschland eine »verspätete Nation«, die Deutschen unberechenbar und aggressiv.

Die Teilung Deutschlands betrachtete sie denn auch als einen stabilisierenden Faktor in Europa. Und es war kein Geheimnis, dass sie eine erbitterte Gegnerin der deutschen Wiedervereinigung war. Damit stand sie in der Tradition zumindest eines ihrer Vorgänger, nämlich Harold Macmillans. Das war in den Tagen des Mauerbaus 1961 mehr als deutlich geworden. Für Deutschland galt jahrzehntelang Freiheit vor Einheit. Diese Maxime wurde in all den Jahren eisern hochgehalten, in denen die Einheit kein Thema der internationalen Politik war. Eine Wiedervereinigung war kaum vorstellbar, für Margaret Thatcher schlechterdings unannehmbar, genauso wie eine einheitliche europäische Währung. Diese Position machte sie Mitterrand bereits am 1. September 1989 deutlich. Wiedervereinigung musste aus ihrer Sicht die etablierte Ordnung in Europa zum Einsturz bringen und vor allen Dingen Michail Gorbatschows Position schwächen. Gorbatschow und die Stabilität der Nachkriegsordnung waren für sie die überragenden Prioritäten, seit sie schon 1984 einen persönlichen Draht zum kommenden Parteichef der KPdSU geknüpft hatte und sich einigen Einfluss auf den Gang seiner Politik ausrechnete. Sie hielt Gorbatschow schon frühzeitig für den geeigneten Gesprächspartner des Westens, zu einem Zeitpunkt, als Helmut Kohl den Kremlchef noch mit Goebbels verglich. Mit dem Sowjetführer verband Thatcher in der Folgezeit eine Vertraulichkeit, die man in Bonn, hätte man deren Ausmaß gekannt, fast als Verrat an der gemeinsamen Sache hätte deuten können. So hatte Thatcher am 23. September 1989 bei ihrem Gespräch mit Gorbatschow in Moskau laut geheimer Nachschrift Tschernajews – Thatcher hatte darum gebeten, diesen Teil des Gesprächs nicht zu protokollieren – gesagt: »Großbritannien und Westeuropa sind an einer Vereinigung Deutschlands nicht interessiert. Das mag in offiziellen Verlautbarungen der NATO anders klingen, aber das dürfen Sie ignorieren. Wir wollen die deutsche Wiedervereinigung nicht. Es würde zu Veränderungen an den Nachkriegsgrenzen in Europa führen, die Stabilität der gesamten internationalen Situation unterminieren und zur Bedrohung unserer Sicherheit führen. Wir wollen auch keine Destabilisierung Osteuropas und keine Auflösung des Warschauer Paktes.«

In diesem Punkt traf sie sich sogar mit einigen Amerikanern, die letztlich aber nicht entscheidend waren. So gab der ehemalige Nationale Sicherheitsberater von US-Präsident Carter, Zbigniew Brzezinski, gegenüber dem KPdSU-ZK-Mitglied Alexander Jakowlew am 31. Oktober deutlich die Position einiger Demokraten in Washington zu verstehen: »Ich sage ganz offen: Ich bin dafür, dass Polen und Ungarn Mitglieder des Warschauer Pakts bleiben. Beide Militärblöcke sollten nicht aufgelöst werden. Ich weiß nicht, was geschieht, wenn die DDR aufhört zu existieren. Es wird dann ein Deutschland geben, vereint und doch stark. Das entspricht weder Ihren noch unseren Interessen.«

Margaret Thatcher hielt unbeirrt an ihrer Position fest, auch, wie neue britische Dokumente jetzt deutlich machen, gegen den erklärten Willen ihrer Diplomaten im Foreign Office. Britischer Botschafter in Bonn war damals Sir Christopher Mallaby. Er besaß ein ausgeprägtes Sensorium für politische Strömungen und hatte großes Vertrauen in die Fähigkeit der deutschen Demokratie, mit der Vereinigung, sollte sie denn kommen, fertig zu werden. Gleichzeitig fürchtete er um den britischen Einfluss, wenn London sich nicht rechtzeitig und positiv auf die neue Lage einstellen würde. Mallaby hatte acht Tage vor dem Mauerfall eine Unterredung mit Thatcher, in der diese ihn belehrte, man solle sich doch bitte nicht über Gebühr damit beschäftigen, wie sich Deutschlands geopolitische Lage entwickeln werde: Das sei natürlich wichtig, aber es sei doch klar, dass Großbritannien, Frankreich und die Sowjetunion – was auch immer ihre offizielle Position sei – zur deutschen Wiedervereinigung »in fundamentaler Opposition« stünden. Verärgert hatte sie festgestellt, Mallaby scheine die Vereinigung gutzuheißen.

Ihr außenpolitischer Berater Sir Percy Cradock – 1976–1978 Botschafter in Ost-Berlin – bestürmte sie noch am Abend des Mauerfalls, öffentlich zu begrüßen, »was wir nicht verhindern können«. »Im größeren Rahmen betrachtet« sei doch das, was jetzt passiere, »ein immenser Sieg für den Westen und für die Prinzipien, welche die Regierungschefin führend vertreten habe.« Der deutschfreundliche Mallaby sprach von einem Wendepunkt in der deutschen Nachkriegsgeschichte. Powell schrieb an den Rand des entsprechenden Dokuments: »Immerhin haben wir ihn von der Wiedervereinigung abgebracht!« Für Thatcher war Mallabys Analyse »alarmierend«; sie war mehr als erstaunt über den Botschafter. Mallaby hatte am Abend des 9. November an Douglas Hurd geschrieben, er solle sich »in unserem eigenen Interesse« bei seinem anstehenden Deutschlandbesuch positiv zur Deutschlandfrage äußern. Thatcher pfiff ihn zurück. Als Hurd wenige Tage später Berlin besuchte, erklärte er brav im Einklang mit Thatchers Linie, die Frage der Wiedervereinigung stehe »nicht auf der Tagesordnung«.

Dem war eine bezeichnende Episode vorausgegangen. Am 10. November berichtete Patrick Wright, der Leiter des diplomatischen Dienstes, die Premierministerin sei »schlichtweg entsetzt« darüber gewesen, dass sich am Abend des 9. November die Bundestagsabgeordneten von ihren Sitzen erhoben hätten, um »Deutschland über alles« zu singen. Hurd notierte immerhin: »Ist der Text nicht verändert worden? Ich sollte das lieber wissen.« Sein Privatsekretär erhielt wenig später Haydns Partitur mit dem Text von Hoffmann von Fallersleben und der Notiz, dass die erste Strophe 1952 durch die dritte ersetzt worden war. Thatchers Reaktion darauf ist nicht bekannt.

Am 24. November war Thatcher in Camp David. Ihr Versuch, Präsident Bush auf ihre Seite zu ziehen, scheiterte. Auch die Karten mit Deutschland in den Grenzen von 1938, die Thatcher erstmals aus ihrer Handtasche holte, beeindruckten Bush nicht. Die Gespräche trugen nicht dazu bei, »die Atmosphäre zwischen uns zu verbessern«, wie sie es in ihren Erinnerungen formulierte. Bush hatte gemeint, man werde die Sache schon zur Zufriedenheit aller managen. Blieb Frankreichs Präsident Mitterrand als potenzieller Verbündeter in Thatchers Bemühen, die Entwicklung aufzuhalten. In dem bereits erwähnten vertraulichen Gespräch zwischen ihr und Mitterrand am Rande des EG-Gipfels in Straßburg am 8. Dezember meinte sie zu Mitterrand: »Zuerst einmal die Grenzen respektieren! Und dann, wenn in Ostdeutschland erst einmal 15 Jahre Demokratie stattgefunden haben, dann kann man auch von der Wiedervereinigung reden.« Ihr Misstrauen gegenüber Kohl wurde am Ende dieser Sitzung mehr als bestätigt. Sie schlug nämlich vor, in das Schlussdokument einen Satz über die Respektierung der gegenwärtigen Grenzen hineinzuschreiben, worauf Kohl deutlich meinte: »Nein, nein!« Thatcher quittierte das mit einem wütenden Lächeln und der Bemerkung: »Das war ein Test, und der ist eindeutig und überzeugend ausgefallen.« Und vertraulich zu Mitterrand: »Kohl nimmt auf die Gefühle der übrigen Europäer keinerlei Rücksicht und scheint vergessen zu haben, dass die Teilung Deutschlands die Folge eines Krieges ist, den Deutschland angefangen hat.« Mitterrand ergänzte, Kohl spekuliere mit dem Nationalgefühl der Deutschen, und es sehe so aus, als ob ihn nichts aufhalten könne. In seiner gesamten Geschichte hätte Deutschland immer Probleme mit den Grenzen gehabt. Zur Bestätigung holte Thatcher zwei Landkarten aus ihrer Tasche. Die eine zeigte Deutschland in den Grenzen Europas von 1938, die zweite im Jahr 1945, mit den abgetrennten Gebieten Schlesien, Pommern und Ostpreußen. Thatcher: »Das alles werden sie sich wieder holen und die Tschechoslowakei dazu. Die Deutschen können aus Berlin jederzeit wieder ihre Hauptstadt machen.« Mitterrand ergänzte: »Das deutsche Volk ist ständig in Bewegung. Wir haben nicht viel, um es aufzuhalten. Die Russen können es auch nicht. Und die Amerikaner wollen offensichtlich nicht.«

Mitterrand wollte dann ja immerhin das vereinte Deutschland durch die Vertiefung der europäischen Vereinigung stärker binden, während Thatcher mindestens bis Februar 1990 daran glaubte, den Vereinigungsprozess verlangsamen, wenn nicht doch noch aufhalten zu können. Ihr ging alles viel zu schnell. Sie fürchtete, dass Gorbatschow durch die Wiedervereinigung destabilisiert würde. Mit ihrer Haltung lähmte sie die britische Politik über Monate – ohne erkennbaren Einfluss auf die Entwicklung zu nehmen. Immer wieder regte sich im Foreign Office Widerstand gegen diese Politik – letztlich aber erfolglos. Europaminister William Waldegrave beschwerte sich bereits am 8. Januar 1990 gegenüber dem Politischen Direktor des Amtes, John Weston, dass dessen jüngst für die Downing Street No. 10 verfasste Lagebeurteilung über Deutschland mit taktischen Floskeln verwässert worden sei. Waldegrave wörtlich: »Ich habe nichts gegen vernünftige Taktik gegenüber No. 10, aber wenn es je eine Zeit gab, in der unser Amt die nackte Wahrheit über das berichten müsste, was höchstwahrscheinlich geschehen wird, und vermeiden sollte, Illusionen zu nähren, dann ist sie jetzt da. Meiner Meinung nach enthält der vorliegende Entwurf zu viele Konzessionen gegenüber der Sichtweise, wie sie vermeintlich in No. 10 vorherrscht.«

Am 18. Januar 1990 legte Robert Cooper vom Planungsstab des Foreign Office Weston folgende Lageanalyse vor: »Das Vereinigte Königreich ist in der kuriosen Position, dass unsere Beziehungen mit einer absteigenden Macht [der Sowjetunion] noch nie besser waren als heute, aber die mit einer aufsteigenden Macht [Deutschland] äußerst gemischt. Nicht nur müssen wir Deutschland im Westen verankern (was wahrscheinlich gar nicht schwer ist), wir müssen auch uns selber fest mit Deutschland verankern. Größere Nähe zu Frankreich ist kein Ersatz dafür. Im Übrigen ist es immer sinnvoll, gute Beziehungen zu mächtigen Akteuren zu unterhalten.«

Thatcher lehnte die schnelle Wiedervereinigung nach wie vor ab, als überzeugte Anti-Europäerin allerdings auch Mitterrands Weg der verstärkten politischen Integration Europas. Am 2. Februar meinte sie in einem internen Vermerk: »Die Probleme werden durch eine Stärkung der Europäischen Gemeinschaft nicht gelöst. Deutschlands Ehrgeiz würde dann der dominante und aktive Faktor werden.« Aus Bonn warnte Sir Christopher am 22. Februar: »Das Ansehen Großbritanniens in Deutschland hat seinen niedrigsten Punkt seit Jahren erreicht.«

Am Vorabend des Treffens von Helmut Kohl mit der amerikanischen Führung in Camp David schickte der britische Botschafter in Washington, Sir Antony Acland, folgendes Telegramm nach London: »Ich möchte auch erwähnen, dass die Bush-Regierung über unser niedriges Ansehen in Deutschland sehr besorgt ist, und Anzeichen begrüßen würde, dass Sie hier Schritte unternehmen, diese Lage zu ändern. Wie ich bereits mehrfach erläutert habe, würden die Amerikaner lieber mit Großbritannien als mit irgendjemandem sonst zum gegenwärtigen Zeitpunkt den Weg nach vorne ausloten. Aber sie werden sich dazu nur so lange in der Lage fühlen, wie wir als zentrale Teilnehmer an der europäischen Debatte gelten und unsere Partner unseren Einfluss bei der Bestimmung des Wegs nach vorn auch für bedeutsamer halten.« Und Außenminister Hurd machte gegenüber Thatcher klar: »Wir dürfen nicht als Bremser erscheinen, sondern sollten eigene positive Ideen entwickeln.« Aber Thatcher änderte ihre Position nicht mehr, und von ihren engsten Mitarbeitern wurde sie darin bestätigt.

Bekannt ist, dass es zwischen Hans-Dietrich Genscher und Helmut Kohl nicht immer störungsfrei verlief. Genscher machte insbesondere Anfang 1990 Vorschläge, die vor allen Dingen in Washington auf Unverständnis stießen. Von daher verwundert es auch nicht, dass er nicht zum Treffen in Camp David eingeladen worden war. Aber zur selben Zeit gab es eine Meldung, wonach Genscher dem britischen Botschafter mitteilte, dass die DDR trotz ihrer wirtschaftlichen Notlage Mitglied der Europäischen Gemeinschaft werden müsste. Im Foreign Office war man mehr als besorgt. Powell teilte einem Diplomaten im Foreign Office mit, dass Thatcher glaube, »die DDR-Mitgliedschaft kann nicht einfach so stattfinden. Dies möge Herrn Genscher in aller Deutlichkeit klargemacht werden.« Derselbe Powell beschrieb nach einem Treffen mit Horst Teltschik am 9. Februar 1990 die »berauschte Stimmung« in Bonn folgendermaßen: »Große Ereignisse werfen ihre Schatten voraus und zum ersten Mal in 45 Jahren gibt Deutschland den Ton an. Für die Deutschen ist das der Durchbruch. Nach Jahrzehnten nüchterner und vorsichtiger Außenpolitik, in der sie den Entscheidungen anderer gefolgt sind, sitzen sie nun im Führerhaus und am Steuer sitzt Toad.« (Die Kröte aus Kenneth Grahames Kinderroman »Der Wind in den Weiden«.) Powell weiter: »Die deutsche Stunde hat geschlagen: Sie werden ihr Schicksal bestimmen.« Thatcher notierte am Rand: »Nationalismus, n'est-ce pas?« Und dann berichtete Powell über Kohls Ärger über die britische Haltung; das wirke auf Kohl wie der Versuch, die Flutwelle aufzuhalten, die ihn zum ersten Kanzler eines frisch vereinten Deutschland emportragen werde, einer künftigen Weltmacht. Notiz Thatcher: »Gewaltiger Nationalismus.« Und dann: »Wir haben wieder einmal recht, und Kohl nimmt uns übel, dass seine Taktiken durchschaut worden sind.« Die Haltung Thatchers fasste Powell folgendermaßen zusammen: »Wir wollen nicht eines Morgens aufwachen und sehen, dass die deutsche Wiedervereinigung mit all dem, was dazugehört, über uns gekommen ist.«

Und natürlich musste Rücksicht auf Gorbatschows Stellung genommen werden, denn, so Powell: »Um es ganz offen zu formulieren: Wir müssen immer daran denken – aber natürlich nicht aussprechen –, dass wir möglicherweise eines Tages die Sowjetunion als Gegengewicht zu einem vereinten Deutschland brauchen werden.«

Die Wiedervereinigung kam – gegen den Widerstand und ohne Zutun Londons, sehr zum Missfallen jener Diplomaten, die anders als die Premierministerin in der Wiedervereinigung auch eine große Chance für die britische Politik sahen.

21. HELMUT KOHL BEI FRANÇOIS MITTERRAND IN LATCHÉ

Zwischen Helmut Kohl und François Mitterrand entwickelte sich, wie bereits erwähnt, seit 1982 ein ganz persönliches Verhältnis, das zu einer wahren Freundschaft wurde – zumindest hat Kohl das so gesehen. Bei der Trauerfeier für François Mitterrand 1996 in Notre-Dame de Paris weinte Helmut Kohl. Hubert Védrine – 1981 bis 1986 außenpolitischer Berater von François Mitterrand, 1988 bis 1991 dessen Pressesprecher – meinte später einmal: »Wenn die Dinge während der Wiedervereinigung schiefgelaufen wären, wäre die Freundschaft daran zerbrochen.« Mitterrand war nach eigener Aussage Kohls dessen »bester Freund in Europa«, aber, so Kohl in seinen »Erinnerungen«, die Rolle von François Mitterrand war »zumindest undurchsichtig«. Das ist in der Tat freundlich formuliert. Mitterrand spielte nämlich ein Doppelspiel.

Auf einer gemeinsamen Pressekonferenz zum Abschluss des Besuchs von Gorbatschow in Paris am 5. Juli 1989 wurde Mitterrand die Frage nach der Wiedervereinigung gestellt. Er zeigte sich nicht überrascht und meinte, die Hoffnung darauf sei legitim für diejenigen, die sie in dem einen oder anderen Teil Deutschlands hegten. Er wolle keine Haltung einnehmen, die »unvorsichtiger sei als die der deutschen Verantwortlichen selbst, die doch sehr patriotische Deutsche sind«. Man könne aber nicht einer Eingebung folgen und, sei sie noch so schön, die Geschichte umstoßen, wie sie sich nach dem Zweiten Weltkrieg ergeben habe. Das Streben der Deutschen nach Einheit schien ihm »legitim, aber sie [die Einheit] kann nur auf friedlichem und demokratischem Wege verwirklicht werden«. So konnte man über die Einheit sprechen, wenn die »Gefahr« nicht bestand, dass es tatsächlich dazu kommen würde. Nach dem Fall der Mauer sah das anders aus.

Als Mitterrand am Abend des 9. November im Fernsehen die Bilder von den DDR-Bürgern sah, die nach West-Berlin strömten, kommentierte er das im privaten Kreis mit den Worten: »Diese Menschen spielen mit einem Weltkrieg«, wie Jacques Attali seinem Tagebuch anvertraute. Eine Äußerung, die von anderen ehemaligen Mitarbeitern des französischen Staatspräsidenten bestritten wird. Als die Mauer fiel, wurde Mitterrand gebeten, am nächsten Abend zu Kohl in Berlin zu stoßen. Mitterrand fragte seinen Außenminister Roland Dumas: »Was sollen wir tun?« Dumas berichtet, man habe lange diskutiert, und dann habe Mitterrand gesagt, dass dies im Grunde eine Angelegenheit zwischen den Deutschen sei, warum sollte man sich da einmischen. Man würde Erklärungen abgeben, dass Frankreich immer für die deutsche Einheit gewesen sei, dass dies eine sehr schöne Sache sei, dass alles gut verlaufen werde, dass dies der Triumph der Freiheit sei etc., »dass unser Platz rein gefühlsmäßig jedoch nicht hier sei«.

Es war wohl mehr als das, wie die Berichte Vadim Zagladins zeigen. Darüber führten Gorbatschow und Mitterrand am 10. November ein interessantes Telefonat. Gorbatschow ging auf das Thema Wiedervereinigung ein: »Darüber haben wir ja schon gesprochen. Ich will das hier am Telefon nicht vertiefen, aber will doch betonen: Soweit ich das verstehe, sind wir in dieser wirklich entscheidenden Sache einer Meinung.« Mitterrand: »Ich wollte die Bestätigung von Ihnen persönlich hören. Grenzveränderungen können realistischerweise zurzeit nicht diskutiert werden. Unsere beiden Länder sind Freunde der DDR. Es existiert ein bestimmtes Gleichgewicht in Europa, das wir nicht durcheinanderbringen sollten.«

Mitterrand war es, der Gorbatschow Anfang Dezember in Kiew geradezu anflehte, die Entwicklung in der DDR zu stoppen. Gegenüber Kohl meinte er dann am 9. Dezember, Gorbatschow sei ihm weniger agierend als philosophisch vorgekommen. Das traf wohl auch auf Mitterrand zu. Im selben Gespräch informierte er Kohl von seiner beabsichtigten Reise in die DDR. Mitterrand würde damit das erste Staatsoberhaupt einer westlichen Siegermacht des Zweiten Weltkrieges sein, das der DDR einen Besuch abstattete. Kohl bat vergebens, diesen Besuch nicht durchzuführen. Er würde am 20. Dezember stattfinden und irritierte Kohl nach eigener Aussage ernsthaft. Alles, was Kohl machen konnte, war, seinen Besuch in Dresden einen Tag vorzuziehen und am

19. Dezember durchzuführen. Mitterrands Besuch erwies sich dann als nicht sehr erfolgreich, dennoch verstand Kohl ihn als »destruktiv für den Prozess der radikalen Veränderungen in der DDR«.

Hubert Védrine beschreibt die Situation nach dem Mauerfall so: »Man war sich nicht völlig sicher, wie die Russen reagieren würden. Man war sich noch nicht sicher, wie sich die Verhandlungen zwischen den ehemaligen Siegermächten und Deutschland gestalten würden. Man wusste nicht, in welchem Tempo sich die Wiedervereinigung vollziehen würde. In vielen Aussagen aus dieser Zeit kommt eine gewisse Sorge zum Ausdruck. Eine legitime Sorge wie bei einem Chirurgen, der beim Operieren aufpasst, was er tut.« Aber, wie Raymond Barre im Gespräch meinte: »Um Ihnen die Wahrheit zu sagen: Es gab in Frankreich Leute, die sich gewünscht haben, dass Deutschland geteilt bleibt. François Mauriac sagte: ›Ich liebe Deutschland so sehr, dass ich froh bin, dass es zwei davon gibt.‹« So dachte auch Margaret Thatcher.

Das freundschaftliche Verhältnis zwischen Kohl und Mitterrand war jedenfalls um die Jahreswende 1989/90 einer schweren Belastungsprobe ausgesetzt, die nach Meinung Kohls ein Ende finden musste. Am 4. Januar 1990 reiste er daher zu Mitterrand nach Latché, südlich von Bordeaux, wo der französische Präsident nahe der Atlantikküste ein Ferienhaus besaß. Kohl schrieb später in seinen »Erinnerungen«: »Bei meiner Ankunft konnte François Mitterrand seine Befangenheit nicht verbergen. So hatte ich meinen Freund noch nicht erlebt.« Jahre später meinte Kohl, man müsse versuchen, »fair« zu sein, die Befürchtung, dass die Deutschen über der deutschen Einheit die europäische Einigung vernachlässigen könnten, habe auch Mitterrand beschäftigt. Das war die eine Seite von ihm. Die andere Seite war der Mensch Mitterrand. »Dass man einem Volk das Recht gibt, sich zu vereinen, wenn es das will, das ist für ihn schon eine Selbstverständlichkeit gewesen. Er hat dann relativ rasch begriffen, dass es auch klug ist, das zu akzeptieren.« Nach Meinung Kohls hat sein Besuch in Latché wesentlich dazu beigetragen.

Zunächst unterhielt man sich über die Entwicklung in Ost- und

Mitteleuropa, wobei Kohl meinte, die Geschichte nehme ihren Lauf, die Entwicklung könne nicht angehalten werden. Die große Unbekannte dabei sei die Entwicklung in der Sowjetunion. Es sei wichtig, Gorbatschows Stellung zu stabilisieren. Dann ging er auf die Lage in der DDR ein, die schlechter sei, als deren Führung sie darstelle. Wenn die Reformen nicht schnell durchgeführt würden, könnten katastrophale Verhältnisse eintreten. Die Menschen in der DDR hätten das Vertrauen verloren, zurzeit würden immer noch etwa 2 000 pro Tag das Land verlassen. Es sei wichtig, der Bevölkerung das Vertrauen zu vermitteln, dass aus dem Anschein Wirklichkeit werde; die Menschen müssten sehen, dass es vorwärtsgehe. Dieser Gesichtspunkt sei für ihn, Kohl, auch bei seinem Zehn-Punkte-Plan entscheidend gewesen.

Er könne nicht verstehen, dass man außerhalb Deutschlands Zweifel daran habe, was die Deutschen wollten. Das sei doch eindeutig: Die Deutschen wollten zusammenkommen. Wer in Dresden an der Frauenkirche gestanden habe, habe dies gespürt. Und dann versuchte Kohl, Mitterrand in einem anderen Punkt die Ängste zu nehmen, und er verwies auf Adenauer, der gesagt habe, die deutschen Probleme könnten nur unter einem europäischen Dach gelöst werden. Und was die Geschwindigkeit angehe, so Kohl: »Die Wiedervereinigung warte nicht an der nächsten Ecke, sondern dies werde Jahre dauern.« Und dann kam ein weiterer wichtiger Punkt: »Die feste Verankerung Deutschlands in der Europäischen Gemeinschaft sei die Voraussetzung für die spätere Entwicklung.« Er, Kohl, verstehe die Ängste der anderen, »aber aus Ängsten könne man keine Welt aufbauen«. Geschickt ging er dann auf die von Mitterrand zuvor mehrfach genannten Begriffe »friedlich« und »demokratisch« ein. »Die Entwicklung müsse zusammen mit den Nachbarn erfolgen. Das Deutschland von morgen werde ein westlich orientiertes Land sein. Der Rhein habe heute eine andere Bedeutung als früher. Das Lebensgefühl in Deutschland sei anders geworden. Die DDR sei nicht Ostdeutschland, sondern Mitteldeutschland. Beim Bewahren von Vernunft und Augenmaß werde sich alles gut entwickeln. Der geborene Partner für Deutschland sei Frankreich. Dies liege auch im Interesse Frankreichs. Es wäre gut, wenn die Entwicklung mit Mitterrand und ihm persönlich, dem Bundeskanzler, verbunden werden könnte. Sie würden zu Recht als diejenigen gelten, die den Europa-Motor wieder angeworfen hätten. Man müsse auf dieser Linie weitergehen.« Und was die Sowjetunion betraf, so machte Kohl deutlich: »Gegen Moskau wolle er keine Anti-Position beziehen. Man müsse die Probleme mit Moskau auf dem Gebiet der Sicherheitspolitik lösen.« Und auf das vielzitierte Grenzproblem mit Polen eingehend, meinte er ebenso deutlich: »Auch die Grenzen müssen garantiert werden.« Die Diskussion um die Oder-Neiße-Grenze sei ein nur künstlich erzeugtes innenpolitisches Problem.

Mitterrand sah zwei Probleme, nämlich »das russische Problem und das deutsche Problem«, wobei er ganz bewusst den Ausdruck »russisch« gebrauchte. Was komme nach Gorbatschow, wenn der scheitere? Mitterrand: »Ultras! Keine Kommunisten, aber eine harte Militärdiktatur.« Die Deutschen müssten verstehen, dass Ostdeutschland zum Warschauer Pakt, Westdeutschland zur NATO gehöre, die Wirtschaftssysteme und vieles andere unterschiedlich seien und jeder unkluge Schritt Gorbatschow verpflichte, zu reagieren oder zu verschwinden. Die Einigung Deutschlands, so Mitterrand, dürfe nicht so erfolgen, dass die Russen sich verhärteten und mit Säbelrasseln reagierten. Für ihn sei sie grundsätzlich »kein Problem, sie sei eine Realität. Wenn beide Teile Deutschlands Regierungen wählten, die die deutsche Einheit wollten, wäre es dumm und ungerecht, sich dem zu widersetzen.«

Dann ging Mitterrand auf die zwischen Kohl und Modrow in Dresden diskutierte »Vertragsgemeinschaft« ein. Das sei eine gute Idee; man müsse sich dann Zeit nehmen, die Fragen der Allianzen und der Rüstung zu klären. Wenn die beiden Deutschlands durch die Zugehörigkeit zu verschiedenen militärischen Lagern getrennt würden, gebe es keine Chance. Es bestehe dann die Gefahr der Neutralisierung, worauf Kohl einwarf, dies sehe er in der Tat als »die größte Gefahr«. Mitterrand kam auf die Sowjetunion zurück und stellte die Frage, »wie die das Aufgeben ihrer militärischen Position akzeptieren werde, wenn nicht die USA ebenfalls ihre Position aufgäben. Er habe hierauf keine Antwort. Man dürfe nicht zu schnell vorgehen; zunächst müsse man eine Strategie haben.« Und dann noch einmal grundsätzlich zum Thema Wiedervereinigung: »Wenn er, Mitterrand, Deutscher wäre, wäre er für die Wiedervereinigung so schnell wie möglich – er würde sogar mit Bedauern sehen, dass nicht alle Deutschen die Wiedervereinigung so schnell wollten. Aber er sei Franzose. Er spreche jetzt nicht, um französische Interessen zu berücksichtigen, wenn er sage, Europa habe noch keine klare Geografie. Europa wisse nicht, wohin es steuere. Sie seien nicht daran interessiert, dass Gorbatschow verschwinde.« Das Schicksal Gorbatschows hänge mehr von Helmut Kohl ab als von Ligatschow, dem einflussreichen Mitglied des Politbüros des ZK der KPdSU. Dann ging er noch einmal auf die zukünftige Entwicklung ein – und deutete schon eine gewisse Strategie an, nämlich: »Man müsse gemeinsam vorgehen und die deutsche und die europäische Einheit gleichzeitig anstreben«, was für Kohl »das Schlüsselwort« war.

Und dann brachte Mitterrand noch einen Gesichtspunkt ein, der Teil dieser Strategie werden würde, nämlich die Oder-Neiße-Grenze. Der Bundeskanzler »solle klar zeigen, dass die polnische Grenze nicht infrage gestellt werde«. Er, Mitterrand, akzeptiere, »dass die beiden deutschen Staaten Verträge schließen und sich vereinigen. Mehr könne man doch von ihm nicht verlangen. Allerdings dürfe die Lösung des deutschen Problems nicht ein neues russisches Drama hervorrufen oder umgekehrt.«

Auf dem Rückflug hatte Kohl nach eigener Aussage das Gefühl: »Mitterrand von der Ernsthaftigkeit meines europapolitischen Engagements und von der Verlässlichkeit auch eines wiedervereinten Deutschlands überzeugt zu haben. Das französische Misstrauen schien durch das offene und klärende Gespräch überwunden, unser gegenseitiges Vertrauensverhältnis schien wieder hergestellt zu sein.«

Zumindest entwickelte François Mitterrand von nun an einen Plan auf dem Weg zu der offensichtlich nicht mehr aufzuhaltenden Vereinigung der beiden deutschen Staaten. Jacques Attali sprach im Jahre 2007 von zwei fixen Ideen bei Mitterrand. Die erste: die deutsche Wiedervereinigung. Sie sei eine national deutsche Angelegenheit, in die er sich nicht einmischen wolle, aber man solle auch nicht von ihm verlangen, irgendetwas zu tun, das zeige, dass er glücklich darüber sei.

Die zweite: Für Mitterrand als Franzosen und Europäer wäre die Wiedervereinigung allerdings katastrophal, wenn sie nicht drei Bedingungen erfüllt hätte, nämlich 1. die Anerkennung der Oder-Neiße-Grenze, 2. die Anerkennung der Beibehaltung des Kernwaffenverzichts Deutschlands und 3. die Einführung einer gemeinsamen europäischen Währung als Ausdruck der Dynamik eines geeinten Europas. Attali weiter: »Bundeskanzler Kohl hätte, und er hat es an einem bestimmten Punkt versucht, sehr gut Nein sagen können zu diesen drei Vorschlägen. Stellen Sie sich vor, was Europa heute wäre, wenn es den Euro nicht gäbe, wenn Deutschland die polnische Grenze nicht anerkannt hätte, wenn der Gedanke einer mit Kernwaffen ausgerüsteten Bundeswehr nicht vom Tisch wäre. Die Welt sähe völlig anders aus. Und ich bin sehr stolz darauf, dass wir das dank Bundeskanzler Kohl erreichen konnten.« Ein Nein zu diesen drei Punkten wäre eine Tragödie für Europa gewesen. Ein anderer Kanzler als Kohl »hätte das machen können, aber Bundeskanzler Kohl ist ein sehr großer Europäer. Er hat sich an diesem Tag für Europa entschieden.« Äußerungen Attalis aus dem Jahr 2007.

Im Januar 1990 sahen die Dinge noch etwas anders aus. Genau 14 Tage nach Latché, am 18. Januar 1990, war Margaret Thatcher zu Gast im Elysée-Palast. Da zeigte sich ein anderer Mitterrand, der noch einen Schritt weiter ging als am 8. Dezember in Straßburg am Rande des EG-Gipfels. Beim Mittagessen stellte er fest, die plötzliche Aussicht auf Vereinigung habe den Deutschen »eine Art mentalen Schock« versetzt und sie wieder in jene »bösen Deutschen« verwandelt, die sie einmal gewesen seien. Sie würden mit einer gewissen Brutalität vorgehen. Aber Europa sei noch nicht reif für die deutsche Wiedervereinigung. Er habe Kohl und Genscher gesagt, nach der Wiedervereinigung könnte Deutschland Österreich in die Europäische Gemeinschaft bringen und sogar jene Gebiete zurückgewinnen, die sie als Folge des Krieges verloren hätten, am Ende möglicherweise mehr Einfluss in Europa gewinnen, als Hitler je hatte, und dann die Warnung ausgesprochen, die Deutschen müssten wissen, was das bedeutet, nämlich: »Dann würde eines Tages die Sowjetunion einen Emissär nach London schicken und einen Rückversicherungsvertrag vorschlagen. Das Vereinigte Königreich würde zustimmen. Dann würde der Emissär nach Paris gehen und denselben Vorschlag machen, und Frankreich würde zustimmen.« Was würde das bedeuten? »Dann wären wir alle wieder im Jahr 1913.« Mitterrand teilte Thatchers Bedenken mit Blick auf die sogenannte Mitteleuropa-Mission der Deutschen. Die Deutschen wollten die Tschechoslowakei, Polen und Ungarn beherrschen: »Für uns bleibt dann nur noch Rumänien und Bulgarien übrig.« Die Polen würden die Deutschen nie mögen, solange die Oder-Neiße-Grenze unsicher sei, genauso wenig wollten die anderen Staaten unter ausschließlich deutschen Einfluss geraten; aber sie brauchten natürlich deutsche Hilfe und Investitionen. Thatcher ergänzte, man solle den deutschen Griff nach Osteuropa nicht einfach akzeptieren, sondern die eigenen Beziehungen zu den Staaten dort verstärken.

Am Ende stimmte Mitterrand Thatchers Vorschlag zur engen militärischen britisch-französischen Zusammenarbeit zu, stellte aber auch resignierend fest, dass niemand in Europa die Vereinigung aufhalten könne: »Ich weiß nicht, was wir dagegen tun können«, um dann einen bemerkenswerten Vorschlag zu machen: Möglicherweise könne man ja Gorbatschow dazu bringen, DDR-Bewohner in deren Anti-Einheitsstimmung zu bestärken.

Von nun an galt für ihn, das Bestmögliche aus dem Unvermeidlichen zu machen.

Anlässlich der Öffnung des Brandenburger Tors am 22. Dezember hatte sich ein Vertreter der britischen Botschaft in Ost-Berlin Gedanken über die weitere Entwicklung gemacht. Er erinnerte das Foreign Office an den bekannten Ausspruch von Richard von Weizsäcker, den dieser als Regierender Bürgermeister von West-Berlin gemacht hatte, wonach die deutsche Frage so lange offen sein werde, solange das Brandenburger Tor geschlossen sei. Das, so der Diplomat, treffe nach wie vor zu: Noch sei das Tor zwar halbkreisförmig von einer ungeheuren Betonmauer umgeben, aber es gebe eine Öffnung, »und langsam wird erkennbar, wie die Antwort aussehen könnte«.

Darüber machte man sich auch im Kreml Gedanken – getrieben von den Ereignissen. Im Winter 1989/90 trat in der Sowjetunion das ein, was Gorbatschow bei seinem Besuch in Bonn im Juni angedeutet hatte: akute Versorgungsengpässe bei Fleisch, Fetten, Pflanzenölen und Käse. Moskau brauchte Bonner Hilfe. Am 7. Januar 1990 fragte Botschafter Kwizinskij im Auftrag von Außenminister Schewardnadse im Auswärtigen Amt an, ob die Bundesregierung helfen werde. Kohl reagierte: 120 000 Tonnen Fleisch wurden in den nächsten Wochen in die Sowjetunion transportiert, zusätzlich setzte er sich für eine weitere Unterstützung durch die EG-Kommission ein. Die Westdeutschen schickten Pakete in die Sowjetunion!

Gleichzeitig war für alle Beobachter der schnelle Verfall staatlicher Autorität in der DDR sichtbar. Parallel dazu nahm die Zahl der Übersiedler zu: Allein in den ersten drei Wochen des neuen Jahres waren es 55 000. Gorbatschow erinnerte sich später: »Sonnenklar, man musste die Politik ändern. Die Ereignisse zwangen uns dazu.« Am 26. Januar berief er eine außerordentliche Sitzung seiner Berater ein, um das weitere Vorgehen in der Deutschlandfrage zu diskutieren. In der vierstündigen Sitzung ging es teilweise hoch her. Gorbatschow später: »Für uns war die Richtung klar. Und die Situation war so, dass wir uns nach dem Teil Deutschlands, der besser funktionierte, mehr richten mussten; uns war klar, dass Kohl, der amtierende Kanzler, zu unserem Hauptverhandlungspartner werden würde. Wir haben die Entwicklung sehr ernst genommen. Die realen Ereignisse bestimmten unsere Politik.« Einer Bemerkung von Ryschkow stimmten alle in der Runde zu: »Wir dürfen Kohl nicht alles geben.« Man war sich einig, mit jenen Ländern zusammenzuarbeiten, die die Bonner Politik der Wiedervereinigung zügeln wollten, insbesondere mit Frankreich und Großbritannien. Jemand machte den Vorschlag, ein »sechsköpfiges Gremium« einzurichten, in dem die vier Siegermächte des Zweiten Weltkrieges und die beiden deutschen Staaten über alle in Zusammenhang mit der Wiedervereinigung bestehenden Fragen verhandeln könnten. Am Ende war man sogar für eine Vereinigung, aber eben auch dafür, diesen Prozess zu verlangsamen – unter Einbeziehung der DDR, bei gleichzeitiger militärischer Neutralität des vereinten Deutschland. Die Vereinigung dürfe die NATO auf keinen Fall näher an die sowjetische Grenze bringen. Gorbatschow forderte in dieser Sitzung Marschall Achromejew auf, den Abzug der sowjetischen Truppen aus der DDR vorzubereiten, ein Vorhaben, das mit dem Vorschlag Ost-Berlins verknüpft werden sollte, alle ausländischen Truppen aus beiden deutschen Staaten abzuziehen.

Am 30. Januar war Hans Modrow in Moskau. Was er über die Lage der DDR in drastischen Zahlen mitteilte, hatten selbst die Herren im Kreml nicht erwartet: Gorbatschow meinte am Ende nur, die DDR erlebe eine »schicksalhafte Zeit«. Das hieß aber auch, wie der Kremlchef jetzt öffentlich feststellte, die Vereinigung der beiden deutschen Staaten werde »niemals und von niemandem prinzipiell in Zweifel gezogen«. Der Kurswechsel in Moskau war für jeden erkennbar. Auf Fragen von Journalisten erwiderte Modrow, »Probleme der Vereinigung der deutschen Staaten« seien »eingehend erörtert worden«. Gorbatschow habe der Formel zugestimmt, dass »beide deutschen Staaten ihre Beziehungen zueinander zielstrebig ausbauen« sollten, um so »das Zusammenrücken der DDR und der BRD auf dem Weg einer Konföderation weiter zu verfolgen«.

Als Konsequenz der Gespräche in Moskau legte Modrow am

1. Februar in Ost-Berlin einen Vier-Stufen-Plan »für Deutschland, einig Vaterland« zur »Bildung eines einheitlichen deutschen Staates« vor, dessen Regierung ihren Sitz in Berlin haben sollte. Schon bei der ersten der vier Stufen, der Vertragsgemeinschaft, sollte es eine Wirtschafts-, Währungs- und Verkehrsunion geben, in der zweiten Stufe eine Konföderation »mit gemeinsamen Organen und Institutionen«; in der dritten Stufe sollten Souveränitätsrechte beider Staaten an Organe der Konföderation übertragen werden und schließlich »Wahlen in beiden Teilen der Konföderation zu einem einheitlichen Parlament führen«. Gleichzeitig sollte die »militärische Neutralität von DDR und BRD auf dem Weg zur Föderation« sichergestellt werden. Das war eine deutliche Abkehr von bisherigen offiziellen Positionen der DDR-Regierung, der Zehn-Punkte-Plan Kohls wurde sogar überholt. Aber nun forcierte Kohl seinerseits das Vereinigungstempo.

Mit seinem Zehn-Punkte-Plan hatte er einen deutlichen deutschlandpolitischen Kompetenzvorsprung erworben. Jetzt galt es, wie es im Kanzleramt in einer Vorlage vom 2. Februar hieß, »diesen Vorsprung zu halten und nach Möglichkeit auszubauen«. Damit war auch klar, dass die Regierung Modrow kein Partner mehr sein konnte. Als Kohl Modrow am 3. Februar am Rande des World Economic Forum in Davos traf, klagte Letzterer über die sich verschlechternde Lage in der DDR und wiederholte die Forderung nach finanzieller Hilfe im Umfang von 15 Milliarden D-Mark. Aber Kohl ließ keinen Zweifel daran, dass er nicht bereit war, dieser Regierung diese Hilfe zu gewähren. Den Menschen in der DDR musste eine klare Perspektive gegeben werden – und das hieß Einführung der D-Mark. In dieser Situation lief in Bonn bereits alles auf das Angebot einer Wirtschafts- und Währungsunion mit der DDR hinaus, obwohl einige Akteure gerade in diesem Punkt erhebliche Bedenken hatten.

Helmut Kohl sah das anders. »Wenn die Union es zulässt«, so erklärte er am Abend des 8. Februar vor dem Bundesvorstand der CDU, »dass unser Land in dieser Schicksalsfrage aus finanziellen Ängsten vor der Einheit zurückweicht, dann dankt die Bundesrepublik vor der Geschichte ab.« Am Tag zuvor hatte die Bundesregierung öffentlich ihre Bereitschaft erklärt, »mit der DDR unverzüglich in Verhandlungen über eine Währungsunion mit Wirtschaftsreformen einzutreten«. Die Meinungsführerschaft in Sachen deutsche Einheit war zurückerobert worden! Und am selben Tag wurde ein Kabinettsausschuss »Deutsche Einheit« unter Vorsitz von Helmut Kohl eingerichtet. Gleichzeitig lag die Einladung von Gorbatschow an Kohl zu Gesprächen in Moskau vor.

Zu diesem Zeitpunkt befand sich der amerikanische Außenminister James Baker bereits auf dem Weg nach Moskau, wo er zunächst mit Außenminister Schewardnadse über das weitere Vorgehen in der Einigungsfrage konferierte. Die Amerikaner kannten die wesentlichen Elemente der neuen sowjetischen Deutschlandpolitik: neben grundsätzlicher Zustimmung zur Einheit die unnachgiebige Forderung nach Neutralisierung und Entmilitarisierung eines geeinten Deutschland. Das war für die Amerikaner unannehmbar. Sie wollten auf jeden Fall das vereinte Deutschland als Mitglied in der NATO. Dies sollte in Gesprächen der vier Großmächte unter Beteiligung der beiden deutschen Staaten festgeschrieben werden.

Als Baker Gorbatschow diesen Vorschlag präsentierte, kam von diesem der erste Hinweis darauf, dass die Sowjets ihrerseits schon über ein Sechser-Forum nachgedacht hätten. Gorbatschow: »Ich sage Vier-plus-Zwei, Sie sagen Zwei-plus-Vier. Was halten Sie von diesen Formeln?« »Zwei-plus-Vier ist die beste Variante«, antwortete Baker – sie platzierte die beiden deutschen Staaten an die erste Stelle. Gorbatschow gab auch zu erkennen, dass sich die Sowjetunion den neuen Gegebenheiten anpassen müsse: »Die Aussicht auf ein geeintes Deutschland hat nichts Erschreckendes an sich.« Er wisse, dass manche Länder wie Frankreich und Großbritannien sich fragten, wer der Hauptakteur in Europa sein werde. Doch dies sei ebenso wenig das Problem der Sowjetunion wie das der USA: »Wir sind große Staaten und haben unser eigenes Gewicht.« Baker stellte Gorbatschow dann die direkte Frage, was ihm lieber sei, ein unabhängiges, neutrales Deutschland außerhalb der NATO ohne US-Truppen auf deutschem Boden oder ein vereinigtes Deutschland, das in die NATO eingebunden sei, mit der verbindlichen Zusage, »dass es keine Ausdehnung der gegenwärtigen NATO-Zuständigkeiten nach Osten geben werde«. Gorbatschow erwiderte, dass er darüber nachdenken werde, eines sei jedoch jetzt schon klar: »Jede Ausdehnung der NATO-Zuständigkeiten ist unannehmbar.« »Einverstanden«, sagte Baker. Die US-Formel lautete: Das gesamte Territorium des vereinten Deutschland müsse zur NATO gehören und die Garantie des Bündnisses genießen. Ostdeutschland sollte nicht entmilitarisiert werden, sondern nur einen »besonderen militärischen Status innerhalb der NATO erhalten«. Damit war der Rahmen für die äußeren Aspekte der Vereinigung abgesteckt, deren Einzelheiten in den Zwei-plus-Vier-Gesprächen geklärt werden sollten. Die inneren Aspekte der Vereinigung würden allein Angelegenheit der Deutschen sein. Alles auch unter dem Gesichtspunkt, dass die NATO keinen Zentimeter (»inch«) nach Osten rücken werde – eine Zusage Bakers, die nicht schriftlich protokolliert wurde, aber von Gorbatschow offensichtlich als Garantieversprechen angesehen wurde. Darüber gab es später dann erhebliche »Dissonanzen«.

Unmittelbar nach Helmut Kohls Ankunft in Moskau (s. Kap. 23) überreichte ihm US-Botschafter Jack Matlock ein Schreiben Bakers, in dem dieser den Kanzler über sein Gespräch mit Gorbatschow unterrichtete. Bereits am Tag zuvor hatte Präsident Bush Kohl in einem persönlichen Schreiben deutlich gemacht, dass die amerikanische und die westdeutsche Position absolut identisch seien. Auch Bush war sich bewusst, unter welchem Druck Kohl auf seiner Reise nach Moskau stand, und er wollte ihn wissen lassen, dass Washington hinter ihm stand. »Kohl unternimmt den vermutlich bedeutsamsten Auslandsbesuch seines Lebens«, schrieb Sicherheitsberater Brent Scowcroft an Bush. »Ich denke, Sie sollten ihm sowohl Ihre ganz persönliche Unterstützung zuteilwerden lassen, als auch unsere Prioritäten in Bezug auf das künftige vereinigte Deutschland deutlich machen.« Genau das hatte Bush getan und Kohl seine absolute Unterstützung versichert: »Was immer die formalrechtliche Rolle der Vier Mächte bei der Anerkennung des frei geäußerten Willens des deutschen Volkes sein mag, so sollten Sie doch wissen, dass die Vereinigten Staaten nichts unternehmen werden, was Ihren Landsleuten die Annahme nahelegen könnte, dass wir ihre Entscheidung für die Zukunft ihrer Nation nicht respektieren werden.« Auf gar keinen Fall werde man der Sowjetunion erlauben, den Vier-Mächte-Mechanismus dazu zu benutzen, die Vereinigung zu verzögern und ein Deutschland nach ihren Vorstellungen zu schaffen.

Nach der Rückkehr aus Moskau bedankte sich Kohl in einem Telefonat mit Bush für dessen Hilfe in Moskau und meinte zu dem Brief, dieser werde »einmal zu den großen Dokumenten der deutsch-amerikanischen Freundschaft zählen«.

23. BESUCH IM KREML

Die Boeing 707 der Flugbereitschaft mit der deutschen Delegation an Bord landete am 10. Februar 1990 gegen 14.00 Uhr in Moskau. Zwei Stunden später begann das zweieinhalbstündige Gespräch zwischen Helmut Kohl und Michail Gorbatschow. Mit dabei waren nur noch Anatoli Tschernajew und Horst Teltschik, der auch das deutsche Protokoll anfertigte, sowie zwei Dolmetscher. Unmittelbar vor Beginn des Gespräches hatte Kohl das Schreiben von US-Außenminister James Baker erhalten und kannte in etwa die aktuelle Grundlinie der sowjetischen Position. Erstaunlich war, dass bei diesem entscheidenden Gespräch, wie auch wenig später in Camp David, Außenminister Hans-Dietrich Genscher nicht hinzugezogen wurde – Ausdruck eines latenten Misstrauens.

Zu Beginn des Gespräches erwähnte Kohl zunächst die »großen Sympathien«, die Gorbatschow in der Bundesrepublik genieße. Dann leitete er auf die Entwicklung in der DDR über, wobei ihm Gorbatschow, so Teltschik, »mit ernstem Gesicht aufmerksam zuhörte«, obwohl er das, was Kohl berichtete, bereits wenige Tage vorher in ähnlicher Form von Modrow gehört hatte – was wiederum Kohl nicht wusste. Seit Mitte Januar sei die Staatsautorität in der DDR zusammengebrochen, die Wirkungen seien katastrophal, beinahe unvorstellbar. Im Jahr 1989 habe es 380 000 Übersiedler gegeben, zumeist junge Leute; die Ordnung löse sich auf, das Chaos nehme zu. Kohl machte dann eine Prognose für die weitere Entwicklung: Nach der Volkskammerwahl im März werde sich das Parlament konstituieren und eine Regierung ernennen. Er sage voraus, dass das neue Parlament sich für die Einheit aussprechen werde, unabhängig davon, wie die Wahl ausgehen werde. Dann werde es darauf ankommen, vernünftig zu reagieren. Und deshalb habe er den Vorschlag gemacht, eine Wirtschafts- und Währungsunion zu entwickeln – mit anderen Worten: den Einigungsprozess damit zu beschleunigen (was er allerdings nicht sagte). Er könne es drehen und wenden, wie er wolle: »Die Frage der Entscheidung stünde kurz bevor […] die Entwicklung komme unaufhaltsam auf ihn zu.« Sämtliche mit der Einheit zusammenhängenden Fragen der internationalen Einbettung müssten mit den anderen Partnern besprochen werden. Dabei könne, so Kohl, die Grenzfrage endgültig geregelt werden. Die Hauptfrage sei aber der militärische Status des künftigen Deutschland, was Gorbatschow bestätigte. Und da stellte Kohl mit Nachdruck fest, dass eine Neutralisierung mit der Bundesregierung nicht zu machen sei. Dann ging er auf das ein, was Baker in Moskau bereits gesagt hatte: dass die NATO ihr Gebiet natürlich nicht auf das heutige Gebiet der DDR ausdehnen dürfe, jedoch einvernehmliche Regelungen erforderlich seien. Das Interesse des Generalsekretärs sei es, das Sicherheitsinteresse der Sowjetunion zu wahren; das deutsche Interesse sei es, die Souveränität zu wahren und Regelungen zu finden, die auf beiden Seiten Vertrauen schaffen würden.

Obwohl Gorbatschow in seiner Antwort im Prinzip nur das sagte, was er bereits vorher Baker mitgeteilt hatte, klang es für Kohl und Teltschik vollkommen neu. Gorbatschow meinte später: »Als Kohl kam und unsere Position erfuhr, traute er seinen Ohren nicht.« So war es wohl auch. Gorbatschow, so die Aufzeichnung Teltschiks, sagte nichts anderes, als dass zwischen ihm und Kohl Einvernehmen bestehe, dass die Deutschen auf dem Weg zur Einheit »ihre Wahl selbst treffen« müssten. Kohl nahm, so Teltschik, die historischen Sätze Gorbatschows ohne erkennbare Emotionen zur Kenntnis.

Gorbatschow kam dann zur »Hauptfrage«, zum Kern des deutschen Problems: dem militärischen Status des vereinten Deutschland. Der Kremlchef verlangte weder Neutralisierung noch Entmilitarisierung, nicht einmal den Abzug westlicher Atomwaffen. Er fächerte das Spektrum der möglichen Resultate auf und wies mit Blick auf das Gespräch mit Baker darauf hin, dass diese Frage in Zwei-plus-Vier-Gesprächen gelöst werden sollte. »Wieder eine Sensation«, notierte Teltschik später in sein Tagebuch: »Keine Einforderung eines Preises und schon gar keine Drohung. Welch ein Treffen!« Kohl fasste das Gespräch zusammen und fragte Gorbatschow, ob er mit der Schlussfolgerung einverstanden sei, »sie seien sich darüber einig, dass die Entscheidung über die Einigung Deutschlands eine Frage sei, die die Deutschen jetzt selbst entscheiden müssten. Und dass in Gesprächen mit den Vier die Entwicklung zum Abschluss gebracht werden sollte.« Gorbatschow stimmte zu. Kohl warf Teltschik einen Blick zu, als wollte er sagen: »Geschafft!«, während Teltschik Folgendes in sein Tagebuch schrieb: »Mir fliegt die Hand, um jedes Wort präzise aufzuschreiben, ja nichts zu überhören oder auszulassen, was wesentlich wäre oder später zu Missverständnissen führen könnte. Innerlich jubelnd: Das ist der Durchbruch! Gorbatschow stimmt der Einigung zu. Ein Triumph für Helmut Kohl, der als Kanzler der deutschen Einheit in die Geschichte eingehen wird.« Das Gesprächsklima wurde ab diesem Zeitpunkt »immer entspannter«, wie Teltschik notierte. Und weiter: »Gorbatschow erinnerte Kohl an dessen Einladung in die Pfalz, dort wolle er mit ihm die gute Wurst essen, die er ihm geschickt habe. Jetzt bin ich mir absolut sicher, dass der Durchbruch geschafft ist.«

Kohl stellte das Treffen auf Drängen Teltschiks vor der Presse als »historisches Ergebnis« dar. Nach außen hin nüchtern und geradezu gelassen, richtete Kohl eine »Botschaft an alle Deutschen«, deren entscheidender erster Satz lautete: »Ich habe heute Abend an alle Deutschen eine einzige Botschaft zu übermitteln: Generalsekretär Gorbatschow und ich stimmen darin überein, dass es das alleinige Recht des deutschen Volkes ist, die Entscheidung zu treffen, ob es in einem Staat zusammenleben will.« Er beendete seine Mitteilung mit dem Satz: »Dies ist ein guter Tag für Deutschland und ein glücklicher Tag für mich persönlich.«

Erst auf dem Rückflug nach Köln/Bonn stieß der Kanzler mit Journalisten bei einem Glas Sekt auf den Erfolg an. Auch wenn Hans-Dietrich Genscher und seine Diplomaten Horst Teltschik als außenpolitischen Amateur bezeichneten, sollte dieser doch mit seinen Formulierungen den entspannten Ton des Treffens ebenso einfangen wie den Sinn der Äußerungen Gorbatschows. Kohl und seine Umgebung waren zutiefst davon überzeugt, einen historischen Augenblick erlebt zu haben. Teltschik notierte: »Mit dem ›Jubel‹ über das Ja-Wort des Kreml hatte Kohl die Schwungkraft gewonnen, die seiner Sache in den bevorstehenden ostdeutschen Wahlen zum Sieg verhelfen sollte.«

Gorbatschow selbst hatte wohl keine Wahl. Sein Land steckte in einer tiefen Finanz- und Wirtschaftskrise, der Ostblock fiel auseinander, und die baltischen Staaten waren dabei, ihre Unabhängigkeit zu erklären. Dagegen befand sich Bonn in einer Position außerordentlicher wirtschaftlicher und politischer Stärke. Der Kreml konnte nur von Bonn Hilfe erwarten – die in diesen Wochen ja auch massiv geleistet wurde. Und mit Bonn hatten einige im Kreml offensichtlich noch Großes vor. Als Helmut Kohl wenige Wochen später, am 23. April, gegenüber dem sowjetischen Botschafter in Bonn, Jurij Kwizinskij, die Möglichkeit einer umfassenden und weitreichenden Zusammenarbeit zwischen Deutschland und der Sowjetunion nach Erreichen der deutschen Einheit erwähnte, sprach Kwizinskij etwas Außergewöhnliches gelassen aus, nämlich, »dass es von Anfang [an] so etwas wie sein Traum gewesen sei, zwischen der Bundesrepublik Deutschland und der Sowjetunion etwas im Bismarck'schen Sinne zu machen« – und das von einem Mann, der als erklärter Gegner der deutschen Einheit galt.

Die neue Sicht der Dinge erfuhr, oder besser: erlitt als Erster der Regierungschef der DDR, Hans Modrow. Gorbatschow war zu der Überzeugung gekommen, dass weder Modrow noch die DDR eine politische Zukunft besaßen. Das wurde in dem Telefonat am 12. Februar deutlich, als er Modrow über die Besuche von Baker und Kohl informierte. Auf Modrows leidenschaftliche Bitte um Unterstützung bei den Verhandlungen mit Kohl ging Gorbatschow nicht ein. Stattdessen sagte er nur, dass es wichtig sei, einen konsequenten Kurs beizubehalten, und wünschte Modrow viel Erfolg.

Die guten Wünsche blieben ohne Wirkung. Das musste Modrow bei seinem Besuch am 13. Februar in Bonn erfahren. Mit dieser Regierung, deren Ministerpräsident es offensichtlich primär darum ging, der Stasi Gelegenheit zur Vernichtung diskriminierender Unterlagen zu geben, wollte Kohl nichts mehr aushandeln. Er ließ Modrow im wahrsten Sinne des Wortes am ausgestreckten Arm verhungern. Die Verhandlungen mit ihm bestätigten, was man in Bonn bereits wusste: Die DDR war bankrott, eine wandelnde Leiche und zum Offenbarungseid gezwungen. Mit der öffentlich verkündeten Absicht, eine Wirtschafts- und Währungsunion herbeizuführen, hatte Kohl sich beim Thema Wiedervereinigung an die Spitze der Bewegung gesetzt: »In das bankrotte DDR-System noch einen Pfennig zu investieren, verbot sich einfach«, wie er später in seinen »Erinnerungen« schrieb. Liest man die Protokolle der Gespräche in Bonn mit der DDR-Delegation, so wird deutlich, was Kohl damit meinte: Das Klima sei frostig gewesen und die Delegation aus Ost-Berlin habe sich »spürbar gedemütigt« gefühlt. Es wurde auch schon über die Möglichkeit der Vereinigung gesprochen, und zwar in Form eines Beitritts zur Bundesrepublik nach Artikel 23 des Grundgesetzes – das war der direkte Weg. Dagegen wurden von Seiten der DDR-Delegation Bedenken angemeldet, denn »ein Anschluss der DDR an die Bundesrepublik« würde in der Mitte Europas ein Machtkartell entstehen lassen. Kohl dagegen lehnte schon das Wort »Anschluss« ab.

Mit der prinzipiellen Zustimmung Gorbatschows zum Zwei-plus-Vier-Verfahren wurde der Prozess der Wiedervereinigung in eine innenpolitische und eine außenpolitische Entwicklung unterteilt. Am 13. Februar war es James Baker, der am Rande einer Abrüstungskonferenz von NATO und Warschauer Pakt im kanadischen Ottawa in zahlreichen Gesprächen die Zwei-plus-Vier-Lösung fixierte. Er stieß dabei auf heftige Kritik seitens einiger NATO-Mitglieder, die sich übergangen fühlten. Massive Bedenken äußerten der Niederländer Hans van den Broek und der italienische Außenminister Gianni De Michelis. Sie forderten ein Mitspracherecht der NATO-Staaten. Baker versprach regelmäßige Konsultationen über den Fortgang der Gespräche. Als De Michelis damit nicht zufrieden war, machte Genscher in scharfer Form klar, dass seine Meinung keine Rolle spiele: »You are not part of the game!«

Am 15. Februar erklärte Helmut Kohl dann vor dem Bundestag: »Nie waren wir unserem Ziel, der Einheit aller Deutschen in Freiheit, so nahe wie heute.« Dabei schien die »Hauptfrage« noch unbeantwortet zu sein: der militärische Status des wiedervereinigten Deutschland. Valentin Falin machte in Moskau klar: »Wenn das westliche Bündnis auf seiner Forderung nach einer NATO-Mitgliedschaft für ganz Deutschland besteht, wird es überhaupt keine Wiedervereinigung geben.« Und was den Zwei-plus-Vier-Mechanismus betraf, hatte Gorbatschow klare Vorstellungen: »Wir lehnen ein Vorgehen ab, bei dem drei oder vier zuerst untereinander zu einer Übereinkunft kommen und dann ihre bereits abgestimmte Position den anderen Teilnehmern unterbreiten. Das ist unannehmbar.« Für Margaret Thatcher war die ganze Entwicklung unannehmbar. Sie versuchte – allerdings vergeblich –, Bush auf ihre Seite zu ziehen und ihn davon zu überzeugen, dass das vereinte Deutschland »das Japan Europas sein wird, nur schlimmer als Japan«. Die Deutschen seien ein expansionistisches Volk, unverändert aggressiv und in den vergangenen vier Jahrzehnten nur von den Westmächten unter Kontrolle gehalten worden. Sie schlug vor, sowjetische Truppen auf unbestimmte Zeit in

Deutschland zu belassen und die KSZE stärker ins Spiel zu bringen.

In jenen Tagen absolvierte der Kanzler ein unglaubliches Arbeitspensum. Ein gutes Beispiel ist dieser 15. Februar 1990: am Vormittag Bundestagsdebatte, anschließend Besprechung mit den Regierungschefs der Länder von 14.00 bis 18.00 Uhr; um 17.35 Uhr Unterbrechung für ein Gespräch mit dem israelischen Außenminister Moshe Arens bis 17.55 Uhr, anschließend Flug nach Paris zu Mitterrand. Er wollte seinen Freund über den Stand der Entwicklung informieren und ihn nach Möglichkeit auf seine Seite ziehen. In diesem Gespräch wurden von Mitterrand zum ersten Mal jene drei Punkte eingebracht, die dann seine »Bedingungen« für die Zustimmung zur Wiedervereinigung waren: Anerkennung der Oder-Neiße-Grenze, auch künftig keine ABC-Waffen in deutscher Hand, Fortschritte bei der europäischen Integration.

Zunächst berichtete Helmut Kohl über die Bundestagsdebatte und sein Treffen mit den Ministerpräsidenten der Länder, um dann ausführlich über die Lage in der DDR zu referieren. Mit Nachdruck wies er auf die zu erwartende Zahl der Übersiedler hin, die bis Ende Februar auf 110 000 anwachsen würde! Dies entspreche der Größe einer Stadt wie Dessau. Um klarzumachen, was das bedeutete, fragte er Mitterrand, welcher französischen Stadt dies entspreche; Mitterrand antwortete: »Clermont-Ferrand«. Im weiteren Verlauf des Gesprächs meinte der französische Staatspräsident, die Perspektive eines geeinten Deutschland mache ihm keine Schwierigkeiten, um dann wenig später die drei oben genannten Punkte vorzubringen. Bezüglich der atomaren Bewaffnung wollte er wissen, ob das vereinte Deutschland die gleiche Verpflichtung eingehen werde wie die Bundesrepublik Deutschland, d. h. weiter auf Atomwaffen verzichten werde. Kohl versicherte, dass dies der Fall sein werde. Mitterrand bezeichnete dann die Oder-Neiße-Grenze als die »wichtigste Frage«. Kohl bestätigte, auch ein wiedervereintes Deutschland werde diese Grenze anerkennen. Schließlich, so Mitterrand, »gebe es das Problem der Europäischen Gemeinschaft. Was werde aus ihr?«

Am Ende des Gesprächs beschwor Kohl erneut die deutsch-französische Freundschaft. Er habe den Wunsch, »dass Frankreich und Deutschland, Präsident Mitterrand und er selbst, diesen schwierigen Weg zusammen gehen sollten und dass nichts den Schatz der Freundschaft beschädigen dürfe, der über dreißig Jahre zwischen Deutschland und Frankreich gewachsen sei. Diese enge Freundschaft und die Integration in der EG seien umso wichtiger angesichts der Wiedervereinigung Deutschlands, weil hierdurch jeglicher Verdacht gegen eine deutsche Hegemonie relativiert werde.« In seinen »Erinnerungen« schreibt Kohl: »Als ich in der Nacht nach Bonn zurückflog, wusste ich, dass Mitterrands Einwilligung zur Wiedervereinigung nur über den Weg einer weiteren engen Zusammenarbeit und Stärkung der EG zu bekommen war. Der Dissens über die Anerkennung der Westgrenze Polens blieb bestehen und sollte noch eine Weile für Gesprächsstoff sorgen.« Das war in der Tat so, und es war Mitterrand, der sich in dieser Frage besonders stark machte und die Interessen Polens vertrat. Über das, was nach dem Mauerfall geschah, war er genauso entsetzt wie Margaret Thatcher. Aber er war flexibler oder cleverer als die britische Premierministerin. Nach der Entscheidung von Moskau schwenkte er auf das Unausweichliche ein, die deutsche Vereinigung, ließ sich das aber mit einem königlichen Preis bezahlen: der Zustimmung Helmut Kohls zur europäischen Wirtschafts- und Währungsunion, mit der Einführung einer gemeinsamen Währung, was die Aufgabe der D-Mark bedeutete, um das vereinte Deutschland noch stärker zu binden.

Auch wenn dies, wie von einigen behauptet – auch von Kohl selbst –, schon vor der Vereinigung Kohls Ziel gewesen sein sollte, Tatsache ist: es gibt diese Verbindung zwischen Mitterrands Zustimmung zur deutschen Einheit und der Vertiefung der europäischen Integration, die durch die Wiedervereinigung in jedem Fall beschleunigt wurde.

Für die Amerikaner stand damals aber eine andere Frage im Mittelpunkt: die Mitgliedschaft des vereinten Deutschland in der NATO.

25. HELMUT KOHL IN CAMP DAVID

Für das Wochenende des 24./25. Februar 1990 hatte George Bush Helmut Kohl und dessen Frau Hannelore auf seinen Landsitz Camp David eingeladen. Bush demonstrierte damit, was er gemeint hatte, als er Monate zuvor Kohl zum »partner in leadership« erklärt hatte: Kohl sollte sich geschmeichelt fühlen, dass er der erste Bundeskanzler war, den man nach Camp David einlud. Camp David, in den Hügeln eines Naturschutzgebiets von Maryland gelegen, mit mehreren Häusern, rustikal, aber mit allem Komfort eingerichtet, war der richtige Ort für Grundsatzgespräche abseits des politischen Tagesgeschäfts im Weißen Haus. Entsprechend entspannt war die ganze Atmosphäre. James Baker, in rotem Flanellhemd, Cowboystiefeln und Cowboyhut, hatte gemeinsam mit Brent Scowcroft Helmut Kohl und dessen Frau Hannelore am Flughafen Dulles abgeholt. Von dort hatte sie der Präsidentenhubschrauber nach Camp David gebracht, wo Bush und seine Frau Barbara die Gäste begrüßten. Es war kalt und es hatte geschneit. Barbara und George Bush fuhren Helmut und Hannelore Kohl anschließend in einem Golfcaddie zu deren Unterkunft, wo bereits das Feuer im Kamin prasselte.

Die politischen Gespräche begannen wenig später um 14.30 Uhr und dauerten bis 17.00 Uhr, wurden für das Abendessen unterbrochen und am nächsten Morgen fortgesetzt. Kohl wurde von Teltschik und zwei Mitarbeitern des Kanzleramtes begleitet, aber weder Hans-Dietrich Genscher noch der deutsche Botschafter waren mit dabei – ein klares Zeichen für fehlendes Vertrauen zu Genscher. Wie wir inzwischen wissen, hatte Baker ursprünglich vorgeschlagen, auch Genscher einzuladen. Er wollte für dieses entscheidende Gespräch die drei für ihn manchmal etwas verwirrenden Kommunikationskanäle – Bush-Kohl, Baker-Genscher, Scowcroft-Teltschik – bündeln. Daraus wurde nichts. Genscher musste in Bonn bleiben.

Von amerikanischer Seite nahmen neben George Bush und James Baker noch der Sicherheitsberater Brent Scowcroft sowie Robert Blackwell, im Nationalen Sicherheitsrat zuständig für europäische und sowjetische Angelegenheiten, teil. Für Blackwell war das Treffen das »vielleicht wichtigste all der vielen Vier-Augen-Gespräche zwischen Bush und Kohl«. In diesen zwei Tagen kam es dann auch zum definitiven Schulterschluss zwischen Kohl und den Amerikanern. Hier legte man die Strategie für die folgenden Verhandlungen zur Wiedervereinigung fest.

Kohl machte noch einmal klar, dass die Entwicklung zur deutschen Einheit sich mit einer Dramatik vollziehe, »die er selbst sich nicht hätte vorstellen können«. Dann schilderte er die dramatische Lage: 350 000 Übersiedler seien 1989 in die Bundesrepublik gekommen, das schaffe eine katastrophale Situation. Und in den ersten Wochen seit Jahresbeginn seien über 100 000 weitere gekommen. Um zu verdeutlichen, was das bedeutete, hatte Kohl gegenüber Mitterrand am 15. Februar klargemacht, dass dies der Größe einer Stadt wie Dessau entspreche (und auf Nachfrage, welcher französischen Stadt das entspreche, hatte Mitterrand geantwortet: Clermont-Ferrand). Da die Amerikaner mit Dessau wohl nichts anfangen konnten, meinte Kohl jetzt, diese Zahl entspreche »umgerechnet auf die Verhältnisse der USA der Einwohnerzahl von Philadelphia«. Das verstanden Bush und Baker. Anschließend ging Kohl dann auf die polnische Westgrenze ein, in Wahrheit »kein großes Problem«. Die Frage sei lösbar, es gehe nur um die Methode. »Unter Freunden und mit aller Offenheit« sage er: Wenn es eine Volksabstimmung gäbe, würden sich in der Bundesrepublik Deutschland 85 % oder mehr der Bevölkerung für die Endgültigkeit der Oder-Neiße-Grenze aussprechen. Eine völkerrechtlich verbindliche Entscheidung könne aber nur eine gesamtdeutsche Regierung aushandeln. Um eine Lösung zu finden, müsse man in den nächsten Monaten hart arbeiten, damit man die Erwartungen der Polen befriedigen könne, und zwar in einem Prozess, der irreversibel sei. Kurzum: »Die Grenze sei nicht das Problem.« Für die geplante Zwei-plus-Vier-Verhandlungsrunde machte Kohl klar, dass er strikt gegen eine Erweiterung dieser Runde war, etwa Zwei-plus-Fünf (Polen) oder Ähnliches. Den Polen könne man in anderer Weise entgegenkommen. Kohl war auch dagegen, die Wiedervereinigung zum Thema der KSZE zu machen. Der KSZE-

Gipfel könne ein Zwei-plus-Vier-Ergebnis lediglich »zustimmend zur Kenntnis nehmen« bzw. ihm »nach Art eines alten Bischofs den Segen geben«. Mehr nicht.

Bush formulierte dann das amerikanische Hauptziel: Er wolle die »volle NATO-Mitgliedschaft Deutschlands, verknüpft mit der amerikanischen Möglichkeit, amerikanische Streitkräfte in Europa und Deutschland aufrechtzuerhalten«. Kohl pflichtete ihm bei und betonte: »Am Ende werde die Frage nach Bargeld stehen.« Natürlich rede Moskau darüber nicht – dies gehöre zur nationalen Ehre. Für Bush war klar, dass die Sowjetunion, alles zusammengenommen, nicht in einer Position war, dem Westen diktieren zu können, ob Deutschland in der NATO bleibe oder nicht: »Zum Teufel damit. Wir haben die Oberhand gewonnen, und nicht sie. Wir können nicht zulassen, dass die Sowjets die Niederlage in einen Sieg ummünzen.« Kohl war sich sicher, dass von amerikanischer Seite ungeachtet der Zwei-plus-Vier-Diskussion die Frage der NATO-Mitgliedschaft direkt mit den Sowjets zu klären sei, natürlich diskret. Wichtig werde aber sein, den Sowjets zu vermitteln, dass »die USA und die Bundesrepublik Deutschland in dieser Frage völlig klar und einig seien«. Vielleicht würden die Sowjets sogar den USA den Preis eher nennen als ihm, dem Bundeskanzler, aber sie wollten einen Preis, worauf Bush scherzhaft einwarf, der Bundeskanzler habe »große Taschen!«.

Um 17.00 Uhr wurde die erste Gesprächsrunde beendet. Beim anschließenden Spaziergang kam Kohl, der nach eigener Angabe niemals unter Jetlag litt, doch etwas aus der Puste und musste an einem kleinen Hügel passen. Seitdem heißt dieser Hügel in Camp David zu Ehren des deutschen Kanzlers »Helmut Kohl Memorial Hill«. Der amerikanische Präsident sah sich an Samstagabenden nach dem Essen gern Filme an. Den Gästen wurde mitgeteilt, dass sie sich dann aber ohne Weiteres zurückziehen konnten, wann immer sie wollten. An jenem Abend des 24. stand der Thriller *Internal Affairs* mit Richard Gere auf dem Programm. Niemand hatte den Präsidenten darauf hingewiesen, dass gleich im ersten Dialog das Wort »motherfucker« vorkam. Barbara Bush verschwand nach drei Minuten, die Kohls folgten ihr kurze Zeit später.

Am nächsten Morgen saß man ab 9.30 Uhr noch einmal eine Stunde zusammen, um die letzten Einzelheiten für das weitere strategische Vorgehen zu besprechen. Bei den Zwei-plus-Vier-Verhandlungen war man sich einig: erst sollten die Eins-plus-Drei – Bonn und die Westmächte – sich einigen, dann kämen die Zwei-plus-Vier. Was die zentrale Frage der Mitgliedschaft eines vereinigten Deutschland in der NATO betraf, machte Kohl eine bemerkenswerte Aussage: »Ob es nicht denkbar wäre, dass die Sowjetunion so spiele, dass sie zuerst einmal Gespräche im Rahmen Zwei-plus-Vier führen und dann ein letztes Wort mit dem Präsidenten der USA im Juni bei dem Gipfel haben wolle. Er hege diese Vermutung. Wie er Gorbatschow einschätze und wie er seine Lage sehe, sei die Frage nicht einfach für ihn. [...] Aus seiner Sicht sei jetzt viel Prestige im Spiel. Die Sowjetunion habe aus der Sicht Gorbatschows in Wahrheit nur einen Plan, nämlich die USA. Das Gespräch im Rahmen Zwei-plus-Vier halte er zwar für nützlich, die eigentliche Entscheidung wolle er jedoch gemeinsam mit dem Präsidenten der USA treffen. [...] Gorbatschow wolle mit der anderen Weltmacht abschließen.« Und er, Kohl, wolle die Behauptung aufstellen, »Gorbatschow werde im Gespräch mit Präsident Bush diese Konzession machen«.

Genauso sollte es kommen. In seinen »Erinnerungen« resümiert Kohl: »Alles in allem war das Treffen in Camp David ein voller Erfolg. Wir konnten in allen entscheidenden Fragen Einvernehmen erzielen. [...] Das Camp-David-Treffen hatte die Beziehungen zwischen dem amerikanischen Präsidenten und mir wesentlich vertieft.«

26. ERSTE FREIE WAHLEN IN DER DDR

Am 28. Januar 1990 legten die DDR-Regierung und der »Runde Tisch« den Termin für die Volkskammerwahl auf den 18. März fest. Fast gleichzeitig begann sich die Parteienlandschaft in der DDR zu formieren, zum Teil mit kräftiger Hilfe aus dem Westen. Aus Bonner Sicht stellte sich die Frage, wer der Partner der CDU werden würde. Es gab die Ost-CDU, eine jener »Blockflöten«-Parteien, die 40 Jahre gleichgeschaltet eine Scheinexistenz neben der SED geführt hatte und mit der man zunächst wenig zu tun haben wollte. Daneben bestanden zwei weitere konservative Bewegungen, der Demokratische Aufbruch (DA) und die Deutsche Soziale Union (DSU). Erst der befürchtete und von den Meinungsforschern vorausgesagte Erdrutschsieg der SPD brachte Helmut Kohl dazu, mit dem wenig geliebten Vorsitzenden der Ost-CDU, Lothar de Maizière, über ein konservatives Wahlbündnis gemeinsam mit dem Demokratischen Aufbruch und der Deutschen Sozialen Union zu sprechen. Das gelang am 5. Februar, das Wahlbündnis hieß: »Allianz für Deutschland«. Geformt und geprägt wurde es von Bonn aus im Kanzleramt.

Diese Allianz war Helmut Kohls Wahlverein. Sie war eine taktische Meisterleistung und zeigte den Virtuosen der Macht in Höchstform. Kohl erhob einen Monopolanspruch auf die Allianz. Lothar de Maizière erinnert sich, dass er bei einer Fahrt durch West-Berlin an einem Haus ein Schild mit der Aufschrift »Allianz versichert« sah. Und er habe gedacht, das höre sich aber schön konservativ an, das wäre doch was. Und so habe er an dem Abend gesagt: »Hoffentlich Allianz versichert.« So sei dieser Name entstanden. Wie dem auch sei: Am 1. März stellten Helmut Kohl und die Vorsitzenden der Allianz-Parteien in Bonn – und nicht etwa in Ost-Berlin – den gemeinsamen Wahlaufruf für die Volkskammerwahl und ein gemeinsames Sofortprogramm für eine frei gewählte Regierung vor. Das Motto lautete: »Freiheit und Wohlstand – nie wieder Sozialismus«. Die Grundaussage war ein eindeutiges Ja zur deutschen Einheit und zur sozialen Marktwirtschaft, verbunden mit der sofortigen Einführung der D-Mark; Sparguthaben in der

DDR sollten im Verhältnis 1:1 umgetauscht werden. Die Herstellung der Einheit Deutschlands sollte auf der Grundlage des Artikels 23 des Grundgesetzes durchgeführt werden, d.h. auf dem Königsweg durch direkten Beitritt der DDR zur Bundesrepublik. Und nicht etwa über den sehr viel längeren Weg – mit Ausarbeitung einer neuen Verfassung – nach Artikel 146 des Grundgesetzes.

Helmut Kohl stürzte sich mit ungeheurem Engagement in den Wahlkampf. Er sagte sogar Auslandsbesuche ab. Bei sechs großen Wahlkampfauftritten kamen mehrere Hunderttausend Zuhörer zusammen. Der Kanzler personifizierte für den DDR-Wähler geradezu Freiheit, Einheit und Wohlstand. Kohl genoss das Bad in der Menge und verbürgte sich für das Versprechen der »Erlösung« der DDR-Bürger vom Dasein als Deutsche zweiter Klasse.

Hauptgegner der Allianz war die SPD. Kohl konterte deren Vorwürfe wegen der Zusammenarbeit mit der Ost-CDU im Bundestag: »Sie waren doch mit diesen Leuten verbrüdert, nicht wir!« Die Ost-SPD wurde damit in die Nähe der verhassten SED gerückt. Auf Handzetteln hieß es: »Nie wieder menschenverachtender Kollektivismus, nie wieder Unterdrückung der Freiheit.« Kohls Wahlkampf gestaltete sich »geradezu als ein Triumphzug durch die DDR«. Zur Abschlusskundgebung in Leipzig kamen angeblich 300 000 Menschen. Nach Aussage Kohls waren es »bewegende Momente, das waren Erlebnisse, die nie mehr wiederkommen«. Bei einer außerordentlich hohen Wahlbeteiligung von über 93 % erhielt die Allianz insgesamt 48,15 % der Stimmen (193 Mandate), doppelt so viel wie die SPD mit 21,84 % (87 Mandate). Mit der Zusage, eine Wirtschafts- und Währungsunion und damit verbunden die D-Mark einzuführen, sollte den Menschen in der DDR ein Anreiz geboten werden, das Land nicht zu verlassen. Wenn man nicht wolle, dass die Menschen »zur D-Mark kommen«, so hatte Kohl bereits am 6. Februar 1990 vor der CDU/CSU-Bundestagsfraktion gesagt, »muss die D-Mark zu den Menschen gehen«.

Nach dem 18. März wurde es für die DDR-Bevölkerung mehr und mehr entscheidend, was Kohl im Wahlkampf zugesagt hatte, nämlich die Umstellung von DDR-Mark auf D-Mark im Verhältnis

1 : 1. Die öffentliche Diskussion wurde daher erheblich angeheizt, als die Stellungnahme des Zentralbankrates der Deutschen Bundesbank und ihres Präsidenten Karl-Otto Pöhl am 30. März bekannt wurde, in der sich das Gremium für ein Umtauschverhältnis von 2 : 1 ausgesprochen hatte. Dieser Vorschlag löste eine Welle des Protests in der DDR-Bevölkerung aus. Von »Wortbruch« war die Rede und: »1 : 1 – oder wir werden nicht eins« oder »Entweder kommt die D-Mark zu uns oder wir zu euch« – so und ähnlich lauteten öffentlich verkündete Parolen.

Die DDR-Koalitionsregierung – Allianz/SPD – unter Führung von Ministerpräsident Lothar de Maizière forderte nun die Umstellung des Kurses im Verhältnis 1 : 1 und die Währungs-, Wirtschafts- und Sozialunion für den 1. Juli 1990. Am 18. Mai unterzeichneten dann Bundesfinanzminister Theo Waigel und sein DDR-Kollege Walter Romberg im alten Kabinettssaal des Palais Schaumburg in Bonn den entsprechenden Staatsvertrag. Der Umtauschkurs betrug im Prinzip 1 : 1 und für alle über 6 000,– M hinausgehenden Guthaben 2 : 1. Das, so Helmut Kohl in der Rückschau, »war eine rein politische Entscheidung. Ich weiß, dass bis zum heutigen Tage einige Fachleute der Meinung sind, dass ich davon nichts verstehe. Das ist ein ganz dümmliches Urteil. Ich hatte ganz andere Motive, die viele nicht geteilt haben. [...] Die Menschen in der DDR haben Geld verdient, konnten es aber im großen Umfang gar nicht ausgeben, weil alles in einem sehr viel bescheideneren Rahmen stattfand. [...] Ich war schon der Meinung, dass man mit einer Art Bonus für die Menschen in der DDR die bisherige Entwicklung berücksichtigen musste. [...] Ich bleibe dabei: Es war die richtige Entscheidung. Wenn wir es anders gemacht hätten, hätten wir eine ganz schwierige psychologische Situation erlebt.« Bei der Unterzeichnung des Vertrages sprach Helmut Kohl von den zukünftigen »blühenden Landschaften« in der DDR, und am 21. Juni, als Bundestag und Volkskammer dem Vertrag zustimmten, meinte er, es werde in Ostdeutschland »niemandem schlechter gehen als zuvor – dafür vielen besser«. An diesen Äußerungen wurde er später immer wieder gemessen.

Schon bei der Bildung der Koalitionsregierung war festgelegt worden, dass die DDR den Beitritt nach Artikel 23 des Grundgesetzes vornehmen sollte. Einzelheiten für diesen Beitritt wurden anschließend in einem Einigungsvertrag ausgehandelt, der am 31. August unterschrieben wurde. Zuvor aber beschloss die Volkskammer am 23. August 1990 den Beitritt der DDR zur Bundesrepublik für den 3. Oktober 1990.

Während des gesamten Einigungsprozesses gab es ein Thema, das Helmut Kohl nach eigener Aussage enorme Probleme bereitete: die Frage der Anerkennung der Oder-Neiße-Grenze. Die Unverletzlichkeit dieser Grenze hatte die Bundesregierung zu keinem Zeitpunkt infrage gestellt. Schon im Warschauer Vertrag von 1970 war dies ausdrücklich betont worden. Klar war aber auch, dass eine definitive Regelung Sache einer gesamtdeutschen Regierung wäre. Helmut Kohl hielt unverändert an dieser Position fest, auch und gerade als es um die deutsche Einheit ging. Er wollte erst die Einheit, dann die Anerkennung der Oder-Neiße-Grenze. Diese Position wurde mehr und mehr zu einem Thema der öffentlichen Auseinandersetzung und führte zu großen Irritationen, zumal nicht nur Polen, sondern auch Frankreich und Großbritannien auf eine frühzeitige Anerkennung der Oder-Neiße-Grenze drängten. Helmut Kohl wollte das auf keinen Fall, weil, wie er später formulierte, »ich die Befürchtung hatte, dass ein Teil der Vertriebenen dadurch in eine große Verbitterung geraten würde. Ich stand den Vertriebenenverbänden auch im Wort, das war nun sozusagen die Nagelprobe.«

Kohls Haltung war nach eigenem Bekunden »auch wahltaktisch begründet. Es war klar, dass wir mit der deutschen Einheit gesamtdeutsche Wahlen bekommen und ein neues, gesamtdeutsches Parlament wählen würden. Ich wollte in diesen Wahlkampf nicht mit einem solchen Wortbruch gehen, schon wegen der Millionen Vertriebenen in Deutschland, für die übrigens die deutsche Einheit psychologische Probleme mit sich brachte. Sie lebten als Schlesier und Böhmen nun in irgendeinem Bundesland der Bundesrepublik. Sie wussten, dass es nach menschlichem Ermessen keine Rückkehr in ihre alte Heimat gibt, aber sie wussten, dass es eine notarielle Entscheidung geben würde. Das war von großer psychologischer Bedeutung. Und diejenigen, die die Anerkennung der Oder-Neiße-Grenze in dieser Form betrieben, haben natürlich auch gesehen, dass Helmut Kohl und die CDU bei der anstehenden Wahl große Probleme bekommen, wenn er jetzt sein Wort bricht. Und das wollten sie natürlich erreichen. Es war auch viel Taktik dabei.« Der Druck war ungeheuer groß, auch von Seiten der FDP, und von Seiten der SPD sowieso.

Auch in dieser Frage war – wie in allen anderen auch – die Position der Amerikaner entscheidend. Präsident Bush hatte als ein Ziel für die Gespräche mit Kohl am 24. und 25. Februar in Camp David formuliert, eine klare Absichtserklärung von Kohl zu erhalten. Und von daher wurde die Frage der Anerkennung der Oder-Neiße-Grenze der, wie Kohl es später formulierte, »wohl kritischste Punkt in diesem Gespräch«. Bush akzeptierte dann aber Kohls Position. International hatte Bush damit Kohl eine Brücke gebaut, aber Paris und Warschau reichte das nicht aus.

Drei Tage nach dem Treffen von Camp David war die Oder-Neiße-Grenze ein Thema im engsten Kreis im Kanzlerbungalow. Teltschik notierte, der Kanzler »sieht die außenpolitischen Zwänge und die innenpolitische Kampagne vor dem Hintergrund der acht in diesem Jahr bevorstehenden Wahlen. Er weiß, dass er sich weiterbewegen muss, aber eigentlich will er nicht.« Immerhin beschloss der Bundestag am 8. März mit den Stimmen von CDU/CSU und FDP, dass die beiden deutschen Parlamente und Regierungen »möglichst bald nach den Wahlen in der DDR eine gleichlautende Erklärung abgeben, die in ihrem Kern Folgendes beinhaltet: ›Das polnische Volk soll wissen, dass sein Recht, in sicheren Grenzen zu leben, von uns Deutschen weder jetzt noch in Zukunft durch Gebietsansprüche infrage gestellt wird.‹« Horst Teltschik stellte im Gespräch mit dem polnischen Botschafter Ryszard Karski am 19. März fest, dass es dabei nur fünf Enthaltungen gegeben habe und dies ein »sensationell gutes Ergebnis und ein großer Erfolg für Bundeskanzler Kohl sei«. Und dann erklärte er dezidiert, »damit sei die Oder-Neiße-Grenze praktisch anerkannt. Es gelte, was der Bundeskanzler seit 1983 immer wieder gesagt habe: ›Wir hielten uns an Buchstaben und Geist des Warschauer Vertrages‹, und Letzteres bedeute, dass die Oder-Neiße-Grenze gelte. Wenn das Polen nicht ausreiche, sei dies im Kern ein Signal an die Deutschen: ›Wir trauen euch nicht!‹ Und wenn Polen immer wieder mit seinem Selbstverständnis und seiner Würde argumentiere, möge es aufpassen, ›dass es mit dieser Haltung keine Diskussion über Selbstverständnis und Würde bei uns entfache‹, denn: ›Im Kern gehe es um Vertrauen‹.«

Das hatte François Mitterrand offensichtlich auch nicht – auch nicht nach der Erklärung des Bundestages. Am 14. März machte der französische Präsident sich zum Sachwalter Polens. In einem Telefonat mit Helmut Kohl betonte er, dass »die Grenzfrage immer dringlicher werde«. Er sei mit der polnischen Führung übereingekommen, mit den Verhandlungen betreffend die Anerkennung der Oder-Neiße-Grenze zu beginnen, noch bevor die deutsche Vereinigung vollzogen sei. Helmut Kohl war verärgert und meinte, er habe den Eindruck, »dass man Rücksicht auf die Gefühle aller Völker außer auf die Gefühle der Deutschen nehme. Die Würde eines Landes sei wichtig; dies gelte jedoch für alle Länder.« Abschließend stellte er noch einmal ausdrücklich fest, dass er an der deutsch-französischen Freundschaft festhalte und zur deutsch-polnischen Freundschaft beitragen wolle. Kohl war, wie Teltschik notierte, »deutlich verärgert und enttäuscht. Die Grenzen der Freundschaft werden für ihn sichtbar.« Klar war aber auch, wie im Kanzleramt Ministerialdirigent Peter Hartmann in einer internen Analyse für Kohl am Tag zuvor festgestellt hatte, dass Polen in der Grenzfrage im Westen mit einer »stark emotional gefärbten Welle der Sympathie« rechnen könne und dass sich bei den westlichen Partnern mit den Emotionen zudem das diplomatische Kalkül verbinden dürfte, »dass man die Frage der polnischen Westgrenze auch benutzen kann, um dem aus westlicher Sicht zu ungestümen Vorgehen auf dem Weg zur deutschen Einheit Steine in den Weg zu legen«. Und zusammenfassend: »Der Schaden, der aus dieser Frage weiterhin erwachsen kann, ist erheblich.« Entscheidend wurde auch jetzt wieder Washington. Die polnische Lobby hatte den amerikanischen Kongress seit Wochen in ihrem Sinn bearbeitet – und nun war Ministerpräsident Tadeusz Mazowiecki auf dem Weg ins Weiße Haus. Bush sicherte Kohl Unterstützung zu; der ließ dem polnischen Ministerpräsidenten durch Bush ausrichten, »dass er fest entschlossen sei, die Oder-Neiße-Grenze zu akzeptieren«.

In den folgenden Wochen wurde immer klarer, was Kohl dann am 11. Juni vor dem CDU-Bundesvorstand deutlich machte, dass es ohne Anerkennung der Oder-Neiße-Grenze keine deutsche Einheit geben werde. Und so brachten der Deutsche Bundestag und die Volkskammer der DDR am 21. bzw. 22. Juni in gleichlautenden Beschlüssen den Willen zum Ausdruck, »dass der Verlauf der Grenze zwischen dem vereinten Deutschland und der Republik Polen durch einen völkerrechtlichen Vertrag endgültig [...] bekräftigt und der bestehenden Grenze entsprechen werde«. Im abschließenden Zwei-plus-Vier-Vertrag wurde dann in Artikel 1 noch einmal deutlich formuliert, aus welchem Territorium das vereinte Deutschland bestehen würde: Bundesrepublik Deutschland, DDR und ganz Berlin. Und sowohl das vereinte Deutschland als auch Polen bestätigten die zwischen ihnen bestehende Grenze dann noch in einem völkerrechtlich verbindlichen Vertrag.

Diesen Vertrag unterzeichnete Außenminister Hans-Dietrich Genscher am 14. November 1990 in Warschau. Dazu meinte er später: »Das war eine notwendige, aber für mich auch nicht leichte Unterschrift. Meine Frau ist selbst Vertriebene, Schlesierin. Ich wusste, was das für viele Menschen bedeutete. Ich wusste aber auch, dass keine deutsche Nachkriegsregierung diese Region verspielt hatte, sondern Hitler mit seinem verbrecherischen Krieg. Und ich wusste auch, dass dieser Grenzvertrag aufgrund von Entscheidungen zustande kam, die die Westalliierten genauso getroffen hatten wie die Sowjetunion, bei denen übrigens auch die Polen nicht gefragt worden waren – und wir auch nicht. Trotzdem war das für mich keine einfache Unterschrift, aber eine historisch und moralisch notwendige. Deshalb habe ich sie auch mit großem Ernst und mit großer Verantwortung geleistet.«

28. DAS GANZE DEUTSCHLAND IN DER NATO

Während in der Innenpolitik in geradezu atemberaubendem Tempo die entscheidenden Schritte für die Einheit gesetzt wurden, hakte es in der Außenpolitik bei der »Hauptfrage«, der Zugehörigkeit des vereinten Deutschland zur NATO. Bei diesem Punkt schwenkte der Kreml auf eine harte Linie ein. Gorbatschow machte öffentlich klar, dass eine solche Mitgliedschaft »absolut ausgeschlossen« sei. Und Marschall Sergei Fjodorowitsch Achromejew erklärte gegenüber dem amerikanischen Botschafter Jack Matlock in Moskau, der politisch-militärische Status Deutschlands sei für die Sowjetunion eine Grundsatzfrage, die das gesamte Militärkommando, Millionen gewöhnliche Menschen und die oberen Etagen von Regierung und Partei beunruhige. Ende März bestätigte Gorbatschow-Berater Portugalow in Gesprächen mit Teltschik noch einmal, dass eine Mitgliedschaft in der NATO für die sowjetische Führung »nicht akzeptabel« sei.

In den folgenden Wochen entwickelte sich dann aber genau jenes Szenario, das Helmut Kohl bei seinem Besuch in Camp David Ende Februar vorausgesagt hatte. Gemeinsames Interesse des Westens war es dabei zunächst, dass, wie es Helmut Kohl am 4. Mai in Bonn gegenüber James Baker ausdrückte, »morgen in der SU kein Militärregime an die Macht komme«. Und dann der entscheidende Hinweis, der den Weg zur Lösung ebnete, dass neben den schwierigen Nationalitätenfragen – besonders den Problemen in Litauen – »gleichzeitig die sowjetische Wirtschaftslage immer schlechter« werde. Baker sah das als »absolutes Desaster«; die USA könnten allerdings der Sowjetunion finanziell nicht helfen, solange Moskau Litauen wirtschaftlich blockiere. Hier konnte nur Bonn helfen.

Zu diesem Zeitpunkt wurde öffentlich über die Zahlungsunfähigkeit der Sowjetunion spekuliert. Als Kohl am 4. Mai den sowjetischen Außenminister Schewardnadse am Vorabend der ersten Sitzung der Zwei-plus-Vier-Gesprächsrunde in Bonn empfing, äußerte er sogleich den Wunsch, Gorbatschow bald wieder zu einem ausführlichen Gespräch zu treffen – »ganz außerhalb des Protokolls«. Und dann wies er auf sein Gespräch mit dem sowjetischen Botschafter Kwizinskij hin, in dem es um die Notwendigkeit einer langfristigen Beziehung zwischen dem wiedervereinigten Deutschland und der Sowjetunion gehe. Dabei, so Helmut Kohl, »wäre er sehr froh, wenn man – pathetisch gesagt – ein ›Gesamtwerk‹ fertigbringen könnte, in dem die Wirtschaftsfragen mit eingeschlossen seien«. Offensichtlich hatte man ähnliche Gedanken in Moskau. Jedenfalls machte Schewardnadse deutlich, dass auch Gorbatschow Kohl treffen wolle, vielleicht im Juli. Und dann stellte Schewardnadse – außerhalb des Protokolls – klar, worum es ihm eigentlich ging: um Geld.

Das war die Chance, die Helmut Kohl sofort ergriff: Virtuos nutzte er die Macht der D-Mark. Am 15. Mai schickte er Horst Teltschik in einer Sondermission nach Moskau, um die Lage zu eruieren. Begleitet wurde Teltschik von Wolfgang Röller, dem Vorsitzenden der Vereinigung der Deutschen Banken, und Hilmar Kopper, dem Sprecher der Deutschen Bank. Im Kreml wurden sie von Gorbatschow, Ministerpräsident Ryschkow und Kwizinskij, inzwischen stellvertretender Außenminister, empfangen. Ryschkow hat später die Lage der Sowjetunion zu jenem Zeitpunkt folgendermaßen beschrieben: »Es war wie eine Lawine, die über uns hinwegrollte, und dazu liefen unsere inneren Angelegenheiten schlecht. Wir hatten keine Zeit zum Denken, keine Zeit zum Zählen, dabei hätten wir zählen müssen. […] Ich habe versucht zu beschwichtigen und an alle appelliert aufzuhören, das Land zu zerstören. Die innenpolitische Situation war sehr kompliziert, alles zerbrach. Das Politbüro stellte praktisch seine Arbeit ein. Wir kamen nur noch selten zusammen. Davor war es wie ein Gottesgesetz: Wir trafen uns jeden Donnerstag um 10.00 Uhr, um alle Fragen zu diskutieren. Und dann war Schluss. Viele Fragen wurden nur noch spontan beantwortet. Das Land wurde unregierbar, es zerfiel. 1991 war nur noch das Resultat von 1990. Alles war durcheinander.«

Diese Lage bestätigte Gorbatschow, der ausführlich die Situation schilderte: Die Wirtschaft sei außer Kontrolle geraten, die Sowjetunion brauche »Sauerstoff«, »Geld«, »eine Schulter«. Zur

Lösung der aktuellen Probleme seien 1,5 bis 2 Milliarden Rubel erforderlich, die Vereinigten Staaten wollten nicht helfen. Am Ende eines langen Monologs ging der Kremlchef auf das eigentliche Anliegen der Westdeutschen ein, die Sicherheitsfrage im Zusammenhang mit der deutschen Einheit. Da wollte er Teltschik »einen Gedanken ans Herz legen. Man müsse so handeln, dass bei der Bevölkerung der Sowjetunion nicht der Eindruck entstünde, dass die Sicherheit der Sowjetunion gefährdet sei. [...] Die Waagschale der Sicherheit dürfe sich nicht zu Lasten einer Seite verändern.« Auf Teltschiks Hinweis, dass Bundeskanzler Kohl davon ausgehe, »dass in allen diesen Fragen eine Einigung möglich sei«, erwiderte Gorbatschow, »dass er auch davon ausgehe«. Teltschik wies dann erneut auf den Vorschlag von Kohl hin, den er gegenüber Schewardnadse gemacht hatte, nämlich die Beziehungen zwischen dem vereinten Deutschland und der Sowjetunion »langfristig und umfassend zu gestalten und zu intensivieren« – und dies auf der Basis eines »weit in die Zukunft reichenden Vertrages«.

Für Kohl war damit klar, wie er dem britischen Außenminister Douglas Hurd einen Tag später anvertraute, dass die Sowjetunion wahrscheinlich in der NATO-Frage nachgeben werde, wenn »Gesichtswahrung« und insbesondere ihre Wirtschaftsinteressen abgedeckt seien.

Zwei Tage später, am 17. Mai, war Helmut Kohl wieder in Washington bei Präsident Bush, um ihn einerseits über die Entwicklung in Deutschland zu informieren und ihm zum anderen seine Einschätzung der Situation Gorbatschows mitzuteilen. Zunächst schmeichelte er Bush, als er ihn »aufgrund seiner tiefsten Überzeugung« als »Glücksfall für Europa und die Deutschen« bezeichnete. Im 20. Jahrhundert hätten im Weißen Haus »viele Präsidenten regiert, die weniger von Europa und Deutschland gewusst hätten als Präsident Bush«. In Deutschland entwickelten sich die Dinge »dramatischer, als man habe annehmen können«. Bereits am nächsten Tag werde der Staatsvertrag mit der DDR unterzeichnet, »dies habe er vor vier Wochen selbst nicht für möglich gehalten«. Er habe nicht den geringsten Zweifel, dass in der ehemaligen DDR »in vier Jahren ein wirtschaftlich blühendes Land entstehen werde«. Dann ging er auf das bevorstehende Treffen zwischen Gorbatschow und Bush in Washington ein. Gorbatschow müsse erkennen, dass es auch ein elementares Interesse der USA sei, dass der Zwei-plus-Vier-Prozess nicht unnötig verlängert werde, mit anderen Worten, die Frage der Bündniszugehörigkeit des vereinten Deutschland geklärt werden müsse. Es gebe Schwierigkeiten bei der deutschen Vereinigung, die lägen nicht in Wirtschafts- und Finanzfragen, sondern »bei der Verwundung der Seelen durch 40 Jahre Stalinismus«.

Kohl verglich abschließend seine Situation mit der eines Bauern, »der vorsorglich, weil möglicherweise ein Gewitter droht, die Heuernte einbringen möchte«. Daraus sprach die Befürchtung, dass Gorbatschow seine eigene Perestroika nicht mehr lange überleben würde. Von daher liege es im gemeinsamen Interesse, dass Gorbatschows Besuch in den USA erfolgreich verlaufe; Gorbatschow dürfe vor der eigenen und vor der Weltöffentlichkeit nicht als »minderer Bruder« gegenüber den USA dastehen, sondern müsse »als oberster Vertreter der anderen Weltmacht« auftreten, ein Rat, den Bush vorbehaltlos akzeptierte.

Die Amerikaner hatten damals eine andere Sorge: Was würde geschehen, wenn in Deutschland nach Abzug der sowjetischen Truppen auch die Forderung nach Abzug der amerikanischen Truppen laut würde? Kohl beruhigte den amerikanischen Präsidenten, er möge sich von »Stimmen, die es auch in der Bundesrepublik Deutschland gebe, nicht beeindrucken lassen, die Amerikaner und Sowjets gleichsetzen wollten. Dies sei nicht neu. Dagegen habe er 1983 gekämpft – dies müsse man wieder kämpferisch durchstehen. Der Präsident könne davon ausgehen, dass er seine politische Existenz wieder aufs Spiel setzen werde. Die NATO sei nicht nur eine militärische Frage, sondern eine Grundfrage des Selbstverständnisses Europas und Deutschlands. Die NATO-Mitgliedschaft sei kein Preis, den er für die deutsche Einheit bezahlen werde. Dies habe er übrigens auch in der DDR – und nicht ohne Erfolg! – öffentlich gesagt.«

Zur gleichen Zeit war US-Außenminister James Baker in Moskau, um das Gipfeltreffen in Washington vorzubereiten. Zu jenem

Zeitpunkt gab es in Moskau, wie Kwizinskij formulierte, einen »surrealistischen Wust von Ideen«. In der deutschen Frage bewegte sich im Kreml nichts mehr. Kwizinskij machte den Amerikanern klar, dass eine deutsche Vollmitgliedschaft in der NATO für die Sowjetunion nicht infrage komme. Dies sei nicht verhandelbar. Die Aussicht darauf sei unannehmbar, und kein sowjetisches Parlament würde einen Vertrag ratifizieren, der etwas Derartiges zulasse. Ähnlich drückte es auch Gorbatschow aus: »Ein vereinigtes Deutschland in der NATO komme für die Sowjetunion nicht infrage.« Baker fasste in seinem Bericht für Bush seinen Eindruck folgendermaßen zusammen: Gorbatschow fühle sich offenbar in die Enge getrieben und werde wahrscheinlich heftig auf jeden Schritt reagieren, der seine politischen Probleme im eigenen Land vergrößere. Auch wachse ihm das Thema Deutschland »jetzt schon eindeutig über den Kopf. Wir sollten [...] weiterhin versuchen, die sowjetischen Sorgen zu zerstreuen, aber nicht auf die Durchsetzung unserer Ziele drängen. Es ist am besten, den Dingen ihren Lauf zu lassen.«

Im Gespräch mit Baker hatte Gorbatschow den Wunsch nach 20 Milliarden Dollar Kredit geäußert – wohl wissend, dass aus Washington nichts kommen würde. Bonn war entscheidend. Am 22. Mai teilte Kohl Gorbatschow mit, dass die Bundesregierung eine Bürgschaft in Höhe von fünf Milliarden D-Mark übernehme, um im gleichen Atemzug die Erwartung auszusprechen, »dass Ihre Regierung im Rahmen des Zwei-plus-Vier-Prozesses im gleichen Geist alles unternimmt, um die erforderlichen Entscheidungen herbeizuführen, die eine konstruktive Lösung der anstehenden Fragen ermöglichen«. Der Kredit war die zweite Vorleistung nach den Lebensmittellieferungen im Winter. Helmut Kohl in seinen »Erinnerungen«: »In dieser historisch wichtigen Frage ging es mir um unser Land, um unsere Chancen, wieder ein Volk zu werden. Was zählten angesichts dessen fünf Milliarden?« Ende Mai war es für ihn jedenfalls »unvorstellbar, dass Gorbatschow die deutsche Einigung an der Frage der NATO-Mitgliedschaft scheitern lasse« – so der Kanzler gegenüber Vertretern des amerikanischen Kongresses in Bonn.

Zu diesem Zeitpunkt befand sich Gorbatschow auf dem Weg nach Washington zu dem auf vier Tage angesetzten Staatsbesuch. Am Morgen des 31. Mai wurde er in aller Form auf der Südseite des Weißen Hauses mit Salut und einem Spielmannszug in Uniformen der Kontinentalarmee des 18. Jahrhunderts begrüßt. Das gefiel ihm. Am Nachmittag dieses 31. Mai kam es, wie ein Mitglied der amerikanischen Delegation später meinte, zu einer der »ungewöhnlichsten Szenen, denen er jemals beigewohnt hatte«, die letztlich den außenpolitischen Durchbruch des deutschen Vereinigungsprozesses bedeutete. Das Gespräch drehte sich um die Zukunft Deutschlands und Europas. Als Gorbatschow mit den bekannten Argumenten kam – Doppelmitgliedschaft Deutschlands in NATO und Warschauer Pakt; Deutschland dürfe keinesfalls nur einem Bündnis angehören – brachte Bush ein Argument vor, das auf unterer Ebene bereits von amerikanischen und westdeutschen Regierungsvertretern verwendet worden war: Gemäß der KSZE-Schlussakte hätten alle Staaten das Recht, ihre Bündniszugehörigkeit frei zu wählen. Also sollte auch Deutschland frei entscheiden können, welchen Bündnissen es sich anschließen wolle. Dies sei doch richtig? Gorbatschow nickte und pflichtete Bush bei. Die Amerikaner waren verblüfft. Sie sahen, wie auf sowjetischer Seite Marschall Achromejew und Valentin Falin hochschreckten und unruhig auf ihren Stühlen hin und her rutschten. Ein Mitglied der amerikanischen Delegation schrieb auf einen Zettel, dass Gorbatschow soeben die amerikanische Position vertreten habe, der zufolge jedes Land das Recht habe, sein Bündnis selbst zu wählen. Er schob den Zettel Bush mit der Frage zu, ob er Gorbatschow dazu bringen könnte, das zu wiederholen. Bush konnte: »Ich freue mich, dass Sie offenbar mit mir darin übereinstimmen, dass jedes Land sein Bündnis frei wählen kann.« Gorbatschows Berater Anatoli Tschernajew beschreibt den Vorgang in seinen Erinnerungen folgendermaßen: »Gorbatschow: ›Wir formulieren also wie folgt: Die Vereinigten Staaten und die Sowjetunion sprechen sich dafür aus, um zu einer endgültigen Regelung unter Berücksichtigung der Ergebnisse des Zweiten Weltkrieges zu gelangen, dem vereinten Deutschland selbst die Entscheidung zu überlassen, zu welchem

Bündnis es gehören will.‹ Bush: ›Ich würde eine etwas abgeänderte Fassung vorschlagen: Die USA sprechen sich eindeutig für eine Mitgliedschaft des vereinten Deutschland in der NATO aus, allerdings werden wir, falls es sich anders entscheiden sollte, die Entscheidung nicht anfechten, sondern tolerieren.‹ Gorbatschow: ›Einverstanden. Ich akzeptiere Ihre Formulierung.‹«

In der gemeinsamen Pressekonferenz am 3. Juni erklärte Bush, ein vereinigtes Deutschland sollte »Vollmitglied der NATO sein«. Auch wenn Präsident Gorbatschow diese Ansicht nicht teile, seien sie beide »in voller Übereinstimmung, dass die Frage der Bündniszugehörigkeit gemäß der Schlussakte von Helsinki eine Angelegenheit ist, die von den Deutschen entschieden werden müsse«. Das sowjetische Zugeständnis war aktenkundig. Als Tschernajew später gefragt wurde, wann die Sowjetunion der NATO-Mitgliedschaft eines vereinten Deutschland zugestimmt habe, antwortete er: »Beim sowjetisch-amerikanischen Gipfel in Washington.« Noch während des Treffens informierte Bush Kohl telefonisch über das, was geschehen war. Teltschik notierte: »Sensation«. Für Kohl war genau das eingetreten, was er in Camp David im Februar vorausgesagt hatte.

Bis heute ist unklar, was Gorbatschow zu seiner Meinungsänderung veranlasst hatte. Rice und Zelikow vermuten, er sei durch das Argument von Bush möglicherweise auf dem falschen Fuß erwischt worden. Vielleicht war es so, vielleicht aber liegt eine andere Erklärung näher: die katastrophale Lage in der Sowjetunion. Schaut man sich die Protokolle des Gipfeltreffens in Washington an, so wird deutlich, dass Gorbatschow absolut fixiert war auf den Handelsvertrag mit den USA. Die wirtschaftlichen Schwierigkeiten in der Sowjetunion waren massiv. Mit den Worten von Ryschkow: »Die Situation ist uns aus dem Ruder geraten, oder besser noch: Wir waren ohne Ruder. Ein Land muss regiert werden, ansonsten herrscht Anarchie. Und bei uns herrschte 1990/91 Anarchie.«

Für Falin ist die Begründung klar. Gorbatschow kapitulierte seiner Meinung nach, weil er das Land wirtschaftlich ruiniert hatte. Und Kwizinskij meinte später: »Ich fürchte, er hatte niemals einen

Plan. Er ruderte den Ereignissen hilflos hinterher oder, um in einem anderen Bild zu sprechen, er ritt auf einem wilden Tiger, lächelte und tat so, als würde er alles unter Kontrolle haben.«

Vielleicht war es aber noch einfacher: Gorbatschow wollte möglicherweise demonstrieren, dass er Vertreter einer Weltmacht war und mit Bush auf gleicher Augenhöhe verhandeln konnte. Und dass Bush das auch so sah.

Jedenfalls musste sich in den folgenden Wochen erweisen, was Gorbatschows Wort in Washington wert war – dies galt allerdings auch für die Zusage des Westens bezüglich einer Intensivierung der Beziehungen zur Sowjetunion. Dabei ging es nicht zuletzt darum, Gorbatschow an der Macht zu halten.

Am 8. Juni war Kohl wieder in Washington – zum dritten Mal innerhalb von vier Monaten. In allen Punkten gab es fast vollständige Übereinstimmung mit den Amerikanern. Kohl legte seine Sicht der Dinge dar. Er habe den Eindruck, dass die Sowjets nicht wüssten, was sie eigentlich wollten; die Rede war von Improvisation. Kohl glaubte darüber hinaus, dass man »eine gute Chance habe, in den nächsten acht Wochen die Dinge voranzubringen«. Für Gorbatschow sei wichtig gewesen, dass Bush ihm klar zu verstehen gegeben habe, dass er über eine NATO-Mitgliedschaft Deutschlands nicht zu diskutieren gedenke. »Im Grunde genommen pokere Gorbatschow. Man müsse natürlich auch seine Lage sehen. Zu Hause sehe er sich dem Vorwurf ausgesetzt, er verspiele die sowjetische Position in der Weltpolitik.« Von daher müsse das Ziel sein, Gorbatschow zu helfen, ohne etwas Wichtiges aufzugeben. Die Botschaft mit Blick auf die NATO müsse lauten, dass sie bereit sei, sich weiterzuentwickeln.

Im Juli kam es dann zu einigen grundlegenden Entscheidungen. Zum einen in Deutschland hinsichtlich der Währungs-, Wirtschafts- und Sozialunion, zum anderen beim NATO-Sondergipfel in London und auf dem G7-Gipfel in Houston/Texas. In London beschlossen die 16 Staats- und Regierungschefs der NATO den Wandel des Bündnisses. In der sogenannten »Londoner Erklärung« wurde den Ländern in Mittel- und Osteuropa die »Hand zur Freundschaft« gereicht. Das Bündnis betonte seinen defensiven

Charakter, es werde »niemals und unter keinen Umständen als Erstes Gewalt anwenden«, und kündigte gleichzeitig eine grundlegende Änderung seiner Strategie an, um die bisherige »Vorneverteidigung« mit Nuklearwaffen zu ersetzen. Atomare Waffen sollten »wahrhaft zu Waffen des letzten Rückgriffs« gemacht werden. Im Übrigen wollte man bei Abrüstungsverhandlungen für den Abbau der Nuklearwaffen in Europa plädieren. Der Warschauer Pakt wurde zu einer Erklärung aufgefordert, »dass wir uns nicht länger als Gegner betrachten [...] und uns der Androhung oder Anwendung von Gewalt enthalten«. Das war ausreichend für Moskaus Prestige und Selbstverständnis, um die deutsche Frage endgültig aus der Welt zu schaffen.

29. MOSKAUER ENTGEGENKOMMEN

Am 14. Juli, einem Sonnabend, reiste Helmut Kohl nach Moskau. Zum dritten Mal innerhalb von zwölf Monaten würde er Gorbatschow treffen. Während des Fluges besprach die Delegation noch einmal die Verhandlungslinie. Den Anwesenden war bewusst, dass dies wahrscheinlich die wichtigste Auslandsreise war, die der Bundeskanzler jemals unternommen hatte. Sie waren sich nicht sicher, was sie erwartete – und dies trotz der Entscheidung von Washington.

Inhaltlich liefen die Gespräche in Moskau und dann im Kaukasus etwas anders ab als von Helmut Kohl in seinen »Erinnerungen« geschildert. Schon in Moskau fielen nämlich die grundsätzlichen Entscheidungen, nicht erst im Kaukasus, wie man nach Kohls »Erinnerungen« vermuten könnte. Die erste Gesprächsrunde lief in Moskau fast genauso wie im Februar ab: Neben Gorbatschow nahm auf sowjetischer Seite nur Tschernajew teil, neben Kohl auf deutscher Seite nur Teltschik. Genscher war erst ab der zweiten Gesprächsrunde mit dabei.

Gorbatschow begrüßte den Bundeskanzler um 10.00 Uhr im Gästehaus des Ministeriums für Auswärtige Angelegenheiten mit den Worten: »Die Erde sei rund, und sie beide würden um sie herumfliegen.« Kohl antwortete, sein Bedarf sei gedeckt, aber es handle sich um historisch bedeutsame Jahre, solche Jahre kämen und gingen, man müsse die Chancen nützen. Wenn man nicht handle, seien sie vorbei. Und dann erwähnte er Bismarck, der einmal davon gesprochen habe, »dass man den Mantel der Geschichte ergreifen müsse«. Gorbatschow stimmte zu und meinte, diese Aussage Bismarcks sei sehr interessant.

Wie fast immer in solchen Gesprächen versuchte Helmut Kohl, eine persönliche Note hineinzubringen. Er wies darauf hin, dass er und der Präsident einer Generation angehörten, die eine besondere Chance hätte, dass sie im Zweiten Weltkrieg noch zu jung gewesen seien, um persönlich Schuld tragen zu können, andererseits aber alt genug, um diese Jahre bewusst miterlebt zu haben. Ihre Aufgabe sei es jetzt, die vorhandenen Chancen zu nutzen.

Gorbatschow stimmte dem zu und sprach von seinen eigenen Erinnerungen an den Krieg. Er habe sich alles gut eingeprägt und er könne sich sehr gut an die Ereignisse erinnern. Es sei jetzt die Aufgabe ihrer Generation, die Chance zu nutzen und die Entwicklung zu gestalten. Kohl ging dann auf die Ergebnisse der Gipfelkonferenzen ein und auf die sehr schwierige Lage in der DDR, worauf Gorbatschow meinte, der Bundeskanzler erlebe jetzt seine eigene Perestroika. Dabei gebe es nicht nur angenehme Dinge. Kohl wies darauf hin, dass er Wort gehalten habe: bei der Lebensmittelaktion im Februar und beim Fünf-Milliarden-D-Mark-Kredit, um anschließend darauf hinzuweisen, dass in drei Bereichen Vereinbarungen erreicht werden müssten, und zwar erstens über die Abwicklung des Truppenabzugs der Sowjetunion aus der DDR, zweitens über die Mitgliedschaft des vereinten Deutschland in der NATO und drittens über die zukünftige Obergrenze der Streitkräfte eines geeinten Deutschland. Diese drei Hürden müssten überwunden werden. Am Ende der Zwei-plus-Vier-Gespräche müsse die volle Souveränität für den Zeitpunkt der Einigung Deutschlands erreicht sein.

Gorbatschow antwortete nicht direkt, sondern erwähnte zunächst die alten Griechen, die schon davon gesprochen hätten, dass alles im Fluss sei und sich alles verändere; dann ging er auf die veränderte NATO ein und formulierte die entscheidenden Punkte:

1. Das neue Deutschland bestehe aus Bundesrepublik, DDR und Berlin.

2. Deutschland müsse auf ABC-Waffen verzichten.

3. Die militärischen Strukturen der NATO dürften nicht auf das bisherige DDR-Territorium ausgedehnt werden. Für die zeitlich begrenzte Präsenz der sowjetischen Truppen müsse eine Übergangsregelung gefunden werden.

4. Die Rechte der Vier Mächte müssten aufgehoben werden.

Kohl fragte nach, ob das heiße, dass »Deutschland seine volle Souveränität mit der Einigung erhalten werde«. Gorbatschows Antwort: »Selbstverständlich.« Das setze jedoch voraus, dass die NATO-Militärstrukturen nicht auf die bisherige DDR ausgedehnt würden und eine Übergangsregelung für die Präsenz der sowjetischen Truppen vereinbart werde.

Als wichtigste Frage bezeichnete Gorbatschow die Mitgliedschaft eines vereinten Deutschland in der NATO. De jure sei die Frage klar; de facto sehe es so aus – und dann wiederholte er sich –, dass nach der Vereinigung Deutschlands der Geltungsbereich der NATO nicht auf das Territorium der DDR ausgedehnt werden dürfe. Für eine Übergangszeit müsse eine Regelung gefunden werden. Die sowjetischen Truppen würden noch drei bis vier Jahre auf dem bisherigen DDR-Territorium stationiert sein.

Das hieß im Kern nichts anderes, als dass Gorbatschow seine Zustimmung zur NATO-Mitgliedschaft des vereinten Deutschland gegeben hatte. Das entsprach der Zusage, die er Ende Mai in Washington gegeben hatte. Damit war klar: Gorbatschow wollte das deutsche Problem endgültig aus der Welt schaffen. Kohl zeigte keine erkennbare Reaktion, während Teltschiks Kugelschreiber, wie er in seinem Tagebuch berichtet, über das Papier flog, um jedes Wort des Dolmetschers festzuhalten. Es kam jetzt darauf an, »wortgenau zu protokollieren, um im Nachhinein keine Missverständnisse aufkommen zu lassen«.

Kohl wies dann auf das Interesse der Bundesregierung hin, die Rechte der Vier Mächte so früh wie möglich abzulösen und die volle Souveränität für Deutschland zu erreichen. Gorbatschow erwiderte, dass er das verstehe. Deshalb solle die Frage des weiteren Verbleibs sowjetischer Truppen aus dem Gesamtkomplex herausgenommen und separat gelöst werden. Damit solle die Herstellung der vollen Souveränität Deutschlands möglich werden, ohne dass die Frage der Truppenpräsenz störend wirke. Sonst würden die sowjetischen Truppen als Besatzungstruppen bleiben.

Für Kohl war das ein wichtiger Punkt, und um jedes Missverständnis auszuschließen, fragte er Gorbatschow, ob er ihn richtig verstanden habe, dass der Geltungsbereich der NATO erst nach Abzug der sowjetischen Truppen auf das DDR-Territorium ausgeweitet werden solle. Das sei das gemeinsame Interesse, so Gorbatschow. Das vereinigte Deutschland werde Mitglied der NATO sein. De facto werde es aber so aussehen, dass das jetzige Territorium der DDR nicht zum Wirkungsbereich der NATO gehöre, solange sowjetische Truppen stationiert seien.

Gorbatschow fasste seine Position dann noch einmal wie folgt zusammen: »Die 4-seitigen Rechte werden aufgehoben, das vereinigte Deutschland erhält die volle Souveränität. Über die Präsenz sowjetischer Truppen für den Zeitraum von drei bis vier Jahren wird ein separater Vertrag geschlossen.« Kohl sicherte Unterstützung bei der Umschulung und Wohnungsfrage der Truppen zu. Teltschik war begeistert. »Der Durchbruch ist erreicht!«, notierte er in seinem Tagebuch. »Welch eine Sensation! So klare Zusagen Gorbatschows hatten wir nicht erwartet. Alle Vorzeichen waren zwar positiv, doch wer hätte ein solches Ergebnis voraussagen wollen? Für den Bundeskanzler ist dieses Gespräch ein unglaublicher Triumph.« Kohl ließ sich seine Gefühle nicht anmerken, nur ein vielsagender Blick zu Teltschik verriet seine Befriedigung.

Im anschließenden Gespräch der Delegationen bescheinigte Gorbatschow dem Treffen einen außerordentlichen Charakter und wies ihm einen wichtigen Platz in der Geschichte der Beziehungen zu, während Kohl bemerkte, »das sei jetzt ein historischer Augenblick in der Weltpolitik«; man spüre, dass die Entwicklung zu Entscheidungen dränge.

Am Nachmittag flog man nach Stawropol, wo Gorbatschow von 1955 bis 1978 gelebt hatte. Mit dem Hubschrauber ging es dann weiter Richtung Kaukasus in das Dorf Archys. Bei einem Spaziergang entstanden dann jene Bilder, die um die Welt gingen: Gorbatschow, Kohl und Genscher auf einer Sitzgruppe aus Baumstümpfen (die inzwischen im Museum in Bonn zu besichtigen ist). Am nächsten Morgen begann das abschließende, etwa vier Stunden dauernde Gespräch, in dem die bereits in Moskau festgelegten Grundsätze wasserdicht formuliert wurden: Volle Souveränität ohne jede Einschränkung für das vereinte Deutschland, deutsche Bündnisfreiheit, das hieß Mitgliedschaft ganz Deutschlands in der NATO, auch wenn Gorbatschow wünschte, dass die NATO nicht ausdrücklich erwähnt werde. Wenn Deutschland die volle Souveränität habe, sei dies ohnehin klar.

Anschließend ging es ausführlich um die zukünftige Position

der sowjetischen Truppen auf dem Gebiet der DDR, darum, dass die Strukturen der NATO sich nicht auf DDR-Gebiet erstrecken würden, solange dort sowjetische Truppen stationiert seien, wobei Kohl noch einmal klarmachte, dass mit der Erlangung der vollen Souveränität die Artikel 5 und 6 des NATO-Vertrages für ganz Deutschland gelten würden. Für die Dauer der Präsenz der sowjetischen Truppen in der DDR könnten allerdings auch Soldaten der dann gesamtdeutschen Bundeswehr dort stationiert sein. Es dürfe sich jedoch nicht um die in die NATO integrierten Verbände handeln. Gorbatschow meinte dann, der Abzug der sowjetischen Truppen solle in fünf bis sieben Jahren erfolgen, worauf Kohl darauf hinwies, dass er am Vortage von drei bis vier Jahren gesprochen habe. Die Obergrenze der gesamtdeutschen Bundeswehr, die zuvor noch zwischen Genscher und Kohl zu einem Konflikt geführt hatte – Genscher wollte 350 000, Kohl 400 000 Männer –, bereitete kein Problem. Gorbatschow erklärte sich ohne zu zögern mit 370 000 einverstanden.

Es war ein Ergebnis, das niemand in der deutschen Delegation in dieser Form erwartet hatte. Als es auf der anschließenden Pressekonferenz bekannt gegeben wurde, war die Sensation perfekt. Zurück in Bonn unterrichtete Kohl am nächsten Tag Präsident Bush von den Gesprächen mit Gorbatschow. Bush nannte die Vorgänge »sehr bewegend«. Die einzige Frage, die ihn im Augenblick beunruhige, sei eine mögliche Parallelität zwischen dem Abzug der sowjetischen Truppen in drei bis vier Jahren und einem Rückzug amerikanischer Truppen, die es nicht geben dürfe. Es bereite ihm Sorge, dass die Sowjetunion diesen Zeitrahmen von vier Jahren eventuell benutzen werde, um die öffentliche Meinung gegen die amerikanische Truppenpräsenz zu mobilisieren. Das wäre schlecht für die NATO. Kohl beruhigte ihn: Das Thema habe in seinen Gesprächen überhaupt keine Rolle gespielt. Bush bedankte sich nochmals bei Kohl, gratulierte ihm zu der »hervorragenden Führungsrolle, dem ausgezeichneten Ergebnis« und äußerte seinen Stolz auf die Leistung des Bundeskanzlers. Am gleichen Tag schrieb Kohl an François Mitterrand und Margaret Thatcher und informierte sie über die Verhandlungen in der Sowjetunion.

In Archys hatte Helmut Kohl Michail Gorbatschow Unterstützung bei der Rückführung der sowjetischen Truppen zugesagt. Jetzt ging es ums Geld. Am 28. August wies Kwizinskij in Bonn gegenüber Teltschik auf die Lage der Sowjetunion hin. Die »spitze sich zu«. Außenminister Schewardnadse wolle ausdrücklich darauf aufmerksam machen, dass sich die sowjetische Führung in einer »kritischen Minute« befinde. Wenn Finanzminister Theo Waigel bei seiner Position bleibe, keinerlei Mittel für Transportkosten, für neue Wohnungen, für den Aufenthalt der sowjetischen Truppen in der DDR zur Verfügung zu stellen, dann werde es bei der Sowjetarmee einen »Aufstand« geben. Die Militärs würden einen Abzug innerhalb von drei bis vier Jahren ausschließen.

Die sowjetische Seite legte wenig später eine Gesamtforderung in Höhe von 18,5 Mrd. DM vor. Für Waigel war diese Forderung »keine diskutable Größe«, »unrealistisch«, »für eine zukünftige Zusammenarbeit schädlich«; sie werde »in der Öffentlichkeit bei uns nicht akzeptiert werden«. Am 7. September, Freitag, telefonierten Kohl und Gorbatschow miteinander. Es war das erste Gespräch seit Archys; man tauschte zunächst Freundlichkeiten aus, bevor man zur Sache kam. Kohl bot Gorbatschow acht Milliarden DM an. Gorbatschow war sichtlich enttäuscht und sagte »mit Deutlichkeit«, wie es im deutschen Protokoll heißt, dass »diese Zahl in eine Sackgasse führt«; das Angebot »unterminiere die gemeinsame Arbeit, die bisher geleistet wurde«. Und dann äußerte er sich mit Blick auf den 12. September, an dem in Moskau die Zwei-plus-Vier-Gespräche abgeschlossen werden sollten, ziemlich deutlich: »Er müsse sagen, die Situation sei für ihn sehr alarmierend. Es komme ihm so vor, als sei er in eine Falle geraten.« Der Bundeskanzler, so heißt es im Protokoll, »widerspricht dezidiert – so könne und wolle man nicht miteinander reden«. Man verabredete ein weiteres Gespräch. Im Bundesfinanzministerium arbeitete man am Wochenende und legte ein neues Angebot vor: 11 Milliarden bzw. 10 Milliarden sowie ein zinsloser Kredit über weitere drei Milliarden. In einem zweiten Telefonat am Montag, den 10. September, bot Kohl anfangs einen Gesamtbetrag von 12 Milliarden DM an. Gorbatschow nannte die Zahl 15-16 Milliarden.

Es gehe darum, »einen Großmechanismus zu bewegen, um die Vereinigung Deutschlands zu erreichen«. Kohls anschließende Offerte eines zusätzlichen zinslosen Kredits über besagte drei Milliarden nahm Gorbatschow »spürbar erleichtert« auf.

Die Sowjetunion war finanziell am Ende. Das wurde deutlich, als Gorbatschow wenig später die sofortige volle Auszahlung des Kredits forderte. Bonn zahlte umgehend zwei Milliarden, der Rest sollte 1991 überwiesen werden. Am 12. September wurde der Zwei-plus-Vier-Vertrag unterzeichnet, am 12. Oktober der Vertrag über den Abzug der sowjetischen Truppen. Nikolai Ryschkow beschwerte sich später: »Aber nicht einmal das Geld haben wir bekommen. 12 oder 14 Mrd. sollten es werden. Für das Geld konnten wir unsere Armee auf Zelten auf freiem Feld ansiedeln – mehr nicht. Die Deutschen haben ausgerechnet, dass wir für jeden Eisenbahnwagen bezahlen müssen, mehr noch, für jede Achse eines Wagens. Ein 60-Tonnen-Waggon hat vier Achsen, und für jede Achse sollten wir bezahlen. Den Deutschen bezahlen, den Polen bezahlen. Wir mussten deshalb unsere Sachen auf dem Seeweg transportieren. Das war unwürdig. Wir zeigten Entgegenkommen, und dann mussten wir fluchtartig das Land verlassen, als seien wir diejenigen, die den Krieg verloren hatten, als seien wir das besiegte Volk.« Valentin Falin, wahrlich kein Freund des Kremlführers, formulierte das so: »Ich habe gesehen, dass Gorbatschow alles in den Morast führt.«

Der 2. Oktober 1990 war der letzte Tag der DDR. An jenem Dienstag wurde die DDR im Berliner Schauspielhaus aus der Geschichte verabschiedet – mit Beethovens 9. Sinfonie. Lothar de Maizière hatte sich dieses Stück gewünscht und die Veranstaltung mit organisiert, weil, wie er sich später erinnerte, »ich wollte, dass Kurt Masur, der den 9. Oktober 1989 in Leipzig mit verantwortet hatte, mit seinem Gewandhausorchester spielt und die Vereinigten Chöre auftreten, und ich wollte auch dem Westen zeigen, da kommt Kultur, da kommt eine Kulturnation. Die kommen nicht mit leeren Händen, sondern mit einer jahrhundertealten Tradition.« In der anschließenden letzten Ansprache als Ministerpräsident nannte er den Abschied der DDR aus der Gemeinschaft der Staaten einen »Abschied ohne Tränen«. Er warnte aber davor, die Einheit zu einer rein materiellen Frage zu degradieren: »Die Einheit will nicht nur bezahlt, sondern auch mit dem Herzen gewollt sein.« Und er mahnte, nach der notwendigen Klärung von Schuld und Unschuld müssten »Aussöhnung und Befriedung unserer Gesellschaft« stehen. Er erinnerte sich später: »Das Schwierigste an dem Tag war die Rede im Schauspielhaus [...], das Gefühl, ich verabschiede den Staat, der bis dahin meine Biographie war und die Biographie von 16 Millionen Menschen. Ich entlasse euch in ein neues Gemeinwesen, von dem wir nicht wussten, ob es tatsächlich mit uns funktionieren würde. Das war eine ambivalente Geschichte.«

Die 9. Sinfonie wurde aus dem Schauspielhaus direkt auf den Platz der Republik vor dem Reichstag übertragen, wo sich inzwischen eine halbe Million Menschen eingefunden hatten. Mit dabei die Staats- und Regierungsspitzen der Bundesrepublik und der nunmehr ehemaligen DDR. Von den einstigen Siegern war niemand vertreten – auch nicht Gorbatschow, den Kohl zu dieser Veranstaltung eingeladen hatte. Als Kohl das Podest auf dem Reichstag betrat, brandeten enthusiastischer Beifall und »Helmut, Helmut«-Rufe auf. Das war ein anderer Empfang als jener am Abend des 10. November 1989 vor dem Schöneberger Rathaus. Von jenem Rathaus ertönte um Mitternacht die von den Amerikanern gestiftete Freiheitsglocke. Bläser und Chor intonierten das Deutschlandlied, im ganzen Land wurde gefeiert. Helmut Kohl erinnerte sich später: »Das war so ein Augenblick im Leben, wie er nie wieder kommt. Das habe jedenfalls ich so verspürt und andere natürlich auch. Wie die Bundesflagge hochgezogen wurde um Mitternacht am Reichstag und unzählige schwarz-rot-goldene Fahnen über Hunderttausende von Menschen wehten, das war ein wirklich historischer Moment, ein Gefühl, wir haben es geschafft. Ohne Krieg und ohne Tote und ohne Blutvergießen ist das einige deutsche Vaterland wiedergekommen. Das Gefühl war unbeschreiblich. Und mir ging immer wieder auch durch den Kopf, dass das alles auch ganz anders hätte kommen können.«

Der 3. Oktober wurde der Tag der Deutschen Einheit. Entstanden als der Tag, an dem, so Wolfgang Schäuble, »die staatliche Einheit vollzogen wurde«. Nach seiner Meinung kam es zu diesem Termin, als er Hans-Dietrich Genscher fragte, wann die Zwei-plus-Vier-Verhandlungen und die KSZE-Konferenz zu Ende seien, und dieser antwortete: »2. Oktober«. »Da habe ich gesagt: ›Dann nehmen wir das früheste Datum, dann nehmen wir den 3.‹ So ist der 3. Oktober entstanden.« Dann ging es um die Frage eines Nationalfeiertages. Der 9. November wurde abgelehnt, den 17. Juni wollten angeblich die meisten auch nicht mehr, »den hätte man ja lassen können. Aber das wäre auch kein DDR-Tag gewesen.« Dann habe man gesagt: »Gut, dann nehmen wir den Tag als Nationalfeiertag, an dem sich die staatliche Einheit vollzieht.«

Helmut Kohl erinnert sich anders an diese Geschichte. Der 9. November kam nicht infrage; er hatte eine ganz andere Idee. Kohl hatte immer die Franzosen für ihren Nationalfeiertag bewundert, mitten im Jahr, wenn anschließend die Ferien beginnen und im ganzen Land fröhlich gefeiert wird. Einen Tag im düsteren November fand er scheußlich. Ihm schwebte ein Nationalfeiertag Anfang Oktober vor – auch mit Blick auf das Wetter. Ein von ihm in Auftrag gegebenes Gutachten des Deutschen Wetterdienstes stellte fest, dass die erste Oktoberhälfte fast immer zu den besten Zeiten im Jahr gehört. Und der 3. Oktober wurde es dann durch die Debatte in Ost-Berlin, nämlich in der Nacht vom 22. auf den

23. August, als der 3. Oktober als Einigungstag genannt wurde. Kohl: »Und so haben wir den 3. Oktober bekommen – ein Glücksfall.«

Vom Fall der Mauer am 9. November 1989 bis zur Herstellung der Einheit am 3. Oktober 1990 waren 329 Tage vergangen, Tage, in denen es in der Geschichte der Bonner Republik mehr historische Momente gegeben hatte als jemals zuvor und danach. Helmut Kohl war auf dem Höhepunkt seines Ansehens – auch und vor allem in der CDU, seiner Partei. Am 2. Oktober 1990 hatte in Hamburg der Vereinigungsparteitag der West-CDU und der Ost-CDU stattgefunden. Helmut Kohl wurde zum Vorsitzenden gewählt: Von 957 Stimmen erhielt er 943. Mit stehenden Ovationen und »Helmut! Helmut!«-Sprechchören wurde er gefeiert. Welch ein Unterschied zum Parteitag in Bremen im September 1989!

Nach dem Fall der Mauer hatte er die Gunst der Stunde genutzt. Erst vorsichtig, behutsam, eher zögerlich. Dann aber griff er entschlossen nach dem vielzitierten Mantel der Geschichte. Dann wurde er jener »Caterpillar«, als den ihn Klaus Kinkel später bezeichnete. Kinkel weiter: »Er war derjenige, der mit einem ungeheuer zielsicheren Blick gesehen hat, was gemacht werden musste und konnte. Das war die Zeit, in der ich Kohl bewundern lernte, vor allem, wenn immer zu später Stunde die angeblich nicht überwindbaren Widerstände kamen: ›Das geht nicht und jenes geht nicht.‹ Seine Reaktion: ›Das Fenster der Geschichte [...] ist nur eine bestimmte Zeit offen und jetzt wird das gemacht, so wie besprochen. Wir sehen uns morgen früh um neun Uhr wieder. Gute Nacht, schlafen Sie gut. Es wird so gemacht.‹ Das war ein Ausspruch, den ich von ihm unzählige Male in dieser Zeit gehört habe; das hat mir imponiert. Da war er Macher, kein Zögerer und kein Zauderer und kein Hinterzimmervisionär.« In diesen 329 Tagen wurde Helmut Kohl zum »Kanzler der Einheit«.

Wie Freund und »Feind«, Mitstreiter und Gegner diese Leistung in der Rückschau beurteilen, mögen die nachfolgenden Äußerungen verdeutlichen (Interviews mit den Autoren im Jahre 2007):

Friedrich Pohl (CDU, Parlamentarischer Geschäftsführer der CDU/CSU-Bundestagsfraktion, Bundesminister): »Es ist ja auch in der Tat so: Das Fenster zur deutschen Einheit stand nur in dieser Zeit offen. Vielleicht noch ein paar Tage länger. Aber wenn man sieht, dass Schewardnadse im Dezember zurücktrat, weil er öffentlich in der Sowjetunion erklärte, dass die restaurativen Kräfte am Werk seien, dann weiß man, dass in der Tat dieses Tor zur deutschen Einheit nicht lange auf war. Und das ist neben vielen anderen Verdiensten das unbestreitbare große historische Verdienst von Helmut Kohl, das erkannt zu haben. So wichtig die Fragen der inneren Einheit sind, der wirtschaftlichen Einheit, der Infrastruktur [...], aber was würden nachfolgende Generationen sagen, wenn wir die Einheit verspielt hätten, wenn wir das nicht erreicht hätten? Dann würden sie uns verdammen. Deshalb ist es richtig, dass so gehandelt wurde und nicht anders.«

Norbert Gansel (SPD): »Der politisch Handelnde handelt immer mit Risiko. Und in schwierigen Zeiten sind wohl Fehler auch nicht vermeidbar. Kohl hat sich da mit einer fast elefantenmäßigen Kraft und Dickfelligkeit durchgesetzt, in der Art und Weise, wie er den Weg zur deutschen Einheit gestaltet und, wenn man so will, frei getrampelt hat, übrigens manchmal auch gegen Kritik seiner eigenen Leute.«

Hans Apel (SPD, Finanz- und Verteidigungsminister im Kabinett Helmut Schmidt): »Kohl hat das [den sowjetischen Widerstand gegen die Mitgliedschaft des vereinten Deutschland in der NATO] wie auch immer vom Tisch gebracht. Er hat Milliarden aufgewandt, um sogar den Abzug der sowjetischen Streitkräfte für 1994 festzusetzen. Ich glaube, das ist eine großartige Leistung. Alles andere hat er auch ziemlich richtig gemacht. Aber das ist das eigentlich Bemerkenswerte, weswegen Helmut Kohl mit Sicherheit in den Geschichtsbüchern landen wird.«

Egon Bahr (SPD, Bundesminister im Kabinett Willy Brandt): »Er hat die Situation richtig eingeschätzt, die durch die Ostdeutschen geschaffen worden war. [...] Das ist sein Verdienst. Die entscheidenden Punkte haben die beiden Großen gesetzt – sicherheitspolitisch. Die anderen Vier durften an der Verpackung mithelfen und natürlich fabelhaft alles mitmachen. Außenpolitisch war alles prima, innenpolitisch sind große Fehler gemacht worden.«

Kurt Biedenkopf (CDU, Ministerpräsident von Sachsen): »Seine größte Leistung ist, dass es ihm gelungen ist, diesen Konsens herbeizuführen. Da war er auch stolz drauf – und zu Recht. Er hat gesagt, es ist uns Deutschen gelungen, die Einheit herzustellen, mit Zustimmung aller Nachbarn.«

Eberhard Diepgen (CDU, Regierender Bürgermeister von Berlin): »Helmut Kohl hat zur rechten Zeit den Weg gefunden, die Wiedervereinigung zu ermöglichen. Er hat alle Mittel, die wir hatten, dabei genutzt. Er hat die historische Situation auch als Historiker gesehen und die Wiedervereinigung auch immer gewollt.«

Erhard Eppler (SPD, Bundesminister im Kabinett Willy Brandt): »Ich glaube, er hat ein Abstaubertor geschossen. Das ist ja auch gut. Man kann auch ein Abstaubertor danebenschießen. Aber die ganze europäische Geschichte lief jetzt auf eine Vereinigung Europas und damit zuerst einmal Deutschlands hinaus. Er hat rechtzeitig begriffen, dass das an der Zeit ist, und er hat das aufgegriffen. Wenn das jemand anders gewesen wäre, hätte der das wahrscheinlich auch gemacht. Vielleicht hätte es dann zwei Monate oder drei Monate länger gedauert. Aber ich glaube, es war von der europäischen Geschichte her einfach unvermeidlich.«

Valentin Falin (Mitglied des ZK der KPdSU): »Warum hat sich Gorbatschow so verhalten, warum kapitulierte er, warum hat er diese Etappe des Kalten Krieges damals auf eine Weise beendet, die dem Verhalten der Sowjetunion gegenüber der Tschechoslowakei 1938 ähnelt? Gorbatschow hat hinter dem Rücken der DDR die DDR auflaufen lassen, sie einfach freigegeben, ohne Wenn und Aber. Warum? Weil er das Land wirtschaftlich ruiniert hatte. Er hatte Helmut Kohl ausrichten lassen: ›Ich weiß nicht, was unser Volk morgen essen soll; geben Sie mir einen Kredit über 4½ Milliarden DM, und Sie bekommen dafür alles in Archys.‹ Das ist das ganze Geheimnis: Für 4½ Milliarden konnte man alles bekommen. Ich habe gesehen, dass Gorbatschow alles in den Morast führt.«

Joachim Gauck (erster Leiter der Stasi-Unterlagen-Behörde): »Er hat nicht nur politische Argumente – das ist der Wille der ostdeutschen Bevölkerung, Selbstbestimmung –, sondern er hat auch die politische Fähigkeit zu sagen, die politischen Kräfte, die ich repräsentiere, stehen für Kontinuität, Freiheit und Demokratie, vor uns muss man sich nicht fürchten. Im Grunde ist Kohl als Person das Bild jenes anderen Deutschlands, vor dem sich die anderen nicht mehr fürchten müssen.«

Hans-Olaf Henkel (Präsident des Bundesverbandes der Deutschen Industrie): »Ich glaube, positiv wird sein enormer Beitrag für die Wiedervereinigung erwähnt werden, obwohl der wahrscheinlich ein bisschen überhöht wird. Denn letzten Endes war er ja auch nur jemand, dem diese Frucht in den Schoß fiel. Letzten Endes hat er das, nach meiner Überzeugung, Reagan und Gorbatschow zu verdanken. Er hat das dann gut gemanagt.«

Lothar de Maizière (Ost-CDU, Ministerpräsident der DDR): »Helmut Kohl hat über die gesamte außenpolitische Strecke bis zum Zeitpunkt der deutschen Einheit keine Fehler gemacht. Seine Fehler hat er danach gemacht, im ökonomischen Bereich, was den Osten Deutschlands anbelangt.«

Hans Modrow (SED, November 1989 bis April 1990 Ministerpräsident der DDR): »Er hatte die Stärke und auch die größere Chance. Er konnte sich mit den USA beraten, die mehr Einfluss auf den gesamten Prozess der deutschen Vereinigung hatten als jeder andere. Das war der große Vorteil, den Kohl hatte, und Kohl konnte auf dieser Grundlage agieren. Ich will ihn nicht nur als einen sehen, der die Dinge entgegennahm. Er hatte auch das Vertrauen, dass die USA, mehr als auf der östlichen Seite, die Karten nicht ungemischt lassen, sondern sie mischen und ihm zeigen, wohin es gehen soll. Er war also in dieser Beziehung mehr abgesichert als wir.«

Jürgen Rüttgers (CDU, Ministerpräsident von Nordrhein-Westfalen): »Die Wiedervereinigung ist eine große historische Leistung, weil sie friedlich und mit Zustimmung aller unserer Nachbarn geglückt ist.«

Annemarie Renger (SPD, Bundestagspräsidentin): »Der Kohl hat da nichts falsch gemacht. Ich weiß nicht genau, wie Kohls Konzept war, aber ich nehme an, dass er die Wiedervereinigung in einer positiven Weise gesehen hat und natürlich auch [...], dass es ihm eine wirkliche Herzenssache war. [...] Für Kohl war es das

Thema seines Lebens, dass er der Kanzler der Vereinigung war. Und ich meine insofern, à la bonheur.«

Wolfgang Thierse (Ost-SPD, 1998 bis 2005 Bundestagspräsident): »Diese deutsche Einheit und das Glück der Einheit haben viele Väter. In der Reihenfolge: die Ostdeutschen, [...], dann Gorbatschow, dann Bush und dann Helmut Kohl durch sein Geschick.«

Hans-Jochen Vogel (SPD, 1987 bis 1991 Parteivorsitzender): »Im Zusammenhang mit der deutschen Einheit und im Zusammenhang mit der europäischen Einigung blieb vieles auf der Strecke. Aber er hat seinen Platz in der Geschichte gefunden.«

Friedrich Zimmermann (CSU, 1982 bis 1991 Bundesminister im Kabinett Kohl): »Ich schätze die Rolle Kohls ganz hoch. Helmut Kohl hat alles richtig gemacht.«

Helmut Kohl selbst nimmt sich bei der Einschätzung seiner Leistung in einem Interview aus dem Jahr 2007 eher zurück: »Man darf nicht vergessen: die deutsche Einheit kam in Deutschland zustande, aber die eigentliche Entscheidung über die deutsche Einheit ist vorher getroffen worden in den Abrüstungskonferenzen zwischen den Amerikanern und der Sowjetunion und in den internationalen Verhandlungen, die dann stattfanden. [...] Das wird zwar heutzutage in Berlin geleugnet. Da wird so getan, nur weil die Menschen der DDR auf die Straße gingen und protestierten, sei die deutsche Einheit gekommen. Ich bin der Letzte, der diese gewaltige Volksbewegung, die zum Besten der deutschen Geschichte gehört, gering achtet. Aber es ist völlig absurd zu glauben, dass die deutsche Einheit möglich gewesen wäre, wenn die Sowjetunion und die anderen – vor allem auch die Amerikaner – sie nicht gewollt und letztlich nicht auch geduldet hätten. Das gehört zur historischen Wahrheit.«

31. ERSTER GESAMTDEUTSCHER KANZLER

1991 bis 1994

Nach der Vereinigung der beiden deutschen Staaten gab es erstmals am 2. Dezember 1990 gesamtdeutsche Wahlen. Die Koalitionsparteien CDU/CSU und FDP gingen daraus als klare Sieger hervor. Sie erhielten zusammen 54,8 % der Stimmen, das waren 398 von 662 Sitzen im neuen Deutschen Bundestag, 319 entfielen auf die Unionsparteien, 79 auf die FDP. Damit hatten sie den bisher größten Vorsprung im Parlament. Großer Sieger war dabei die FDP, die vor allem durch die Erfolge in Ostdeutschland bundesweit um knapp 2 % zulegte und auf einen Stimmenanteil von 11 % kam. Die Union war im Osten klare Mehrheitspartei geworden. Insgesamt verzeichnete die CDU/CSU aber mit 43,8 % der Stimmen im Vergleich zu 1987 einen leichten Verlust. Gegenüber der »Wende«-Wahl im Jahr 1983, als man 48,8 % erreicht hatte, war der Verlust sogar erheblich. Vom »Einheits-Bonus« der Regierung profitierte daher weniger die Union als die FDP.

Angesichts der neuen Stärke der FDP und der Verluste der CSU (minus 3,2 %) verliefen die Koalitionsverhandlungen eher holprig. Es kam zu dem »altbekannten politischen Fingerhakeln zwischen FDP und CSU«, wie Kohl das in seinen »Erinnerungen« nennt. Hauptgrund war der Streit um die Finanzierung der Einheit. »Keine Steuererhöhungen zum Zwecke der deutschen Einheit«, hatte das Wahlversprechen der Bundesregierung gelautet. Das war in der Folge so nicht durchzuhalten.

Am 17. Januar 1991 stand dann Helmut Kohls Wahl zum ersten gesamtdeutschen Bundeskanzler an. Er erhielt 58,7 % aller abgegebenen Stimmen und erzielte damit sein bisher bestes Wahlergebnis und auf Anhieb die erforderliche absolute Mehrheit. Doch nicht alle Abgeordneten der Regierungskoalition hatten für ihn gestimmt. Ein erstes Warnzeichen für die Wahl vier Jahre später, wo Kohl nur noch mit Stimmen der Opposition erneut Kanzler wurde. Von den 19 Ministern des neuen Kabinetts kamen drei aus der ehemaligen DDR, unter ihnen die spätere Bundeskanzlerin Angela Merkel, die für Frauen und Jugend zuständig war.

Am Tag der Kanzlerwahl begann der Golfkrieg. Im Auftrag der UNO kämpfte eine multinationale Truppe unter Führung der USA gegen Saddam Husseins Irak, dessen Armee am 2. August 1990 Kuwait überfallen hatte. Von Deutschland erwarteten die Verbündeten, vor allem die USA, einen, wie US-Außenminister Baker schon am 13. September gegenüber Kohl geäußert hatte, »gerechten Anteil an der Verantwortung für die Bemühungen zur Beilegung der Golfkrise«. Das entscheidende Gespräch fand am 15. September 1990 in Ludwigshafen statt. Kohl bot folgende Leistungen an: 60 Spürpanzer »Fuchs« für die USA, ferner allgemeines Wehrmaterial wie Radfahrzeuge, Funkgeräte, Autokräne, ABC-Abwehrmaterial sowie Pioniermaterial aus ehemaligen NVA-Beständen, Material im Wert von 3,3 Mrd. DM – als Beitrag für das Jahr 1990. Baker meinte, diese Zahlen seien größer, als die amerikanische Seite vorgeschlagen und erwartet habe, aber »leider sei an der Tatsache nichts zu ändern, dass keine deutschen Truppen am Golf seien«. Die Japaner würden zum Beispiel Sanitätspersonal stellen. Dies bedeute, dass Japan dort eben präsent sei. Die Bürger in Amerika würden sagen, »es seien keine Deutschen am Golf«, worauf Kohl antwortete, Deutschland leiste mehr als alle anderen, »aber bekomme die Prügel«. Es wäre einfacher und billiger, eine Fallschirmjäger-Brigade zu entsenden. Dies gehe aber aus Verfassungsgründen nicht. Baker räumte daraufhin ein, dass der von Kohl angebotene Betrag substanziell höher sei als das, »was die Amerikaner verlangt hätten«.

Immerhin wurden am 6. Januar 1991 18 »Alpha-Jets« der Bundesluftwaffe in die Südtürkei verlegt und am 8. Februar 49 Soldaten des mit »Hawk«-Raketen ausgerüsteten Flugabwehrgeschwaders 36 in der Osttürkei stationiert. Damit standen erstmals nach dem Zweiten Weltkrieg deutsche Soldaten in einem Gebiet, das von Krieg bedroht war. Bei einem möglichen Angriff des Irak auf die Türkei wäre der Bündnisfall eingetreten, wonach jedes NATO-Mitglied zum Beistand verpflichtet ist. Dennoch: wenn schon keine Truppen, dann wenigstens Geld. Am Ende unterstützte die Bundesrepublik den Golfkrieg mit rund 18 Mrd. DM – etwa ein

Drittel des bundesdeutschen Verteidigungsetats – und musste sich dennoch den Vorwurf der »Scheckbuch-Diplomatie« gefallen lassen. Es gab in dieser Frage keinen nationalen Konsens, wie Kohl in seinen »Erinnerungen« beklagt: »Die SPD-Opposition erwies sich wieder einmal als gespaltene Partei. Weite Teile der Sozialdemokratie unterstützten den Antiamerikanismus der Protestierer. [...] Erneut hatte die große Volkspartei in einer entscheidenden außenpolitischen Situation versagt.«

Wenige Tage nach Beginn des Krieges gab es den schwersten irakischen Raketenangriff auf Tel Aviv. Bonn ging es nun darum, ein besonderes Zeichen der Solidarität mit Israel zu setzen. Dazu gehörten eine humanitäre Hilfe in Höhe von 250 Millionen DM und umfangreiche Waffenlieferungen: Kettenfahrzeuge sowjetischer Bauart sowie anderes Gerät aus dem Bestand der ehemaligen NVA der DDR, Spürpanzer zum Erkennen von Giftgas, sogar zwei U-Boote. Die Aktion lief als Geheimoperation, wurde aber von den Behörden in Hamburg entdeckt. Die SPD forderte erfolglos den Rücktritt von Bundesverteidigungsminister Gerhard Stoltenberg.

Nachdem dann aber im März 1992 bekannt wurde, dass 15 Bundeswehrpanzer an die Türkei geliefert werden sollten, obwohl sich der Haushaltsausschuss des Bundestags ausdrücklich dagegen ausgesprochen und die erforderlichen Mittel gesperrt hatte, war Stoltenberg nicht länger zu halten. Er übernahm die Verantwortung für die sogenannte »Panzer-Affäre« und bot seinen Rücktritt an. Kohl nahm ihn an – was ihm sowohl Stoltenberg wie auch dessen Freunde nie verzeihen sollten, hatten sie doch eine andere Reaktion des Kanzlers erwartet.

Die Treuhand

Entgegen der jahrzehntelangen SED-Propaganda, wonach die DDR zu den führenden Industrieländern gehört habe, fiel die Bestandsaufnahme 1990/91 verheerend aus. Marode Infrastruktur, verfallende Bausubstanz, Bilder wie in der Nachkriegszeit: Die DDR war auf den Stand eines Entwicklungslandes zurückgefallen. In den folgenden Jahren wurden Milliardenbeträge aus der alten

Bundesrepublik in die neuen Bundesländer transferiert, mit denen eine völlig neue Infrastruktur geschaffen wurde. Für den Aufbau in den neuen Bundesländern brachte Bonn allein von Juli 1990 bis Ende 1991 über 100 Mrd. DM auf. Das Gemeinschaftswerk »Aufbau Ost« entwickelte sich zu einem der umfassendsten Förderprogramme in der Geschichte der Bundesrepublik. Hinzu kam ab 1991 der Solidaritätszuschlag, eine Steuer, die alle Deutschen zu zahlen hatten. Die Gesellschafts-, Wirtschafts- und Sozialordnung der Bundesrepublik auf ein ehemals kommunistisch regiertes Gebiet zu übertragen, war eine Aufgabe von historischer Dimension. Fehlschläge waren unvermeidbar, Stichwort dafür war die Treuhandanstalt.

Deren wichtigste Aufgabe war die Überführung von etwa 17 000 DDR-Unternehmen mit mehr als vier Millionen Beschäftigten aus der Plan- in die soziale Marktwirtschaft. Wegen mangelnder Konkurrenzfähigkeit auf dem Weltmarkt blieben zahlreiche Firmen unverkäuflich. Die Konsequenz war Massenarbeitslosigkeit, die in den neuen Bundesländern zu erbitterter Feindschaft gegenüber der Treuhand führte. Zur Arbeit der Behörde meinte Klaus von Dohnanyi, SPD, der 1981 bis 1988 Erster Bürgermeister von Hamburg und nach der Wende für mehrere ostdeutsche Unternehmen und für die Treuhand tätig war:

»Die Treuhand hatte einen sehr schwierigen Job. 17 000 Unternehmen zu privatisieren mit ein paar Managern, denn so viele waren es ja schließlich am Ende auch nicht, das war sehr schwierig. Die Treuhand war eine Fehlkonstruktion, weil sie eine Behörde war, die dem Finanzministerium zugeordnet war. Die Wiedervereinigung war keine fiskalische, sondern eine politisch-ökonomische Aufgabe. Und sie hätte ins Wirtschaftsministerium gehört.«

Helmut Kohl sah das noch 2006 anders: »In jeder Weise eine vernünftige Einrichtung. Wir mussten ja in irgendeiner Form die anstehenden Probleme lösen, und es war ja auch weitgehend im Konsens unter den politischen führenden Kräften.«

Die Leistung der Treuhand bleibt bis heute äußerst umstritten. Tausende Unternehmen konnten nicht verkauft werden, wurden geschlossen, weil sie nicht mehr konkurrenzfähig waren. Der osteuropäische Markt brach damals vollkommen zusammen. Und hinzu kam, dass die Absatzchancen für DDR-Produkte im eigenen Land rapide zurückgingen, weil die Menschen Westprodukte bevorzugten.

Arbeitslosigkeit wurde jedenfalls in den folgenden Jahren zum Problem Nummer eins im vereinten Deutschland. Schon Ende 1991 waren 3,5 Millionen Menschen ohne Arbeit. Hoffnungslosigkeit und Enttäuschung machten sich damals breit. Die Betroffenen hatten nicht nur ihre Arbeit verloren, sondern vielfach auch ihre Identität, ein Stück Heimat und ihre Wurzeln.

Hauptstadt Berlin

Mit der Vereinigung der beiden deutschen Staaten gab es die alte Bundesrepublik nicht mehr. Sollte für das neue Deutschland die Hauptstadt Bonn heißen oder sollte Berlin zum Parlaments- und Regierungssitz werden, so wie es in den Jahren zuvor ganz selbstverständlich formuliert worden war? Als es jetzt ernst wurde, wollten viele davon nichts mehr wissen. Die Entscheidung über den künftigen Sitz der Bundesregierung und damit über die künftige deutsche Hauptstadt fiel nach erbitterten Auseinandersetzungen am 20. Juni 1991 im Bundestag. Für Bonn sprachen sich CDU-Bundestagspräsidentin Rita Süssmuth und CDU-Bundesarbeitsminister Norbert Blüm sowie Bonns Bürgermeister Hans Daniels, CDU, und der SPD-Ministerpräsident von Nordrhein-Westfalen, Johannes Rau, aus. Sie sahen Bonn als Symbol für die demokratische, föderalistische und fest integrierte Bundesrepublik. Berlin hingegen verbanden sie mit Erinnerungen an die dunklen Stunden der deutschen Geschichte und mit Befürchtungen über eine Ost-Orientierung der »Berliner Republik«. Die Umzugskosten sollten ihrer Meinung nach besser in den »Aufbau Ost« investiert werden. Einer ihrer Sprecher war der langjährige Bundesgeschäftsführer der SPD, Peter Glotz, der u. a. meinte: »Hundert Mal, auch heute vielmals, ist von bedeutenden Zeitgenossen gesagt worden, die Entscheidung für Berlin bedeutet keinen Föderalisierungsschub, der Föderalismus stehe nicht infrage. Ich bekenne, dass ich diese Beteuerungen für falsch halte.«

Für Berlin sprachen sich u. a. Willy Brandt, Wolfgang Schäuble und Helmut Kohl aus. Brandt entgegnete Glotz: »Wenn schon Föderalismus, darf nicht dann auch wiegen, dass sich von 16 Landtagen 12 für Berlin ausgesprochen haben?«

Es folgte Wolfgang Schäubles brillantes Plädoyer. Er forderte die Abgeordneten auf, »gemeinsam bereit sein zu müssen, die Veränderungen miteinander zu tragen, die sich durch die deutsche Einheit ergeben. Und deswegen kann auch in den alten 11 Bundesländern – den sogenannten alten, so alt ist Baden-Württemberg nicht im Vergleich zu Sachsen – nicht alles so bleiben, wie es war, auch nicht in Bonn und nicht im Rheinland.«

In Interviews im Jahre 2007 sahen Helmut Kohl und Wolfgang Schäuble die Situation jeweils anders. Helmut Kohl:

»Ich bin heute der Meinung, was ich damals vermutet habe – und heute weiß ich, wenn wir eine Volksabstimmung gehabt hätten, in ganz Deutschland, wäre Berlin nicht Hauptstadt geworden. Ich bin ganz sicher.« Wolfgang Schäuble: »Heute würden wir eine Mehrheit von 90 oder mehr Prozent für Berlin bekommen, d. h., die Entscheidung war wohl richtig. Deswegen war es nicht schlecht, dass ich dazu einen Beitrag leisten konnte.« Am Ende der Debatte verkündete Bundestagspräsidentin Rita Süssmuth das Abstimmungsergebnis: »Für den Antrag ›Vollendung der Einheit Deutschlands, Berlin-Antrag‹ 337 Stimmen, Enthaltungen: keine.« Immerhin: 320 Abgeordnete hatten sich gegen Berlin ausgesprochen.

Finanzierung der Einheit

Noch im selben Jahr 1991 beschloss der Deutsche Bundestag den Solidaritätszuschlag, eine Steuer, die alle Deutschen zu zahlen hatten und mit der die Finanzgrundlage bis 1995 gesichert wurde. Im Jahr 2007 begründeten Theo Waigel, Norbert Blüm und Helmut Kohl noch einmal nachträglich den Solidaritätszuschlag:

Theo Waigel: »Was kostet die Einheit, habe ich gedacht. Ich weiß es nicht. Und jede Milliarde, die ich damals ausgeben musste, ja, jede Hundertmillion haben mir in der Summe wehgetan. Aber ich wusste, es muss sein, denn diese historische Situation kommt nur ein Mal, und wir müssen sie bewältigen, und wer soll sie sonst bewältigen als Deutschland.«

Norbert Blüm: »Ich glaube, dass man die deutsche Einheit von Anfang an hätte durch Steuern finanzieren müssen. Dass man nicht so Angst hätte haben sollen vor dem deutschen Spießbürger, der sich durch Steuererhöhungen beunruhigt fühlt. Ich glaube, das hätten die Leute als ein Opfer für große Ziele gerne gegeben.«

Helmut Kohl: »Es war ja viel Heuchelei. Es hieß dann ganz am Anfang bei der deutschen Einheit, für unsere Brüder und Schwestern kann man gar nicht genug tun. Und dann ging die Rechnerei los. Wieso kriegen die in der Stadt in Sachsen oder in Thüringen die und die Zuschüsse für irgendwelche Wünsche und Dinge, wir bei uns in der Pfalz oder im Rheinland bekommen das nicht? Der Neid ist umgegangen, mit entsprechenden Wirkungen.« Dabei waren viele Probleme der neuen Bundesrepublik Probleme der alten. Im Kern ging es um die Sicherung des Standortes Deutschland und dazu gehörten Reformen im Bildungsbereich und in der Forschung, der Abbau von Bürokratie, die Privatisierung bei Post und Bahn usw.

Prozesse

Zur juristischen Aufarbeitung des DDR-Unrechts gehörten die Prozesse gegen die DDR-Grenzsoldaten, die tödliche Schüsse abgegeben hatten. Von Ende September 1991 bis 1999 wurden 165 Verfahren abgeschlossen; sie endeten mit 15 Freiheits- und 82 Bewährungsstrafen; 51 Angeklagte wurden freigesprochen. Der erste Mauerschützenprozess endete am 20. Januar 1992. Vier ehemalige DDR-Grenzsoldaten waren beschuldigt worden, auf Flüchtlinge gezielt geschossen und ihren Tod billigend in Kauf genommen zu haben, so im Fall des 20-jährigen Chris Gueffroy, der als letzter Flüchtling am 6. Februar 1989 an der Mauer durch einen Schuss ins Herz getötet worden war. Erkennbar war, dass es diesen ehemaligen DDR-Grenzern offensichtlich an Unrechtsbewusstsein fehlte; sie beriefen sich auf Befehlsnotstand. Am Ende wurden ihre Strafen zur Bewährung ausgesetzt.

Daneben gab es eine Reihe von Verfahren gegen ehemalige Spitzen des Partei- und Staatsapparates der DDR. Am spektakulärsten war dabei der Prozess gegen Erich Honecker ab dem 12. Dezember 1992 vor dem Berliner Landgericht. Der ehemalige SED-Chef war im Januar 1990 kurz verhaftet, aufgrund seines schlechten Gesundheitszustandes aber wieder auf freien Fuß gesetzt worden und hatte dann Ende Januar 1990 Unterkunft bei einem evangelischen Pfarrer gefunden. Ab April 1990 lebte er im sowjetischen Militärhospital in Beelitz, von wo aus man ihn am 13. März 1991 nach Moskau ausflog. Im Dezember 1991 suchte er angesichts einer drohenden Ausweisung in der chilenischen Botschaft Zuflucht, kehrte dann aber im Juni 1992 nach Deutschland zurück.

Helmut Kohl war keiner von denen, die forderten, Honecker jetzt unter allen Umständen so schnell wie möglich vor Gericht zu zerren; er hätte es eigentlich besser gefunden, wenn Honecker nach Moskau verschwunden wäre, statt dass man ihm in Deutschland den Prozess machte, auch wenn diese Meinung nicht sehr populär war. Kohl hatte keinen persönlichen Grund, für den Prozess zu sein. Später ist gesagt worden, er hätte vielleicht sogar Angst vor einem Prozess gehabt, was nicht zutrifft. Kohl hatte Honecker in gar keiner Weise nahegestanden. Honecker hätte, so Kohl, über ganz andere Besucher aus der Führungsetage der deutschen Politik berichten können. Es gab ja eine ganze Reihe von Leuten insbesondere aus der SPD, die förmlich eine Prozession zu Honecker gemacht hatten. Kohl gehörte nicht dazu. Im Übrigen wusste Kohl, dass die Sowjets Honecker ausfliegen würden. Er erhob keinen Einspruch dagegen, sondern ließ die Sache einfach laufen. Kohl: »So ist er nach Moskau gekommen.« Es war ein Irrtum von Honecker – auch von Kohl und von anderen –, zu glauben, dass ihm seine alten Freunde aus der Seilschaft der Staatssicherheit in der Sowjetunion helfen würden, ihn abschirmen würden bis hin zum Asyl. Gorbatschow war inzwischen nicht mehr im Amt, und mit ihm war auch die alte KGB-Führungsriege verschwunden. Boris Jelzin war Präsident Russlands geworden, zu einem Zeitpunkt, als Kohl ihn noch nicht besonders gut kannte, sonst, so Kohl später, »hätte ich vielleicht auch noch etwas zu ihm gesagt. Die aber haben dann gesagt, er müsse zurück.« Kohl grundsätzlich: »Ich war nicht unterwegs, um da aus Rache zu wüten.« Vor Gericht sprach Honecker dann von Siegerjustiz und nannte den Prozess eine Farce, ein Politschauspiel, das die Diskreditierung der DDR und des Sozialismus zum Ziel habe. Wegen Krebs im fortgeschrittenen Stadium wurde Honecker 1993 aus der Untersuchungshaft entlassen und man ermöglichte ihm die Ausreise nach Chile, wo er im Mai 1994 starb.

Europa

Für Helmut Kohl war die Einigung Europas keine fixe Idee, wie manche immer wieder meinten. In seinen »Erinnerungen« äußerte er sich dazu folgendermaßen: »Für mich entschied diese Einigung für die Zukunft der Deutschen und unseres Kontinents über die Frage von Krieg und Frieden.« Und auf diesem Weg zur europäischen Einigung gab es so manchen Rückschlag, einige sprachen von der »Eurosklerose«. Dass diese überwunden wurde, ist eines der großen Verdienste von Helmut Kohl. Gemeinsam mit François Mitterrand gab er der europäischen Einigung neuen Auftrieb – im Zusammenhang mit der Vereinigung der beiden deutschen Staaten.

Am 9. und 10. Dezember 1991 beschlossen die 12 Staats- und Regierungschefs der Europäischen Gemeinschaft im niederländischen Maastricht die Gründung der Europäischen Union. Am Ende der Konferenz stand eine »grundlegende Weichenstellung für die Zukunft Europas«, Beweis auch dafür, was Helmut Kohl immer gesagt hatte, dass nämlich »die deutsche Einheit und die europäische Einigung zwei Seiten ein und derselben Medaille waren«. Das entsprach dem, was er auch 1989/90 den europäischen Nachbarn immer wieder versichert hatte, dass die deutsche Einheit ohne die europäische Einigung gar nicht denkbar war. Die Ergebnisse von Maastricht waren ein Kompromiss zwischen den Befürwortern eines europäischen Bundesstaates wie Helmut Kohl und François Mitterrand auf der einen und den Bremsern in der Europapolitik auf der anderen Seite, allen voran der neue britische Premierminister John Major, der in dieser Hinsicht die Politik seiner Vorgängerin Margaret Thatcher fortsetzte, obwohl Major Kohl sehr bewunderte und beide ein sehr freundschaftliches Verhältnis zueinander entwickelten.

Beschlossen wurde die Europäische Wirtschafts- und Währungsunion mit einer gemeinsamen Währung, dem späteren Euro. Dazu gehörte die Errichtung einer europäischen Zentralbank. Angestrebt wurde auch eine gemeinsame Außen- und Sicherheitspolitik.

Anfang Dezember 1992 ratifizierte der Bundestag mit großer Mehrheit (97 %) den Vertrag von Maastricht, für Kohl »eine geschichtliche Stunde«. Gegner der Maastricht-Beschlüsse brachten eine Beschwerde beim Bundesverfassungsgericht ein, das am 12. Oktober 1993 zugunsten der Regierung entschied. Demnach waren die Ergebnisse der Konferenz von Maastricht mit dem Grundgesetz vereinbar. 14 Tage später, am 29. Oktober 1993, wurde auf einer Sondersitzung des Europäischen Rates eine wichtige Entscheidung getroffen: Frankfurt am Main sollte Sitz der Europäischen Zentralbank werden. Helmut Kohl erläuterte später den Gedanken, der hinter dem Euro stand: »Wir brauchen eine Entscheidung, die den Prozess der europäischen Einigung irreversibel macht, sodass man nicht am 1. Januar sagen kann, wir treten am 31. Dezember aus, sondern es gibt kein Austreten mehr.« Die Wahl Frankfurts zum Sitz der Zentralbank trug zum einen der Tatsache Rechnung, dass die Deutschen mit Abstand die meisten Opfer beim Euro gebracht hatten, war aber auch eine Verbeugung vor der Haltung Bonns: Sowohl John Major als auch François Mitterrand stimmten für Frankfurt am Main. Im Jahr 2007 war Helmut Kohl immer noch enttäuscht: »Das hat hier in Deutschland kaum jemanden interessiert. Die Frankfurter Stadtverordneten-Versammlung hat das so zur Kenntnis genommen. Und die Grünen haben einen Antrag eingebracht, und es ist diskutiert worden, ob durch die Europäische Zentralbank die Mietpreise in Frankfurt steigen würden. Das war Deutschland pur, das habe ich auf allen Gebieten erlebt.«

Der damalige Finanzminister Theo Waigel meinte dazu im Jahre 2007: »Damit haben wir ein ökonomisches Projekt auf den

Weg gebracht, das mehr ist als Mark und Markt, nämlich ein Friedensprojekt, und vielleicht das wichtigste, was Europa in den letzten 15 Jahren auf den Weg gebracht hat.«

Neujahr 1993 war eine weitere Wegmarke in der Geschichte der europäischen Einigung: Der europäische Binnenmarkt wurde Wirklichkeit. Die 12 Staaten der Europäischen Gemeinschaft bildeten von nun an einen gemeinsamen Wirtschaftsraum mit den sogenannten vier Freiheiten: freier Personenverkehr, freier Warenverkehr, freier Verkehr von Dienstleistungen und freier Verkehr von Kapital.

Bill Clinton

Für die Bundesrepublik Deutschland und ihre Kanzler waren und sind die Beziehungen zu den USA nach wie vor von elementarer Bedeutung. Nicht selten spielten dabei die persönlichen Beziehungen zwischen Kanzler und Präsident eine ganz besondere Rolle – im negativen wie im positiven Sinne. Positiv waren die Beziehungen zwischen Helmut Kohl und Ronald Reagan und danach George Bush, für dessen Wiederwahl sich Kohl öffentlich eingesetzt hatte. Dann aber wurde Bill Clinton der neue amerikanische Präsident. Im März 1993 reiste Kohl zum Antrittsbesuch bei dem 16 Jahre jüngeren Clinton nach Washington. Kohl erinnerte sich auch später noch daran, wie »beklommen wir beide waren«. Das legte sich dann aber schon sehr bald. Clinton war unkompliziert und es begann damals eine Freundschaft, die auch in den folgenden Jahren Bestand hatte. Zwischen beiden stimmte die sogenannte Chemie, ein Phänomen, das Kohl bei so manchem wichtigen Politiker wertvolle Dienste geleistet hatte.

Pflegeversicherung

Am 12. März 1994 stimmte der Bundestag mit den Stimmen von CDU/CSU, FDP und SPD der wohl bedeutendsten Reform des Sozialstaates in der Ära Kohl zu: der Pflegeversicherung. Dem war ein jahrelanger Kampf vorausgegangen, den Sozialminister Norbert Blüm mit massiver Unterstützung von Helmut Kohl bestanden hatte. Die demografische Entwicklung des Landes verlangte geradezu nach einem solchen Gesetz: Schon 1993 waren mehr als 20 % der Bevölkerung älter als 60 Jahre, d. h. die Zahl der Pflegebedürftigen nahm stetig zu. Blüm zog sich mit diesem Gesetz die Gegnerschaft der Arbeitgeber und von Teilen der FDP und der Gewerkschaften zu. Grund war die schwierige Finanzierung. Die IG Metall sprach von einem »Rückfall hinter Bismarck«. Zum Ausgleich der Arbeitgeberkosten mussten die Länder einen jener Feiertage streichen, die stets auf einen Werktag fielen. Mit dem Gesetz sollte letztlich das finanzielle Risiko der Pflegebedürftigkeit im Alter abgesichert werden. Blüm begründete seinen Gesetzesentwurf später folgendermaßen: »Ich glaube, dass die Pflegeversicherung eine Tür geöffnet hat zu der Lösung einer sozialen Frage, die lange vernachlässigt wurde und die früher in dem Maße auch nicht aufgetreten ist, weil früher die Großfamilie noch viel erledigt hat, was sie heute nicht mehr erledigen kann, weil es sie nicht mehr gibt.« Am 29. April 1999 stimmte auch der Bundesrat dem Gesetz zu, das vor allem den in der bundesdeutschen Gesellschaft am schlechtesten gestellten Menschen, nämlich den pflegebedürftigen Alten, zugutekam – in der Ära Kohl allein eine Million.

Abzug der sowjetisch-russischen Truppen

Der 31. August 1994 bleibt ein denkwürdiges Datum in der deutschen Nachkriegsgeschichte. An diesem Tag endete die über 49 Jahre dauernde sowjetische Militärpräsenz auf deutschem Boden. Was Helmut Kohl in seinen Gesprächen mit Michail Gorbatschow im Juli 1990 vereinbart hatte und was in den Vertrag über die abschließende Regelung in Bezug auf Deutschland vom 12. September 1990 übernommen worden war, wurde an diesem Tag Realität: Die letzten russischen Truppen verließen Deutschland und wurden an diesem Tag in Berlin verabschiedet. (Bei der Vereinigung im Oktober 1990 waren immerhin 370 000 Soldaten und 206 000 Zivilisten in der ehemaligen DDR.) Aus diesem Grunde war der russische Präsident Boris Jelzin angereist. Jelzin würdigte die organisatorische Leistung der Soldaten und sprach von einem »historischen Ereignis«. Kohl nannte diesen 31. August den »Schlusspunkt der Nachkriegsgeschichte Europas« und meinte gleichzeitig: »Wir gewinnen die Zukunft aber nur, wenn wir die Lehren aus den dunklen Kapiteln der Vergangenheit nicht vergessen.« Er dankte dem russischen Volk und Jelzin, »dass wir am Ende dieses Jahrhunderts, das so viel Leid, Tod und Tränen sah, die Hand zur Freundschaft reichen können – in dem festen Willen, gemeinsam für Frieden und Freiheit zu arbeiten«. Für die Rückführung der Soldaten zahlte die Bundesregierung insgesamt 15 Mrd. DM. Damit sollten u. a. 36 000 Wohnungen für die heimkehrenden Soldaten finanziert werden.

Beim Wohnungsbau in Russland war in den Jahren zuvor nichts nach Plan gelaufen. Daraus ergaben sich neue russische Geldforderungen mit neuen Terminen für den Abzug der Streitkräfte. Russland hätte in der Tat allen Grund gehabt, diesen Abzug auf Jahre hinaus zu verzögern. Boris Jelzin, zu dem Kohl ein besonders herzliches Verhältnis aufgebaut hatte, folgte damals aber nicht seinen Beratern und sorgte für den pünktlichen Abzug. Dabei war sich Jelzin auch bewusst, dass Kohl neben US-Präsident Bill Clinton zu seinen wichtigsten Förderern im Westen gehörte. Das alles kam an diesem 31. August zusammen.

Eine Woche später wurden die Truppen der westlichen Schutzmächte in Berlin verabschiedet. Mit dem Abzug der letzten alliierten Truppen wurde die volle Souveränität des vereinten Deutschland für alle sichtbar. Im Westen Deutschlands sind seither nur noch westalliierte Truppen als Verbündete Deutschlands stationiert.

32. FÜNFTE REGIERUNG

1994 bis 1998

Bei der zweiten gesamtdeutschen Bundestagswahl am 16. Oktober 1994 ging es um eine Richtungsentscheidung: Würde der Herausforderer Rudolf Scharping, SPD-Vorsitzender und Ministerpräsident von Rheinland-Pfalz, mit Hilfe der Grünen ins Kanzleramt einziehen, oder würde Helmut Kohl nach zwölf Jahren Kanzlerschaft bestätigt? Die Arbeitslosigkeit war das zentrale Wahlthema aller Parteien, während Helmut Kohl gleichzeitig eine Bilanz der letzten vier Jahre zog und auf die Erfolge in den neuen Bundesländern hinwies. Sechzig Millionen Bundesbürger waren zur Wahl aufgerufen.

Nach 12 Jahren als Kanzler und 21 Jahren als CDU-Bundesvorsitzender entschied sich Helmut Kohl, noch einmal um das Votum der Wähler zu kämpfen. Innerlich war er schon seit Monaten entschlossen, erneut die Spitzenkandidatur für die Bundestagswahl im Oktober 1994 zu übernehmen. Nach den Siegen der Union bei den Wahlen 1983, 1987 und 1990 setzte die Partei erneut alle Hoffnungen auf den amtierenden Kanzler. Sie hatte ihn auf dem Düsseldorfer Parteitag Ende Oktober 1992 mit 91,5 % der Delegiertenstimmen in seinem Amt als Bundesvorsitzender bestätigt. Auf dem Hamburger Parteitag Ende Februar 1994 gab sich die 671 490 Mitglieder zählende CDU ein neues Grundsatzprogramm. Unter dem Motto »Freiheit in Verantwortung« stellte es eine gute politische Orientierung für die potenziellen Wähler dar. Nach Hans-Jochen Vogel (1983), Johannes Rau (1987) und Oskar Lafontaine (1990) trat nun Rudolf Scharping gegen Kohl an.

Mit der Europawahl, acht Landtags- und neun Kommunalwahlen war dieses Superwahljahr außergewöhnlich. Am Ende dieses Wahlmarathons waren 60,2 Millionen Bundesbürger zur Neuwahl des Bundestages am 16. Oktober 1994 aufgerufen. Vier Jahre nach der Wiedervereinigung war die Ausgangslage für die Unionsparteien durchaus schwierig. Weltwirtschaftsrezession und vor allem die hohe Arbeitslosigkeit machten es den Wahlkämpfern nicht leicht. Nach 12 Regierungsjahren galt die Regierung Kohl/

Genscher als ausgelaugt. Die Erhöhung der Steuern und Sozialabgaben als Folge der deutschen Einheit schlug negativ zu Buche. Eine Wechselstimmung machte sich breit, und die Umfragen der Demoskopen verhießen nichts Gutes. Doch dann kam alles anders. Dem »Dauerkanzler« war es gelungen, bei einer Wahlbeteiligung von 79 % die Bestätigung der christlich-liberalen Regierungskoalition zu erkämpfen. Neben CDU und CSU (41,5 % der Stimmen), der SPD (36,4), der FDP (6,9) und Bündnis 90/Die Grünen (7,3) war auch die PDS (4,4) durch den Gewinn von drei Direktmandaten im neuen Bundestag vertreten. Die Koalition aus CDU/CSU und FDP verfügte über 341 Sitze, die Oppositionsparteien kamen zusammen auf 331 Mandate. Rechnerisch hatte die Koalition eine Mehrheit von zehn Stimmen im Deutschen Bundestag. Und das war äußerst knapp. Vor allem das Abschneiden der FDP konnte wenig überzeugen. Nach dem Wechsel von Hans-Dietrich Genscher zu Klaus Kinkel im Amt des Außenministers (1992) musste sie eine herbe Niederlage einstecken. Sicherlich hatten jene Wahlanalytiker recht, die behaupteten, ohne »Leihstimmen« aus dem Wählerreservoir der Unionsparteien wären die Liberalen unter die Fünfprozenthürde gefallen und hätten somit den Einzug in den Deutschen Bundestag verpasst. Dann wäre die Ära Kohl zu Ende gewesen.

Die Koalitionsverhandlungen verliefen reibungslos. Unter dem Leitmotiv »Das vereinte Deutschland zukunftsfähig machen« kam ein Regierungsprogramm heraus, das von vielen Kompromissen geprägt war. Im Wesentlichen ging es um die Sicherung solider Staatsfinanzen und eine Begrenzung der Steuer- und Abgabenlast von Bürgern und Wirtschaft. Das wichtigste Anliegen der Koalition war die Sicherung von Beschäftigung und die Schaffung neuer Arbeitsplätze.

Bei seiner fünften Wiederwahl seit dem Misstrauensvotum von 1982 brauchte Helmut Kohl aber zunächst die sogenannte Kanzlermehrheit von mindestens 337 Stimmen. Die Regierungskoalition aus CDU/CSU und FDP verfügte wie erwähnt über 341 Mandate. Kohls Wiederwahl wäre gescheitert, wenn nur fünf Abweichler bereit gewesen wären, ihm die Stimme zu verweigern.

Für den Wahlgang am 15. November 1994 waren bei den Unionsparteien starke Nerven gefragt. Ein CDU-Neuling aus Baden-Württemberg hatte verschlafen und erreichte den Plenarsaal erst kurz vor Ende der Abstimmung. Helmut Kohl gibt zu, dass er während des gesamten Wahlvorgangs innerlich aufgewühlt und nervös war. Als die Bundestagspräsidentin Rita Süssmuth das Ergebnis verkündete, fiel dem alten und nunmehr auch neuen Kanzler ein Stein vom Herzen. Von den 671 abgegebenen Stimmen entfielen 338 Ja-Stimmen auf Helmut Kohl, gerade eine Stimme mehr als für die Wiederwahl notwendig. Mindestens drei Bundestagsabgeordnete aus dem Regierungslager hatten gegen ihren Kanzlerkandidaten gestimmt. Insgesamt 333 Parlamentarier votierten gegen Kohl. Es gab keine Enthaltungen und keine ungültigen Stimmen. Die Fernsehübertragung aus dem Deutschen Bundestag zeigte frenetischen Beifall und unbeschreiblichen Jubel. Überschwängliche Freude machte sich nach den Stunden voller Spannung breit. Mit einer so großen Zahl von Abweichlern hatte allerdings niemand gerechnet, was nicht nur den Kanzler nachdenklich stimmen musste. Heute weiß Helmut Kohl, dass er im November 1994 nicht erneut zum Kanzler gewählt worden wäre, hätten nicht zwei SPD-Parlamentarier für ihn gestimmt. Einer von ihnen ist dem Altkanzler namentlich bekannt, den Namen mag der Pfälzer aber heute noch nicht preisgeben. Wer der andere Kohl-Fan war, ist bisher unbekannt. Mit der Wahl Helmut Kohls zum Bundeskanzler verfügten die Unionsparteien trotz alledem über die strategische Mehrheit. Gegen sie gab es im Bundestag keine konstruktive Mehrheit, und das wussten auch die Abweichler.

Am 23. November 1994 gab der neue Kanzler vor den Abgeordneten des Deutschen Bundestages seine letzte große Regierungserklärung ab. Unter dem Leitwort »Aufbruch in die Zukunft – Deutschland gemeinsam erneuern« präsentierte Kohl ein Regierungsprogramm, das den Aufbau in den neuen Bundesländern in den Mittelpunkt stellte. Es galt in der kommenden Legislaturperiode vor allem, finanziellen Herausforderungen zu begegnen, die in der Welt ohne Beispiel waren.

Größte Sorgen bereitete den Koalitionären die deutliche Mehrheit der Sozialdemokraten im Bundesrat. Zu Beginn der Legislaturperiode 1994 stellte die SPD in zehn von 14 Ländern den Ministerpräsidenten und war in 14 von 16 Landesregierungen vertreten. Die sozialdemokratische Mehrheit in der Länderkammer war während der gesamten Legislaturperiode bis zu Kohls Abwahl 1998 das größte Problem für die CDU/CSU-FDP-Koalition. Die Bundesregierung war in weiten Teilen der Gesetzgebung und bei den meisten Reformvorhaben auf die Zustimmung des Bundesrates angewiesen. Insofern war die SPD de facto wesentlich mitverantwortlich für das, was in den letzten Jahren der Bonner Politik zustande kam und was scheiterte. Deren unrühmliche Rolle in dieser Zeit ist für Kohl und seine Leute bis heute unvergessen. Das destruktive Verhalten der SPD-regierten Länder Nordrhein-Westfalen (Johannes Rau), Niedersachsen (Gerhard Schröder) und Saarland (Oskar Lafontaine) im Bundesrat ist ohne Beispiel in der Geschichte der Bonner Republik. Der in der Ära Kohl beklagte Reform-Stau hatte seine Ursachen unter anderem auch in der Verweigerungshaltung der Länderkammer. Ob in der Finanz-, Haushalts- oder Steuerpolitik oder den Reformvorhaben in der Sozialpolitik: Die Bonner Regierungskoalition scheiterte an der sozialdemokratischen Mehrheit im Deutschen Bundesrat. Selbst im Vermittlungsausschuss, einem Gremium, das Kompromisse zwischen Mehrheit im Bundestag und Bundesrat erzielen soll, wurden höchst selten befriedigende Lösungen gefunden. Spricht man heute mit damals einflussreichen Politikern der Regierungskoalition, herrscht Übereinstimmung über die vergeblichen Anstrengungen des Kohl-Kabinetts, dringend notwendige Reformen auf den Weg zu bringen und erfolgreich in Gesetzestexte umzuwandeln. Ehemalige Kabinettsmitglieder – auch der Jahre 1994 bis 1998 – berichten, mit welcher Eindringlichkeit Helmut Kohl auf Reformen bestand. Diese Informationen belegen, wie sehr der Kanzler – die Bundestagswahl 1998 immer im Blick – der Drängende, der Fordernde, der Beschwörende war, so wie ihn kaum jemand kennengelernt hatte. Wer die Ergebnisprotokolle der CDU-Spitzengremien studiert, erlebt einen CDU-Bundesvorsitzenden, der der breiten Öffentlichkeit völlig unbekannt ist. An der Schwelle zum 21. Jahrhundert forderte er immer wieder, Deutschland für das neue Jahrhundert fit zu machen. Mitglieder der CDU-Bundestagsfraktion berichten übereinstimmend, wie sehr der Kanzler die Fraktion unter Führung von Alfred Dregger (1982 bis 1991) und später Wolfgang Schäuble (1991 bis 1998) nicht nur umfassend über innen- wie außenpolitische Entwicklungen, Absichten und Notwendigkeiten informierte, sondern auch politische Perspektiven für den Übergang ins nächste Jahrhundert formulierte. In zum Teil langatmigen Monologen, die in Kohls Kanzlerschaft manchem Parlamentarier zuweilen etwas auf die Nerven gingen, ließ der CDU-Vorsitzende nicht nach, seinen Blick auf die Europapolitik, auf die Beziehungen zu den USA und Frankreich, auf das Verhältnis zwischen Bonn und Moskau für die nächste Dekade zu erläutern. Seine Warnungen und Mahnungen im Hinblick auf Wahlerfolge der Unionsparteien, auf Zustimmung für die Regierungskoalition sind Legende. Wurde der Kanzler damals oft belächelt, neigen heute viele Parlamentarier dazu, dem Kanzler recht zu geben, ihm im Nachhinein weise Voraussicht zu bescheinigen. Wenn in 30 oder 50 Jahren die Regierungsakten und Parteidokumente der Forschung bereitgestellt werden, wird es noch manche Überraschung geben. Das behaupten jene, die in die Staats- und Parteiarchive Einblick hatten, ohne darüber schreiben und reden zu dürfen. Fest steht, dass sich das Bild über die Leistungen, Stärken und Schwächen des 16 Jahre lang regierenden Kanzlers Helmut Kohl verändern wird. Schon heute neigen die schärfsten Kritiker von damals dazu, Milde walten zu lassen, nachdem sie die quellengesättigten Memoiren des Altkanzlers studiert haben. Den Erhalt der Macht durch eine verständlich gemachte Politik, durch erkennbare und erlebbare Leistungen für den Bürger sichern, das war Kohls Prinzip, sein Hauptanliegen all die Jahre. Er kämpfte für sich, für seine Partei, um die Macht, politisch gestalten zu können, in seinem Sinne die Zukunft Deutschlands und Europas wesentlich mitzubestimmen. Das ist ihm dank robuster körperlicher Verfassung, durch zum Teil kluge Personalpolitik sowie durch durchschaubare Strategien oft gelungen.

33. ARBEITSSTIL – DAS »SYSTEM KOHL«

In Mainz verfügte Kohl über gute Zuarbeiter, die ihm mit wenigen Sätzen Aktenvorgänge erläuterten und Problemzusammenhänge erklärten. Er besaß die Fähigkeit, Schwachpunkte zu erkennen, Wesentliches von Zweitrangigem zu unterscheiden. Vorgänge, die ihn weniger interessierten, delegierte er an kompetente Leute seines Vertrauens. Zu seinem Mainzer Arbeitsstil gehörten stundenlange Gespräche mit kenntnisreichen Mitarbeitern. Das Aktenstudium überließ er oft anderen.

Als Ministerpräsident richtete er zunächst den Kabinettssaal neu ein und holte sich einen Radiojournalisten als Regierungssprecher in die Kabinettsrunde. Alle Minister waren Männer seines Vertrauens, Duzfreunde, denen er viel Freiheits- und Gestaltungsraum überließ. Kohl wollte nicht alles selber machen, alles selber kontrollieren und korrigieren. Dadurch motivierte er seine Minister zu eigenständigem Handeln. Unerschrocken stellte er sich auch dann hinter Kabinettsmitglieder, wenn nicht alles nach seinem Willen lief. Der Umgang auf der Regierungsetage war freundschaftlich, vertrauensvoll, jedoch nie kumpelhaft. Er unterstrich seine Autorität und traf die letzte Entscheidung. Wenn er nicht wollte, ging nichts. Jeder Minister konnte sich profilieren und seine Verdienste der Presse verkaufen, ohne dass Kohl eifersüchtig geworden wäre. Um vieles brauchte er sich nicht zu kümmern und hatte davon auch keine Ahnung. Doch er war entscheidungsfreudig, vor allem aber wagemutig. Oft sagte er: »Das machen wir jetzt!« Aus einem intuitiven und analytischen Gemisch bestimmte er oft den richtigen Zeitpunkt und setzte Reformen mit aller Macht durch. Kohl kam mit dem Ruf nach Bonn, er sei ein Mann mutiger Entscheidungen, mit großem Durchsetzungsvermögen sowie ein offener, unbefangener Stürmer und Dränger, der weder nach rechts noch nach links schaue, Vertrauen schenke und Vertrauen fordere.

In den schwierigen Bonner Oppositionsjahren wurde Kohl allerdings vorsichtiger und misstrauischer. Seine politische Erfahrung als langjähriger Landes- und Oppositionsführer sowie Parteichef der Union deckte sich mit einer neuen, bislang unbekannten Eigenschaft, nämlich abwarten zu können, Sachverhalte reifen zu lassen, zu zögern. Er war kein Politiker mehr, der schnell, oft vorschnell handelte und entschied. Zeigte er sich in Mainz entscheidungsfreudiger, lag das auch an der anderen Dimension politischer Beschlüsse. Schwierige Entscheidungsprozesse waren vor allem aus der damaligen Sicht der Bonner Bühne zu werten.

Sein Führungs- und Arbeitsstil als Bundeskanzler bestand zunächst einmal darin, Entscheidungsvorgänge auf den Weg zu bringen, ohne das Ergebnis vorausbestimmen zu wollen, es sei denn im groben Rahmen. Das geschah recht intensiv. Allen Unkenrufen zum Trotz ließ er »Blumen blühen«: Er ließ Talente sprießen und scheute dabei keine öffentliche Diskussion. Pannen saß er aus. Niemand im Bonner Kabinett behauptete, der Kanzler behindere seine Kreativität als Fachminister. An langer Leine – wie in Mainz – konnten die Ressortchefs schalten und walten. Der Kanzler bremste selten.

Kohl versuchte stets, in Vorgesprächen mit Vertretern der betroffenen Ressorts zu Vorentscheidungen zu kommen, bevor im Kabinett entschieden wurde. Als Kanzler sorgte er oft dafür, dass sich alle am Problem Beteiligten zusammenfanden und so lange berieten, bis ein vertretbares Ergebnis herauskam. Oft misslang auch diese Art der Entscheidungsfindung. Meistens dann, wenn nicht alle Beteiligten zusammensaßen und einer fehlte.

Der Bonner Kohl zögerte aber auch oft. Er beobachtete, in welche Richtung eine Entscheidung lief, und nutzte dann den abfahrenden Zug. Früher als andere erkannte er den Mehrheitstrend, sagte dann, was er wollte. Sein feiner Riecher ließ ihn selten im Stich. Das Bundeskabinett unter seiner Leitung war ein Gremium, das die ausgehandelten, ausgesessenen, ausgereiften Entscheidungen zur Kenntnis nahm und absegnete. Die Richtlinienkompetenz des Kanzlers wurde selten strapaziert. Seinen Ministern vermittelte er Loyalität, Solidarität und Vertrauen. Er schirmte sie gegen Angriffe von außen weitgehend ab, verhielt sich wie eine Glucke zu ihren Küken. Das Kabinett betrachtete er als »sein Geschöpf«, hütete es wie ein Vater.

Das eigentliche Machtzentrum der Bonner Regierungskoalition aus Christ- und Freidemokraten war die Koalitionsrunde. Parteivorsitzender und Fraktionschef bestimmten unter Kohls Leitung letztendlich die politische Richtung. Sie bestimmten, was machbar und koalitionspolitisch durchsetzbar war. Hier bewies Kohl Führungsqualitäten. Da er einen kollegialen Führungsstil praktizierte, versuchte er immer wieder, Solidaritätsgefühle zu erzeugen, und konnte der Koalition damit in stürmischen Zeiten über manche Klippe hinweghelfen.

Vor allem aber war Kohl ein Mann der Partei. In der Union machte er die Ochsentour vom Ortsvorsitzenden bis zum Parteichef. Jeder Parteitag war für ihn die allerwichtigste Veranstaltung im Laufe seiner 25-jährigen Arbeit als Parteivorsitzender. Parteiveranstaltungen in Wahlkampfzeiten waren sein Lebenselixier. Helmut Kohl war zunächst immer erst Parteiführer und dann erst Kanzler. Als Parteichef ging er zu den Vertriebenenverbänden, als Kanzler hätte er – vielleicht – aus außenpolitischen Gründen den Vertriebenen eine Absage erteilt. Seit Übernahme der Kanzlerschaft trieb ihn die Sorge, aus Zeitgründen die Partei vernachlässigen zu müssen. Ständig fürchtete er, emotionale Bindung und Selbstbestätigung zu verlieren. Kritikern hielt er das warnende Beispiel Helmut Schmidts vor Augen, der aus seiner Sicht auch deshalb gescheitert war, weil er die SPD links liegen gelassen und sie ihm schließlich die Gefolgschaft verweigert hatte. Kohl wäre das in den Jahren seines Parteivorsitzes nie passiert.

In keiner Phase der bundesdeutschen Nachkriegsgeschichte hat die Parteizugehörigkeit eine so dominierende Rolle gespielt wie während der Kanzlerschaft Kohls. Die CDU war unter Kohl stärker als in der Adenauer-Ära oder zu Zeiten Erhards und Kiesingers. Kohl zog die Partei in die politische Mitverantwortung. Er öffnete sie für breite Schichten der Bevölkerung. Der Oggersheimer war der »parteiimmanenteste Kanzler«, den die Union je hatte.

Neben der Koalitionsrunde war das CDU-Präsidium das wichtigste Entscheidungsgremium der Bonner Politik. Auf den regelmäßigen Präsidiumssitzungen wurde die Politik der Union – in

Bund und Ländern – nicht nur koordiniert, sondern weitestgehend entwickelt und entschieden. Das CDU-Präsidium wurde eine Clearingstelle, eine Art Vermittlungsausschuss oder letzte Instanz für die Partei. Hier saßen in einer Idealkombination zusammen: Kanzler, Parteivorsitzender, Generalsekretär, wichtige Mitglieder der Bundesregierung und Ministerpräsidenten, die gleichzeitig die Interessen des Bundesrates vertraten. Zwar war Kohl von den Spitzengremien nicht eigentlich abhängig, aber die Führung des Parteipräsidiums gehörte zu seinen wichtigsten Aufgaben. Hier lag seine Machtbasis. Wie kein anderer verstand er es, mit diesem Gremium umzugehen. Er hielt stundenlange Monologe, »schwätzte« die Leute oft dorthin, wo er sie haben wollte. Er konnte Leute regelrecht »besoffen reden«, indem er über Selbstverständlichkeiten und Grundüberzeugungen sprach, die alle Präsidiumsmitglieder sowieso hatten. Davon ausgehend entwickelte er politische Erkenntnisse und Entscheidungen, die am Ende alle akzeptierten. Er machte das geschickt und unnachahmlich, beschrieb gerne die Seele der Partei, setzte harmonisch klingende Klaviaturen in Gang. Seine Töne erreichten die Parteimitglieder, gaben ihnen das Gefühl, zueinanderkommen zu können. Aus den Vor-, Haupt- und Nachspielen seiner Vorträge destillierte er schließlich bestimmte Ergebnisse, die Anklang fanden.

Kohl scheute vor Meinungsführerschaft in grundsätzlichen Fragen der Innen- und Außenpolitik nicht zurück. Bei Regierungs- oder Präsidiumsentscheidungen wartete er auffallend oft ab, beobachtete genau, in welche Richtung die Kräfte- und Mehrheitsverhältnisse liefen. Auch im CDU-Präsidium fielen Entscheidungen nicht immer leicht und schnell. Häufig delegierte Kohl Problemfälle in eine Expertenrunde, die beauftragt wurde, mehrheitsfähige Ergebnisse vorzulegen. Zu Kohls Führungsstil gehörten zahlreiche Zweier- und Dreiergespräche mit den wichtigsten Präsidiumsmitgliedern. Hier wurden Meinungen gebildet und Vorentscheidungen getroffen. Im CDU-Präsidium wurde – bei allem Harmoniebedürfnis Kohls – mitunter stürmisch gestritten. Kontroverse Diskussion scheute er nie, wenn es um handfeste Machtpolitik ging. Dann vermochte Kohl auch anderen ans

Schienbein zu treten, »auf den Sack zu hauen«, dann ließ er auch einmal die Leute im Regen stehen. Allerdings waren in den neunziger Jahren die Zeiten vorbei, als sich im Präsidium Kohl-Gegner offen zeigten wie Biedenkopf, Katzer, Köppler, Geißler, Süssmuth oder Späth und ihm zu schaffen machten. Nicht immer verfügte Kohl über eine Mehrheit im Präsidium. Ernst zu nehmende Gegner hatte er in der letzten Phase seiner Amtszeit keine mehr. Manches lief ohne Kohl, nichts aber gegen ihn. Und sagte der Kanzler im CDU-Präsidium: »Das machen wir so nicht«, wurde es so auch nicht gemacht.

Kohls Stärke war zur Regierungszeit ein ungebrochenes Verhältnis zu sich selbst, sein Vertrauen in die eigene Person. Er konnte Menschen für sich nutzen. Außerordentlich schwer fiel ihm, mit ihnen auf gleichberechtigter Grundlage zusammenzuarbeiten. Mit den langjährigen Kanzleramtschefs Philipp Jenninger, Wolfgang Schäuble und Rudolf Seiters klappte das noch am besten. Sobald die hierarchische Absicherung fehlte, wurde es kritisch. Kohl nutzte seine Fähigkeit, Menschen für seine Zwecke zu gebrauchen, manchmal bis zur Skrupellosigkeit. Er nutzte die Fertigkeiten anderer, setzte auf ihre Fähigkeiten, vermittelte ihnen Vertrauen, auch Geborgenheit. Aber wehe, wenn sie nicht auf seiner Schiene liefen, dann konnte er unerbittlich nachtragend sein.

Ein Markenzeichen Kohls war sein ausgeprägter Dialekt, was ihn von den meisten anderen Spitzenpolitikern unterschied. Der ehemalige baden-württembergische Ministerpräsident Lothar Späth schwäbelt. Doch nach fünf Minuten hört man kaum noch, dass er Dialekt spricht. Bei Kohl hört man es immer. Das liegt weniger am Dialekt als am Inhalt. Kohl redete zu selten über Dinge, die faszinierten, aufmerksam oder neugierig machten. Wäre dies der Fall gewesen, wäre sein pfälzischer Dialekt kaum registriert worden. Was seinen Dialekt verstärkte, war der Eindruck, dass er so dachte, wie er sprach. Außerdem fehlen seiner Sprache harte Konsonanten – ein typisches Element des Pfälzischen –, was Kritiker als symbolhaft für »nicht scharfes Denken« erachteten.

Ein außerordentlich hoch entwickelter Machtinstinkt war Kohl eigen. Auf ungewöhnliche Art wählte er seine engsten Vertrauten aus. Fast alle hatten eine Eigenschaft: Sie waren abhängig von ihm, ihm ergeben, zugänglich. Er konnte ihnen Verletzungen zufügen, die sie einfach aushielten. Um dies zu vermeiden, waren manche abhängig geworden. Kohl verstand es, sanften psychischen Druck auszuüben. Er besaß einen instinktiv sicheren Zugriff auf Menschen, die nicht immer zu den stärksten zählten. Menschen in Besitz zu nehmen, sie zu vereinnahmen, war seine Stärke. Und die spielte er aus.

Kohl schaffte es meisterhaft, gegenüber seiner Person das Mitgefühl seiner Partei zu wecken. Er ließ kaum eine Gelegenheit aus, darauf hinzuweisen, was für einen beschwerlichen Weg er zurücklegen musste, um dahin zu kommen, wo er als Parteivorsitzender und Kanzler stand, was er opferte und wie er dabei alle Tiefen menschlicher Enttäuschung kennengelernt hatte. Parteifreunde bewegte das. Und Helmut Kohl kostete jedes Quantum der emotionalen Wirkung solcher Hingerissenheit aus – das Zusammenschließen der Partei.

Er schaffte es, das Wichtigste aus seiner Perspektive sichtbar zu machen, auch wenn er dabei Kritiker in Parteigremien vorführte und »fertigmachte«. Meistens drohte er in so unüberhörbarer Weise, dass der Kritiker sogleich auch die Solidarität der anderen verlor. Denen wurde das Risiko zu groß. Kohl besaß ein phänomenales Gedächtnis, auch und gerade für Menschen. Er vergaß nichts, weder im Positiven noch im Negativen.

Kohl las viel, verschlang Bücher, vorwiegend historische, biographische Werke. Er wusste eine Menge über geschichtliche Entwicklungen, interessierte sich für kleinste Details historischer Zusammenhänge. Darüber konnte er stundenlang erzählen. Als Geschichtenerzähler – auch aus dem Fundus des eigenen Lebens – war er kaum zu überbieten.

Als Fraktionsvorsitzender im Mainzer Landtag zwang Kohl Ministerpräsident Peter Altmeier, jede Ernennungsurkunde im Lande Rheinland-Pfalz von ihm gegenzeichnen zu lassen. Aus Kohls Sicht wusste damit jeder Landrat, jeder Lehrer und jeder,

der von der Regierung als Beamter ernannt wurde, wem er seine Berufung zu verdanken hatte. So nutzte er ein administratives Instrument, um über politische Machtverhältnisse zu informieren.

Viele Menschen hielten ihn für zuverlässig und vertrauenswürdig, für einen der Ihren. Bürgern diente er als Identifikationsfigur. Trotz aller Komplexität fanden sie sich in ihren Lebensgewohnheiten, Meinungen, Überzeugungen und in ihrer Sprache im Bundeskanzler wieder. Er vermittelte ihnen den Eindruck: »Ich bin einer von euch, spreche das aus, was ihr denkt!« Für einen erheblichen Teil der Wähler verkörperte er, wie kaum ein anderer, Glaubwürdigkeit. Er vermittelte Sicherheit sowie das Gefühl, bei ihm gut aufgehoben zu sein. »Der macht keine Sauereien, betrügt nicht, von dem kann man einen Gebrauchtwagen kaufen!« Für viele verkörperte er den treu sorgenden Vater und Hüter des Hauses, der keine Bocksprünge machte, für alle arbeitete, ohne sich dabei selbst etwas in die Tasche zu stecken.

Der »milde Herrscher« Kohl vermittelte vielen seine unbeirrbaren Überzeugungen, das Vertrauen, dass er den Weg kannte, der zum Heil führte. Ein weiterer Schlüssel zu seinem Erfolg lag in seiner Sprache. Was vielen auf die Nerven ging – besonders die ständige Wiederholung seiner Botschaften –, kam beim »kleinen Mann« an. Außerdem war Kohl davon überzeugt, dass er den Mut hatte, genau das auszusprechen, was die schweigende Mehrheit glaubte, fühlte und dachte. Kohl stand für die *Opinion générale*, für die *Volonté générale*. Sein ausgeprägter Instinkt für das, was in der Luft lag, war bekannt. Er galt als »Trüffelsucher« kommender Entwicklungen, selbstverständlich innerhalb seines konservativen Weltbildes.

Kohls besondere Stärke waren seine Vitalität, seine Gesundheit. Phänomenal war seine Belastbarkeit, seine Regenerationsfähigkeit nach strapaziösen Stunden, Tagen und Wochen. Kohl ruhte in sich selbst, schien mit sich selbst zutiefst einig zu sein. Er konnte ungeahnte Kräfte freisetzen, wenn er außergewöhnlich belastet wurde.

Er besaß eine unkomplizierte klare Sicht der Dinge, machte

unbekümmert das, was er für richtig hielt. Er dachte und handelte nicht intellektuell, sondern organisatorisch-pragmatisch. Zu seinen hervorstechenden Eigenschaften gehörte seine Prinzipientreue. Für die Grundsätze seiner Partei nahm er Schmach und Unbill auf sich. Ungewöhnlich blieb auch, dass er in seinem politischen Leben Beziehungen aufbauen konnte, die auch durch Misserfolge nicht beschädigt wurden. Gelobt wurden auch immer wieder seine Integrationsfähigkeit sowie die zusammenführende Schwungkraft. Er vermochte sowohl zu führen als auch andere sich entwickeln zu lassen. Kohl verfügte über ein differenziertes Informationssystem. Er telefonierte beispielsweise unzählige Male mit Orts-, Kreis-, Bezirks- und Landespolitikern und mit Menschen außerhalb der Partei, und das teilweise über Jahrzehnte. Von der Alltagshektik vieler Bonner Journalisten ließ er sich kaum anstecken. Intuitiv und rational erkannte er Meinungsströmungen, was sowohl die Schlauen und Tüchtigen als auch die Besserwisser und Intellektuellen immer wieder verblüffte. Er befand sich oft schon in der Mitte, bevor die anderen wussten, wo diese war. Politischer Instinkt, analytische Tüchtigkeit und demoskopisches Wissen hatten eine Begabung entfaltet, die Beobachter faszinierte.

Im kleinen Kreis verbreitete er menschliche Wärme, er beeindruckte durch einen reichen, differenzierten Schatz an politischen Kenntnissen, menschlichen Erfahrungen und generalistischen Vorstellungen. Er konnte oft hochtrabende Experten in die Enge treiben. Anders waren dann Erscheinungsbilder seines öffentlichen Auftretens: behäbig, glanzlos. Und diese Auftritte prägten lange Zeit sein Image.

Kohl konnte ebenso geduldig wie ungeduldig sein. Im politischen Prozess war er geduldig wie ein Lamm, konnte abwarten und ließ Vorgänge sich entwickeln. Gegenüber seinem engsten Beraterkreis konnte er sich dagegen außerordentlich ungeduldig, fordernd und antreibend verhalten. Er ging mit ihm großzügig und sehr direkt um und packte oft frontal mit entwaffnender Offenheit zu. Kohl amüsierte sich häufig auf Kosten anderer, auch »seiner« Leute, auch Anwesender. Das verletzte, war manchmal biestig. Allerdings machte er sich nur über jene lustig, die es sich gefallen ließen. Kohl bevorzugte einen rauen, meist frotzelnden, Leibeigenschaft ausdrückenden Umgangston und hielt das für einen besonderen Gunstbeweis. Jemanden, den er nicht beschimpfte, schien er auch nicht ernst zu nehmen.

Ihm zu widersprechen, wenn es um Sachprobleme ging, war möglich, ihn persönlich zu kritisieren, konnte aber gefährlich werden. Er vertrug Kritik nur, wenn sie ihm plausibel erschien. Wichtig war auch, wer ihn kritisierte und in welcher Form. Dosiert und geschickt formuliert musste Kritik schon sein; wenn sie offen, direkt und unkompliziert war, reagierte er aber gereizt. Nicht nur Außenstehende hatten mitunter den Eindruck, dass er Kritik übel nahm und nicht vergaß, wer ihn kritisierte.

Der Kanzler war verletzbarer und dünnhäutiger, als viele glaubten. Von Größe und Statur auf Unempfindsamkeit zu schließen, war ein Fehler. Bei Frotzeleien, die er selbst so gerne anwendete, konnte es passieren, dass bei ihm eine Klappe herunterfiel. Er drehte sich auf dem Absatz um und ging, als habe ihm einer auf die Füße getreten. Kohl war empfindlich; wenn er Schlechtes über sich reden hörte oder las, konnte er wie Othello reagieren. Er wurde dann ungerecht und übertrieben misstrauisch. Er konnte fürchterlich wild, aufbrausend, böse und zornig werden, konnte Menschen »zerdeppern«, wenn er es darauf anlegte. Es dauerte lange, bis er zuschlug, dann aber meistens vernichtend. Kohl war nachtragend, menschliche Enttäuschungen saßen bei ihm tief. Ungerecht konnte er sein, wenn er emotional geladen war. Zu seinen Schwächen zählte, dass er gelegentlich Leute förderte, die zwar hundertprozentig loyal waren, aber niemals Wahlen gewinnen konnten.

Seine Nibelungentreue zu Personen, die sich berechtigter öffentlicher Kritik ausgesetzt sahen, hatte manchen Fehler offenkundig gemacht. Sosehr er jedem Mitarbeiter seiner unmittelbaren Umgebung das beruhigende Gefühl vermittelte, bei Versagen nicht gleich fallengelassen zu werden, so sehr konnte undifferenzierte Treue belasten. Kohl investierte unbegrenztes Vertrauen in seine Leute, hielt an ihnen fest, selbst dann noch, wenn er aus Gründen der Staatsräson von ihnen hätte ablassen müssen.

Eine Schwäche Kohls bestand in seiner Unfähigkeit, jemanden gleichberechtigt neben sich zu tolerieren. Er lief Gefahr, seine Person mit seinem Amt so hochgradig zu identifizieren, dass er Angriffe auf seine Person als Angriffe auf die demokratische Ordnung wertete. Seinen Arbeitsstil hatte er völlig auf Personen, nicht aber auf Institutionen eingestellt. Er nahm Bürokratien nicht ernst genug. Er versuchte mitunter, Institutionen aus laufenden Entscheidungsprozessen herauszuhalten. Seine Vorliebe für überschaubare kleine Arbeitszirkel mit Menschen seines Vertrauens führte manchmal dazu, dass Dienstwege umgangen und wichtige Entscheidungsträger außen vor gelassen wurden. Er glaubte zuweilen, dass anstehende Probleme sich selbst regeln würden. Oft bekämpfte er die Widerstände so lange, bis sie sich selbst aufhoben oder eine sinnvolle Regelung gefunden wurde. Sein Ausmaß an Gelassenheit machte nicht nur seine Kritiker nervös. Doch immer war der Kanzler ein ungeduldiger, schlechter Zuhörer, falls ein Gegenstand ihn nicht persönlich interessierte. Manchen Gästen hielt er eine dreiviertelstündige Wahlrede und fragte erst in den letzten fünf Minuten. Selten ließ er Menschen ausreden, unterbrach oft. Offenbar hatte er bereits zu früh das Wort geführt.

Kohl verachtete und hasste kalte Technokratie. Das verband ihn mit Willy Brandt und zeigte seinen Gegensatz zu Helmut Schmidt. Wie die Pest hasste er Aufgesetztes und Gestelztes. Spielte sich jemand auf und wollte mehr sein, als er in Wirklichkeit war, setzte Kohl Verachtung dagegen. Absichtlich hintergangen zu werden, verletzte ihn in höchstem Maße. Intrigen und Heuchelei waren ihm zuwider. Er hasste akademische Diskussionen und fuhr aus der Haut, wenn ihm Dinge nahegebracht wurden, von denen er subjektiv glaubte, dass er sie schon immer berücksichtigt hatte. Wer versuchte, eigene Schwächen und Fehler zu vertuschen, auf andere abzuschieben und keine Verantwortung zu übernehmen, hatte bei ihm keine Chance mehr. Wen Kohl nicht mochte, oder nicht mehr mochte, der geriet in die Verbannung. Es konnte Jahrzehnte dauern, bis er sich korrigierte, wenn überhaupt.

Ihm unsympathische Menschen mied er meistens und machte

einen Bogen um sie. Jedes Problem wurde für Kohl noch größer, wenn der Mensch mit dem Problem jemand war, mit dem er nicht »konnte«. Menschen emotional anzusprechen – auch politische Gegner –, fiel ihm leicht. Willy Brandt war ein Beispiel dafür. Ihn hielt er für einen warmherzigen Menschen, den er begriff und mit dem er wirklich »konnte«. In dieser Beziehung »menschelte« es, so wie häufig bei ihm in kleinbürgerlicher Gediegenheit.

Wenn Kohl hereingelegt wurde, wenn jemand von ihm abfiel, dem er lange vertraut, den er gefördert und zu seinen Leuten gezählt hatte, dann machte er um den Betreffenden zeitlebens einen Bogen. Er ließ ihn »nicht mehr hochkommen«, »pflügte ihn unter«. Darauf verwendete Kohl viel Kraft und Energie. Der frühere westfälische Politiker und sächsische Ministerpräsident Kurt Biedenkopf ist ein Beispiel dafür, ebenso Heiner Geißler, der ehemalige CDU-Generalsekretär, oder auch der frühere Bundespräsident Richard von Weizsäcker. Dazugekommen sind die ehemaligen Getreuen Norbert Blüm, Wolfgang Schäuble und Angela Merkel. Nach der Spendenaffäre wurde vieles anders. Solange er die Macht dazu hatte, stellte er seine internen Widersacher in den Schatten.

Kohl ging denen aus dem Weg, die ihn zu manipulieren versuchten. Sobald er das Gefühl hatte, etwas tun zu sollen, was er nicht mochte, verriet bereits seine Körpersprache – auch zu bemerken bei Fernsehinterviews – seine Ungeduld und Erregung. Einen Bogen machte er auch um schwierige Vieraugengespräche. Jemandem die nackte Wahrheit, also unangenehme Tatsachen, ins Gesicht zu sagen, mochte er nicht. Er »ließ« sie lieber sagen.

Typisch für ihn war auch, gegenüber Bürokratien, Apparaten, Institutionen und Würdenträgern eine gewisse Nachlässigkeit zu pflegen. Außerdem ließ er sich nie von Pflichten und Mühen restlos vereinnahmen. Er war kein Sklave des Terminkalenders, den er weitgehend selbst führte. Nüchtern, zuweilen erhaben herrschte er über seine Zeit. Typisch für ihn war, dass er auch einmal Termine über den Haufen warf, um spontan etwas anderes tun zu können.

Traf er mit alten Weggefährten zusammen, konnte er ausgelassen wie ein Junge sein. Er versuchte immer wieder, ein wenig Bohemien zu sein: typisch pfälzisch. »Diese Leute singen, schreien manchmal durcheinander, essen, trinken und freuen sich über die Maßen«, verriet uns einer, der oft dabei war. »Sie lächeln nicht, sondern lachen.«

Pfälzer wie Helmut Kohl mögen nicht die feine, sorgfältig differenzierende Ironie, sondern schätzen derbe Formulierungen. Allerdings besaß der Oggersheimer Selbstironie, er konnte sich durchaus auf die Schippe nehmen: »Schmidt hält sich für den Größten, ich weiß, dass ich nicht der Größte bin!«

Für den langjährigen Kanzler war charakteristisch, personenbezogen zu handeln. Er studierte Charakterzüge agierender Personen, versuchte, sie zu verstehen, besaß ein intuitives Verhältnis zur Politik und zu Politikern. Ein solches Verhältnis hatte er offensichtlich zum früheren amerikanischen Präsidenten George Bush, zu Michail Gorbatschow, François Mitterrand und zu anderen Regierungschefs und Parteiführern. Persönliche Kontakte zu den Großen der Welt waren ihm äußerst wichtig und halfen ihm über lange Jahre bei entscheidenden außenpolitischen Problemlösungen.

Und da blickte er immer auch über Deutschland hinaus. Der ehemalige britische Premierminister John Major erinnert sich: »Immer verstand er die Bedenken, die andere Leute historisch gegenüber einem wiedervereinigten Deutschland hatten. Er war immer aufgeschlossen, er hat nie und in keinster Weise in der Europäischen Union, wie einige Leute befürchteten, Deutschlands Macht in dem Maße benutzt, wie er es hätte tun können – mit Deutschland als dem Hauptzahlmeister in Europa.« Der ehemalige britische Außenminister Douglas Hurd erinnert sich: »Er hatte eine Nase für die wichtigen Dinge. An kleinen Details war er nicht besonders interessiert. Die wichtigen Dinge interessierten ihn. Und wenn er auf einen wichtigen Punkt fixiert war, dann konnte er ihn durchsetzen, da er sich politisch und als Person in einer sehr starken Position befand.« Hurd erzählte auch eine andere Geschichte. Demnach mochte Kohl lange Gipfeltreffen nicht besonders; er wurde ungeduldig, und das konnte man taktisch ausnutzen. Hurd: »Man lernte zum Beispiel, dass man, wenn man einen Punkt für sich holen, die Deutschen überzeugen wollte, das Thema relativ spät am Vormittag ansprechen musste, da der Bundeskanzler dann auf die Uhr sehen, an das Mittagessen denken und ungeduldig sein würde. Man konnte immer erkennen, wenn Helmut Kohl ungeduldig war, weil er dann unruhig auf seinem Stuhl hin und her rutschte und vor sich hinmurmelte. Und dann war es ziemlich leicht oder zumindest leichter zu sagen: ›Nun, was die von uns vorgeschlagene Änderung betrifft, haben wir von britischer Seite einen Änderungsvorschlag für Absatz 5 vorgelegt.‹ Unterbreitete man diesen Vorschlag morgens um 9.00, würde er sagen: ›Kommt nicht in Frage.‹ Brachte man ihn um 12.00 Uhr vor, würde er sagen: ›In Ordnung, wenn Sie darauf bestehen, es ist nicht so wichtig.‹ Das sind so die Details, die man über Helmut Kohl lernte.«

Hurd erzählt noch von einer anderen, für Kohl typischen Geschichte, die sich auf dem Wirtschaftsgipfel 1992 in Edinburgh abspielte, auf der der spanische Ministerpräsident Felipe González hohe Forderungen für Spanien stellte. Bis kurz vor Ende der Konferenz hatte man sich auf keine Lösung geeinigt. Und dann sagte Helmut Kohl, so Hurd, »in einer Lautstärke, die er vermutlich für ein Flüstern hielt: ›Felipe‹. Und dann gingen dieser große Mann und der kleine Mann zusammen in einen kleinen Nebenraum, und als sie wieder herauskamen, fielen die Forderungen Spaniens um einiges moderater aus, und wir fanden eine Einigung. Wissen Sie, so war Kohl. Aber es war alles für eine gute Sache, für die Sache der europäischen Einigung.«

34. SCHWERE NIEDERLAGE

Wer Helmut Kohl zu irgendetwas drängte, hatte keinen Erfolg. Wer gar öffentlich Forderungen an ihn oder die Partei formulierte, konnte sich niemals durchsetzen. Wenn ihm jemand riet, eine wichtige politische Entscheidung so oder so zu fällen, befolgte er diesen Rat erst recht nicht. Das war auch ein Teil des Systems Kohl. Wenn man den Kanzler rechtzeitig in eine gewünschte Stellung bringen wollte, konnte man relativ sicher davon ausgehen, dass er es so nicht machen würde. Insofern war er immer berechenbar.

Das mussten auch jene Parteifreunde erleben, die seit langem seinen Kronprinzen installieren wollten. Wolfgang Schäuble war für Kohl der natürliche Nachfolger im Amt des Bundeskanzlers. Erst recht, nachdem Schäuble durch den Anschlag eines psychisch kranken Mannes schwer verletzt worden war. Der fortan Querschnittsgelähmte blieb für Kohl der einzige CDU-Politiker, dem er beide Ämter zutraute: Parteivorsitzender und Bundeskanzler. Und der Amtsinhaber wusste seit langem, wie sehr der ehrgeizige Schäuble auf dieses Ziel hinarbeitete. Er wollte aus dem Schatten des Kanzleramts heraustreten und strebte mit dem Wechsel vom Chef des Bundeskanzleramts an die Spitze des Innenministeriums eine spätere Übernahme der Kanzlerschaft an. Und er hatte Kohls Segen. Ein möglicher Konkurrent – etwa Lothar Späth – war seit dem gescheiterten Putschversuch gegen Kohl 1989 aus dem Rennen. Gleiches galt für den glücklosen ehemaligen Verteidigungsminister Gerhard Stoltenberg. In Bonn gab es außer dem Bundesinnenminister niemanden, den Helmut Kohl als seinen Nachfolger akzeptiert hätte. Darüber sprach der Kanzler mit Dutzenden von Parteifreunden, die einen leichten Zugang zu ihm hatten. Jeder in Kohls Umfeld hatte sich auf diese Personalie eingestellt. Allerdings ließ der Kanzler immer offen, wann es zu einem Wechsel kommen würde.

Am 3. April 1997 wurde der CDU-Chef und Bundeskanzler 67 Jahre alt. Er hatte sich seit der Bundestagswahl 1994 mehrfach, aber nie mit einem klaren Ja oder Nein zur Frage seiner erneuten

Kanzlerkandidatur bei der Wahl 1998 geäußert. Eine zunächst als Verzicht auf eine weitere Kandidatur ausgelegte Bemerkung vom Oktober 1994 wurde von ihm später nicht wiederholt. Kohl, der inzwischen mit über 14 Jahren länger als jeder andere Kanzler vor ihm die Bundesrepublik Deutschland regiert hatte, war immer wieder von Unionspolitikern gedrängt worden, dem Rätsel um seine Absichten ein Ende zu machen. Im Februar 1997 erklärte der Kanzler, er werde – wie angekündigt – rechtzeitig zu einem Zeitpunkt, den er für richtig halte, seine Entscheidung, ob er wieder für das Amt des Bundeskanzlers 1998 kandidiere, bekannt geben.

Es war der 3. April 1997, sein Geburtstag, als er sein monatelanges Schweigen brach und seine erneute Kandidatur für die Bundestagswahl im Oktober 1998 ankündigte. In einem Fernsehinterview der ARD, aufgezeichnet an seinem langjährigen Urlaubsort im österreichischen Bad Hofgastein, antwortete er an diesem Tag auf die Frage, ob er 1998 nach dann bereits 16 Amtsjahren wieder als Kanzlerkandidat ins Rennen gehe: »Ganz klares Ja, unter der Voraussetzung, dass meine eigene Partei und meine politischen Freunde dies so wollen. Es ist ja keine einzelne Entscheidung auf dem Olymp. Ich habe mir das sehr genau überlegt.« Auch mit seiner Familie sei alles abgesprochen. Und: »Ich glaube, dass ich eine Verpflichtung habe, das in der jetzigen Situation zu tun.« Er wolle die anstehenden Reformen im Steuer-, Renten- und Gesundheitsbereich durchsetzen, bei der Osterweiterung der NATO und auch bei den Verhandlungen um die Einführung des Euro sehe er sich in einer »Schlüsselposition«. »Ich bewerbe mich um Stimmen und mache keine Spekulationen um den Zeitraum danach.« Damit reagierte Kohl auf die Frage, ob er denn im Falle der Wiederwahl die volle Legislaturperiode hindurch Regierungschef bleiben wolle. Er werde mit seinen Freunden in den kommenden zwölf Monaten um jede Stimme kämpfen. Ganz zuletzt, nach einer halben Stunde Frage-Antwort-Spiel in der ARD-Sendung »Farbe bekennen«, hatte Kohl die Katze aus dem Sack gelassen.

Damit hatte er einen Überraschungscoup gelandet, mit dem zu diesem Zeitpunkt niemand rechnen konnte. Bis heute wird darüber spekuliert, warum er nicht im Laufe der Legislaturperiode

Platz für seinen potenziellen Nachfolger Wolfgang Schäuble machte. Für den hoch geachteten »Kronprinzen« waren mit Kohls erneuter Kanzlerkandidatur alle Erwartungen zerschlagen. Für Schäuble, mit dem der amtierende Kanzler seine Absichten nicht zuvor besprochen hatte, muss dieser 3. April 1997 ein Tag der Niederlage, auch der Demütigung gewesen sein. Spätestens zu diesem Zeitpunkt begann zwischen den beiden ein schleichender Bruch, der dann während der Spendenaffäre das Verhältnis zerstörte. Nach außen begrüßte der potenzielle Kohl-Nachfolger die überraschende Entscheidung des Pfälzers. In Wahrheit fühlte er sich zutiefst verletzt.

Was damals nur wenige Akteure wussten: Wolfgang Schäuble hätte bei einer Wahl nicht alle Stimmen der Bundestagsabgeordneten von CDU/CSU und FDP bekommen. In der FDP, deren einflussreichste Politiker Kohl seit langem bedrängten, sich möglichst rasch zu einer erneuten Kanzlerkandidatur für die Bundestagswahl 1998 bereitzuerklären, gab es erhebliche Vorbehalte gegen einen Kanzlerwechsel in der laufenden Legislaturperiode. Es gab Warnungen von liberaler Seite, einige Parlamentarier würden Schäuble nicht wählen, weil seine Haltung in gesellschafts-, aber vor allem in rechtspolitischen Fragen zu konservativ sei. Außerdem habe Schäuble im Laufe seiner Tätigkeit im Bundeskanzleramt und als CDU/CSU-Fraktionsvorsitzender einige FDP-Parlamentarier vor den Kopf gestoßen, die sich weigern würden, ihn zum Kanzler zu wählen. Schließlich soll es auch deutliche Signale aus den Reihen der CSU gegeben haben, dass es Bedenken gebe, Schäuble zum Kohl-Nachfolger zu wählen. Auch bei der bayerischen Schwesterpartei schien es Verletzungen gegeben zu haben, die Kohl bei seiner Entscheidung zu berücksichtigen hatte. Darüber konnte er öffentlich nicht sprechen, wollte darüber aber auch nicht mit Wolfgang Schäuble reden. Es hätte ihm wahrscheinlich ohnehin niemand geglaubt, auch Schäuble nicht.

Was für Helmut Kohl aber noch wichtiger war und ihn erneut bewogen hatte, seinen Hut in den Ring zu werfen, war wohl die Angst, ohne ihn würde die geplante Einführung einer europäischen Währung nicht gelingen. Es ging auch um die neu zu errichtende Europäische Zentralbank, die Kohl mit allen politischen Überzeugungskünsten nach Frankfurt am Main geholt hatte. Kurz: Elementare Zukunftsfragen in der Europapolitik bestimmten das Handeln des Kanzlers. Auf der Ebene der EU-Staats- und Regierungschefs wurde der deutsche Kanzler in vertraulichen Gesprächen händeringend gebeten, im Amt zu bleiben, um die europäische Reformpolitik voranzutreiben und die Wirtschafts- und Währungsunion langfristig zu sichern.

Ein allerletztes Argument, das für Helmut Kohl eine große Bedeutung hatte: Hannelore Kohl und die Söhne Walter und Peter waren eigentlich strikt gegen eine neuerliche Kanzlerkandidatur im Jahr 1998. Aber vor allem die Söhne, Absolventen der amerikanischen Elite-Universität Harvard, stellten eine einzige, allerdings massiv formulierte Bedingung: Sie verlangten von ihrem Vater, alles daranzusetzen, dass der Euro als einheitliche europäische Währung eingeführt werde. Das alles kam dem Oggersheimer gerade recht. Er konnte den häuslichen Frieden wiederherstellen und erreichte das, was in Deutschland kaum möglich schien, nämlich die Abschaffung der D-Mark zugunsten des Euro. Hätte es eine Volksbefragung über die Einführung des Euro in der Bundesrepublik gegeben, wäre die Mehrheit dagegen gewesen. Dass mit Helmut Kohls unermüdlichem Einsatz den Deutschen die D-Mark weggenommen wurde, haben manche in der Bundesrepublik ihm bis heute nicht verziehen. Und ein Grund für seine Wahlniederlage 1998 ist mit Sicherheit auch, dass ihm die vielen Europaskeptiker und Euro-Gegner einen Denkzettel verpassen wollten. Damit musste Kohl rechnen, aber damit konnte er ohne Gram leben.

Es war kein Geringerer als der alte Widersacher Kurt Biedenkopf, der kurz nach Helmut Kohls Nominierung seine Bedenken gegen die erneute Kanzlerkandidatur öffentlich machte. Damit hatte er gegen das Gebot verstoßen, in Wahlkampfzeiten Streitigkeiten nicht nur zu unterlassen, sondern vor allem nicht in der Öffentlichkeit auszutragen. Allein deshalb wurde Biedenkopfs Forderung nach einem Mitgliederentscheid in den CDU-Spitzengremien rundweg abgelehnt. Die erneute Kandidatur Kohls war also alternativlos. Erwähnenswert ist sicherlich, dass er der Garant für die Fortsetzung der Koalition mit den Freidemokraten war. Innerhalb der Unionsparteien gab es die Befürchtung, ein möglicher Kanzler Schäuble könne eine große Koalition mit der SPD anstreben. Vor allem in den Reihen der CSU, die in diesem Falle einen Verlust an politischem Einfluss befürchtete, war diese Ansicht weitverbreitet. Immerhin hatte Helmut Kohl zusammen mit den Freien Demokraten seit 1983 jede Wahl gewonnen. Von diesem Erfolgsrezept sollte jetzt nicht abgewichen werden.

Im Vorfeld des Leipziger Parteitages vom 13. bis 15. Oktober 1997 wurde vielfach harsche Kritik an Kohl geäußert. Vor allem der damalige Bundesvorsitzende der Jungen Union, Klaus Escher, forderte von ihm, er solle nach der – gewonnenen – Bundestagswahl 1998 den Vorsitz der Partei abgeben. Nach dem Ende dieses Parteitages äußerte sich der Parteivorsitzende dann selbst zur Nachfolgefrage, nachdem er in all seinen Redebeiträgen darüber geschwiegen hatte. In Radio- und Fernsehinterviews erklärte er, dass er sich Wolfgang Schäuble als seinen Nachfolger im Amt des Bundeskanzlers wünsche. Allerdings legte er sich auch diesmal nicht auf einen Zeitpunkt der Amtsübergabe fest. Diese Äußerungen sorgten für großes Aufsehen. Vor allem fragten sich viele Delegierte, warum er solche Sätze nicht auf dem Parteitag formuliert hatte. Sicherlich wollte der Kanzler und Parteivorsitzende mit seinen Äußerungen in den Interviews verdeutlichen, wie wichtig ihm eine Zusammenarbeit, eine Art Doppelspitze sei. Allerdings relativierte er dies später, indem er eine Doppelspitze für den Bundestagswahlkampf ablehnte. Hauptgrund für Kohls Vorgehen war wohl die herausragende Rede Schäubles auf dem Parteitag, die von vielen Beobachtern als dessen Inthronisation interpretiert wurde. Kohl reagierte in den Interviews auf das Gefühl der Parteibasis, die in der Person des Fraktionsvorsitzenden den geeigneteren Kandidaten für die Bundestagswahl sah. Mit diesem geschickten Schachzug hatte der Kanzler seinen Nachfolger im Wartestand ausgerufen und gleichzeitig unterstrichen, dass er alleine Herr über das Verfahren war. Gleichzeitig hatte er Anlass zu weiteren Spekulationen über einen möglichen Rücktritt gegeben.

Anfang 1998 gab es Gerüchte, Kohl solle zugunsten Schäubles

noch vor der Wahl verzichten. Vor allem eine Reihe junger Bundestagsabgeordneter versuchte über Mittelsmänner, Kohl zu überreden, noch einmal über seine Kandidatur nachzudenken. Fest steht, dass es in der CDU/CSU-Bundestagsfraktion große Zweifel an einem Unionswahlsieg gab. So wurde im gesamten Wahljahr immer wieder über einen Kandidatenwechsel diskutiert und damit eine offene Flanke des CDU-Wahlkampfes deutlich. Schließlich kündigte Kohl sechs Wochen vor der Wahl an, für den Fall einer Niederlage den CDU-Parteivorsitz abgeben zu wollen. Gab er damit zu erkennen, dass er eine Niederlage für möglich hielt?

Wie bei der Bundestagswahl 1994 setzte die CDU auch 1998 auf eine Personalisierungsstrategie. Wie 1994 standen der »Staatsmann Helmut Kohl, dessen Führungskompetenz und Regierungserfahrung gerade in einer Zeit des Wandels« im Mittelpunkt der Wahlkampagne. »Kohl als Garant für Stabilität, der Vertrauen verdiene, aber auch die Kraft für die Veränderungen auf dem Weg in das 21. Jahrhundert habe« – so wurde er von den Wahlkampfstrategen dargestellt. Hier der Staatsmann, dort sein Herausforderer Gerhard Schröder, der als »landespolitisch gescheiterter Enkel« erschien. SPD-Kanzlerkandidat Schröder und seine SPD setzten auf den Überdruss der Bevölkerung gegenüber Bundeskanzler Kohl. Sie stellten Kohl als »Mann von gestern« dar, den »ewigen Kanzler«, dessen Zeit ebenso wie die seiner Regierung abgelaufen sei, nach dem Motto »16 Jahre sind genug«.

Wie in allen Wählkämpfen zuvor trug Kohl die größte Last der Kampagne. Die Partei kämpfte unverdrossen für den Erhalt der Macht und glaubte lange Zeit, noch einmal genügend Rückhalt bei den Wählern zu bekommen. Neben den Angriffen auf den SPD-Spitzenkandidaten, der den NATO-Doppelbeschluss abgelehnt hatte und der gegen den Vertrag zur Wirtschafts- und Währungsunion votiert hatte, dem bei der deutschen Wiedervereinigung eine Reihe von Fehleinschätzungen unterlaufen waren und der zum Euro keine klare Stellung beziehen wollte, stellte Kohl die Themen Aufbau Ost, Arbeitslosigkeit und innere Sicherheit in den Mittelpunkt seines Wahlkampfs. Doch am Ende reichte es nicht für eine Bestätigung der CDU/CSU-FDP-Koalition. Bei einer Wahlbeteiligung von 82,2 % votierten nur noch 35,1 % für die Unionsparteien. Eine Regierungsmehrheit zusammen mit der FDP (6,2 %) kam nicht mehr zustande. Die Bundestagswahl vom 27. September 1998 erbrachte eine klare Mehrheit für die SPD und Bündnis 90/Die Grünen.

Bundeskanzler wurde der Sozialdemokrat Gerhard Schröder, sein Vize und Bundesaußenminister wurde der Grünen-Politiker Joschka Fischer.

Für viele Beobachter war die Bundestagswahl 1998 ein Plebiszit gegen Kanzler Kohl, der abgewählt worden sei. Zudem interpretierten Wahlforscher das Ausmaß der CDU/CSU-Niederlage eindeutig als eine persönliche Niederlage für Helmut Kohl.

Der Altkanzler selbst machte für den Wahlausgang den Überdruss an seiner 16-jährigen Kanzlerschaft verantwortlich. Nach seiner Ansicht wollten die Menschen einfach den Wechsel. Natürlich übernahm er die Verantwortung für die schwere Niederlage seiner Partei und kündigte noch am Wahlabend seinen Rücktritt vom Amt des Parteivorsitzenden an. Wolfgang Schäuble wurde sein Nachfolger, Kohl selber Ehrenvorsitzender der CDU. Selbst Kohl-Kritiker und ärgste Feinde bescheinigten ihm einen würdevollen Abgang, einen staatsmännischen Rücktritt. Die Fernsehbilder vom Amtswechsel im Bundeskanzleramt dokumentieren allerdings, wie schwer es ihm gefallen sein musste, bei einer Bundestagswahl abgewählt zu werden und seinem ärgsten Rivalen und Herausforderer die Amtsgeschäfte zu übergeben. Dabei fiel ihm der Abschied von der Macht so schwer, dass er seine Tränen nicht zu verbergen wusste. Schuldzuweisungen überließ er anderen, sehr wohl ahnend, dass Wolfgang Schäuble mit Sicherheit größere Chancen gehabt hätte, die Regierungsmacht für die Unionsparteien zu erhalten, auch für den Preis einer großen Koalition mit der SPD. Diesmal hatte sich der Machtmensch verschätzt, seine Popularität als Kanzler der Einheit überschätzt, als Staatsmann Europas zu wenig Zuspruch erhalten. Das Instrumentarium des Systems Kohl, das Handwerkszeug des Virtuosen der Macht und seine Spürnase für politische Entwicklungen hatten versagt. Zum ersten Mal im Leben des Politikers Helmut Kohl wurde ihm die politische Bühne entzogen, auf der er so viele Jahre agiert hatte. Mit einem Schlag war ihm diese Bühne abhandengekommen, die für ihn so lebensnotwendig war wie das Wasser für einen Fisch. Er hatte nicht loslassen können, hatte es noch einmal wissen wollen, hatte Angst vor dem Machtverlust und traute seinem Nachfolger letztendlich zu wenig zu.

Die Deutschen wählten nach 16-jähriger Kanzlerschaft Helmut Kohls den Wechsel. Dabei stehen die Verdienste des Pfälzers außer Zweifel. In den prägenden Jahren seiner Kanzlerschaft stellte Kohl wichtige Weichen für die Zukunft Deutschlands und Europas: Er setzte den NATO-Doppelbeschluss durch, erreichte die deutsche Einheit und förderte die Einigung Europas mit der Einführung einer gemeinsamen europäischen Währung. Einen herausragenden Platz in der deutschen Geschichte wird ihm niemand streitig machen können.

35. EINE DUNKLE SEITE?

Der Altkanzler nahm sein Bundestagsmandat an und schlüpfte fortan in die Rolle eines Hinterbänklers. Sein Sekretariat war gut besetzt, seine beiden Referenten blieben ihm treu. Kohl suchte und fand eine neue Bühne, indem er sich in eine ganze Reihe von Landtagswahlkämpfen einbrachte. Der Ehrenvorsitzende der CDU erhielt zahlreiche nationale wie internationale Preise, unternahm mehrere Auslandsreisen, wie zum Beispiel nach Israel und China. Er pflegte gute Kontakte zu den europäischen Nachbarn ebenso wie nach Moskau und Washington. Er kümmerte sich um die schwerkranke Frau Raissa des früheren sowjetischen Staatschefs Michail Gorbatschow, der er eine optimale medizinische Versorgung in der Bundesrepublik verschaffte. Bei ihrer Beisetzung gehörte Helmut Kohl zu den prominentesten Trauergästen aus der Bundesrepublik. In den CDU-Gremien war der Ehrenvorsitzende nur sporadisch präsent und in den Sitzungen der CDU/CSU-Bundestagsfraktion meldete er sich so gut wie nie zu Wort. Zeitzeugen beschreiben ihn als einen Mann, der seinem Nachfolger Wolfgang Schäuble und der CDU-Generalsekretärin Angela Merkel nicht dazwischenfunkte und der neuen Mannschaft volle Unterstützung anbot. Gleichzeitig hielt er Hof, anfangs im Bonner Fraktionszimmer, nach dem Umzug nach Berlin in seinem »Amtssitz« im vierten Stock Unter den Linden 71. Wie üblich telefonierte er stundenlang mit seinen Getreuen, als ob es einen Amtsverzicht nicht gegeben hätte. Kohl dachte nicht daran, sich auf sein Altenteil zu begeben.

Als ob er unverzichtbar sei, reiste er Ende April 1999 nach Erfurt, um am CDU-Strategieparteitag teilzunehmen. Erstmals spürte er ein Unbehagen in seiner Partei, spürte, wie sich der Parteivorsitzende Schäuble irritiert fühlte. Ein Grundproblem zwischen altem und neuem CDU-Chef wurde offensichtlich. Die bloße Anwesenheit Kohls machte seinem ehemaligen engsten Mitarbeiter zu schaffen. Die jahrelange fruchtbare und effiziente Zusammenarbeit und Freundschaftsbeziehung hatte einen Knacks bekommen. Wie Kohl in seinem Tagebuch aus dem Jahr 2000 schrieb, wurde die Entfremdung zwischen den beiden unverkennbar. »Kann es sein, dass meine bloße Existenz für Wolfgang Schäuble zur Belastung wird? Wenn dem so ist, hat er diese Gefühle mir gegenüber bislang verbergen können«, heißt es wörtlich.

Am 4. November 1999 erreichte den Altkanzler eine Eilmeldung der Deutschen Presse-Agentur, die ihn zutiefst beunruhigen musste. Kohl erfuhr, dass das Amtsgericht Augsburg Haftbefehl gegen seinen ehemaligen CDU-Schatzmeister Walther Leisler Kiep erlassen hatte. Der langjährige Finanzchef der CDU wurde verdächtigt, 1991 von einem Kaufmann namens Karlheinz Schreiber 1 000 000 DM als Schmiergeld erhalten und nicht versteuert zu haben. Nach eigenem Bekunden hatte Kohl von einer solchen Spende nie etwas erfahren. An den Kaufmann Karlheinz Schreiber konnte er sich nur insofern erinnern, als er 1997 erfahren hatte, dass Wolfgang Schäuble eine 100 000-DM-Spende von diesem erhalten hatte.

An jenem grauen Novembertag begann eine Affäre, die für die CDU existenzbedrohend wurde und für den Ehrenvorsitzenden Konsequenzen mit sich brachte, die bis heute nachwirken.

In den 25 Jahren seiner Amtszeit als Parteivorsitzender wurde Kohl auf zwölf Parteitagen in geheimer Wahl mit unterschiedlicher, meist aber überwältigender Mehrheit gewählt. Jetzt wurde ihm von der Publizistik und seinen politischen Widersachern unterstellt, mit Geld aus angeblichen schwarzen Kassen den Parteivorsitz gekauft zu haben. Wie er mehr als 800 Parteitagsdelegierte hätte bestechen können, wurde in der Presse nicht erörtert. Weiterhin wurde unterstellt, die frühere Bundesregierung unter Helmut Kohl sei bereit gewesen, als Gegenleistung für Schmiergeldzahlungen zur Jahreswende 1989/90 Bundeswehr-Spürpanzer nach Saudi-Arabien zu liefern.

In Zeitungsinterviews wies Kohl alle diese Verdächtigungen kategorisch zurück und gab eine ausführliche Erklärung ab, um die innerparteilichen Unruhen zu dämpfen. Er gestand aber auch Fehler ein: »Ich habe als Parteivorsitzender in meiner Amtszeit die vertrauliche Behandlung bestimmter Sachverhalte wie Sonderzuwendungen an Parteigliederungen und Vereinigungen, zum

Beispiel als unabweisbare Hilfe bei der Finanzierung ihrer politischen Arbeit, für notwendig erachtet. Eine von den üblichen Konten der Bundesschatzmeisterei praktizierte getrennte Kontenführung erschien mir vertretbar [...] Ich bedaure, wenn die Folge dieses Vorgehens mangelnde Transparenz und Kontrolle sowie möglicherweise Verstöße gegen Bestimmungen des Parteiengesetzes sein sollten. Dies habe ich nicht gewollt, ich wollte meiner Partei dienen. [...] Deshalb ist es mir ein persönliches Anliegen, die politische Verantwortung für hierbei in meiner Amtszeit entstandene Fehler zu übernehmen.«

Am 2. Dezember 1999 beschloss der Deutsche Bundestag mit großer Mehrheit – einschließlich der Stimmen von CDU/CSU-Parlamentariern – die Einsetzung eines fünfzehnköpfigen Untersuchungsausschusses »Parteispenden und Waffenhandel«. Die Parlamentarier sollten untersuchen, ob politische Entscheidungen der Regierung Kohl käuflich gewesen waren: der Verkauf von Spürpanzern an Saudi-Arabien, der Verkauf der Leuna-Raffinerie an den französischen Konzern Elf-Aquitaine, der Verkauf von Airbus-Flugzeugen an kanadische und thailändische Unternehmen sowie die Lieferung von Hubschraubern an die kanadische Küstenwache.

Damit nicht genug, berichtete die Presse über eine Erklärung der Bonner Staatsanwaltschaft, wonach gegen Helmut Kohl ein Anfangsverdacht wegen Betrugs und Geldwäsche in Betracht komme. Mehrere Anzeigen gegen den Altkanzler sollten bereits vorliegen. Außerdem wurde in einer Meldung behauptet, die Elf-Aquitaine-Gruppe habe beim Kauf der Leuna-Raffinerie Schmiergelder in Höhe von 85 Millionen DM gezahlt. Über Mittelsmänner sei das Geld an deutsche Parteien geflossen, um den Kauf von Leuna zu befördern. Neben dem französischen Präsidenten Mitterrand sei auch Kohl über diesen Deal informiert gewesen. Kohl ließ diese aus seiner Sicht ungeheure Unterstellung dementieren und sprach von einer einzigen Lügenkampagne, die sich als unwahr herausstellen werde.

Der Druck auch in der eigenen Partei wurde immer größer. Unverhohlene Forderungen nach Konsequenzen wurden immer lauter. Es gab sogar den Rat, Kohl möge sich aus der aktiven Politik zurückziehen.

Nachdem sich der parlamentarische Untersuchungsausschuss zur Aufklärung der Spendenaffäre konstituiert hatte, ging Helmut Kohl als Einzelkämpfer in die Offensive. Vor den Fernsehkameras des ZDF räumte er erstmals öffentlich ein, zwischen 1993 und 1998 Spenden in Höhe von 1,5 bis 2 Millionen DM angenommen zu haben. Gleichzeitig weigerte er sich hartnäckig, die Namen der Spender zu nennen, »weil sie mich ausdrücklich darum gebeten haben, nicht genannt zu werden. Dafür habe ich mich verbürgt und ihnen mein Ehrenwort gegeben.« Im Laufe der äußerst spannenden ZDF-Sendung »Was nun …?« bekannte sich Kohl vor einem Millionenpublikum zu seinem Fehler, den Spendenbetrag am Rechenwerk der CDU-Schatzmeisterei vorbei in die Parteiarbeit gesteckt zu haben. Kohl war sichtlich bemüht, seine persönliche Integrität zu unterstreichen und deutlich zu machen, dass er nicht käuflich gewesen sei. Sein Unrechtsbewusstsein, das ihm von seinen politischen Gegnern immer wieder abgesprochen wurde, räumte er mit diesem Eingeständnis, Fehler gemacht zu haben, ein.

Den Vorwurf, er habe sich als Bundeskanzler »schmieren lassen«, wies Kohl mit aller Entschiedenheit zurück. Sowohl bei der Lieferung der Spürpanzer nach Saudi-Arabien als auch beim Verkauf der Leuna-Raffinerie an den französischen Staatskonzern Elf-Aquitaine habe er ausschließlich im Interesse des Landes gehandelt.

Was Helmut Kohl dann in der »Frankfurter Allgemeinen Zeitung« vom 22. Dezember 1999 lesen musste, verschlug ihm fast den Atem. In einem Meinungsartikel der damaligen CDU-Generalsekretärin Angela Merkel distanzierte sie sich »in aller Form« von ihrem langjährigen Förderer und »Übervater«. Diesen Frontalangriff auf seine Person hat der Altkanzler bis heute nicht verwunden und wird ihn – wie nahestehende Zeitzeugen wissen wollen – auch niemals verwinden. Wörtlich hieß es in dem Merkel-Artikel: »Die Partei muss also laufen lernen, muss sich zutrauen, in Zukunft auch ohne ihr altes Schlachtross, wie Helmut Kohl sich selbst oft gerne genannt hat, den Kampf mit dem politischen Gegner aufzunehmen. […] Vielleicht ist es nach einem so langen politischen Leben, wie Helmut Kohl es geführt hat, wirklich zu viel verlangt, von heute auf morgen alle Ämter niederzulegen, sich völlig aus der Politik zurückzuziehen und den Nachfolgern, den Jüngeren, das Feld schnell ganz zu überlassen.«

Angela Merkel, die ohne Helmut Kohl beruflich vermutlich im Wissenschaftsbereich geblieben wäre, verlangte ultimativ seinen Rücktritt vom Amt des CDU-Ehrenvorsitzenden und die Aufgabe seines noch verbliebenen Bundestagsmandats. Merkel wollte den totalen Bruch mit Helmut Kohl und seiner Ära. Er hatte lange geglaubt, Wolfgang Schäuble stecke hinter dieser Aktion, und dessen zweideutigen Antworten auf konkrete Fragen aus Ludwigshafen hatten diesen Verdacht nie ganz ausräumen können. Gleichzeitig forderte das CDU-Präsidium in einer Sondersitzung den angeschlagenen Helmut Kohl auf, die Namen derjenigen zu nennen, die ihm Spenden für die CDU gegeben hatten. Das Präsidium sprach die dringende Erwartung aus, dass er dieser Bitte nachkomme. Zwei Tage nach Weihnachten 1999 gab die Bonner Staatsanwaltschaft bekannt, gegen den früheren CDU-Bundesvorsitzenden und Bundeskanzler ein Ermittlungsverfahren wegen des Verdachts der Untreue einzuleiten. Kohl nahm diese Ermittlungen zum Nachteil der Bundespartei mit Bedauern zur Kenntnis, betonte aber, Vertrauen in die Arbeit der Staatsanwaltschaft zu setzen, und unterstrich seine Bereitschaft, die Arbeit der Ermittlungsbehörden unterstützend zu begleiten.

Für die ganze Familie Kohl, vor allem Hannelore Kohl und ihre Kinder, war Unglaubliches geschehen. Dabei war der sich abzeichnende Bruch mit der Partei nach 25 Jahren Bundesvorsitzendenzeit für den Altkanzler schwer zu verkraften. Zeitzeugen berichten, dass die letzten Wochen und Monate ihm, aber vor allem seiner Frau, ungeheuerlich zugesetzt hätten. Freunde begegneten einer ehemals selbstbewussten Kanzlergattin, die sich nun vor Gram scheute, in der Öffentlichkeit in Erscheinung zu treten. Eingeweihte hatten den Eindruck, dass ihr das Selbstwertgefühl abhandengekommen war. Und selbst dem robusten Helmut Kohl fiel auf, wie sehr seine Frau unter der Spendenaffäre litt, die er zu verantworten hatte.

Der Jahreswechsel ins 21. Jahrhundert muss schlimm für die Familie Kohl gewesen sein. Für Hannelore Kohl war die Affäre ein Schock, für Helmut Kohl ein »traumatisches Erlebnis«, wie er später in seinem Tagebuch schrieb. Hinzu kam der Höhepunkt des sich zuspitzenden Konflikts zwischen dem Altkanzler und seinem jahrelangen politischen Weggefährten und loyalen Helfer: Kurz vor einer Sondersitzung des CDU-Bundesvorstandes am 18. Januar 2000 erschien Wolfgang Schäuble in Kohls Büro. Kohl erlebte einen zornigen und ungehaltenen Schäuble, wie er ihm noch nie begegnet war. Schäuble drohte mit seinem Rücktritt, wenn Kohl nicht endlich die Namen der Spender nennen würde. Er verstieg sich zu der Feststellung, Kohl habe in Wahrheit überhaupt keine Spender und könne sie aus diesem Grunde auch gar nicht namentlich nennen. Schäuble unterstellte dem früheren CDU-Vorsitzenden, das Geld von irgendeinem Partei-Konto abgebucht zu haben. In dieser heftigen Auseinandersetzung hielt Kohl Schäuble entgegen, so wie er, Schäuble, von Karlheinz Schreiber persönlich eine Spende über 100 000 DM bekommen habe, so seien auch ihm gleichermaßen Spendengelder übergeben worden. Noch einmal versuchte Wolfgang Schäuble herauszubekommen, ob er die Namen der Spender nennen werde. Auf ein klares Nein entgegnete der amtierende CDU-Vorsitzende, dass ihm in diesem Fall nichts anderes mehr übrig bleibe, als seinen Rücktritt zu erklären. Helmut Kohl notierte dazu in seinem Tagebuch: »Wolfgang Schäuble verlässt äußerst aufgewühlt mein Zimmer und ruft mir noch zu: ›Dieses Büro werde ich in meinem Leben nie wieder betreten‹.«

Für Kohl zählte diese letzte Begegnung mit Wolfgang Schäuble »zu den schlimmsten Erfahrungen meines Lebens«. Wie er später bekannte, tat es ihm weh, eingestehen zu müssen, dass »eine wichtige Beziehung, eine jahrelange, tragfähige und belastbare Freundschaft völlig zerbrochen« war.

In der darauf folgenden Sondersitzung des CDU-Präsidiums bot Schäuble seinen Rücktritt an, den ihm die Vorstandsmitglieder verweigerten. Das CDU-Spitzengremium beschloss dann mit großer Mehrheit, Kohl seine Rechte als Ehrenvorsitzender abzuerkennen, falls er nicht bereit sein sollte, sein Schweigen zu brechen und die Namen der Spender zu offenbaren. Daraufhin gab der Altkanzler noch an jenem 18. Januar 2000 eine Erklärung ab:

»Nach dem Ergebnis der heutigen Bundesvorstandssitzung habe ich mich entschlossen, den mir von den Delegierten des CDU-Bundesparteitages im November 1998 in Bonn übertragenen Ehrenvorsitz der CDU Deutschlands niederzulegen. Ich sehe mich außerstande, mein Versprechen, das ich einigen Persönlichkeiten gegeben habe, die meine Arbeit in der CDU finanziell unterstützt haben, zu brechen. Die Entscheidung, den Ehrenvorsitz niederzulegen, fällt mir nicht leicht. Ich gehöre der Christlich-Demokratischen Union seit 50 Jahren an. Sie ist und bleibt meine politische Heimat. Ich habe ihr über vier Jahrzehnte hinweg in wichtigen Ämtern gedient. Dabei habe ich auch Fehler gemacht, zu denen ich mich öffentlich bekannt habe. Ich habe immer versucht, meine Pflicht zu tun.«

Vier Tage später wurde in der 20-Uhr-Tagesschau die Meldung verbreitet, Paris habe im Zusammenhang mit dem Verkauf der Leuna-Raffinerie an den französischen Staatskonzern Elf-Aquitaine im Jahr 1992 rund 30 Millionen DM für den Wahlkampf der CDU und ihren Vorsitzenden Helmut Kohl gespendet. Kohl dementierte mit aller Schärfe und unterstrich, dass alles frei erfunden und erlogen sei.

Unterdessen wurde klargestellt, dass die von Helmut Kohl nicht deklarierten Spendengelder in Höhe von zwei Millionen DM nach dem geltenden Parteiengesetz auf rund 6,3 Millionen DM erhöht würden, die als Strafe von der CDU zu zahlen seien. Um den Schaden für die Partei möglichst gering zu halten, entschloss sich das Ehepaar Kohl, eine »Wiedergutmachungsaktion« zu beginnen. Man bat eine Reihe von Persönlichkeiten um Spenden und steuerte einen Betrag von 700 000 DM aus privaten Mitteln bei, die aus einer Hypothek auf das Ludwigshafener Haus der Kohls stammten. Am Ende der Aktion kamen 6,3 Millionen DM zusammen, die an den Schatzmeister der CDU überwiesen wurden. Damit war der materielle Schaden für die Christlich-Demokratische Union beglichen. Die Veröffentlichung der Spenderliste führte zu ungewöhnlichen Reaktionen. Einige der Spender mussten heftige Kritik hinnehmen und erlebten teilweise Diffamierung bis hin zu offenem Hass.

Nachdem das Hamburger Nachrichtenmagazin »Der Spiegel« in einer Vorabmeldung am 18. Februar 2000 berichtet hatte, dass die Bonner Staatsanwaltschaft eine Durchsuchung der Kohl-Wohnungen in Ludwigshafen und Berlin sowie auch der Wohnungen von Kohls enger Vertrauter Juliane Weber und seinem Fahrer Ecki Seeber beabsichtige, verzichtete die Bonner Behörde auf eine Durchführung. Diese Demütigung blieb den Beteiligten dank der »Spiegel«-Veröffentlichung erspart. Da die Beteiligten von den geplanten Durchsuchungen wussten, war für die Staatsanwaltschaft ihre Ermittlungsmaßnahme sinnlos geworden. Schließlich ging die Bonner Staatsanwaltschaft noch auf eine anonyme Anzeige ein und beantragte eine Durchsuchung der CDU-Landesgeschäftsstelle in Mainz. Hierbei ging es um angebliche Akten, die Kohls Fahrer aus dem Bundeskanzleramt in das Haus des CDU-Landesverbands in Mainz transportiert hatte. In Wahrheit handelte es sich allerdings nur um Kisten mit Büchern, die Hannelore und Helmut Kohl beim Umzug aus dem Kanzlerbungalow aussortiert hatten.

Ende Juli 2000 hatte Helmut Kohl endlich Gelegenheit, erstmals zu den gegen ihn erhobenen Vorwürfen vor dem Bundestagsuntersuchungsausschuss Stellung zu nehmen. In einer mehrstündigen Erklärung versuchte er, sich zu verteidigen, erläuterte aus seiner Sicht, wie es zum Verkauf deutscher Panzerfahrzeuge an Saudi-Arabien kam, wie die Privatisierung bzw. der Neubau der Ölraffinerie Leuna vonstattenging, und beschrieb, wie es zur Lieferung von Flugzeugen nach Kanada und Thailand kam und wie die Lieferung von Hubschraubern an die kanadische Küstenwache geregelt wurde. Seine mehrmaligen Auftritte vor dem Ausschuss konnten seine politischen Gegner nicht überzeugen. Dem objektiven Beobachter bot sich das Bild eines keineswegs angeschlagenen Mannes, der selbstbewusst argumentierte und die politisch-historischen Zusammenhänge verständlich machte. Am Ende der groß angelegten Untersuchung kam heraus, was zu erwarten war: Kohl gestand eigene Fehler in Bezug auf Parteispenden ein und konnte gleichzeitig die Vorwürfe aus der Welt schaffen, seine Regierung sei käuflich gewesen. Doch blieb natürlich eine Menge an bösartigen Verleumdungen hängen, die Kohls Ansehen bis heute gewaltig geschadet haben.

Erheblich geschadet haben dem Altkanzler auch angeblich verschwundene Akten und gelöschte Dateien im Bundeskanzleramt. Zum Thema »Privatisierung der Raffinerie Leuna und des Tankstellennetzes Minol« verlangte der Bundestagsuntersuchungsausschuss die Herausgabe von Akten und Dokumenten, die zur Erhellung dienen sollten. Nachdem der Chef des Bundeskanzleramtes, Frank-Walter Steinmeier, Mitte Februar 2000 vor dem Parteispenden-Untersuchungsausschuss klargestellt hatte, dass umfangreiche Dateien verschwunden oder vernichtet und womöglich Dokumente manipuliert worden seien, wurde das Kanzleramt von sich aus aktiv. Es fand heraus, dass nach der Bundestagswahl vom 27. September 1998 eine zentrale Löschung von nicht mehr benötigten Dateien und Dokumenten vorgenommen worden sei. Von nun an war die Rede von »Bundeslöschtagen« , um politische Vorgänge zu verschleiern und die Umstände zum Verkauf der Raffinerie Leuna zu verdecken.

Nach umfassenden Recherchen im Bundeskanzleramt, die keine Klarheit erbrachten, nahm Kanzleramtschef Steinmeier die ganze Sache selbst in die Hand. Er berief am 3. Februar 2000 den früheren NRW-Innenminister und Vizepräsidenten des Deutschen Bundestages, Burkhard Hirsch, zum Ermittlungsleiter. Dieser Polit-Pensionär, der von Helmut Kohl während seiner Kanzlerschaft mehrfach daran gehindert worden war, das Justizressort in Bonn zu übernehmen, und seit langem nicht gerade als Kohl-Freund galt, setzte eine Arbeitsgruppe ein und machte sich auf die Suche nach den verschwundenen Akten. Damit ging es eindeutig um die Frage von Regierungskriminalität während der Kanzlerschaft Kohls. Längst war die Bonner Staatsanwaltschaft eingeschaltet worden, die ein Ermittlungsverfahren gegen Unbekannt wegen der verschwundenen Akten eingeleitet hatte. Der von Burkhard Hirsch vorgelegte Ermittlungsbericht enthielt für die Bonner Staatsanwälte gravierende Schwachstellen. Jedenfalls konnte darin nicht nachgewiesen werden, dass gezielt wichtige Akten der Kohl-Regierung vernichtet worden waren. Im Abschlussbericht des höchsten Ermittlers in Disziplinarsachen beim Bundesgerichtshof war nachzulesen, dass eine Beteiligung der Amtsleitung (Bundeskanzler oder Chef des Bundeskanzleramtes) an der Anordnung dieser Löschungen nicht festgestellt worden sei. Die meisten gelöschten Daten seien auch in gedruckter Form in den Akten vorhanden. Und ein Ermittlungsverfahren gegen einen hohen Beamten des Bundeskanzleramtes war als »disziplinarrechtlich« nicht relevant eingestellt worden. Schließlich stellte die Bonner Staatsanwaltschaft am 2. Oktober 2003 die Ermittlungen wegen »Löschung von Computerdaten im Bundeskanzleramt« ein, was Frank-Walter Steinmeier überhaupt nicht gefallen konnte. Er musste es als eine Ohrfeige empfinden, dass die Justiz die Version von den angeblichen »Bundeslöschtagen« nicht bestätigt hatte. Doch die Verdächtigungen und Unterstellungen blieben trotz juristischer Siege im Raum. Helmut Kohls reine Weste war staatsanwaltschaftlich bewiesen worden. Doch der Begriff »Bundeslöschtage« wird auf immer mit ihm und seiner Kanzlerschaft in Verbindung gebracht.

Ebenso der Vorwurf, der – wie erwähnt – am 22. Januar 2000 durch die ARD-Tagesschau in die Welt gesetzt worden war: Die französische Regierung habe im Zusammenhang mit dem Verkauf der Leuna-Raffinerie an den französischen Staatskonzern Elf-Aquitaine im Jahr 1992 rund 30 Millionen DM für den Wahlkampf der CDU und ihren Vorsitzenden Helmut Kohl gespendet. Geheimdienstleute hätten die gesamte Operation abgewickelt, und das Ganze sei mit Wissen und Unterstützung von Präsident François Mitterrand geschehen.

Dazu schrieb Helmut Kohl in seinem Tagebuch im Jahr 2000: »Ich habe zu keinem Zeitpunkt Geld erhalten und auch keinerlei Kenntnisse von anrüchigen Finanzmachenschaften im Zusammenhang mit dem Engagement des damaligen französischen Staatskonzerns Elf-Aquitaine in Leuna gehabt. Ich stehe uneingeschränkt zu meinem politischen Engagement in Sachen Leuna und bin noch heute meinem Freund François Mitterrand für seine Unterstützung dankbar. Ich halte die in diesem Zusammenhang gegen François Mitterrand erhobenen Vorwürfe für besonders gemein und geschmacklos. Zumal sich der Tote nicht zur Wehr setzen kann.«

36. SCHLIMME ZEITEN – NEUE ZEITEN

Nach monatelanger Abstinenz kam Helmut Kohl im September 2000 erstmals wieder in eine Sitzung der Bundestagsfraktion. Seinem Wunsch entsprechend nahm er bei den rheinland-pfälzischen Kollegen Platz. Überliefert wird, dass der Altkanzler während der gesamten Legislaturperiode von 1998 bis zum Ausscheiden aus dem Parlament 2002 in der Fraktion nicht ein einziges Mal das Wort ergriff. Ein missglückter Zwischenruf und sein beleidigter Auftritt im Bundestagsplenum sind fast vergessen und kaum erwähnenswert. Sein Ehrenwort an die Spender, ihre Namen nicht zu nennen, führte über lange Zeit zu Aufregung und Bestürzung. Kohl muss bis heute mit dem Vorwurf leben, sich mit seinem Ehrenwort über die Verfassung gestellt und gegen das Parteiengesetz verstoßen zu haben. Immer wieder betonte er, dass sein gegebenes Ehrenwort für ihn von »existenzieller Bedeutung« sei. »Der Bruch meines Ehrenworts in einer Sache, die keinen strafbaren Tatbestand darstellt, wäre gleichbedeutend mit der Preisgabe meiner Würde«, schrieb Helmut Kohl in seinem Tagebuch, das im Jahr 2000 erschien. Für seinen Fehler, die Parteispenden nicht ordnungsgemäß in die Rechenschaftsberichte der Bundespartei eingegeben zu haben, hatte er sich mehrfach entschuldigt und ihn einst selbst offenbart und eingestanden. Viele von ihm geförderte Parteifreunde, Menschen, deren Karriere er maßgeblich beeinflusst hatte, sagten sich von ihm los, einige von ihnen gehörten zu den schärfsten parteiinternen Kritikern. Seine Sympathiewerte innerhalb der Bevölkerung sanken stetig. Industriekapitäne beispielsweise, die sich jahrelang um seine Gunst bemüht hatten, mieden ihn fortan. Echte Freundschaften zerbrachen, politische Beziehungen erlitten einen schweren Knacks. Hannelore und die Söhne Peter und Walter waren zeitweise sehr mitgenommen, um es vorsichtig zu formulieren. Das Ansehen der Kohl-Familie in der Bevölkerung tendierte gegen null. Gefragt waren Nervenstärke und Durchhaltevermögen.

Hannelore Kohl, die alle Höhen und Tiefen ihres Mannes miterlebt hatte, verstand die Welt nicht mehr. Warum ihr Mann den schweren Fehler begangen hatte, die Spenden, die er ausschließlich für Parteizwecke eingesetzt hatte, nicht ordnungsgemäß zu melden, konnte sie bis zu ihrem Tod nicht verstehen oder gar erklären. Verständnis zeigte sie zwar, dass ihr Mann sein Ehrenwort aufrecht hielt; doch die Reaktion der Medien und der Bevölkerung, die Kriminalisierung ihres Mannes konnte sie nicht nachvollziehen. Seit 1983 hatte sie Spenden in Millionenbeträgen für das Kuratorium für Verletzte mit Schäden des zentralen Nervensystems (ZNS) gesammelt, wusste, wie wichtig die Transparenz und penible Abrechnung für die breite Öffentlichkeit sind.

Die Kanzlergattin hatte eine außerordentlich positive Rolle auf dem Mainzer und Bonner Parkett gespielt. Die fließend Englisch und Französisch sprechende Berlinerin überraschte immer wieder damit, wie unaufgeregt und souverän sie mit Staatsgästen umging und wie sie zu einigen Frauen der mächtigsten Staatsmänner der Welt echte freundschaftliche Beziehungen aufgebaut hatte.

Seit 1993 litt sie an einer Lichtallergie infolge einer Penicillinbehandlung. Die Krankheit verschlimmerte sich zusehends. Medizinische Hilfe, wie sie selbst sie Tausenden von Hirngeschädigten zukommen ließ, versagte in ihrem Falle. Es gab offenbar keine Medikamente, die diese Krankheit heilen konnten oder zumindest erträglicher machten. Hannelore Kohl hielt sich lange Zeit nur noch in abgedunkelten Räumen auf, verließ das Haus nur in der Nacht zu langen Spaziergängen. Die Frau an seiner Seite musste auf manchen Staatsbesuch verzichten, war bei Bonner Empfängen nur noch selten anwesend. Für sie musste es eine einzige Quälerei sein, bei Staatsbesuchen ein freundliches Lächeln aufzusetzen und so zu tun, als ob es ihr gut gehen würde. Hannelore Kohl und ihre Familie mussten einen Schicksalsschlag hinnehmen, dem sie sich mit aller Macht entgegenzusetzen versuchten.

Dann kam die für sie völlig unerwartete Spendenaffäre ihres Mannes, die ihr unglaublich zu schaffen machte. Die Belastung durch die Rufmordkampagne, wie sie die Reaktion auf die Spendenaffäre selbst nannte, wurde auch für sie immer unerträglicher. Hannelore Kohl sah darin eine sinnlose Zerstörung auch ihrer Lebensleistung und fühlte sich in ihrer Ehre in höchstem Maße verletzt. Hinzu kamen Hinweise auf ein Verhältnis des Altkanzlers mit einer erheblich jüngeren Frau.

Am 5. Juli 2001 – Helmut Kohl hielt sich wie in der Woche fast immer in Berlin auf – nahm sie sich im Ludwigshafener Bungalow mit einer Überdosis Morphium das Leben. Die Nachricht vom Freitod der beliebten früheren Kanzlergattin erschütterte die Bundesrepublik.

Bis heute wird über den Grund des Selbstmords gerätselt. Dass ihre Lichtallergie der äußere Anlass zu diesem Schritt gewesen sei, wird von denen infrage gestellt, die sie wirklich kannten, die ihr ganz nahe standen. Hannelore Kohl pflegte viele Freundschaften. Die besten und engsten Freundinnen kamen jedoch nicht aus der Politik, sondern waren Menschen, mit denen sie sich in frühen Jahren angefreundet hatte und mit denen sie bis unmittelbar vor ihrem Tod in enger Verbindung stand. Bei aller Nähe und Vertrautheit: Niemand von ihnen ahnte, dass sie zu einem solchen Schritt fähig war und sich das Leben nehmen würde. Einige von ihnen wussten allerdings sehr genau, wie ihr tatsächlicher Seelenzustand war, in welcher psychischen und physischen Verfassung sie sich im Sommer 2001 befand. Einen Tag vor ihrem Tod verabschiedete sie sich von einer Freundin mit dem Hinweis, dass sie die Hoffnung auf eine gesundheitliche Besserung nicht aufgeben werde, dass sie jetzt alle Kraft benötige, die hässliche Rufmordkampagne gegen ihren Mann und die ganze Familie zu überstehen. Damit lenkte sie von alledem ab, was kurze Zeit später viele erschütterte. Hannelore Kohl hatte in Wahrheit alles mit langer Hand vorbereitet. Allein die zahlreichen Abschiedsbriefe zeugen von einer generalstabsmäßigen Planung. In diesen Briefen stehen Sätze, von denen jedes Wort eine besondere Bedeutung hatte, die alle wohldurchdacht waren. Diese Briefe waren Vermächtnisse, aus denen einzig und alleine ihre Krankheit als Begründung für den Freitod hervorging.

Helmut Kohl zeigte sich über den Tod seiner Frau bis ins Mark erschüttert. Hannelore hatte er eine Menge zu verdanken. Der Verlust für ihn und seine Familie war groß. Kohls Trauer war echt, seine Erschütterung hielt lange Zeit an. Doch schneller als erwartet überwand er den Schmerz, kümmerte sich um seine Zukunft, um das, was als seine politische Lebensleistung in die Geschichte der Bundesrepublik eingehen sollte. Akribisch arbeitete er an seinen Erinnerungen, zu denen ihn seine Frau in ihrem Abschiedsbrief noch einmal ausdrücklich ermuntert hatte. In seinen ersten drei Memoirenbänden setzte der Altkanzler seiner Frau ein kleines Denkmal, das der tatsächlichen Bedeutung Hannelore Kohls für seine steile politische Karriere gerecht wurde.

Wenn er auch alle politischen und juristischen Anfeindungen bestehen und überstehen konnte, aus den Ermittlungsverfahren als weitgehend rehabilitierter Politiker hervorging, so ist doch der Bruch mit seiner Partei geblieben, sind die Verhärtungen zwischen ihm und der jetzigen Kanzlerin seit ihrem Scheidungsbrief aus dem Jahr 1999 geblieben. Geblieben ist sein Groll auf all jene, die ihm nicht abnehmen wollten, dass er bei den nicht deklarierten Parteispenden nur Gutes für die CDU vorhatte, dass er nur den politischen Erfolg der Union im Blick hatte.

Seit er sich an seinem 75. Geburtstag 2005 offen zu seiner Lebensgefährtin Maike Richter bekannte, kam es zu weiteren Entfremdungen von alten Weggefährten und zum Verlust von Freunden. Einige von ihnen konnten nicht begreifen, dass diese viel jüngere Frau plötzlich so großen Einfluss auf ihn haben konnte.

Nachdem Helmut Kohl im Januar 2008 einen neuen Schicksalsschlag hinnehmen musste und derart unglücklich in seinem Bungalow gestürzt war und die anschließende komplizierte Kopfoperation überlebt hatte, benötigte er dringend Rund-um-die-Uhr-Hilfe. Es war der jungen Ministerialdirektorin aus dem Berliner Wirtschaftsministerium hoch anzurechnen, dass sie sich sofort um den Altkanzler kümmerte, unbezahlten Urlaub nahm und ihre Beamtenkarriere unterbrach. Beide Söhne und ihre Ehepartnerinnen wären allein aus beruflichen Gründen nicht in der Lage gewesen, ihrem Vater genügend beizustehen. Sie hätten weiter fremde Hilfe organisieren müssen. Maike Richter sah nun ihre Zeit gekommen. Fortan bestimmte sie maßgeblich, was zu tun und zu lassen war, um den Genesungsprozess Kohls zu beschleunigen. Nun hatte sie die Macht, dem schwer kranken Helmut Kohl viele Entscheidungen abzunehmen. So hing nicht selten von ihr ab, welche Ärzte beispielsweise herbeigezogen wurden, wer den angeschlagenen Altkanzler besuchen konnte und was über seinen Gesundheitszustand an die Öffentlichkeit gelangte. Das Berliner Büro musste nun den Anweisungen von Maike Richter folgen, Fahrer und Haushälterin gehorchten den Befehlen, die Frau Richter aus der Heidelberger Klinik gab, auch wenn für sie nicht immer zu erkennen war, ob der operierte und nur langsam genesende Altkanzler eingebunden und über alles informiert war, was Maike Richter in seinem Namen tat und befahl.

Was für die deutsche Öffentlichkeit völlig überraschend kam, gehörte für die ganz wenigen Insider zur normalen Entwicklung: Am 8. Mai 2008 gaben sich beide das Ja-Wort. Helmut Kohl heiratete in der Kapelle der Heidelberger Klinik Maike Richter. Dass die Söhne nicht geladen waren und lediglich schriftlich über diesen wichtigen Schritt ihres Vaters informiert wurden, hat bis heute ihr Verhältnis zum neuen Paar belastet. Ein normales Familienleben, wie man es sich zwischen Großeltern, Kindern und Enkeln wünscht, findet seit der Hochzeit nicht mehr statt. Stattdessen beschäftigt man sich in Ludwigshafen mit sich selbst und nimmt nicht mehr teil am Leben der anderen Familienmitglieder.

Längst hat sich der Altkanzler von seinem schweren Sturz und der nachfolgenden Operation einigermaßen erholt. Geblieben sind Sprachprobleme, die von einem Logopäden behoben werden sollen. Ob Helmut Kohl je wieder in der Lage sein wird, mühelos eine öffentliche Rede zu halten, flüssig ein Fernseh- oder Radiointerview zu geben, ist ungewiss. Was ihm bleibt, ist die Vollendung seiner Memoiren, ist der Abschluss seiner Erinnerungen mit der Fertigstellung des vierten Bandes. Um sich auch künftig zu Wort melden zu können und sich verständlich zu machen, bleibt im Wesentlichen das gedruckte Wort, sind Zeitungsinterviews oder Interviewbücher. Kohl-Freunde behaupten, dass vieles von dem, was aus dem Hause Kohl in Ludwigshafen an die Öffentlichkeit kommt und in Zeitungen, Zeitschriften oder Büchern als Text erscheint, von Maike Kohl-Richter stammt, von ihr geschrieben oder zumindest redigiert wurde.

Die neue Frau an seiner Seite hat nicht nur bestimmenden Einfluss darauf, was der geneigte Leser über ihn und von ihm erfahren darf. Sie bestimmt auch maßgeblich mit, wer den Altkanzler besuchen kann, mit wem er sich außerhalb der eigenen vier Wände trifft, zu welchen höchst seltenen öffentlichen Auftritten sie ihn bringt. Besucher in Ludwigshafen – wie einer der beiden Autoren im Herbst 2008 – beschreiben einen heftig sprachbehinderten Helmut Kohl, der aber absolut Herr seiner Sinne sei, mit wachem Verstand auf der Höhe der Zeit, sich aber dem Kommando von Maike Kohl-Richter unterordnet. Wie fremdbestimmt scheint er auf die neue Frau an seiner Seite zu reagieren und mit freundlicher Geste vieles zu unterstützen, was ihr in den Sinn kommt. Sie hat das Sagen. Viele seiner ganz wenigen engsten Freunde, die zu ihm zugelassen werden, kennen den Helmut Kohl des Jahres 2009 nicht mehr wieder, müssen die schmerzliche Erfahrung machen, dass er eigentlich kaum noch etwas von ihnen wissen will. Ob er im tiefsten Herzen die freundschaftlichen Kontakte und die geliebte Bühne vermisst? Helmut Kohl bleibt ein Rätsel. Wer ihn in Ludwigshafen besucht, hat selten die Chance auf ein Gespräch unter vier Augen. Selbst zu jenen Zeiten, als die Söhne und Enkel den Vater und Opa trafen, war kaum Raum für Gespräche und Begegnungen ohne die neue Gattin.

Es ist um Helmut Kohl einsam geworden. Das scheint für viele ehemalige Kohl-Vertraute der viel zu hohe Preis für eine optimale Betreuung und Versorgung im Ludwigshafener Bungalow zu sein, ein Preis, den der Achtzigjährige aber wohl offenbar bis zu seinem Lebensende zu zahlen bereit zu sein scheint.

ZEITTAFEL

1930 3. April: Geboren in Ludwigshafen.

1936–1940 Volksschule.

1940–1944 Oberrealschule.

1944 (Dezember) – 1945 (Mai) Kinderlandverschickung nach Erbach (Odenwald), anschließend nach Berchtesgaden.

1945 (August – November) Landwirtschaftslehre.
(Dezember) Rückkehr an die Oberrealschule.

1947 Eintritt in die CDU.

1950 Abitur an der Oberrealschule in Ludwigshafen.

1950–1956 Studium der Rechts-, Sozial- und Staatswissenschaften sowie der Geschichte an der Universität Frankfurt am Main und ab 1951 an der Universität Heidelberg.

1953 Mitglied des geschäftsführenden Vorstands der CDU Rheinland-Pfalz.

1954–1961 Stellvertretender Landesvorsitzender der Jungen Union Rheinland-Pfalz.

1955–1966 Mitglied des Landesvorstandes der CDU Rheinland-Pfalz.

1956–1958 Wissenschaftlicher Mitarbeiter am Alfred-Weber-Institut der Universität Heidelberg.

1958 Promotion zum Dr. phil. mit einer Arbeit über »Die politische Entwicklung in der Pfalz und das Wiedererstehen der Parteien nach 1945«.

1958/59 Direktionsassistent bei der Eisengießerei Willi Mock in Ludwigshafen.

1959–1972 Vorsitzender des CDU-Kreisverbandes Ludwigshafen.

1959–1969 Referent des Industrieverbandes Chemie in Ludwigshafen.

1959–1976 Mitglied (CDU) des Landtages von Rheinland-Pfalz; dort ab 1963 Vorsitzender der Fraktion.

1960 Heirat mit Hannelore Renner; Geburt der Söhne Walter (1963) und Peter (1965).

1960–1969	Vorsitzender der CDU-Stadtratsfraktion in Ludwigshafen.
1966–1973	Landesvorsitzender der CDU Rheinland-Pfalz.
1966–2000	Mitglied des Bundesvorstands der CDU.
1969–1973	Stellvertretender Bundesvorsitzender der CDU.
1969–1976	Ministerpräsident von Rheinland-Pfalz.
1971	Bei der Wahl des CDU-Vorsitzenden unterliegt er Rainer Barzel.
1973–1998	Vorsitzender der CDU.
1976–2002	Mitglied des Bundestages.
1975	23. Juni: Wiederwahl zum Vorsitzenden der CDU.
1976	13. Dezember: Wahl zum Vorsitzenden der CDU/CSU-Fraktion im Deutschen Bundestag.
1977	7. März: Wiederwahl zum Vorsitzenden der CDU.
1979	25. März: Wiederwahl zum Vorsitzenden der CDU.
1980	7. Oktober: Wiederwahl zum Vorsitzenden der CDU/CSU-Fraktion im Deutschen Bundestag.
1981	9. März: Wiederwahl zum Vorsitzenden der CDU.
1982	1. Oktober: Wahl zum Bundeskanzler durch konstruktives Misstrauensvotum.
1983	29. März: Wiederwahl zum Bundeskanzler.
1984	22. September: Helmut Kohl und Frankreichs Staatspräsident François Mitterrand auf dem Schlachtfeld von Verdun.
1985	12. März: In Moskau Treffen zwischen Helmut Kohl und Erich Honecker.
	5. Mai: US-Präsident Ronald Reagan und Helmut Kohl auf dem Soldatenfriedhof in Bitburg in der Eifel.
1987	11. März: Wiederwahl zum Bundeskanzler.
	12. Juni: US-Präsident Ronald Reagan besucht West-Berlin und fordert Kremlchef Michail Gorbatschow auf, die Mauer niederzureißen.
	1. Juli: Die Einheitliche Europäische Akte tritt in Kraft.
	7.–11. September: Erich Honecker besucht die Bundesrepublik.

1988 3. Oktober: Franz Josef Strauß stirbt im Alter von 73 Jahren.

1989 2. Mai: Ungarische Grenzsoldaten beginnen mit der Beseitigung des Stacheldrahtverhaus an der Grenze zu Österreich.

30.–31. Mai: Besuch von US-Präsident George Bush in der Bundesrepublik.

14.–16. Juni: Besuch von Michail Gorbatschow in der Bundesrepublik.

25. August: Geheimtreffen mit Ungarns Ministerpräsident Németh und Außenminister Horn auf Schloss Gymnich.

11. September: Um Mitternacht öffnet Ungarn die Grenze zu Österreich für alle DDR-Flüchtlinge. Wiederwahl zum Vorsitzenden der CDU auf dem Bundesparteitag in Bremen.

26. Oktober: Erstes Telefonat mit Egon Krenz.

9. November: Öffnung der Mauer.

28. November: Zehn-Punkte-Plan.

7./8. Dezember: EG-Treffen in Straßburg.

19. Dezember: Besuch in Dresden.

22. Dezember: Öffnung des Brandenburger Tores für Fußgänger.

1990 4. Januar: Helmut Kohl bei François Mitterrand in Latché.

5. Februar: Gründung der »Allianz für Deutschland«.

7. Februar: Vorschlag einer Wirtschafts- und Währungsunion mit der DDR.

10. Februar: Helmut Kohl im Kreml.

24./25. Februar: Helmut Kohl in Camp David bei US-Präsident George Bush und Außenminister James Baker.

18. März: Wahlen zur Volkskammer in der DDR.

17. Mai: Treffen in Washington mit George Bush.

1. Juli: Währungs-, Wirtschafts- und Sozialunion tritt in Kraft.

	14. – 16. Juli: Treffen mit Michail Gorbatschow in Moskau und im Kaukasus.
	12. September: Unterzeichnung des Zwei-plus-Vier-Abkommens in Moskau.
	1./2. Oktober: Bundesparteitag der CDU in Hamburg, Vereinigung der beiden christdemokratischen Parteien; Bestätigung im Amt des Bundesvorsitzenden mit 98,5 %.
	3. Oktober: Tag der Deutschen Einheit.
1991	17. Januar: Wahl zum ersten gesamtdeutschen Bundeskanzler.
	20. Juni: Der Bundestag entscheidet sich für Berlin als künftigen Sitz von Regierung und Bundestag.
1992	25. August: In Berlin Unterzeichnung des »Hauptstadt-Vertrages«.
1993	2. Juli: Der Bundestag billigt den Einsatz von 1700 Bundeswehrsoldaten bei der UNO-Friedensmission in Somalia.
1994	15. November: Wiederwahl zum Bundeskanzler.
1996	21. Oktober: Wiederwahl zum Bundesvorsitzenden der CDU.
1998	26. Oktober: Ende der Amtszeit von Helmut Kohl als Bundeskanzler.
	7. November: Wolfgang Schäuble wird als Nachfolger von Kohl neuer Parteivorsitzender der CDU.
2001	5. Juli: Selbstmord von Hannelore Kohl.
2002	September Nach 26 Jahren scheidet Helmut Kohl aus dem Bundestag aus.
2004	März: Helmut Kohl stellt den ersten Teil seiner Memoiren »Erinnerungen 1930–1982« vor.
2008	8. Mai: Heirat mit Maike Richter in Heidelberg.

LITERATUR

I. Dokumente

Berlin in the Cold War 1948–1990. Documents on British Policy Overseas, Series III, Vol. VI, ed. by Keith Hamilton, Patrick Salmon, Stephen Twigge, London/New York 2009.

George Bush Presidential Library, Selected Documents from the Archives: George Bush – Helmut Kohl Telefonate. (http://bushlibrary.tamu.edu/)

German Unification, 1989–1990. Documents on British Policy Overseas, Series III, Vol. VII, ed. by Keith Hamilton, Patrick Salmon, Stephen Twigge, London/New York 2009.

Dokumente zur Deutschlandpolitik. Deutsche Einheit. Sonderedition aus den Akten des Bundeskanzleramtes 1989/90, bearb. von Hanns Jürgen Küsters und Daniel Hofmann, München 1998.

Kurt Georg Kiesinger, »Wir leben in einer veränderten Welt«. Die Protokolle des CDU-Bundesvorstands 1965–1969, bearb. von Günter Buchstab, Düsseldorf 2005.

»Let Berlin be next«. George Bush und die deutsche Einheit. Die Telefongespräche zwischen US-Präsident George Bush und Bundeskanzler Helmut Kohl, 23. Oktober 1989 – 3. Oktober 1990. Eine Veröffentlichung des Alliierten Museums, Berlin 1999.

Ministère des Affaires étrangères et européennes, Dokumente: »9 novembre 1989, chute du mur de Berlin«. (http://www.diplomatie.gouv.fr)

Nakath, Detlef / Neugebauer, Gero / Stephan, Gerd-Rüdiger (Hrsg.), »Im Kreml brennt noch Licht«. Die Spitzenkontakte zwischen SED/PDS und KPdSU 1989–1991, Berlin 1998.

Nakath, Detlef / Stephan, Gerd-Rüdiger (Hrsg.), Von Hubertusstock nach Bonn. Eine dokumentierte Geschichte der deutsch-deutschen Beziehungen auf höchster Ebene 1980–1987, Berlin 1995.

National Security Archive, Washington D. C.: Dokumente: Fall of Berlin Wall Caused Anxiety More than Joy at Highest Levels; Prague Communists Called for Wall to Open on November 8, 1989; The Soviet Origins of Helmut Kohl's 10 Points.

Potthoff, Heinrich (Hrsg.), Die »Koalition der Vernunft«. Deutschlandpolitik in den 80er Jahren, München 1995.

Potthoff, Heinrich (Hrsg.), Bonn und Ost-Berlin 1969–1982. Dialog auf höchster Ebene und vertrauliche Kanäle. Darstellung und Dokumente, Bonn 1997.

Savranskaya, Svetlana / Blanton, Thomas / Zubok, Vladislav, eds., »Masterpieces of History«: The Peaceful End of the Cold War in Europe, 1989. A National Security Archive Cold War Reader, New York 2010.

II. Memoiren, Tagebücher, Erinnerungen

Ackermann, Eduard, Mit feinem Gehör. Vierzig Jahre in der Bonner Politik, Bergisch-Gladbach 1994.

Attali, Jacques, Verbatim. Bd. I: Chroniques des années 1981–1986, Bd. II 1986–1988, Bd. III: 1988–1991, Paris 1993–1995.

Baker, James, Drei Jahre, die die Welt veränderten. Erinnerungen, Berlin 1996.

Biedenkopf, Kurt H., 1989–1990. Ein deutsches Tagebuch, Berlin 2000.

Bush, George / Scowcroft, Brent, A World Transformed, New York 1998 (dt. Ausgabe: Eine neue Welt. Amerikanische Außenpolitik in Zeiten des Umbruchs, Berlin 1999).

Diekmann, Kai / Reuth, Ralf Georg, Helmut Kohl: »Ich wollte Deutschlands Einheit«, Berlin 1996.

Genscher, Hans-Dietrich, Erinnerungen, Berlin 1995.

Gorbatschow, Michail, Erinnerungen, Berlin 1995.

Gorbatschow, Michail, Wie es war. Die deutsche Wiedervereinigung, Berlin 1999.

Hurd, Douglas, Memoirs, London 2003.

Kohl, Helmut, Mein Tagebuch 1998–2000, München 2000.

Kohl, Helmut, Erinnerungen, Bd. 1–3, München 2004, 2005, 2007.

Krone, Heinrich, Tagebücher. Zweiter Band: 1961–1966, bearb. von Hans-Otto Kleinmann, Düsseldorf 2003.

Kwizinskij, Jurij A., Vor dem Sturm. Erinnerungen eines Diplomaten, Berlin 1992.

Schäuble, Wolfgang, Der Vertrag. Wie ich über die deutsche Einheit verhandelte, München 1993.

Schwan, Heribert / Steininger, Rolf, Die Bonner Republik 1949–1998, Berlin 2009.

Schwan, Heribert / Steininger, Rolf, Mein 9. November 1989, Düsseldorf 2009.

Teltschik, Horst, 329 Tage. Innenansichten der Einigung, Berlin 1991.

Thatcher, Margaret, Downing Street No 10. Die Erinnerungen, Düsseldorf 1993.

Tschernajew, Anatoli, Die letzten Jahre einer Weltmacht. Der Kreml von innen, Stuttgart 1993.

Walters, Vernon A., Die Vereinigung war voraussehbar: Hinter den Kulissen eines entscheidenden Jahres; die Aufzeichnungen des amerikanischen Botschafters, Berlin 1994.

III. Darstellungen

Beschloss, Michael R. / Talbot, Strobe, Auf höchster Ebene, Düsseldorf 1993.

Biermann, Rafael, Zwischen Kreml und Kanzleramt. Wie Moskau mit der deutschen Einheit rang, Paderborn 1997.

Bozo, Frederic, Mitterrand, The End of the Cold War, and German Unification, New York/Oxford 2009.

Grachev, Andrei, Gorbachev's Gamble: Soviet Foreign Policy and the End of the Cold War, Hoboken, N. J. 2008.

Hertle, Hans-Hermann, Chronik des Mauerfalls. Die dramatischen Ereignisse um den 9. November 1989, Berlin 1996.

Jarausch, Konrad H., Die unverhoffte Einheit 1989–1990, Frankfurt a. M. 1995.

Kohl, Peter / Kujacinski, Dona, Hannelore Kohl. Ihr Leben, München 2002.

Kowalczuk, Ilko-Sascha, Endspiel. Die Revolution von 1989 in der DDR, München 2009.

Küsters, Hanns Jürgen, Der Integrationsfriede. Viermächte-Verhandlungen über die Friedensregelung mit Deutschland 1945–1990, München 2000.

Meyer, Michael, The Year that Changed the World: The Untold Story Behind the Fall of the Berlin Wall, New York 2009.

Plato, Alexander von, Die Vereinigung Deutschlands – ein weltpolitisches Machtspiel. Bush, Kohl, Gorbatschow und die geheimen Moskauer Protokolle, Berlin 2002.

Potthoff, Heinrich, Im Schatten der Mauer. Deutschlandpolitik 1961 bis 1990, Berlin 1999.

Rödder, Andreas, Deutschland einig Vaterland. Die Geschichte der Wiedervereinigung, München 2009.

Sarotte, Mary Elise, 1989: The Struggle to Create Post-Cold War Europe, Princeton, N. J., 2009.

Schwan, Heribert / Filmer, Werner, Helmut Kohl, Düsseldorf 1990 (1. Aufl. 1985).

Steininger, Rolf, Deutsche Geschichte, Bd. 4, Frankfurt am Main 2002.

Wolfrum, Edgar, Die geglückte Demokratie. Geschichte der Bundesrepublik Deutschland von ihren Anfängen bis zur Gegenwart, Stuttgart 2006.

Zelikow, Philip / Rice, Condoleezza, Sternstunde der Diplomatie. Die deutsche Einheit und das Ende der Spaltung Europas, Berlin 1997 (amerikan. Orig.: Germany Unified and Europe Transformed. A Study in Statecraft, Cambridge u. a. 1995).

Der KREIS

Ihre Treffen waren konspirativ, doch der Feind war mitten unter ihnen. Aus ihrem persönlichen Erleben erzählt Inga Wolfram die Geschichte der Entstehung und Zerschlagung des »Kreises«: Eine Gruppe junger Intellektueller, die sich in den siebziger Jahren als sozialistische Opposition in der DDR verstand. Fast alle stammten aus Familien der gesellschaftlichen Elite, was ihre Mission besonders brisant machte. Eine spannende Geschichte über Jugend in der DDR, von Freundschaft, Verrat und von dem unerfüllten Traum eines »Sozialismus mit menschlichem Antlitz«.

310 Seiten. ISBN 978-3-538-07271-8

www.artemisundwinkler.de

ARTEMIS & WINKLER